Markus Feldenkirchen • Keine Experimente

Markus Feldenkirchen

Keine Experimente

Roman

KEIN & ABER
POCKET

Ebenfalls von Markus Feldenkirchen:
Was zusammengehört

Coverbild: *Fast fertig* von Edward B. Gordon
Satz: Dörlemann Satz, Lemförde
Druck und Bindung: CPI – Ebner & Spiegel, Ulm
ISBN 978-3-0369-5913-9
Auch als eBook erhältlich

www.keinundaber.ch

EINS

Die Notiz, die Kallenberg hinterlassen hatte, war eine Unverschämtheit. Sie sorgte nicht für Gewissheit, sondern warf nur noch mehr Fragen auf.

Alles hat seine Zeit.

Ein Rätsel aus vier Wörtern, zurückgelassen auf feinstem Büttenpapier der Größe DIN A4. Er hatte es, daran bestand nach der grafologischen Untersuchung kein Zweifel mehr, mit der eigenen Hand geschrieben, und zwar mit seinem Lieblingsfüller der Marke Montblanc. Alles, was Frederik Kallenberg seit seinem achtzehnten Geburtstag zu Papier brachte, schrieb er mit diesem Montblanc. Dass er für seine letzten oder vorerst letzten Worte keine Ausnahme machte, leuchtete ein. Er war sich also treu geblieben, wenigstens in dieser Hinsicht. Die Treue war das große, wenn nicht gar verhängnisvolle Thema seines 36-jährigen Lebens.

Seine Büroleiterin, die den Briefbogen auf seinem penibel aufgeräumten und nahezu leeren Schreibtisch fand, hatte den Polizisten bereits am Telefon erzählt, dass Kallenberg den Füller fein säuberlich auf den oberen Rand des Papiers gelegt habe, und zwar genau unter den Bundesadler und seinen Namenszug:

· *Frederik Kallenberg, Mitglied des Deutschen Bundestags* ·

Bei ihrer Ortsbesichtigung fand die Polizei später sogar heraus, dass der Füller auf den Millimeter parallel zur oberen Blattkante lag. Sie hatten es nachgemessen, angeblich versteckte sich hinter solchen Kleinigkeiten bisweilen eine Botschaft. Bei Kallenberg war das eher unwahrscheinlich. Dass er akkurat war, wussten die, die ihn kannten, schon lange.

ZWEI

Der traurigste Tag in Frederik Kallenbergs Kindheit begann mit der Beichte seiner Mutter, die Schützenjacke sei nicht fertig geworden. Es war kurz nach seinem zwölften Geburtstag, endlich war er dazu berechtigt, beim Schützenumzug mitzumarschieren. Seit er denken konnte, hatte Frederik auf dieses Ereignis hingefiebert. Voraussetzung für die Teilnahme aber war der Besitz einer Schützenjacke, die Satzung kannte da kein Pardon. Und nun, am Morgen des großen Tages, wenige Stunden bevor der Zug sich in Bewegung setzen würde, erfuhr er, dass seine Mutter es vermasselt hatte.

Das ganze Dorf hatte sich schön gemacht an diesem Frühsommertag Ende der Achtziger. Seit Wochen hingen die grün-weißen Fahnen der Schützenbruderschaft in den Vorgärten, am Straßenrand, vor der Kirche, und wer mastlos war, ließ seine Fahne wenigstens aus dem Fenster baumeln. Der Wirt der Gaststätte »Zum Bus« hatte bereits Stehtische aus Plastik auf den kleinen Platz zwischen Eingang und Bushaltestelle getragen, was immer ein sicheres Zeichen dafür war, dass es bald losgehen würde.

Eine Stunde vor dem offiziellen Beginn machten sich zwei Mitglieder des Schützenvorstands daran, unter den

Ortsschildern einen Pappkarton zu befestigen, der die Durchreisenden vor einem zwei Tage währenden Ausnahmezustand warnte: »Achtung Schützenfest!« Die kleinen Kinder des Dorfes rannten daraufhin mit dem begeisterten Ausruf »Es geht los! Es geht los!« durch alle vier Straßen Waldhagens.

Als Frederik die aufgeregten Kinder hörte, dachte er, die Welt habe sich gegen ihn verschworen. Was er kaum hatte erwarten können, erfüllte ihn nun mit Traurigkeit. Gleich würde es anfangen, und wieder war er nicht dabei. Gemeiner konnte das Leben nicht sein.

Er hatte schon häufiger unter der Unzuverlässigkeit seiner Mutter gelitten, etwa wenn er als einziges Kind nicht von einer Geburtstagsfeier abgeholt wurde und von anderen Eltern nach Hause gebracht werden musste. Bisweilen genehmigte sich Elvira Kallenberg Auszeiten von den täglichen Pflichten. Einer solchen Auszeit musste nun seine Schützenjacke zum Opfer gefallen sein, obwohl seine Mutter erst vor zwei Wochen mit einem Band seinen Oberkörper vermessen und ihm versichert hatte, er werde der stolzeste Schützenjunge des ganzen Festes sein. Zu diesem Zeitpunkt hatte sie wohl tatsächlich daran geglaubt.

»Nicht traurig sein«, sagte sie nun, als sie im Hausflur standen, Frederik mit Anorak statt Schützenjacke, seine Mutter in ihrem schönsten Kleid, dem geblümten, das sie sonst nur an Sonntagen trug. »Nächstes Jahr ist auch wieder ein Fest«, sagte sie. Sie warteten darauf, dass Frederiks Vater vom Frühschoppen aus der Gaststätte »Zum Bus« zurückkam, mit dem die Männer des Dorfes jedes Jahr das Schützenwochenende einläuteten. Danach holten sie ihre Familien zu Hause ab, um gemeinsam zur großen Versammlung unter dem Maibaum in der Dorfmitte zu laufen. Von dort würde der Umzug zum großen Königsschießen losziehen. So hielt man es schon seit 1908, dem Gründungsjahr der Bruderschaft.

Überhaupt hatte Waldhagen selbst die Jahrtausendwende ohne aufwühlende Neuerungen überstanden. Viermal am Tag fuhr der Bus, aber da, wo er hinfuhr, war auch nicht viel los. Die Kirche war nicht nur jeden Sonntag, sondern auch mittwochs und samstagabends gut besucht. Es gab weder ein Kino noch einen Jugendclub. Für Irritationen hatte allenfalls der Wirt der einzigen Gaststätte gesorgt, der eines Tages ein Schweinefilet Bombay als Alternative zum vertrauten Zigeunerschnitzel auf die Speisekarte gesetzt hatte, was wochenlang Dorfgespräch war, bis er es entnervt von der Karte strich. Für Experimente stand der Waldhagener ungern zur Verfügung.

Der Maibaum war ein fünf Meter hoher hölzerner Pfahl, aus dem die Wappen sämtlicher Dorfvereine wie Äste wuchsen. Von unten nach oben las man dort: »Katholische Frauengemeinschaft Deutschland, Abteilung Waldhagen«, »Männergesangverein Caecilia Waldhagen«, »Löschgruppe Waldhagen«, »Kegelgemeinschaft ›Se waggelen‹ Waldhagen«, »Osterfeuergemeinschaft Waldhagen«, »Kirchengemeinde Waldhagen St. Antonius von Padua«, und ganz oben thronte, dem gesellschaftlichen Stellenwert entsprechend, das Wappen der »Sankt Antonius Schützenbruderschaft Waldhagen 1908 e. V.«.

Das ganze Dorf war erschienen, knapp 300 Menschen, und um Punkt zwei Uhr setzte sich der Festzug in Bewegung. Wie ein langer, dicker Wurm kroch er die Straße entlang, passierte die Schützenhalle, auf deren Vorplatz die letzten Handgriffe an Kettenkarussell und Bierbude gelegt wurden, und bog in einen Feldweg ein, der sich bergauf in den Wald schlängelte. An der Spitze der Festgesellschaft marschierte der Musikzug der Freiwilligen Feuerwehr Iseringhausen, der wie jedes Jahr aus dem Nachbarort angereist war. Frederik hatte sich in den hinteren Teil des Wurms einreihen müssen, inmitten der Frauen und Kleinkinder, während seine Schulkameraden, deren Mütter mit der Uniform rechtzeitig fertig geworden waren, vorne in der Gruppe der Jungschützen marschierten. Dass die Frauen überhaupt Teil des Zuges sein konnten, hatte vor nicht allzu langer Zeit zu großen Kontroversen geführt. »Wo kommen wir denn da hin?«, hatten sich einige Mitglieder empört, und dass man »mit so was« gar nicht erst anfangen dürfe. Andere wiederum hatten sich dem Druck ihrer Ehefrauen gebeugt und argumentiert, dass davon die Welt schon nicht untergehen werde und die Frauen ja am Ende des Zuges mitlaufen konnten. Trotz dieses Kompromissvorschlags war die Abstimmung am Ende denkbar knapp mit neun zu acht Stimmen ausgefallen. Vier Vorstandsmitglieder waren daraufhin aus Protest zurückgetreten.

Nach zehn Minuten gelangte der Zug an eine Lichtung. Die Kapelle spielte einen Marsch, das Signal an die Schützenbrüder, sich in Formation aufzustellen. Das Schießen konnte beginnen.

»Wir danken auch in diesem Jahr unserm Schützenbruder Günther für den Bau des Vogels. Kerr Günther, da hasse uns aber wieder son richtigen Oschi gezimmert. Gezz kucken wa ma, wie lang der sich auffe Stange halten tut«, rief der amtierende König. Die Festgesellschaft blickte nun den Hügel hinauf, wo gut dreißig Meter über ihren

Köpfen ein Holzadler samt Zepter, Apfel und Krone von einer Metallstange auf sie herabblickte. »Auf den Günther ein dreifaches Horrido!«

Günther, der Vogelbauer, war Frederiks Vater. Es war etliche Jahre her, dass er vor der Kreishandwerkskammer die Prüfung zum Schreinermeister absolviert hatte; die gerahmte Urkunde nahm einen Ehrenplatz in ihrem Wohnzimmer ein, zwischen den Porträts von Jesus Christus und Brunhilde Kallenberg, Frederiks Großmutter. Seine eigene Schreinerei hatte Günther Kallenberg kurz nach der Eröffnung wieder geschlossen. Sie brachte weder die nötigen Einkünfte noch jene geregelten Arbeitszeiten mit sich, die er als gemütlicher Mensch und passionierter Gaststätten-Besucher unbedingt brauchte. Statt länger sein eigener Herr zu sein, hatte er in der Holzabteilung eines Baumarkts angeheuert, wo er nun schon seit Jahren von 10 bis 18 Uhr an der Kreissäge stand und Baumarktbretter auf die vom Kunden gewünschte Länge schnitt. Seine größte schreinerische Leistung war seither der alljährliche Bau dieses Vogels dort oben.

Es nieselte, der Himmel hatte sich hinter Wolken verschanzt, als wolle er dem Schauspiel, das nun folgte, nicht beiwohnen. Um den Schießstand waren rot-weiß gestreifte Plastikbänder gespannt, angeblich als Schutz vor Blindgängern und einfach deshalb, weil man es schon immer so machte. Die Tradition hatte in Waldhagen im Zweifel ein größeres Gewicht als der gesunde Menschenverstand.

Frederik sicherte sich einen Platz in der ersten Reihe, seine Erwartungen an das Schießen waren riesig. Fast alle Väter seiner Freunde waren in den vergangenen Jahren mindestens einmal als Schützenkönig nach Hause gekommen. Man hatte ihnen die schwere Kette mit den silbernen Orden um den Hals gehängt, auf deren Rückseite die Namen aller seit 1908 gekürten Könige eingraviert waren, und hatte sie auf den Schultern zurück zur Schützenhalle getragen. Einige Väter durften sich gar mit dem Titel des Kaisers schmücken, der alle fünf Jahre unter den ehemaligen Königen ausgeschossen wurde. Frederik hatte den Glanz in den Augen seiner Freunde gesehen und sich nichts sehnlicher gewünscht, als seinen Vater wenigstens einmal mit dieser Kette sehen zu können. Und daneben seine Mutter. Als Königin.

Jahr für Jahr hatte Frederik das Königsschießen mit dem gemischten Gefühl eines Rennbahnbesuchers verfolgt, der zwar ahnte, dass sein Pferd der lahmste Gaul im Feld war, aber dennoch auf ein Wunder hoffte. Sein Vater würde auch diesmal wieder an den Start gehen, und wieder als krasser Außenseiter – um das zu wissen, genügte ein Blick auf Günther Kallenberg. Mit Sorge hatte Frederik schon am Morgen registriert, wie zeitig sein Vater zum Frühschoppen aufgebrochen war. Anders als sonst im Leben gehörte er an der Theke stets zu den Ersten. Frederik hatte versucht, ihn aufzuhalten, hatte ihn in Gespräche verwickelt, ihn um Hilfe bei den Hausaufgaben gebeten. Erfolglos.

Als hätte er nicht schon genug intus, bekam sein Vater von den anderen Schützenbrüdern eine Flasche Bier nach der anderen in die Hand gedrückt, sie sprachen von »Zielwasser« und lachten aus dem Hohlkreuz heraus, weil sie wussten, dass sich Günther Kallenbergs Traum, einmal König zu werden, mit jedem Schluck weiter vernebelte. Frederik verstand nicht, wie man ein solches Ziel haben konnte und zugleich alles dafür tat, es zu verfehlen. Die anderen machten sich wieder mal lustig über seinen Vater, dabei war er gewiss nicht der einzige Schützenbruder, der sein Leben dem Bier gewidmet hatte. So waren neue, zerfurchte Gesichter mit wuchernden Nasen und rot schraffierten Wangen entstanden. Sauerlandgesichter. Trotzdem schienen die anderen besser mit dem Alkohol umgehen zu können.

Frederik überlegte, ob er zu seinem Vater laufen sollte, um ihm die Bierflasche abzunehmen, aber da fiel schon der erste Schuss. Es dauerte eine Weile, bis dem Vogel Flügel und Apfel und schließlich sogar das Zepter vom Leib geschossen wurden, was von der Menge jeweils mit einem Raunen und von der Kapelle mit einem Tusch bedacht wurde. Frederik ließ seinen Vater keine Sekunde aus den Augen, beobachtete, wie er in der Reihe der Aspiranten langsam vorrückte, vierzehn Schützenbrüder standen jetzt noch vor ihm. *Halt durch, schwarzer Adler,* flehte er in Gedanken, *stürz noch nicht herab! Warte noch auf meinen Vater.* Weitere Schüsse, splitterndes Holz, Nieten, Vierteltreffer, dann verlor der Adler auch seine Krone, die letzte Insignie des Stolzes. Wie ein gerupftes Huhn hockte er nun auf der Stange, an all seinen Gliedern schimmerte das helle Holz der Eingeweide. Ein Treffer noch, und der Vogel würde zu Boden fallen. Ein neuer König war so gut wie geboren.

»Regimentsgruuuß«, brüllte der Tambourmajor in die bange Stille und das Musikkorps schepperte den Schützenmarsch. Applaus, dann ein, zwei, drei weitere Schützen. *Halt durch, Vogel! Warte noch auf deinen Schöpfer, warte auf Günther Kallenberg!*

Jetzt war es so weit. Frederik sah, wie sein Vater durch das Loch in der Absperrung trat, wie er durch den Matsch Richtung Schießstand wankte, wie er vor der Ehrenfahne des Vereins salutierte, auf die der Spruch »Ein Ziel vor Augen gibt Sinn im Leben« aufgestickt war, sah, wie er auf dem Laub ausrutschte und zu Boden fiel. Ein Raunen. Sein Vater im Matsch. Wie ein Mistkäfer.

Aus den Augenwinkeln registrierte Frederik, dass die Leute ihn mitleidig ansahen. Er senkte den Kopf und schloss die Augen. Niemand, der jetzt gaffte, konnte das volle Ausmaß des Dramas erahnen, das sich gerade in diesem Kinderkopf abspielte. Als er die Augen wieder öffnete, sah Frederik, wie sich jemand aus den hinteren Reihen der Festgesellschaft löste und den Weg zurück ins Dorf einschlug, bemüht, den knackenden Ästen am Boden auszuweichen und auch sonst keine Aufmerksamkeit auf sich zu ziehen. Dafür war er seiner Mutter dankbar.

Er drehte den Kopf und verfolgte, wie sein Vater sich langsam aus dem Matsch aufrichtete und diesen von seiner Uniform zu wischen versuchte, was natürlich erfolglos blieb und obendrein seine Hände verschmierte. Unter einem Coca-Cola-Sonnenschirm, dem die Witterung alles Rot genommen hatte, weil er sein Leben lang als Regenschirm missbraucht worden war, stand der Munitionswart des Vereins und händigte den Schützen ihre Patrone aus. Die meisten Anwärter ließ er die Gewehrtrommel selber laden, bei Günther Kallenberg übernahm er diesen Vorgang vorsichtshalber. Frederik wurde übel, wie immer, wenn er sich schämte. Doch noch war ein Wunder möglich, noch hatte sein Vater nicht geschossen, noch durfte er hoffen. *Einmal nur Glück haben. Einmal König sein.*

Das Gewehr war geladen, breitbeinig bezog sein Vater Stellung, mit der linken Schulter vorn hievte er den Lauf der Flinte in die Luft, rechtes Auge am Visier, linke Hand am Schaft, Zeigefinger am Abzug. Die Spitze des Gewehrs tanzte wie ein Kreisel in der Luft. Zu lange stand Günther Kallenberg einfach nur da, bemüht, seinen Körper in der Senkrechten zu halten und den Vogel ins Visier zu nehmen, eine Doppelbelastung, die ihn sichtlich überforderte.

Selbst zwei Jahrzehnte später konnte sich Frederik an jedes Detail erinnern, unzählige Male hatte er von diesem Nachmittag auf der Lichtung vor den Toren Waldhagens geträumt. In jedem Traum hatte er aufs Neue auf ein glückliches Ende gehofft, doch jedes Mal endete er genauso, wie jener Nachmittag geendet hatte. Ein dumpfes Klacken. Eine Rauchwolke. Ein Vogel, der nicht mal zitterte, der den Schützen sogar auszulachen schien.

Vaters Kugel war in irgendeinem Baumstamm versunken. Er reichte dem Munitionswart das Gewehr, zuckte die Schultern, als sei ihm alles egal, und schwankte zurück zu den Schützenbrüdern. Die reichten ihm zum Trost ein Bier.

Einen Schuss später war der Vogel unten. Der Schütze, Vater eines Klassenkameraden, ließ das Gewehr fallen, reckte die Arme empor und sog den aufbrandenden Jubel in sich auf. Sogleich strömten die Schützenbrüder auf ihn zu, hoben ihn an Armen und Beinen in die Luft, wuchteten ihm einen aus Blättern geflochtenen Siegerkranz um den Hals und ließen ihn hochleben. Frederik sah seinen Vater abseits stehen, unschlüssig, ob er sich dem Zug anschließen oder im Wald zurückbleiben sollte. Er stand da wie ein kleiner, trauriger Junge, den man vergessen hatte.

Frederik ging auf ihn zu, nahm ihn an die Hand und führte seinen Vater schweigend nach Hause.

Für Familie Kallenberg war es gewiss nicht glücklich, dass auf das Königsschießen noch am selben Abend der Königsball folgte, aber so hielt man es schon immer. Selbst in jenen Jahren, über die man heute nicht mehr so gerne sprach, wurde die Tradition konsequent beibehalten – am Ende jedoch mit immer weniger Schützen, weil die an anderen Orten nun andere Ziele vor Augen hatten. Das inoffizielle Motto des Schützensamstags lautete schon seit Ewigkeiten »Schießen und Feiern – bis zum Reihern«.

Am Abend verließen die Kallenbergs also erneut ihr bescheidenes Haus und liefen einer der schwärzesten Stunden ihrer Familiengeschichte entgegen. Frederiks Mutter trug noch immer das schöne Kleid vom Nachmittag. Sein Vater hatte sich für zwei Stunden aufs Ohr gelegt, er wirkte nun etwas frischer als nach dem Schießen. Als sie in der Festhalle ankamen, spendierte er seiner Familie gleich Bratwurst und Fritten, und nachdem er auch noch Getränke organisiert hatte, setzten sie sich gemeinsam an einen der langen Biertische. Einen Moment lang genoss Frederik die Illusion, Teil einer ganz normalen Familie zu sein. Als die ersten Takte der Tanzkapelle erklangen, hakten die drei Kallenbergs sich sogar unter und schunkelten im Rhythmus mit. Einige Lieder lang war er einer der glücklichsten Bewohner Waldhagens.

Nach einer Weile aber zerfiel das Fest in seine Gruppen, am Ausschank, vor den Toiletten, auf der Tanzfläche, vor der Tür. Frederik gesellte sich zu den anderen Kindern, die draußen unter dem Vordach der Schießbude ihre eigene

Versammlung abhielten, weil das nun mal angesagter war, als mit den Alten zu feiern. Von draußen hörte er, dass die Musik allmählich aufdrehte, bald trampelte ein Heer von Füßen auf den Holzplanken, vereinzeltes Jauchzen drang aus der Halle.

Es war bereits nach Mitternacht, als er wieder hineinging, um seine Eltern zu suchen. Die Luft roch jetzt nach Bier und Schweiß. Zwischen den mächtigen Wagenrädern, die als Halterung für die Lampen von der Decke hingen, mühte sich ein einsamer Ventilator mit dem Dunst der Zigaretten ab. Frederik entdeckte seinen Vater. Er stand allein vor der Bühne, am Rande der Tanzfläche, und versuchte, sich im Takt der Musik zu bewegen, was ihm sichtlich misslang. Die Scham, die Frederik sogleich wieder empfand, ging weit über die Peinlichkeit hinaus, die andere Kinder spürten, wenn sie ihre Eltern feiern oder tanzen sahen.

»Wo ist Mama?«, fragte er. Sein Vater zuckte die Achseln.

»Ist sie nach Hause gegangen?«

»Tschüss hat se jedenfalls nich jesacht.« Sein Lallen machte es schwer, ihn zu verstehen.

Die Band stimmte nun das Lied *Sauerland* an, eine Hymne auf die Heimat, mit der auch sein Vater etwas anfangen konnte, denn pünktlich zum Refrain reckte er seinen Zeigefinger in die Luft und grölte im Chor:

»Sauerland, mein Herz schlägt für das Sauerland,
begrab mich mal am Lennestrand,
wo die Misthaufen qualmen,
da gibts keine Palmen.«

Die Art und Weise, wie die Waldhagener die Worte »Misthaufen« und »Palmen« sangen, sollte zeigen, dass sie froh waren, das eine zu haben und das andere nicht. Dem Lied gelang es, ein ganzes Dorf in Ekstase zu versetzen, Stimmen überschlugen sich, Augen wurden feucht. Frederik suchte den brodelnden Saal noch einmal nach seiner Mutter ab, selbst unter den Tischen, wo sich die Festgäste zu vorgerückter Stunde gerne mal aufhielten. Dass sie nach Hause gegangen war, ohne sich zu verabschieden, konnte er sich nicht vorstellen, und wenn sie es doch getan hatte, war etwas nicht in Ordnung. Aufgeregt lief er wieder nach draußen. Die Hymne des Sauerlands hatte ganz Waldhagen in die Halle gelockt und den Festplatz seiner nackten Trostlosigkeit überlassen. Der Schießstand hatte seine Klappe heruntergelassen und war wieder zur Metallkiste geworden, am Stand mit den Süßigkeiten packte eine Frau die letzten Lebkuchenherzen mit der Aufschrift »Ich hol Dir die Sterne vom Himmel« in einen Karton. Die Glühbirnen an den Ketten des Karussells spiegelten sich in den Regenpfützen. Nur die Bierbude hoffte noch auf Gäste. Von seiner Mutter keine Spur.

Frederik rannte am Imbissstand vorbei auf den Parkplatz, dort hielt er inne und lauschte in die Nacht. Er war umstellt von Golf GTIs, Opel Mantas, einem 190er-Mercedes und einem mit Plane umhüllten Anhänger, in dem die Band »Die Fröhlichen Flamingos« ihre Instrumente transportierte. Hatte er nicht eben ein Knarzen gehört? Nein, außer der Musik der Flamingos war da nur die Belüftungsanlage des Imbissstands, die den Geruch von Fritten und Wurst lauthals in die Nachtluft pumpte. Wieder das Geräusch, ein Knarzen, eindeutig, es kam von der Rückseite der Halle.

Den Rücken an die Wand gepresst schob er sich langsam zur Ecke des Gebäudes vor. Das Geräusch wurde lauter. Eine Weile stand er da und traute sich kaum zu atmen. Schließlich hielt er sein rechtes Auge an den Schlitz zwischen Hauswand und Abflussrohr. Weiße Schenkel leuchteten ihm entgegen. Die Schenkel seiner Mutter.

Jemand hatte das schöne geblümte Kleid weit über ihre Hüfte geschoben. Ihre Pobacken klebten auf einer von Vogelscheiße verkrusteten Fensterbank, ihr Rücken wurde gegen einen Rollladen gepresst, von einem Mann, dessen heruntergelassene Hose im Takt seiner Bewegungen auf dem Boden schleifte, vor und zurück wie ein Wischmopp. Der Mann hatte seine Finger in den Nacken von Frederiks Mutter gekrallt und rammte seine Hüfte zackig gegen ihren Schoß. Bei jedem Ruck gegen den Rollladen gab sie entweder ein Stöhngeräusch von sich oder ein ekelhaftes Wort, auf das der Mann sogleich mit einem noch ekelhafteren Wort antwortete. Sonst machte er keine Geräusche.

Drinnen im Saal war das *Sauerland* in die Verlängerung gegangen. Frederik hörte den Trommelwirbel, das rhythmische Stampfen hunderter Füße und die Bierkehlen grölen:

»Sauerland, mein Herz schlägt für das Sauerland,
begrab mein Herz im Lennesand,
wo die Mädchen noch wilder als die Kühe sind.«

Zwei Meter hinter der Hallenwand fiel eine Böschung ab ins Nirgendwo. Zwischen Wand und Abgrund war ein Korridor der Verwahrlosung entstanden, ein Friedhof der Dinge, die das Dorf nicht mehr benötigte. Alles moderte, eine Vitrine neben einer Geschirrspülmaschine, eine Gartenschaukel neben einem Tischventilator. Es stank erbärmlich. Frederik und seine stöhnende Mutter trennte nur ein Schaukelstuhl, dessen Polster die Feuchtigkeit und die Ratten zerfressen hatten und der tief im nassen Boden versunken war.

Er spürte, wie sich Entsetzen in ihm sammelte, wie es anschwoll und sich zu einem hellen, spitzen Schrei formierte, der kurz davor war, seine Kehle zu verlassen, aber seine Mutter kam ihm zuvor. Sie rutschte von der schmierigen Fensterbank und schrie. Der Mann versuchte noch, ihren Absturz zu verhindern, indem er seine Hüfte hart gegen ihren Schoß stieß, aber da schmirgelte Elvira Kallenberg bereits mit dem Rücken den Putz herunter. Für einen Moment schien sie reglos am Boden zu liegen, richtete sich aber rasch wieder auf, zog hastig ihren Schlüpfer hoch, streifte das Kleid an ihren Beinen runter und zischte etwas Gehässiges. Blitzartig löste Frederik seine Stirn vom kalten Abflussrohr der Dachrinne und stürzte durch das Labyrinth parkender Autos zurück zum Festplatz.

Dort angekommen sah er gleich seinen Vater. Auch er war auf der Suche, stand am Bierstand und fahndete in den Tiefen seiner Hosentaschen nach Getränkebons. Bald hingen ihm die Innenfutter wie Elefantenohren von den Hüften. Als er die Bons endlich gefunden hatte, stand er vor der nächsten Herausforderung. Nun galt es, die richtige Anzahl von seinem Streifen zu trennen, um eine weitere »Mischung«, wie er es nannte, zu bezahlen, wobei die Mischung darin bestand, dass er ein Kornglas in die frisch gezapfte Biertulpe stürzte und das Glas danach schwenkte, als handle es sich um einen edlen Cognac.

Nachdem er resigniert den ganzen Streifen über die Theke geschoben hatte, torkelten drei Männer aus der Halle. »Und, Günther, pichelst dir mal wieder einen, woll?«, rief einer der Männer. Sein Vater nickte geistesabwesend.

»Richtig so!«, rief ein anderer. »Hasses ja auch nich leicht mit deiner Ollen.«

Das Wort »Ollen« riss seinen Vater aus dem noch laufenden Mischvorgang. »Wat sachse da?«

»Ich sach: Du hasses nich leicht mit deiner Frau.«

»Wat is mit meiner Frau?« Seine Stimme klang aggressiver als bei seiner ersten Frage. »Wat soll sein mit der?«

»Ruhig bleiben, Günther, altes Haus. Hömma, mach keine Spirenzkes hier. Sach, wo issn deine Frau gezz grad?«

»Geht dich n Scheiß an.«

»Nu werd ma nich frech, muss uns nich gleich anbölken. Is ja scheinbar normal, dat deine Olle mit nem andern Kerle zugange is. Soll ja nich dat erste Mal sein, wie man hört, wonnich?«

»Kriss gleich einen auffe Jacke!« Frederik sah, wie sein Vater einen Schritt auf die drei zuwankte, wobei er sein Bierglas von der Theke stieß. Die Scherben kickte er nun in Richtung der Männer, verlor dabei das Gleichgewicht und knallte auf den nassen Asphalt. »Sach so was nich!« brüllte er auf dem Boden liegend. »Erzähl mir hier nich so ne Scheiße, du Arschloch!«

Sein Gegenüber aber hatte jetzt noch größere Lust, »so ne Scheiße« zu erzählen. »Hömma, hasse nich gesehen, mit wem se außer Halle raus is? Dat war der Schnüttgens Micha, dieser Schreiner aus Neu-Listernohl. Hömma, ich war nich der Einzigste, der die beiden gesehn hat. Stimmts oder hab ich recht, Männer?« Die Angesprochenen johlten, als sei ein Tor gefallen.

Günther Kallenberg richtete sich auf und schrie: »Halt die Fresse, du Drecksau.« Er schrie wie von Sinnen. »Elvira is zu Hause. Zu Hause, verstehse? Zuu Haauuseee.« Er schien den Verstand zu verlieren, trat wild um sich, stürmte auf den Mann zu, der vom Schreiner aus Neu-Listernohl gesprochen hatte, drosch mit seiner rechten Hand auf ihn ein, und so entsetzlich all das anzusehen war, so gefiel es Frederik doch, dass sein Vater sich endlich wehrte. Günther Kallenberg hatte seinen Kontrahenten tatsächlich niedergeschlagen, ohne fremde Hilfe, und mit nur einem Fausthieb. Leider ließen die Folgen dieses Triumphes nicht lange auf sich warten. Denn jetzt warfen sich die anderen Männer auf seinen Vater, versuchten seine Arme zu packen, boxten ihm in den Magen, zwangen ihn zu Boden, traten ihn in Rücken, Beine, Brust.

»Lasst ihn!« Frederiks Schrei hallte über den Festplatz. Er hatte die Anfänge des Disputs aus dem Schutz der Dunkelheit verfolgt, nun aber rannte er auf seinen am Boden liegenden Vater zu, entschlossen, ihm zu helfen. Es war ihr Nachbar, der ihn im letzten Moment stoppte und fest an sich drückte.

Das Geschrei hatte inzwischen weitere Dorfbewohner auf den Festplatz gelockt, wo sie einen Halbkreis um das prügelnde Knäuel bildeten. »Holt die Bullen«, rief einer, »der Günther is bekloppt geworden!«, woraufhin der Festwirt zurück in die Halle rannte, um zu telefonieren. »Bleib ruhig, mein Junge«, flüsterte der Nachbar. »Sie tun ihm nichts, sie halten ihn nur fest, bis er sich beruhigt hat.« Frederik zitterte am ganzen Körper, presste sich an den Nachbarn und ließ sich von ihm den Kopf streicheln. Schon kreiste das Blaulicht der Polizei am Himmel. Mit heulenden Reifen jagte der Einsatzwagen durch das Dorf und hielt schließlich vor dem Imbissstand. Zwei Beamte ließen sich die Lage erläutern, zogen Handschellen und Fußfesseln heraus und forderten die Bändiger seines Vaters auf, ihnen das Problem zu überlassen.

Als die Männer Günther Kallenberg losließen, war es, als habe man ein wildes Tier aus seinem Käfig gelassen. Wieder trat er um sich, stand auf, fluchte, schlug auf die Polizisten ein, erwischte einen von ihnen am Hemdkragen und zerrte derart fest daran, dass alle Knöpfe abplatzten. Dann setzte er auch seinen Kopf als Waffe ein und hämmerte seine Stirn gegen die Staatsgewalt. Es dauerte eine Weile, ehe sie ihn überwältigt hatten. An den Füßen gefesselt, die Arme mit Handschellen auf dem Rücken fixiert, trugen sie ihn zum Einsatzwagen. Frederik sah, wie sein Vater ein letztes Mal Widerstand leistete, ehe die Polizisten seinen Kopf ins Fahrzeug drückten und die Tür verriegelten. »Lasst ihn frei, bitte lasst meinen Vater frei«, wimmerte er leise vor sich hin. »Er ist doch kein Verbrecher.« Aber da sprang bereits der Motor an. Jetzt erst erkannte er, dass sein Vater, die Stirn gegen die Fensterscheibe gepresst, in der Dunkelheit des Platzes nach etwas suchte – nach ihm, seinem Sohn. Es dauerte einige Sekunden, der Wagen rollte bereits an, bis sich ihre Blicke trafen. Frederik sah die flehenden Augen seines Vaters, sie riefen nach Hilfe, nach ihm, seinem letzten Vertrauten. In Frederik rangen Mitleid und Verachtung miteinander, das eine Gefühl befahl ihm, das Polizeiauto zu stoppen, das andere, schnell abzuhauen. Schließlich drehte er sich weg und lief davon.

Er rannte durch die gaffende Menge, so schnell wie er nie in seinem Leben gelaufen war, sprang über den Zaun eines Vorgartens, nahm einen weiteren Zaun, gelangte auf die Hauptstraße des Dorfes und verlangsamte erst jetzt seine Schritte. Von hier waren es nur wenige Meter bis zur Bushaltestelle. Sein Herz klopfte, als wolle es die schmächtige Brust von innen sprengen.

An der Haltestelle setzte er sich auf die Bank und vergrub sein Gesicht in den Händen. Am liebsten wäre er für immer abgehauen, weg von diesem Ort, weg von diesen Eltern. Wenn jetzt ein Bus gekommen wäre, Frederik wäre eingestiegen, fort in ein anderes Leben. Aber es kam zu dieser Stunde kein Bus mehr.

DREI

Zwei Wochen waren vergangen, seit man seine Notiz gefunden hatte. In dieser Zeit hatte sich der Präsident des Deutschen Bundestags geweigert, den Fall zu kommentieren. Umso verwunderter reagierten die Abgeordneten, als kurzfristig ein zusätzlicher Tagesordnungspunkt in den Ablauf der 115. Sitzung des Deutschen Bundestags, der letzten vor der Sommerpause, aufgenommen wurde. »Aktuelle Stellungnahme des Präsidiums in der Angelegenheit Kallenberg, MdB.« Auf den Hinweis, dass Kallenberg der konservativen Partei angehörte, war im offiziellen Schriftsatz verzichtet worden. Es ging um Größeres.

Das Plenum war an diesem Vormittag weit besser besucht als die restliche Tagesordnung – Beratung zum Antrag »Umweltschutz im und durch den Sport stärken« oder »Aktuelle Stunde zur Situation in Aserbaidschan nach den Präsidentschaftswahlen« – hätte vermuten lassen. Voll waren die Reihen immer dann, wenn die Fraktionsvorsitzenden dies anordneten. Ansonsten funktionierte das Parlament nicht anders als ein herkömmliches Stadttheater. Es musste etwas geboten werden, sonst blieben die Stühle leer. An diesem Vormittag waren die Abgeordneten freiwillig erschienen.

Die digitale Anzeige schräg hinter dem Rednerpult zeigte 11.03 Uhr, als sich der Präsident von seinem Stuhl erhob und das Mikrofon am Ende einer schwarzen Stange aus dem Tisch zog, bis es auf Kinnhöhe mit einem leisen, durch die Lautsprecher aber im ganzen Saal zu vernehmenden Klacken einrastete. Man hätte dem Flug einer Mücke lauschen können, hätte es im hermetisch abgeriegelten Bundestag eine gegeben.

»Meine lieben Kolleginnen und Kollegen, gestatten Sie mir aus aktuellem Anlass ein paar Bemerkungen zu den Spekulationen über unseren geschätzten und derzeit vermissten Kollegen Frederik Kallenberg.«

So andächtig hatte man das Plenum selten erlebt. Selbst der Sozialdemokrat Bendler, der ansonsten schon empört dazwischenblökte, wenn der politische Gegner nur »Guten Morgen« sagte, saß schweigend, das Kinn auf den Handrücken gestützt, auf seinem Platz, fast so, als hätte er Manieren. Nur oben auf der Tribüne, wo Besuchergruppen den Abgeordneten für fünfzehn Minuten auf die Schultern schauen durften, kam jetzt leichte Unruhe auf, weil eine neue Gruppe ihre Plätze einnahm.

»Da sich etliche von Ihnen an uns, das Präsidium des Deutschen Bundestags, mit Fragen nach dem Verbleib des Abgeordneten Kallenberg gewandt haben, möchte ich an dieser Stelle betonen, dass auch uns keine Erkenntnisse vorliegen, die über die Aussagen der Polizei hinausgehen.«

Der Präsident sah von seinem Blatt auf und blickte ins Plenum. Selten war die Verunsicherung in diesem Haus größer gewesen. Zu allem, was hier diskutiert wurde, hatten die Abgeordneten gewöhnlich eine Meinung, oder sie taten wenigstens so. Die großen Fragen der Welt, von

Kriegseinsätzen über die Deutsche Bahn bis zur Frauenquote, das alles wurde von Menschen verhandelt, denen das Fragezeichen fremd geworden war, weil sie gemerkt hatten, dass sie mit Fragezeichen hier nicht weiterkamen, sondern Ausrufezeichen benötigten. Wer zur Nachdenklichkeit neigte, hatte sich im Gebäude geirrt; frei nach Darwin herrschte in dieser Arena das Gesetz des entschiedenen Auftritts.

Der »Fall Kallenberg« aber, wie die Zeitungen ihn jetzt nannten, ließ die Abgeordneten mit einem Meer voller Fragezeichen zurück. Es wurde viel getuschelt, geflüsterte Vermutungen huschten von Ohr zu Ohr. Jeder hatte inzwischen eine eigene Theorie über den Abgeordneten Kallenberg und dessen Verbleib, auch die Kanzlerin, die auf ihrem Platz in der Regierungsbank hin- und herrutschte, als ginge es um ihren eigenen Sohn. Eigentlich gehörte sie zu den Menschen, die chronisch positiv dachten, weshalb sie noch immer an die harmloseste von allen Theorien glaubte – so berichteten es zumindest ihre Vertrauten, denn öffentlich hatte sie sich zum Fall Kallenberg bislang nicht geäußert. Letztlich wusste sie aber nicht mehr als alle anderen in diesem Saal; am Ende klammerte selbst sie sich nur an eine Hoffnung. Sie war eben Optimistin. Auch das unterschied sie von Kallenberg.

Völlig überfordert hatte den Deutschen Bundestag die Frage, wie man mit Kallenbergs Platz umgehen sollte. Dass ein Abgeordneter plötzlich verschwunden war, hatte es noch nie gegeben. Meistens hatte er hinten gesessen, vorletzte, bestenfalls drittletzte Reihe, im »Mauerstreifen«, wie die Plätze am Gang gleich neben den Grünen in seiner Fraktion genannt wurden. Die weniger wichtigen Volksvertreter, besonders jene, die noch nicht lange dabei waren, hatten keinen Anspruch auf einen eigenen Stuhl. Kallenberg stand am Ende seiner ersten Legislaturperiode, er zählte noch zu den »Frischlingen«, und Frischlinge saßen immer hinten. Mit den Jahren und Perioden konnte man dann langsam nach vorne rücken.

Als sein Verschwinden vor ein paar Tagen bekannt geworden war, hatten die Kollegen großzügig den gesamten Bereich freigelassen, in dem Kallenberg meist gesessen hatte, selbst während jener Debatten, bei denen vollzähliges Erscheinen gefragt war. Einige Mitglieder von seiner Fraktion nahmen dann Stehplätze hinter der letzten Reihe ein, fast wie im Fußballstadion. Andere bekamen frei gebliebene Plätze in den Reihen der Opposition angeboten, was einen pathetisch veranlagten Feuilletonisten zu der Bemerkung veranlasste, das Parlament rücke in der Stunde der Trauer enger zusammen.

Vor zwei Tagen hatte der Parlamentspräsident, dem das Durcheinander zunehmend zum Ärgernis geriet, einen Blumenstrauß auf einen jener Stühle legen lassen, von denen es hieß, Kallenberg habe häufig darauf gesessen. Nun ruhte auf dem blauen Sitzbezug von Platz 389, drittletzte Reihe gleich am Gang, ein gelber Strauß Chrysanthemen, denn Chrysanthemen, das erzählten jene, die ihn besser kannten, waren Kallenbergs Lieblingsblumen.

Kaum war diese Lösung gefunden, sorgte der Strauß selbst für neue Irritationen. Es gab Abgeordnete, die ihn zu ignorieren versuchten, weil ihnen ein leerer Sessel, auf dem ein Blumenstrauß lag, Unbehagen bereitete. Andere, vornehmlich weibliche Abgeordnete, hielten einen Moment lang inne, wenn sie an Platz 389 vorbeikamen, und versuchten, ihrem Blick etwas Andächtiges abzuringen. Wieder andere behalfen sich mit einem Kreuzzeichen vor Stirn und Brust, was von ganz anderen wiederum mit dem Hinweis kritisiert wurde, dass ein Kreuzzeichen unmissverständlich auf Tod hindeute, dabei wisse doch niemand, ob Kallenberg nun untergetaucht, ausgestiegen, verunglückt oder verstorben war. Man wusste vorerst nur, dass unbeholfene Menschen sich seltsam verhielten, das war bei Volksvertretern nicht anders als beim Volk.

Unglücklich war auch, dass sich die Bundestagsverwaltung statt für einen Trockenstrauß für Schnittblumen entschieden hatte. Und da man den Strauß nicht in eine Vase mit Wasser gestellt, sondern einfach abgelegt hatte, fingen seine Blätter und Blüten bereits an zu welken. Am Morgen hatten die ersten Blumenstrauß-Witze im Plenum die Runde gemacht. Dass im chronisch knappen Haushalt wohl das Geld für einen frischen Strauß fehle. Dass man zur Not an die Tankstelle gehen könne – dort seien Blumen günstig.

Viele Mitglieder dieser Versammlung waren einmal in die Politik gegangen, um das Land liebenswerter, umweltfreundlicher, sozialer oder effizienter zu machen, je nach persönlicher Prägung. Doch weil sich ihr Anliegen als unglaublich mühsam erwiesen hatte, waren sie mit jeder Legislaturperiode zynischer geworden. Der bekennende Konservative Kallenberg schien da eine Ausnahme zu sein, er hatte dem Schrumpfungsprozess der Ideale bislang erfolgreich getrotzt. Bei allem, was man über ihn sagen konnte – zynisch war er nie gewesen. Neben dem Terrorismus, der Wollust, der Frauenbewegung und dem Internet hielt er den Zynismus für eine der zersetzendsten Plagen unserer Zeit.

»Ich möchte alle verehrten Kolleginnen und Kollegen bitten, die angelaufenen Ermittlungen der Polizei bei ihrer Arbeit zu unterstützen, wohl wissend, dass einige von Ihnen dies bereits getan haben. Dafür danke ich Ihnen.«

Der Präsident bewegte seinen Kopf langsam von links nach rechts, wie eine Kamera schwenkte sein Blick über sämtliche Glaubensgemeinschaften, die das Volk in den Bundestag gewählt hatte, wobei ihm auf Höhe von Kallenbergs konservativen Parteifreunden das heftigste Nicken entgegenkam, während die Linken und die Grünen noch zu rätseln schienen, welches Gesicht sie diesem sonderbaren Moment leihen sollten.

»An dieser Stelle möchte ich mich mit einer knappen Bemerkung und einer daraus folgenden Bitte an die Medien wenden. Was in den vergangenen Tagen öffentlich über den Verbleib unseres geschätzten Kollegen spekuliert wurde, unterbot die Grenzen journalistischen Anstands.«

Der Präsident reckte das Kinn. Er musste seinen Kopf nur ein wenig anheben, um Julia Kallenberg zu sehen. Während die anderen vier Tribünen für Besucher und Journalisten bestimmt waren, blieb der mittlere Balkon den besonderen Gästen des Parlaments vorbehalten. An diesem Vormittag war die Ehrentribüne ziemlich leer, ein paar Bundeswehrsoldaten in Ausgehuniform waren gekommen, der Botschafter Aserbaischans und dann noch drei Abgesandte einer Bürgerinitiative gegen die Rheintalbahn, die heute ebenfalls auf der Tagesordnung stand.

Julia Kallenberg war die einzige Frau auf dieser Ehrentribüne. Schlank und groß gewachsen saß sie da, das rechte Bein über das linke geschwungen, die Arme durchgedrückt, die Hände auf das rechte Knie gestützt, das Kreuz gerade, als habe man eine Wasserwaage angelegt. So aufrecht und stolz hatte man im Parlament lange niemanden mehr sitzen sehen.

Keiner von Kallenbergs Kollegen hatte damit gerechnet, dass seine Frau der Erklärung des Präsidenten persönlich beiwohnen würde. Sie dachten, dass es zu traurig und zu aufwühlend für sie sei. Aber Julia Kallenberg gehörte zu den Menschen, die wussten, was sie sich zumuten durften und was nicht.

Ganz alleine hatte sie sich allerdings nicht auf den Weg in die Hauptstadt gemacht. Neben ihr saß ein Mann im schwarzen Anzug, dessen weißes, über seinem Kehlkopf aufblitzendes Kollar ihn für alle im Saal als Priester erkennbar machte. Pfarrer Schmiedebach kannte Kallenberg seit seinem zwölften Lebensjahr und hatte ihn und Julia vor nunmehr fünfzehn Jahren getraut. Jetzt ruhte seine Hand wie ein Wärmepflaster auf ihrem Unterarm und verströmte Ruhe und Gelassenheit. Dabei hatte sich seit Kallenbergs Verschwinden auch sein Alltag verändert. Als Pfarrer von Waldhagen hatte Schmiedebach feinfühlig registriert, in welchen Zustand der Verunsicherung die Nachricht vom verschollenen Kallenberg das Dorf zuletzt versetzt hatte.

Einerseits sorgten sich die Waldhagener um ihren fleißigen und hoch geachteten Abgeordneten, der ihrer Gegend in der vergangenen Zeit zu einer gewissen Prominenz verholfen hatte. Andererseits war sein Verschwinden so mysteriös, dass es ein allgemeines Unbehagen aufkommen ließ, denn Unerklärliches konnten die Menschen dort gar nicht gut leiden. Sie wussten die Dinge gerne geklärt. Vor zwei Tagen hatte der Pfarrer Kallenbergs

Schicksal zum Thema seiner Predigt gemacht. Kaum hatte er mit einem Verweis auf Matthäus 21, Vers 22 (*Wenn ihr nur Vertrauen habt, werdet ihr alles bekommen, worum ihr Gott bittet.*) begonnen, war Kallenbergs Mutter in einer der hinteren Reihen in einen Weinkrampf verfallen, dann kollabiert und erst in der Sakristei, unter Einsatz von kalten Umschlägen und 4711 – Echt Kölnisch Wasser, wieder zu Bewusstsein gelangt.

Schmiedebach löste seine Hand von Julia Kallenbergs Unterarm und deutete auf die überall im Saal postierten Kameras, und obwohl auch sie wusste, dass die Sitzung übertragen wurde, schien es, als zucke sie zusammen.

»Seien Sie versichert, liebe Frau Kallenberg, dass unser aller Gedanken in diesen Tagen der Ungewissheit bei Ihnen und Ihren beiden Söhnen ruhen.«

Die Abgeordneten bekräftigten die Worte des Präsidenten mit einem Applaus, und nun, da das gesamte Parlament zu ihr hinaufsah, bedankte sie sich mit einem vorsichtigen Nicken. Selbst einige Journalisten auf der Pressetribüne stimmten in den Applaus ein, trotz all der üblen Gerüchte, die dieser Berufsstand in den letzten zwei Tagen über Kallenberg in die Welt gesetzt hatte.

In der ersten Woche war seine Abwesenheit nicht groß aufgefallen. Eine Zeitung hatte nach seinem Verschwinden sogar noch ein Interview gedruckt, in dem er über sein Lieblingsthema, die »Notwendigkeit einer neuen, wertebasierten Familienpolitik«, sprach. Noch einmal beklagte er darin, dass der Familie als »Urquelle der Gesellschaft« zu wenig Respekt erwiesen werde, und machte Vorschläge, wie man diese »Fehlentwicklung« korrigieren könne. Es waren diese Vorschläge, für die er zuletzt reichlich Spott geerntet hatte, auch von jenen Journalisten, die jetzt von der Nebentribüne auf seine Frau starrten.

Als Kallenberg vor ein paar Tagen überraschend nicht auf dem Kongress des Deutschen Familienverbandes aufgetaucht war, wo er eine Grundsatzrede halten sollte, wurden die ersten Medien hellhörig. In den vergangenen zwei Tagen waren dann erste Andeutungen in den Blättern erschienen. »Mutmaßungen über Kallenberg« hatte eine Zeitung einen Bericht überschrieben. Über einen »Unfall« wurde spekuliert oder ein »Doppelleben im Berliner Nachtleben«, was ebenso weit hergeholt war wie die Berichte über ein »tiefes Zerwürfnis mit der Kanzlerin«. Vermutlich spielte bei dieser Form der Berichterstattung auch der heraufziehende Bundestagswahlkampf eine Rolle. Der Wahltag war für den 22. September terminiert, in gut drei Monaten also, und in solchen Zeiten purzelten die Maßstäbe gerne mal durcheinander.

Nach den Geschichten über das vermeintliche Zerwürfnis, welche die Kanzlerin durch einen Sprecher auf das Heftigste dementieren ließ (»Die Bundeskanzlerin und Frederik Kallenberg hatten erst vor Kurzem ein ebenso langes wie konstruktives Gespräch in freundschaftlicher Atmosphäre.«), wurde der Gerüchtebrei wieder und wieder aufgekocht und mit immer neuen Zutaten versehen. Die Kanzlerin war früh auf Kallenberg aufmerksam geworden. Der Grund war sein Kampf für das »Müttergeld«, mit dem er jene Frauen finanziell unterstützen wollte, die sich ganz der Erziehung ihrer Kinder widmeten. Nie zuvor hatte sich ein Abgeordneter gleich in seiner ersten Legislaturperiode getraut, einen eigenen Gesetzesentwurf zur Beratung vorzulegen, ganz abgesehen davon, dass die meisten

Initiativen von der Regierung und nicht von den Abgeordneten ausgingen. Sein Mut hatte Kallenberg ebenso viel Beachtung wie Feinde beschert.

»Dass diese Form von Berichterstattung die Suche nach unserem Kollegen nicht gerade vereinfacht hat, muss ich, denke ich, nicht weiter betonen. Ich möchte Sie, verehrte Kolleginnen und Kollegen, ersuchen, einen solchen Journalismus nicht mit öffentlichen Äußerungen zu beflügeln.«

Ein alter Hase der Parlamentsberichterstattung, der auch heute wieder auf seinem Stammplatz in der dritten Reihe der Pressetribüne saß, hatte am Vortag geschrieben, die Politik habe Kallenberg am Ende krank gemacht. Das System. Die eigene Bedeutungslosigkeit. Die zunehmende Hektik bei gleichzeitigem Stillstand. Der Lauf der Zeit. Die Moderne. Der Text war ziemlich diffus, aber er wirkte irgendwie intellektuell, und allein das war sein Ziel. Journalisten, besonders jene bei den großen Zeitungen und Magazinen, hatten eine Neigung, die Dinge heillos zu überhöhen und gerade Nebensächlichkeiten eine Bedeutung beizumessen, die sie nicht verdienten. Aus der Art und Weise etwa, wie jemand seinen Kaffee zu sich nahm, glaubten viele Journalisten Rückschlüsse auf dessen Charakter ziehen zu können (»Er trank ihn schwarz, Kallenberg war ein harter, kompromissloser Hund.«).

Manche Pressevertreter hatten selbst in den knapp zweiwöchigen Malediven-Aufenthalt des jungen Abgeordneten etwas hineinzugeheimnissen versucht. Die Reise gab Anlass zu Spekulationen, weil Kallenberg und die Malediven nun wirklich nicht zueinander passten. »Abgeordneter im Paradies verschollen?«, hatte ein Boulevardblatt gefragt, dabei hätte ein Blick ins Archiv der Lokalzeitung für den

Beweis des Gegenteils genügt, die den gut gebräunten Kallenberg »frisch aus den nachgeholten Flitterwochen zurück« bei der Freigabe einer Umgehungsstraße in seinem sauerländischen Wahlkreis gezeigt hatte.

Noch fantasievoller wurde mittlerweile im Internet spekuliert, dem »Rummelplatz für Verrückte«, wie Kallenberg selbst es genannt hatte. Sein Eindruck war, dass das Netz in den satten Gesellschaften des Westens vor allem die Masse der Gelangweilten anzog, bei denen sich ein Reichtum an Zeit mit einer Armut an Ideen paarte. Als plötzlich von der Existenz eines »Abschiedsbriefs« die Rede war, glaubte die Netzgemeinde ein eindeutiges Indiz entdeckt zu haben. Dabei war Kallenberg tief katholisch und Selbstmord aus kirchlicher Sicht eine Sünde – aber das ließ sie, bewusst oder unbewusst, außer Acht.

Dass er das Internet schon lange gehasst hatte, lag nicht nur an Seiten wie www.kallenbergswirrewelt.de oder www.stoppt-kallenberg.de, auf denen Stimmung gegen ihn gemacht und vor allem sein Einsatz für das Müttergeld durch den Kakao gezogen wurde. Manche User drohten sogar, ihm oder seiner Familie etwas anzutun. Immer häufiger hatte er abends stundenlang vor seinem Rechner gesessen und die Kommentarspalten durchforstet, wie gelähmt von dem Hass und der Häme, die ihm dort entgegenschlugen. So fürchtete Kallenberg sich vor dem Netz, wie er sich vor allem fürchtete, das man nicht unter Kontrolle bringen konnte: dem Terrorismus, der Wollust oder der Frauenbewegung.

»Egal, was da dieser Tage spekuliert wird, eines steht für uns fest: Wir werden die Letzten sein, die die Suche nach dem Kollegen Kallenberg aufgeben. Bis das Gegenteil bewiesen ist, werden wir Sie mit der Hoffnung begleiten, ihn bald wieder in unseren Reihen zu haben.«

Der Blick des Präsidenten löste sich von seinem Sprechzettel, wanderte über die Köpfe der vor ihm sitzenden Stenografen hinweg und verharrte auf Kallenbergs Stuhl. Auch andere Abgeordnete sahen nun zu den Chrysanthemen hinüber, deren welke Blüten die ganze Trostlosigkeit der Lage widerspiegelten.

»So traurig und verstörend dieser Vorgang für uns alle ist, so klar ist auch, dass wir uns unserer eigentlichen Aufgabe bewusst sind und dieser weiter nachkommen werden: Unserem durch das deutsche Volk verliehenen Auftrag, seine Geschicke verantwortungsvoll und nach bestem Wissen und Gewissen zu lenken. Dies ist sicherlich auch im Sinne unseres geschätzten Kollegen, der uns hoffentlich bald wieder dabei unterstützen wird.«

Ein letzter bedeutungsschwerer Blick zu Kallenbergs Stuhl, dann hoch zu dessen Frau.

»Ich danke Ihnen für Ihre Aufmerksamkeit.«

Ein dosiertes, um Würde bemühtes Klatschen setzte ein, es kam aus allen Richtungen des Plenums, also »über die Parteigrenzen hinweg«, wie der Kommentator des Fernsehens in sein Mikrofon murmelte, wo man gerne auf bewährte Floskeln der politischen Berichterstattung zurückgriff. Viele von denen, die nun klatschten, hatten sich mehr als einmal über Kallenberg lustig gemacht. Sie hatten ihn als »Graffiti-Kallenberg« verspottet, weil er gefordert hatte, das Sprayen an Hauswände härter zu bestrafen. In kürzester Zeit war er zum Lieblingsfeindbild aller Linken geworden. Die alternative Tagespresse taufte ihn, in Anlehnung an einen sittenstrengen Erzbischof, den »neuen Dyba«, weil Kallenberg in einem Radiointerview beklagt hatte, dass »die moderne Frau« ihren »weiblichen Pflichten« nicht mehr ausreichend nachkomme, womit er vor allem ihre »gottgegebenen Stärken als Mutter und Hauswirtschafterin« meinte. Diese Aussage hatte Kallenberg nach dem Aufschrei, den sie ausgelöst hatte, nicht mehr wiederholt. Der neue Dyba blieb er trotzdem.

Seine Frau und sein Freund oben auf der Ehrentribüne hatten ein wärmeres Bild von Frederik. Wer ihn wie Julia Kallenberg und Pfarrer Schmiedebach seit seiner Jugend kannte, der kannte einen emphatischen, bescheidenen, stets hilfsbereiten Menschen. In seinem Dorf im Sauerland schwärmten die Leute davon, wie er seine Frau behandelte – selten habe ein Mann seiner Gattin mehr Respekt, Aufmerksamkeit und Dankbarkeit entgegengebracht, hieß es. Wer es gut mit Kallenberg meinte, der sah in ihm einen konservativen Revolutionär. Für viele aber war er schlicht ein reaktionärer Sack.

Der Bundestagspräsident ließ sich die Unterlagen mit der weiteren Tagesordnung reichen. Einer der Saaldiener, die gemäß Arbeitsvertrag Frack trugen, um der ganzen Veranstaltung wenigstens über den Umweg der Kleidung einen Hauch von angelsächsischer Würde zu verleihen, brachte ihm ein neues Glas Wasser; das alte hatte der Präsident nach seiner Erklärung in einem Zug ausgetrunken. Das Parlament ging nun über zum Es-muss-ja-weitergehen-Spiel, das immer gespielt wurde, wenn sich etwas Unvorhergesehenes in die Routine des Alltags gequetscht hatte.

Es sollte also weiter diskutiert und beraten werden. Dazu waren die Abgeordneten aus allen Teilen der Republik hierher gewählt worden, dass sie ihrer Region ein Gesicht und eine Stimme verliehen. Das taten sie nun wieder, auch wenn das Gesicht des Wahlkreises 150, Olpe/Märkischer Kreis I, bis auf Weiteres ein Strauß Chrysanthemen war.

Der nächste Tagesordnungspunkt wurde aufgerufen, die Beratung der Drucksache 17/4231, »Antrag auf lärmreduzierende Maßnahmen im Umfeld der Rheintalbahn«. Die drei Vertreter der Bürgerinitiative hinter Julia Kallenberg horchten auf. Die kurze Phase der Unruhe oben auf der benachbarten Besuchertribüne, wo in der Zwischenzeit eine neue Gruppe ihre Plätze eingenommen hatte, war verebbt. Stiller als gewohnt hatten die Besucher von dort verfolgt, wie der Präsident seine hoffnungsgetränkten Sätze über den Abgeordneten Kallenberg verlesen hatte, und da ihre Blicke, wie die Blicke aller im Saal, auf das Rednerpult gerichtet waren, hatte niemand die junge Frau in der dritten Reihe der Tribüne bemerkt, die am Morgen nicht nur lange für ein Besucherticket angestanden, sondern extra den roten Wickelrock angezogen hatte, den der Abgeordnete Kallenberg so gerne an ihr gesehen hatte, und deren Tränen so still an ihren Wangen hinabgelaufen waren, dass nicht mal ihre Sitznachbarn mitbekommen hatten, dass sie weinte.

VIER

An manchen Tagen war das Sauerland eine einzige Einladung, sich das Leben zu nehmen. Am Morgen nach dem Königsschießen regnete es ohne Unterlass. Es war kurz nach acht, als Frederik das Haus in Richtung Kirche verließ, in wenigen Minuten würden sich die Dorfbewohner erneut versammeln, um das Schützenhochamt zu feiern. Obwohl er keinen Schirm bei sich trug, lief er langsam. Das Wasser, das auf ihn prasselte, hatte etwas Reinigendes.

Was dem Sauerland seine Trübsinnigkeit verlieh, war weniger der Regen als der Nebel, dem hier jede Romantik fehlte, die er andernorts verbreitete, wenn er sich wie ein Schleier um Berge hüllte oder auf Wiesen bettete. Hier hatte er etwas Bedrückendes, dicht und dunkel legte er sich über Wälder, Hügel, Straßen und auch über die Seele. Alles vermischte sich zu einer kräftigen Depressionsbrühe.

Ob sie mitkommen wolle, hatte er seine Mutter gefragt, die die ganze Nacht am Küchentisch ausgeharrt hatte. Seine Eltern waren jeden Sonntag mit ihm in die Messe gegangen, ob aus einem inneren Bedürfnis oder weil es im Dorf erwartet wurde, wusste er nicht. Doch heute ging es ihr nicht gut und sein Vater lag, nachdem ihn die Polizei gegen sechs nach Hause gebracht hatte, zusammengerollt auf der Wohnzimmercouch. »Bete für ihn«, hatte sie ihm noch gesagt, »und für seine Sünden.«

»Und was ist mit deinen?«, entgegnete Frederik und ging, ohne eine Antwort abzuwarten.

Als er die Kirche betrat, bemerkte er abermals die mitleidigen Blicke. Schnellen Schrittes bog er ins rechte Seitenschiff ein, entdeckte eine freie Reihe, ließ sich am äußersten Rand der Bank nieder und legte sein Gebetbuch mit dem Ledereinband neben sich, das seine Eltern ihm zur Erstkommunion geschenkt hatten. Er hatte es geschafft, niemandem in die Augen zu sehen.

»Der arme kleine Frederik«, hörte er die Leute nun in seinem Nacken flüstern. Was in der Nacht mit seinem Vater geschehen war, wusste inzwischen das ganze Dorf, auch wenn die Schlägerei erst acht Stunden her war. Das Ansehen seiner Familie war schlecht, das verriet ihm das Getuschel, aber es konnte noch tiefer sinken. Die Grenze zwischen schlecht und vernichtend verlief aus Frederiks Sicht zwischen den Taten des Vaters und denen der Mutter. So lauschte er bangend, ob im Getuschel des Dorfes auch ihr Name auftauchte.

Jetzt schritten die Fahnenträger der St.-Antonius-Schützenbruderschaft den Mittelgang entlang. Wie in jedem Jahr schwenkten sie die Vereinsfahnen vor dem Altar, als grüßten sie Jesus, und stellten sie schließlich neben der Kanzel an die Wand. Frederik liebte diese Rituale, sie vermittelten ihm ein vertrautes Gefühl von Heimat, genau wie die Menschen und ihr unverwechselbarer Charakter. Die Waldhagener waren freundliche und schnörkellose Leute, auch wenn sich ihre Freundlichkeit, wie überall im Sauerland, nicht unbedingt in Redseligkeit äußerte.

Der Dialog, der auf den Bürgersteigen täglich neu aufgeführt wurde, ging in etwa so: Auf die Frage »Wie isset?« folgte ein kurzes, trockenes »Muss ja, woll.«, und damit war alles gesagt. Wer ehrlich und aufrichtig war, den schloss man schnell ins Herz. Wer aber im Verdacht stand, ein Schauspieler zu sein, dem zeigte man die kalte Schulter. Man musste sich nicht besser geben, als man war, nur um gemocht zu werden. Das schätzte Frederik an den Waldhagenern. Sie hatten ihn eine Bescheidenheit gelehrt, die vor Enttäuschungen schützte. Auch die Verlässlichkeit gefiel ihm – wenn einer im Dorf ein Problem hatte, am Auto, der Heizung oder auf dem Dachstuhl, dann half man sich gegenseitig. Und um den Innenausbau kümmerte sich sein Vater, der Kallenberg Günther.

Gesprochen wurde dann, wenn es etwas zu erzählen gab, und das war selten der Fall. Die großen Nachrichten aber verbreiteten sich wie ein Lauffeuer im Dorf, wobei unter *groß* nicht jene Neuigkeiten fielen, die aus der weiten Welt nach Waldhagen drangen, sondern jene, die aus der Nachbarschaft kamen. Stoff für die langen Abende in der katholischen Frauengruppe, im Männergesangverein oder in der Gaststätte bot alles, was als ungewöhnlich erachtet wurde, also von der Norm abwich. Eine Prügelei während des Schützenfests gehörte nicht dazu, das kannte man ja. Der Abtransport eines Dorfbewohners durch die Polizei schon eher. Und Fremdsex hinter der Schützenhalle gewiss.

In der Regel wusste hier jeder über jeden Bescheid, das Dorf war ein Auge, das alles sah. Man zeigte sich gerne hilfsbereit, wobei Hilfsbereitschaft in diesem Fall eine Schwester der Neugierde war. Sich umeinander zu kümmern hieß immer auch, einander zu kontrollieren.

Erst als Pfarrer Schmiedebach die Glocke läutete und die Gemeinde sich erhob, wagte es Frederik, sich umzusehen. Das ganze Dorf war zur Messe erschienen, sogar die Stehplätze vor dem Kreuzgang waren belegt. Frederik erkannte auch jene Schnapsbrüder, die in der Nacht noch auf seinem Vater gekniet hatten. Jesus und der Alkohol waren gute Freunde des Sauerländers.

Als erstes Lied wurde *Komm Heiliger Geist* gesungen, Gotteslob Nr. 241. Die Zahl wurde von einem Projektor auf die weiße Wand neben dem Altar geworfen, eine technische Neuerung, über die der Kirchenvorstand ausgiebigst gestritten hatte, ehe sie schließlich angeschafft wurde. Frederik schlug sein Gesangbuch auf und musste daran denken, wie stolz er gewesen war, als seine Eltern es ihm geschenkt hatten; im Einband stand goldfarben sein Name eingraviert. Er blätterte zu Lied Nr. 241 und stimmte in den Gesang der Gemeinde ein, die vor wenigen Stunden noch von Mädchen gegrölt hatte, die wilder als Kühe waren. Nun sangen sie:

»Komm, Tröster, der die Herzen lenkt,
Du Beistand, den der Vater schenkt;
aus Dir strömt Leben, Licht und Glut,
Du gibst uns Schwachen Kraft und Mut.«

Frederik kam langsam zur Ruhe. Er genoss die verlässliche Abfolge von Gebeten und Gesängen, von Stehen, Sitzen und Knien. Die weihrauchgesättigte Luft wärmte sein Gemüt wie die ruhige, freundliche Stimme des Pfarrers. »In unserer Zeit, da immer mehr Menschen vor dem Fernseher vereinsamen, ist es schön, wenn wir zum Feiern zusammenkommen – ganz egal, ob in der Schützenhalle oder hier, in der Kirche«, sagte Schmiedebach zur Begrüßung. »Die Worte ›ich‹, ›allein‹, ›Individualismus‹ oder ›Selbstverwirklichung‹ sind heutzutage Schlagworte einer Gesellschaft, der das Wir-Gefühl abhandengekommen ist. Deshalb freue ich mich über alle, die Gemeinschaft suchen, sei es die Gemeinschaft der Familie oder die Gemeinschaft des Dorfes. *Herr, beschütze Deine Diener auf ihrem Weg durch die Zeit.*«

Nach diesem Auftakt nahm der Pfarrer das qualmende Weihrauchfass, drehte mit ihm eine langsame Runde um den Altar und ließ es an seinen rasselnden Ketten durch die Luft tanzen. Danach schritt Schmiedebach zur Kanzel, öffnete die Bibel und kündigte eine Lesung aus dem Brief des Paulus an die Kolosser an. Bevor er begann, hob er den Kopf, als wolle er sich vergewissern, dass alle zuhörten.

»Ihr Frauen, ordnet euch euren Männern unter, wie sichs gebührt in dem Herrn.

Ihr Männer, liebt eure Frauen und seid nicht bitter gegen sie.

Ihr Kinder, seid gehorsam den Eltern in allen Dingen, denn das ist wohlgefällig in dem Herrn.

Ihr Väter, erbittert eure Kinder nicht, damit sie nicht scheu werden.«

Ein Schaudern huschte über Frederiks Nacken. Es war ihm, als schriebe nicht Paulus an die Kolosser, sondern der liebe Gott an die Kallenbergs.

»So weit die heiligen Worte.« Der Pfarrer nahm die Buchdeckel in beide Hände und sah gütig auf seine Gemeinde hinab, dann erst klappte er die Bibel schwungvoll zu und beugte sich zum Mikrofon. »Liebe Gemeinde, ihr fragt euch vielleicht: Was will uns Gott mit diesen Zeilen sagen? Nun, es geht hier um nicht weniger als um das Gelingen von Familie. Diesem göttlichen Geschenk, dem Ort, an dem wir verwurzelt sind. Beheimatet sind. Geliebt sind. Wo wir nicht dem Konkurrenzkampf unterliegen. Wo wir Anerkennung bekommen. Wo wir versorgt werden, wenn wir schwach und krank sind. Sie schützt uns vor den Zumutungen des Alltags und den vergifteten Verlockungen der Gegenwart.« Pfarrer Schmiedebach stand da, die Arme geöffnet, als wolle er all seine Schäfchen auf einmal umarmen. Er lächelte sie an, und doch war sein Blick voller Ernst.

»Man kann diesen Schatz in unseren Tagen, wo so viele zerstörerische Kräfte wirken, gar nicht hoch genug preisen. Liebe Gemeinde, ihr wisst zum Glück, welch ein Segen die Familie ist. Und viele, die diese Erfahrung nicht teilen, sehnen sich in Wahrheit nach ihr, nach einem Ort, an dem sie endlich geborgen sind.«

Frederik bemerkte, dass er ohne Unterlass vor sich hin nickte, ein Zucken der Zustimmung, das sich nicht abstellen ließ. Bislang hatte er die Predigt immer als langweiligsten Teil der Messe empfunden, diesmal aber klebte er an den Lippen des Pfarrers.

»Doch wie für alles im Leben, das gelingen soll, braucht es auch für die Familie ein paar Leitlinien. Genau das ist es, was Paulus uns hier hinterlässt.« Nun also folgte der praktische Teil seiner Predigt, die Moral zum Mitnehmen. »Regeln sind wichtig, liebe Gemeinde! Gerade in unserer Zeit, in der so viele Dämme niedergerissen, in der so viele Tabus gebrochen werden.« Genau, dachte Frederik und nickte erneut.

»Die Verbindung, ja jede Form von Bindung ist eine köstliche Einschränkung. Sie wird aber von vielen heutzutage als grausame Fessel empfunden. Was für ein Irrtum!

Ich sage euch: Ohne feste Bindung entsteht keine Erfüllung, so entsteht kein Lebensglück, so entsteht keine Freude. Eine Liebe ohne Treue hinterlässt nur Wunden und Verletzungen!«

Was Schmiedebach sagte, rührte Frederik zutiefst. Hinzu kam, dass er jetzt selbst so traurig klang, als leide er persönlich unter der beklagten Untreue. Er wirkte viel aufrichtiger, als ihm der alte Pfarrer stets vorgekommen war. Vielleicht lag es daran, dass Schmiedebach noch sehr jung war, überlegte Frederik.

Man müsse sich bitte vergegenwärtigen, zu welcher Zeit Paulus diese Regeln verfasst habe, fuhr Schmiedebach fort. In der griechischen Kultur der Antike habe die Frau wenig gegolten, sie habe nicht mal allein aus dem Haus gehen, sich nicht bilden dürfen. Sein Tonfall ließ erkennen, dass er diese Rollenverteilung unangemessen fand. Die heutige gefiel ihm aber auch nicht.

Es gehe nicht um die Frauen allein, fuhr er fort. Jeder Christ solle lernen, Untertan zu sein, Gott und seinen Mitmenschen gegenüber. Obwohl zu oft vergessen werde, dass Mann und Frau über verschiedene Gaben verfügten. »Vielleicht ist es recht zu sagen: Wenn der Mann das Haupt sein soll, dann ist die Frau das Herz. Ja, das Herz! Das, liebe Gemeinde, ist die wunderbare Rollenteilung der Ehe. Ich glaube, dass viele Frauen in den modernen Ehen leiden, wenn sie keine Vaterfigur mehr finden in ihrem Mann, einen Beschützer, an den auch sie sich anlehnen können. Es geht mir nicht um eine Vormachtstellung des Mannes, sondern darum, wie unsere gottgegebenen Gaben zur Entfaltung kommen. Seiet Untertan! Was für ein Satz! Das ist Sprengstoff, das ist revolutionär!«

Frederik saß in seiner Bank und regte sich nicht. Die Sätze wärmten ihn von innen.

»In unserer Zeit sagt man: ›Leb dich aus! Verwirkliche dich selbst!‹ Ich aber sage euch: Tut es nicht! Es ist wichtiger denn je, dass wir unser Christentum wieder als Alternativkultur leben. Dass wir uns nicht darum scheren, was die anderen dazu sagen, auch wenn wir deshalb verspottet werden. Wir wollen Christus leben, und das fängt in unseren Familien an.«

Nie zuvor hatte Frederik etwas Wahreres und Richtigeres gehört. Und trotzdem war ihm alles, was Schmiedebach über die Familie gesagt hatte, wie ein Märchen erschienen, zauberhaft, und doch so weit entfernt. Es hatte nichts mit seinem Leben zu tun, nichts mit seiner Familie. Jetzt, da er gehört hatte, wie es sein sollte, fragte er sich, ob sie überhaupt eine Familie waren.

Die Gemeinde erhob sich nun von den Bänken, das Gerumpel zerrte Frederik aus seinen Gedanken. Einer nach dem anderen würden sie nun die heilige Kommunion in Empfang nehmen, den Leib Christi, das Lamm Gottes, das angeblich hinwegnahm die Sünde der Welt. Für manchen Waldhagener war dies ein schamvoller Moment. Wer jetzt in seiner Bank sitzen blieb, der gestand vor aller Augen ein, dass er gesündigt hatte, ohne dies gebeichtet zu haben. So wurde es schon im Kommunionsunterricht gelehrt: dass man rein sein musste, um die Kommunion zu empfangen. Und weil es sich um den Leib Christi handelte, wagten es die wenigsten, in dieser Angelegenheit zu mogeln. Die Ehrfurcht vor Gott wog noch schwerer als die Scham vor den Nachbarn.

Frederik war erleichtert, dass seine Eltern nicht neben ihm saßen. Wenn zwei Menschen nicht aufstehen durften, dann waren sie es. Als er selbst den Leib in Empfang genommen hatte, legte er ihn andächtig auf seine Zunge, ging gefolgt von den mitleidigen Blicken der Dorfbewohner zurück zur Bank, kniete nieder, und während die Hostie langsam in seinem Mund schmolz, bat er Gott darum, dass alles wieder gut würde. Konkreter konnte er seinen Wunsch nicht fassen, denn wie der Gütige das hinkriegen sollte, dazu fehlte ihm die Vorstellungskraft.

Nach der Kommunion ging der Korb für die Kollekte durch die Reihen. Je näher er auf ihn zukam, desto panischer wurde Frederik. Wie hatte er nur vergessen können, etwas Geld einzustecken? Er kannte das kontrollierende Schielen, ob der Nachbar etwas opferte und vor allem, wie viel. Groschen ließ man allenfalls Kindern durchgehen, obwohl hinter Kindern natürlich immer auch Eltern standen. Für Erwachsene musste es schon etwas Silbernes sein, ein Markstück, am besten zwei oder fünf. Wer Aufsehen erregen wollte, warf einen Schein in den »Klingelbeutel«, wie der Korb hier genannt wurde, wedelte den Schein aber möglichst lange vor Eintreffen des Korbes durch die Luft, um sicherzustellen, dass viele Nachbarn es mitbekamen. »Herr, lass diesen Kelch an mir vorübergehen«, hieß es in der Bibel. Es müsste »Korb« heißen, dachte Frederik, aber da war es bereits zu spät. Der Korb hüpfte auf ihn zu wie eine Bombe mit brennender Zündschnur, die es möglichst schnell loszuwerden galt. Als er ihn in die Hände gedrückt bekam, senkte er das Kinn tief zur Brust und tat so, als werfe er etwas hinein, wobei er mit den Fingerkuppen absichtlich gegen die anderen Münzen stieß, damit es klimperte. Dann reichte er den Korb schnell an seinen Banknachbarn weiter und betete erneut – diesmal, dass niemand seine Schummelei bemerkt hatte. Er nahm sich vor, am nächsten Sonntag besonders viel zu spenden.

Bald darauf erklang das Schlusslied. Es handelte sich um den *Marsch Herzog von Braunschweig*, wie der kleine Faltzettel mit der Aufschrift »Schützenhochamt, 19. Juni« verriet, etwas Schmissiges, um die Stimmung für den Rest des Tages vorzugeben. Während die Gemeinde aus der Kirche strömte, schneller und zielstrebiger als an gewöhnlichen Sonntagen, verharrte Frederik in seiner Bank. Er wollte mit niemandem reden, nur alleine sein.

Draußen auf dem Kirchplatz würde sich die Dorfgemeinschaft, die gerade noch eine Glaubensgemeinschaft gewesen war, in eine Festgemeinschaft verwandeln. Es war Viertel vor zehn, um zehn würde in der benachbarten Schützenhalle das erste Fass angeschlagen, die Ouvertüre zum traditionellen Frühschoppen mit Livemusik. Zum ersten Mal, seit er denken konnte, würde Frederik dieses Spektakel nicht miterleben. Von draußen hörte er den Fahnenappell des neuen Schützenkönigs, bald würden sie losmarschieren und die Musik mit jedem Schritt ein wenig leiser werden.

Frederik hielt die Hände vors Gesicht und weinte still. Dabei hörte er nicht, dass Pfarrer Schmiedebach aus seiner Sakristei in die Kirche getreten war. Er hatte das Messgewand gegen seinen Sonntagsanzug getauscht, nun stand er neben Frederiks Bank und legte die Hand behutsam auf seinen Kopf.

»Na, mein Junge, willst du nicht zu den andern in die Schützenhalle gehen?«

Frederik schüttelte den Kopf.

»Wo sind denn deine Eltern?«

»Zu Hause.« Er versteckte sein Gesicht noch immer hinter den Händen, um seine Tränen zu verbergen. Doch sein Schluchzen verriet ihn.

»Und du? Willst noch nicht nach Hause?« Wieder schüttelte Frederik den Kopf. »Dann rück mal ein Stück.« Schmiedebach setzte sich neben ihn auf die Bank, legte ihm den Arm um die Schulter und schwieg, so lange, bis das Schluchzen sich gelegt hatte.

»Magst du mir erzählen, warum du so traurig bist?«

Eigentlich hatte Frederik sich geschworen, niemandem zu verraten, wie es genau um seine Familie bestellt war, es wussten sowieso schon zu viele im Dorf Bescheid. Andererseits verspürte er ein tiefes Vertrauen zu diesem Mann, der derart wunderbare Dinge über das Leben sagen konnte und dessen Arm nun seine Schultern wärmte. Und waren Priester nicht zum Schweigen verpflichtet?

»Ich fand das gut, was Sie eben über die Familie erzählt haben«, sagte er nach einer Weile.

»Das freut mich«, antwortete Schmiedebach. »Wenn du jetzt nicht magst, können wir auch ein andermal darüber reden, was dich so traurig macht. Komm einfach vorbei, ich bin ja die meiste Zeit hier.«

»Wohnen Sie hier?«

Schmiedebach lächelte. »Fast. Meine Wohnung ist gleich nebenan.«

Frederik bedankte sich für das Angebot, stand auf und ging vor die Tür. Es regnete nicht mehr, der Himmel klarte langsam auf. Statt direkt nach Hause lief er in den Wald. Er musste verarbeiten, was er soeben gehört hatte. Warum waren die Menschen nicht so, wie Gott und Pfarrer Schmiedebach es ihnen rieten? Und ließ sich daran wirklich nichts ändern? Am Waldesrand entdeckte er einen Hochsitz, der ihm nie zuvor aufgefallen war. Er kletterte hinauf, blickte auf die feucht und friedlich vor ihm liegende Landschaft, die Hügel, Wälder, Wiesen und versuchte, seine Gedanken zu sortieren.

Obwohl die meisten seiner Klassenkameraden nichts gegen ihn hatten, fand Frederik neuerdings in unregelmäßigen Abständen Zettel in seinem Schulranzen, auf denen er von anonymen Mitschülern gefragt wurde, ob seine Mutter sie auch mal ranließe. »Mit freundlichen Grüßen« stand unter den Fragen und dahinter, statt eines Ausrufezeichens, ein dicker gemalter Penis. Einmal fand Frederik einen Umschlag mit der Aufschrift »Hat deine Mutter hinter der Schützenhalle vergessen« in seinem Tornister, und als er ihn öffnete, hielt er einen versifften Damenslip in den Händen. Die mutigeren unter den Mitschülern trauten sich immerhin, ihn direkt zu fragen, ob seine Mutter noch bei ihnen zu Hause wohnte, was Frederik mit einem scheinbar unberührten »Warum denn nicht?« erwiderte. Wenn er beim Fußballspielen in der großen Pause ein Foul beging, wurde er gerne als »Hurensohn« beschimpft, was zwar auch bei anderen vorkam, aber ohne dass dabei wissend gegrinst wurde.

Leider fand Elvira Kallenbergs Umtriebigkeit auch nach der Schützennacht kein Ende. Frederik kam es vor, als sei seine Mutter die einzige verheiratete Frau im Dorf, die abends alleine aus dem Haus ging. Die anderen besuchten die monatlichen Treffen der katholischen Frauengruppe, blieben ansonsten aber dort, wo sie nach männlichem Dafürhalten hingehörten. Die Frauenrunde hatte Elvira Kallenberg kurz nach ihrem Eintritt wieder verlassen, weil ihr die Gespräche über Soßenrezepte, Strickmoden, die Vorbereitung des nächsten Pfarrfestes oder den alljährlichen Wochenendausflug sterbenslangweilig erschienen. Nach ihrem skandalösen Austritt war sie dem Kulturverein Attendorn beigetreten, einer kleinen, für das Sauerland eher ungewöhnlichen Gruppierung, deren Mitglieder in Waldhagen verächtlich »Kulturfuzzis« genannt wurden. Statt Häkeltipps zu tauschen, besuchte seine Mutter fortan Ausstellungseröffnungen oder Lesungen. Obendrein hatte sie Freundinnen, die nicht in Waldhagen wohnten, mit denen sie ins Kino ging oder sich außerhalb des Dorfes zum Essen verabredete, beim Attendorner Griechen oder dem »In Vino Veritas« von Finnentrop. Merkwürdig fand Frederik, dass er all diese Freundinnen nur aus ihren Erzählungen kannte, sie aber nie zu Gesicht bekam.

In jenen Nächten, da seine Mutter mit den Kulturfuzzis ausging, lag er bei offenem Fenster in seinem Bett, starrte an die vom Mondschein erleuchtete Decke und betete zu Jesus, der über dem Türrahmen am Kreuze hing. Seine Bitte war immer dieselbe: dass er bald von der Dorfstraße her Motorengeräusche hören würde. Sobald er endlich das Schaltgeräusch des Getriebes vernahm, das leichte Aufheulen des Motors, weil Elvira ihren Fuß beim Schalten nie ganz vom Gaspedal nahm, war er erleichtert, und das Knirschen der Kiesel, wenn der Wagen in die Einfahrt des Hauses bog, geriet ihm zum schönsten Geräusch der Welt.

Alle paar Monate aber schwiegen die Kiesel. Dann lag Frederik da, betete, wartete, betete immer inständiger und verzweifelter und konnte doch nicht verhindern, dass seine Mutter erst gegen drei oder vier, manchmal sogar erst kurz vor dem Frühstück nach Hause kam.

Während solcher Frühstücke saßen sie zu dritt um den Küchentisch und schwiegen. Nie wurde gefragt, wo Elvira so lange gewesen war. Frederik fragte nicht, weil er die Antwort fürchtete, sein Vater fragte nicht, weil er die Antwort ahnte und des Fragens müde geworden war.

Wie seine Mutter aufgewachsen war, wusste Frederik kaum. Sie sprach nicht gern darüber. Ihr Vater hatte es als leitender Angestellter des Technischen Überwachungsvereins zu einem bescheidenden Wohlstand im benachbarten Attendorn gebracht, was seiner Familie eine scheinbare Zufriedenheit bescherte, bis seine Frau eines Novembervormittags mit dem Fahrrad in den Wald fuhr, ein Seil aus ihrer Handtasche zog und sich am Gerippe einer abgestorbenen Nordmanntanne erhängte. Erst nach der Beerdigung, die wegen der von Gott verbotenen Selbsttötung ohne kirchliche Weihen über die Bühne gehen musste, erfuhr Elvira, die gerade zwölf Jahre alt geworden war, dass ihre Mutter seit Jahren an Depressionen gelitten hatte, eine Folge des Schlaf- und Beruhigungsmittels Contergan, das sie während der Schwangerschaft mit Elviras jüngerem Bruder genommen hatte, um die morgendliche Schwangerschaftsübelkeit zu unterdrücken.

Zwei Jahre lang lief das Leben trübselig dahin, dann brachte Elviras Vater plötzlich eine neue Frau nach Hause, bald schon heirateten die beiden und sie zog mitsamt ihren drei Söhnen bei ihnen ein. Vom ersten Tag an übernahm Elviras Stiefmutter das Regiment im Haus, während ihr Vater das Sauerland bereiste, um Kinderkarussells und andere Attraktionen des Kirmesbetriebs zu prüfen. Bald hatte sich unter den Kindern ein Zweiklassensystem herausgebildet, in dem Elvira und ihr leiblicher Bruder die untere Klasse bildeten, was sich nicht nur daran zeigte, dass sie für sämtliche Hausarbeiten eingeteilt wurden, während die Stiefbrüder den ganzen Tag ihren Flausen nachgehen durften, sondern auch an den Schlägen, die sie kassierten, wenn die Aufgaben nicht zur Zufriedenheit der neuen Herrin ausgeführt wurden, was eigentlich immer der Fall war.

Irgendwann wurde ihr Bruder, der wegen des Contergans mit einer leichten körperlichen Behinderung auf die Welt gekommen war, gegen Elviras vehementen Protest und unter stillschweigender Billigung ihres Vaters in ein Heim für lernbehinderte Kinder abgeschoben, obwohl er ein ausgezeichneter Schüler war. Fortan vermisste Elvira nicht nur ihren geliebten Bruder, sie bekam die Schikanen ihrer Stiefmutter nun ganz alleine zu spüren.

Mit letzter Kraft schaffte sie den Abschluss der Realschule und begann im Alter von sechzehn Jahren eine Ausbildung als Kaufmännische Hilfe in Attendorn. Sobald sie sich von ihrem Lehrlingsgehalt ein kleines Zimmer zur Untermiete leisten konnte, flüchtete sie aus der heimischen Hölle. Das Zimmer bekam sie nur unter der vertraglich festgehaltenen Auflage, dass Besuche grundsätzlich anzumelden und »Herrenbesuche« noch grundsätzlicher verboten waren. Trotz dieser Einschränkungen hielt endlich ein Hauch von Freiheit Einzug in ihr Leben.

In einer ihrer Mittagspausen, die sie bei schönem Wetter auf den Stufen zwischen dem kleinen Marktplatz und der Kirche St. Johannes Baptist verbrachte, lernte sie an einem freundlichen Junitag einen gewissen Günther kennen, der gerade einige Krippenfiguren abgeholt hatte, denen Arme oder Beine abhandengekommen waren und die einer

Operation bedurften, wofür der Betrieb, in dem er arbeitete, sich weit über Attendorn hinaus ein gewisses Renommee erworben hatte. Günther hatte seine Schreinerlehre bereits hinter sich gebracht und befand sich auf dem Weg zum Meister, als ihm ein Esel aus der Hand rutschte und direkt bei Elvira landete. Ihr erster Dialog, der letztlich in einer Ehe münden sollte, war einer der seltsamsten in der Geschichte des Kennenlernens. Auf seine Frage »Hast du meinen Esel gesehen?«, folgte ihre Antwort »Der liegt auf meinem Brot.«.

Noch bevor Günther Kallenberg einen Blick auf Esel und Brot werfen konnte, hatte er sich in Elviras Augen verloren. Von da an war der Fall für ihn klar. Was Elvira betraf, so galt ihr Enthusiasmus weniger dem nervösen Mann, als der Aussicht auf ein harmonisches neues Zuhause. Vermutlich hätte sie sich jedem Mann hingegeben, der ein aufrichtiges Interesse an ihr zeigte und bereit war, ihr eine Heimat zu schenken. Knapp ein Jahr nach der Geschichte mit dem Esel suchten Günther und sie ein günstiges Grundstück und fanden es in der Straße »Am Ehrenmal«, einem ehemaligen Feldweg, der zu einem Kriegerdenkmal für die Gefallenen des Ersten Weltkriegs führte. Die Zeit, als sie mithilfe des halben Dorfes ihr Haus errichteten, kam Elvira heute als die glücklichste ihres Lebens vor. Etwas Neues würde beginnen! Und als sie bald schon mit der erfreulichen Aussicht auf einen Jungen vom Arzt kam, da war ihr Glück beinahe perfekt.

Frederik hatte den Bauch seiner Mutter nur widerwillig verlassen. Drei Wochen nach dem errechneten Termin machte er immer noch keine Anstalten, auf die Welt zu kommen. Er wurde schließlich per Kaiserschnitt geholt, es kam zu Komplikationen, drei Stunden lang kämpfte Elvira Kallenberg um das eigene Leben, ehe sie ein neues gebar. Nach dieser Tortur beschloss sie, keine weiteren Kinder zur Welt zu bringen. »Eins reicht«, sagte sie, wenn Verwandte oder Nachbarn wissen wollten, wann es wieder so weit sei. Ob sein Vater gerne weitere Kinder bekommen hätte, war nicht bekannt. Aber wollte er überhaupt etwas im Leben?

Je älter Frederik wurde, desto mehr Zeit verbrachte sein Vater in seinem eigentlichen Wohnzimmer, der Gaststätte »Zum Bus«. Günther Kallenberg hatte seinen Stammplatz an jener Stelle, wo die Theke in einer 90-Grad-Kurve zur Wand abbog, gleich neben dem Thekensparkasten der Volks- und Raiffeisenbank. Der Wirt hatte vor Jahren eine kupferne Plakette mit der Aufschrift »Günther II« ins Thekenholz genagelt, eine Ehre, die in der langen Geschichte der Gaststätte nur einer Handvoll Stammgästen zuteilgeworden war, darunter zwei mit dem Namen Günther. Wann immer ein Gast den Schankraum betrat, wurde er vom Wirt mit einem »Wie isset?« begrüßt, was erwartungsgemäß mit »Muss, woll.« beantwortet wurde. Hin und wieder sagte einer »Dat wird diese Woche nix mehr.«, woraufhin ein allgemeines Nicken einsetzte. Vermutlich war das Wetter gemeint. Gelegentlich unterhielt man sich über die Fußballmannschaft des Dorfes, wobei das Urteil immer gleich ausfiel: »Wie die Fußkranken – kannze mit früher nich vergleichen, die Graupen.« Die meiste Zeit aber saß man still da und beobachtete, wie das eigene Bier weniger wurde, während sich in den Aschenbechern immer neue Ernte 23 und Lord Extras einfanden. Auf der Fensterbank faulte ein Kaktus vor sich hin, der wohl am Passivrauchen gestorben war.

Zwei Mal im Jahr durfte Frederik seinen Vater abends begleiten. Dann besuchte ein Mitarbeiter der Raiffeisenbank die Gaststätte, um die »Feierliche Leerung« des Sparfachs »durchzuführen« und den Halbjahressieger zu küren. Jeder, der am Thekensparen teilnahm, bekam ein Fach mit Schlitz und eine Nummer zugewiesen, in das er, je nach Laune, Geld einwerfen konnte. Sein Vater füllte seit Jahren das Fach mit der Nummer 17, die er seine Glückszahl nannte, weil er aus der »Feierlichen Leerung« meistens als Sieger hervorging, was aber weniger dem Glück als vielmehr dem Umstand geschuldet war, dass er die meiste Zeit im »Bus« verbrachte.

Trotzdem freute er sich immer wieder über die anerkennenden Worte des Herrn von der Raiffeisenbank. Die zehn D-Mark, mit denen die Bank den Sieger prämierte, investierte er gleich in eine Lokalrunde. Frederik freute sich auf die Thekenleerungen wie andere Kinder auf den Heiligen Abend, weil sie ihm zwei Mal im Jahr einen glücklichen Vater schenkten.

Bis er sich ganz den Besuchen in der Kneipe verschrieb, hatte Günther Kallenberg wenigstens noch seine Leidenschaft für Krippenfiguren gepflegt. Er konnte Stunden in seiner Garage verbringen, deren hinteren Teil er zur Hobbyschreinerei umgewandelt hatte, um dort immer neue Variationen der Heiligen Familie nebst Stallbewohnern und Heiliger Drei Könige zu schnitzen. Frederik hatte ihm schon als kleiner Junge gerne bei der Arbeit zugesehen, und als er alt genug war, um einen Pinsel zu führen, ließ sein Vater ihn sogar die Figuren bemalen, erst nur Ochse und Esel, dann die Wiege des Jesuskindes, später gar den Heiland selbst. Sie sprachen nicht viel in diesen Stunden in der Garage, ein mahnender Hinweis seines Vaters oder ein anerkennendes Nicken von Zeit zu Zeit, das genügte Frederik, um sich wohl und geborgen zu fühlen. Mit der Zeit wurde die Nachbarschaft auf ihre Figuren aufmerksam und bald besaß halb Waldhagen eine Weihnachtskrippe Marke Kallenberg.

Einmal war Frederik mit seinem Vater zu dessen Geburtsort Schneppsiefen gewandert, einer Ansammlung von fünf Fachwerkhäusern, nur wenige Kilometer von Waldhagen entfernt. Seine Oma Brunhilde hatte bei Günther bereits Übung im Gebären, er war ihr neuntes Kind. Wie schon bei den Kindern vier, fünf und acht hatte ihre Nachbarin helfen müssen, den Jungen auf die Welt zu holen. Frederiks Großvater war wie jeden Morgen um halb fünf aufgestanden, um die zwölf Kilometer zu Fuß ins Walzwerk zu laufen, wo er als Drahtzieher das Geld für die jährlich wachsende Familie verdiente. Als er an diesem Abend durchnässt vom dreistündigen Marsch durch den Regen nach Hause kam, erwartete ihn ein weiterer Magen, der gefüllt werden wollte. Drei Kinder später erdrückte ihn schließlich die Last der Verantwortung, jedenfalls erlag er während einer seiner abendlichen Heimmärsche auf einer gottverlassenen Landstraße zwischen Setzwinkel und Vorsiepen einem Herzinfarkt.

Von nun an wurden Günther und seine Geschwister nicht nur von ihrer Mutter aufgezogen, sondern vom ganzen Dorf. Ständig brachte jemand etwas zu essen und abgelegte Kleider vorbei oder bot an, die Kinder zum Arzt, zum Fußball oder zur Kirche zu fahren, und so erlebte Frederiks Vater trotz all der Enge und Armut eine Zuwendung, die ihm nicht nur eine sehr lebendige, sondern zugleich behütete Kindheit bescherte.

In der Schule hatte Günther Kallenberg sich trotz des Tohuwabohus zu Hause ordentlich geschlagen, und da er schon früh eine Leidenschaft für Holz entwickelte, schien sein Leben auf ein gutes Gleis gesetzt, als er im Alter von sechzehn Jahren eine Lehre in der Schreinerei Springob begann, einem Betrieb von tadellosem Ruf und mit einem Meister, der ankündigte, den Jungen »persönlich unter die Fittiche« zu nehmen. Günther arbeitete bereits einige Jahre in Meister Springobs Schreinerei, als sein Holzesel auf Elviras Brot fiel. Sein Erstaunen, eine solch hübsche und lebensfrohe Frau gefunden zu haben, brachte er kurz nach dem Kennenlernen etwas hölzern auf den Punkt: »Ich verlor einen Esel und fand einen Engel.«

Nach dem heiteren Austausch über die Krippenfigur fragte Günther, ob sie häufig hier sitze. Fortan kam er in fast jeder Mittagspause vorbei, um Brote und nette Worte mit ihr zu tauschen. Eines Tages brachte er Elvira einen Strauß Chrysanthemen mit und fragte, ob sie mit ihm ausgehen würde – danach ging alles rasend schnell.

Vierzehn Jahre später hatte sich der Fall des Esels als Streich des Schicksals herausgestellt. Wenn sie überhaupt miteinander redeten, stritten sie. Kam sein Vater aus der Gaststätte und seine Mutter war noch nicht zu Bett gegangen, wusste Frederik bereits, was geschehen würde. Fast immer endete es in Brüllerei oder Türknallen. Er konnte den Katastrophen ihrer Zweisamkeit unmöglich entgehen. Deshalb lauschte er jeden Abend von seinem Zimmer aus, ob seine Mutter sich schlafen gelegt hatte. Wenn nicht, blieb er ebenfalls wach, bis sein Vater nach Hause kam, öffnete vorsichtig seine Zimmertür und hörte durch das Treppenhaus mit, was sich seine Eltern unten in der Küche zu sagen hatten. So stand er auch an diesem Abend kurz nach dem Schützenfest im Schlafanzug an seiner Tür und lauschte, wie sein Vater das Gespräch eröffnete:

»Wat kuckse mich so an?«

»Ich mag eben deine glasigen Augen.« Seine Mutter hatte sich etwas Neues ausgedacht.

»Lass mich in Ruhe. Ich will einfach meine Ruhe«, rief sein Vater. Er wollte fast immer seine Ruhe haben, was auch immer er darunter verstand. Da er sie meist bekam, deutete vieles darauf hin, dass auch seine Ruhe ihn nicht glücklich machte.

»Ich wollte wissen, ob du jetzt jeden Abend im ›Bus‹ verbringen willst, oder ob dir bewusst ist, dass du eine Frau und einen Sohn hast?«

»Waas wills du, sachma?« Er lallte fürchterlich. »Lass mich in Ruhe.« Frederik hatte Übung darin, den Betrunkenheitsgrad seines Vaters an dessen Sprache zu erkennen, seine Zustände reichten von »nüchtern« über »angetrunken« und »besoffen« bis »sturzbesoffen«. Jetzt gerade schien er zwischen den beiden höchsten Kategorien zu schwanken.

»Meine Frage war, ob du in Erwägung ziehst, irgendwann mal etwas mit deiner Frau zu unternehmen?« Bis hierher war Elvira ruhig und freundlich geblieben.

»Du unternimms doch dauernd was«, lallte sein Vater zurück. »Mit diesen komischen …« Er suchte nach einem bestimmten Ausdruck, fand ihn aber auf die Schnelle nicht und landete schließlich bei »Herrschaften«. »Bis tief inne Nacht bisse da unterwegs mit diesen …« Wieder suchte er, »… mit diesen Herrschaften. Wozu brauchse mich da noch?«

Frederik stand zitternd im Rahmen seiner Tür. Auch diese Diskussion seiner Eltern würde im Desaster enden. Am liebsten hätte er ihnen von oben zugerufen, was sie sagen und was sie verschweigen sollten.

»Verstehe ich das richtig?«, fragte seine Mutter. »Du meinst also, weil ich hin und wieder etwas mit meinen Freunden unternehme, brauchst *du* gar nichts mehr mit mir zu machen? Ist es das, was du denkst?«

»Als ob *du* gern wat mit mir unternehmen tätes! Dat ich nich lache.« Es schien, als wolle er weiterreden, aber dann fehlten ihm mal wieder die Worte.

Frederik fand es grausam, seinem Vater dabei zuzuhören, wie er nichts sagte. Es war nicht nur der Alkohol, der ihn hinderte, Frederik kannte ihn nur als Mann ohne Worte, der in den entscheidenden Momenten versagte. In seinem Vater brannte kein Feuer mehr, da war nur Jammern und Selbstmitleid. Die anderen Väter Waldhagens schienen stolze, gestandene Männer zu sein, was sich auch am Umgang mit ihren Frauen zeigte. Sein Vater aber war ein lausiger Ehemann. Frederik wünschte sich nichts sehnlicher als einen selbstbewussten Vater, der sich bemühte, interessant zu sein, der seine Mutter hin und wieder ausführte, mit ihr tanzen ging, sich Überraschungen überlegte. Doch das Einzige, wozu er sich aufraffen konnte, war immer nur das nächste Bier. Frederik schwor sich, nie so zu werden.

»Wenn du nicht gerade rumtorkelst wie jetzt, würde ich gerne etwas mit dir unternehmen«, hörte er seine Mutter sagen. »Aber diese Torkelei ist bei dir ja Dauerzustand.« Seine Mutter war nie betrunken, wenn sie zu Hause war, nur bei Festen trank sie gelegentlich.

»Pass ma schön auf, meine Liebe, gezz erklärse mir ma wat.« Frederik horchte auf. Zunächst hörte er nur den Küchenstuhl über den Boden schlieren, dann aber fand Günther Kallenberg doch noch ein paar Worte, die angesichts seiner eigenen Abendgestaltung von unfreiwilligem Witz waren: »Warum kannze nich abends zu Hause bleiben wie die andern Frauen auch? Wat fehlt dir denn hier?« Wieder diese hündische Stimme. Nicht fragen, nicht betteln, flehte Frederik in seinen Türrahmen. Du musst sagen, was du WILLST! Doch sein Vater erhörte ihn nicht.

»Was mir fehlt?« Sie lachte hysterisch. »Du fragst mich, was mir *fehlt*? Das kann ich dir sagen: Ein Ehemann, der sich wie ein Ehemann benimmt. Das fehlt mir.«

Sein Vater gab ein komisches Geräusch von sich, es hörte sich wie ein Schluchzen an, konnte aber auch ein Aufstoßen gewesen sein. »Warum machse so Sachen wie …« Er stockte, es fiel ihm schwer auszusprechen, was er aussprechen wollte, »… wie aufm Schützenball?«

»Was soll ich denn da gemacht haben?«

»Dat ganze Dorf redet drüber.«

»Worüber redet das Dorf?« Sie klang, als sei sie wirklich überrascht von diesem Umstand.

»Na dat …, also dat du mit dem …« Wieder wollte etwas nicht aus ihm raus. Er ging zum Kühlschrank und öffnete eine Flasche Bier. »Dat du mit diesem Neu-Listernohler, dem Schreiner …«

»Quatsch«, sagte seine Mutter kurz und trocken. »Aber wenn ich etwas mit ihm gehabt hätte, wäre das auch nicht verwunderlich. Mit dir war an dem Tag ja wieder mal nichts anzufangen.«

»Dat is Ehebruch, weisse!«, brüllte sein Vater, doch es klang nicht böse, eher weinerlich.

Frederik stand da in seinem Türrahmen. Mit jedem Satz seiner Eltern war das Weinen heftiger geworden. Am liebsten wäre er hinuntergelaufen, hätte seine Eltern an den Köpfen gepackt und gegeneinandergeschlagen, in der Hoffnung, dass der Albtraum so enden könnte.

»Reiß dich zusammen, Günther«, sagte seine Mutter. »Unser Sohn schläft oben.«

Elvira Kallenberg hatte ab jenem Moment, da sie vor den Traualtar getreten waren, nicht mehr viel mit ihrem Mann anzufangen gewusst. Er war ihr zu träge, zu langweilig, schon bevor er sein Leben dem Alkohol gewidmet hatte. Günther Kallenberg hingegen war vom Anbeginn ihrer Ehe nicht mit den Bedürfnissen seiner Frau zurechtgekommen, mit ihrer Sehnsucht nach Erlebnissen, die über den klassischen Sonntagsspaziergang hinausgingen.

Schon als Elvira in ihrem ersten Ehe-Sommer vorgeschlagen hatte, für vier Wochen mit dem Zelt Richtung Süden zu reisen, hatte ihr Mann dies als Zumutung empfunden. Sein Hinweis, dass nur die Hippies so unterwegs seien und man da ja gar nicht wisse, wo man am Ende des Tages übernachten werde, hatte sie mit lautem Lachen quittiert. Das sei doch gerade das Spannende an ihrem Vorschlag. Zur Not könne man auch mal am Strand oder im Auto schlafen, was gebe es bitteschön Romantischeres. Sie fände das toll, ein bisschen Nervenkitzel, neue Eindrücke, mal rauskommen. Nichts von dieser Aufzählung hatte Günther für erstrebenswert gehalten. Er musste nicht »rauskommen«, was sollte er da? Vom Hippie-Dasein war er ähnlich weit entfernt wie das Sauerland von Kalifornien. Vermutlich spürte er schon damals, dass ihre Vorstellungen vom Leben nicht zusammenpassten.

Aber er traute sich nicht, seiner Frau offen zu sagen, dass ihr Traum vom Reisen mit ihm nicht zu realisieren war. Statt der Wahrheit erzählte er ihr, dass Meister Springob ihm nur zwei Wochen Urlaub gewährt habe, was sich für eine Reise in den Süden leider nicht lohne. Schließlich landeten sie knapp 50 Kilometer von Waldhagen entfernt auf einem Campingplatz am Möhnesee. Und das Missverständnis ihrer Ehe nahm seinen Lauf.

»Wenn et denn überhaupt *unser* Sohn is«, antwortete sein Vater auf den Hinweis, leise zu sein, weil ihr Sohn schlafe. Diesmal war er es, der die Küche als Erster verließ, um ins Bett zu gehen. Frederik hörte ihn im Flur noch ein leises, trauriges »Unser Sohn« vor sich hin stammeln, dann schloss er die Tür seines Zimmers.

FÜNF

Berlin präsentierte sich an diesem Februarabend – vier Monate vor Kallenbergs Verschwinden – genauso schroff und sibirisch wie der Abgeordnete sich die Stadt früher immer vorgestellt hatte. Er saß auf dem Rücksitz und starrte nach draußen auf den Moloch. Der Wagen der Fahrbereitschaft des Deutschen Bundestags kämpfte sich durch braunes Schneegeröll, Eisregen klopfte gegen die Windschutzscheibe, auf den Bürgersteigen huschten ein paar Gestalten entlang, den Schal vor das Gesicht gepresst rangen sie mit dem Wind.

In einer halben Stunde begann an der Freien Universität die Podiumsdiskussion zur Frage »Hat der Feminismus gewonnen?«, und er war der Hauptgast. Die Einladung hatte ihn recht kurzfristig erreicht, dennoch hatte Kallenberg gleich zugesagt. Es war eine Ehre, von dieser Fakultät eingeladen zu werden, die Veranstaltungsreihe hatte eine lange Tradition. Große Politiker waren hier zu Gast gewesen, Bundesminister, Parteivorsitzende, und nun eben er, Kallenberg.

Neben dem Thema des Abends hatte ihn auch die Sache mit Rudi Dutschke und den 68ern gereizt, die an dieser Universität ihr Unwesen getrieben hatten. Kallenberg wusste, dass Dutschke und seine Freunde von dort aus die Revolution geplant hatten, der Angriff auf alle bürgerlichen Werte, die freie Liebe, antiautoritäre Erziehung, Feminismus. Er begriff die bevorstehende Diskussion als Herausforderung. Wenn er es schaffte, diese jungen Leute zu überzeugen, dann gab es durchaus Hoffnung für sein Anliegen, Werte wie Familie, Treue und Verantwortung wieder populärer zu machen.

Mit der Einladungsformulierung hatte die Dame sich Mühe gegeben, »... wäre es uns eine besondere Ehre, Sie aufgrund Ihrer provokanten Thesen zur Frauenbewegung an diesem Abend in unserer Runde begrüßen zu dürfen. Mit feministischen Grüßen, Liane Berg«. Kallenberg betrachtete noch einmal das Schreiben. Hinter ihren Namen hatte Frau Berg ein Smiley gemalt, ein Zeichen, das ihm eigentlich zuwider war, weil es ihm so kindlich und oberflächlich erschien. In diesem Fall aber hatte er sich der Wirkung des lachenden Gesichts nicht ganz entziehen können.

Auf dem Briefkopf stand oben rechts die Adresse des Absenders, *AStA – Allgemeiner Studierendenausschuss der Freien Universität Berlin, Frauenreferat*. Auf der nächsten Seite entdeckte Kallenberg unter der Überschrift »Wir über uns« eine Selbstbeschreibung: »Das Frauenreferat bemüht sich, feministische Projekte und Inhalte an der Uni zu fördern bzw. zu initiieren. Gerade in Zeiten, in denen die Gelder für feministische Forschung gekürzt werden und die Frauenfrage von vielen als ›erledigt‹ erachtet wird, wollen wir dazu beitragen, dass die Debatte um Geschlecht als gesellschaftliches Strukturmerkmal sowohl auf Universitätsebene als auch darüber hinaus in Gang gehalten wird.« Kallenberg schmunzelte und blickte wieder aus dem Fenster.

Die Stadtteile trugen mit jedem Kilometer seltsamere Namen, Mitte, Schöneberg, Tempelhof, Steglitz, Dahlem. Zu beiden Seiten türmten sich immer neue Häuser zu Schluchten auf, er sah Wände, hinter denen unzählige Menschen wohnten. Millionen auf engstem Raum und doch kein Miteinander, keine Fürsorge, jeder für sich, dachte Kallenberg. Aus den Stuben leuchtete das grelle Licht der Einsamkeit. Neonröhren, gelbe Vorhänge, Bierflaschen, das Grau der Asche, Lungenkrebs, alternativ Darmkrebs, Tod – vorhersehbare Enden. So stellte er sich diese Leben vor, Leben im Sinne der Suchtmittelindustrie. Im Sauerland verließ man dafür wenigstens noch das Haus. Es konnte nicht gesund sein, so zu wohnen, davon war Kallenberg überzeugt. Die großen Städte flößten ihm seit jeher Angst ein. Als er jung war, hatte er sich selbst vor Wuppertal gefürchtet. »Wenn de da in deiner Wohnung stirbst, moderst de still vor dich hin«, sagten die Leute aus seinem Dorf über die Großstadt. Ob hinter einer der finsteren Scheiben wohl eine Leiche lag? Der Anblick der dunklen Fenster bedrückte ihn.

Der Wagen hielt vor einem Bau, der sich »Rostlaube« nannte und auch so aussah. »Fünf Minuten zu früh«, sagte Schnellinger, der Fahrer. »Macht nichts«, entgegnete Kallenberg. Er genoss es, anderen mit seiner Pünktlichkeit eine Lektion zu erteilen. Als Schnellinger gerade aussteigen wollte, um ihm die Tür zu öffnen, mahnte Kallenberg, er möge bitte sitzen bleiben, es regne schließlich. Er griff nach seinem Schirm, drückte dem Fahrer wie immer ein Trinkgeld in die Hand und lief auf die Rostlaube zu.

Im Foyer empfing ihn ein Student und stellte sich als »der Christian vom AStA« vor. Christian war der Vorsitzende des Studierendenausschusses und für den Abend als Moderator vorgesehen. »Wird sicher sehr cool«, sagte er und deutete auf die Tür zu Hörsaal I. »Wir haben uns vorgestellt, dass wir die Sache als Streitgespräch zwischen Ihnen und der Liane aufziehen. Ich selbst will da jetzt mal gar nicht groß eingreifen. Und dann sollen die Leute natürlich noch Fragen stellen.«

»Wo ist denn diese Frau Berg, die mir geschrieben hat?«, wollte Kallenberg wissen.

»Das ist die Liane«, erklärte der Christian. »Mit der werden Sie gleich diskutieren.«

Er folgte Christian in den Hörsaal. Auf der Bühne standen zwei Sessel und eine dunkelbraune Cordcouch. Sie war übersät mit Löchern und eingefallen bis aufs Skelett. »Da hat angeblich schon der Rudi drauf gesessen«, sagte Christian stolz. Er machte eine Handbewegung, die dazu aufforderte, es sich bequem zu machen. Kallenberg stand vor der Couch und suchte nach einer Stelle, an der der Stoff etwas weniger abgewetzt war, fand aber keine, also wischte er mit ein paar zackigen Handbewegungen über den Bezug, ehe er sich niederließ. Kaum hatte er die Bühne betreten, schallten Buh-Rufe und Pfiffe aus dem hinteren Bereich des Raumes. Zwei Studentinnen entrollten ein Transparent, auf dem »Kallenberg an den Herd« stand. Der Saal war voll. Obwohl im hinteren Bereich noch einige Stühle frei waren, zogen viele Studenten es vor, zwischen den Gängen auf dem Boden zu sitzen. Nicht umsonst heiße die Veranstaltung Sit-in, erklärte Christian. Ob das im Notfall nicht ein Sicherheitsrisiko darstelle, wollte Kallenberg wissen, aber da hatte Christian bereits mit der Mikrofonprobe begonnen.

»Ehh, Hallo, 'tschuldigt, hallo, funktioniert das so?«, fragte er vorsichtig in den Saal. »Ja, also, wir würden dann vielleicht anfangen ..., also noch mal: Hallo zusammen, schön, dass ihr wieder gekommen seid zu unserem Mittwochs-Sit-in.« Im Saal wurde es ruhiger, die Pfiffe verebbten. »Wie immer haben wir auch heute wieder ein Thema, nämlich das Thema Frauenbewegung, und ganz speziell die Frage ›Hat der Feminismus gewonnen?‹.« Die Gruppe, die eben gepfiffen hatte, applaudierte nun.

»Ich möchte aber erst noch was zu der Idee dieser Veranstaltung sagen«, fuhr Christian fort. »Die Sit-ins sind seit Rudis Zeiten ja gute Tradition bei uns. Und zwar ist die Idee, dass wir uns erst mal anhören, was unsere Diskutanten zu sagen haben, und wir danach in eine Diskussion einsteigen können.« Er blickte erst zu Kallenberg, dann ins Publikum. »Ja, das wärs eigentlich schon zur Idee.« Er räusperte sich. »Dann darf ich euch unsere heutigen Gäste vorstellen. Dazu möchte ich jetzt die Liane von unserem Frauenreferat auf die Bühne bitten.«

In den hinteren Reihen johlten sie, ganz vorne stand eine junge Dame auf, zog sich mit den Händen das T-Shirt am Körper glatt, lief zum seitlichen Bühnenaufgang, den sie mit drei, vier schwungvollen Schritten nahm, bis sie vor Dutschkes Sofa stand. Kallenberg erhob sich und reichte ihr die Hand. Sie lächelte und setzte sich neben ihn.

»Ja Liane, schön, dass du da bist. Und neben ihr begrüße ich jetzt offiziell den konservativen Bundestagsabgeordneten Frederik Kallenberg. Schön, dass Sie da sind.« Ein Teil des Publikums klatschte, die hinteren Reihen pfiffen. »Ich hab mir hier, wie gesagt, ein paar Dinge zu euch aufgeschrieben und lese das jetzt mal vor«, fuhr Christian fort. Er gehörte zu den vielen Menschen, die die Wendung »wie gesagt« auch dann benutzten, wenn sie noch gar nichts gesagt hatten. Für Kallenberg zeugte sie von einer Schlampigkeit der Sprache, hinter der meist eine noch viel größere Verlotterung steckte. Christian machte dennoch einen höflichen und sympathischen Eindruck auf ihn. »Also, die Liane wurde 1985 in Taufkirchen geboren, das liegt irgendwo bei München, stimmts, Liane?« Sie nickte. »Seit sechs Jahren studierst du jetzt bei uns in Berlin, erst Soziologie und Romanistik, dann hast du dich noch einmal anders entschieden und studierst jetzt Literaturwissenschaften und Philosophie. Neben dem Studium arbeitet die Liane als studentische Hilfskraft in der Zentraleinrichtung zur Förderung von Frauen- und Geschlechterforschung hier bei uns an der FU. Außerdem spielt sie Saxofon in der Band ›Gruppenbild mit Dame‹, und ich kann euch sagen: Wer sie noch nicht hat spielen hören, der hat etwas verpasst.« Sie lächelte etwas verschämt. »Ja, und nebenbei engagiert sich unsere Liane noch bei Oxfam für eine gerechtere Welt.« Das Publikum applaudierte.

»Kommen wir nun zu Frederik Kallenberg. Er wurde, wie gesagt, 1976 in Attendorn im Sauerland geboren und trat schon im Alter von fünfzehn Jahren in seine Partei ein.«

»Mit vierzehn«, korrigierte Kallenberg.

»Mit vierzehn, verzeihen Sie. Herr Kallenberg studierte ebenfalls Literaturwissenschaften sowie Geschichte und Theologie an der Universität Bonn und promovierte mit einer Forschungsarbeit zur Rolle der Religion im Werk

Theodor Fontanes. Er arbeitete als Projektleiter beim Diakonischen Hilfswerk, zudem war er Ratsmitglied der Stadt Attendorn und wurde im Herbst 2009 in den Deutschen Bundestag gewählt. Er ist seit fünfzehn Jahren verheiratet und stolzer Vater zweier Söhne. So weit alles richtig?« Kallenberg nickte.

»Ja, wir wollen heute Abend, wie gesagt, über den Feminismus reden und uns fragen, ob es sich dabei um eine Erfolgsgeschichte handelt. Ja und da würde ich mir, wie gesagt, wünschen, dass wir da von euch beiden mal ein bisschen Orientierung bekommen. Die erste Frage vielleicht an Sie, Herr Kallenberg: Arbeitet Ihre Ehefrau eigentlich?«

»Nein, das wollten wir nicht. Wegen der Kinder.« Kallenberg kannte solche Fragen. Das Problem bei all den Debatten über Familienpolitik, Geschlechterrollen und den Feminismus war, dass es immer gleich persönlich wurde, weil jeder glaubte, sein eigenes Lebensmodell verteidigen zu müssen. Über den Bundesverkehrswegeplan ließ sich jedenfalls sachlicher streiten. Kallenberg hatte sich inzwischen mit diesen Fragen abgefunden, trotzdem bemühte er sich, die Diskussion aus dem Privaten schnell ins Allgemeine zu führen.

»Ich weiß nicht, ob Sie mit den Ergebnissen der neueren Bindungsforschung vertraut sind …« Er bereitete den wichtigsten Punkt in seiner Argumentation vor. Die Bindungsforschung war ein Segen für Konservative wie ihn, half sie doch, dem traditionellen Rollenbild eine vermeintlich wissenschaftliche Grundlage zu verleihen. Man musste nicht mehr »Ich finds aber irgendwie besser so« sagen, man konnte auf Studien verweisen. Gegen die Wissenschaft zu argumentieren fiel Kallenbergs Gegnern, die ja erklärte Anhänger der Aufklärung waren, weit schwerer, als gegen ein dumpfes Bauchgefühl.

»Die Bindungsforschung hat uns deutlich gemacht, wie unersetzlich und prägend familiäre Geborgenheit gerade in der frühen Kindheit ist. Die Primärbindung zwischen Kindern und ihrer wichtigsten Bezugsperson ist ausschlaggebend dafür, ob unser Nachwuchs im späteren Leben zu stabilen Beziehungen fähig ist. Und diese wichtigste Bezugsperson ist naturbedingt nun mal die Mutter. Sie hat in den ersten Lebensjahren des Kindes die alles entscheidende Bedeutung. Es gibt Studien, die klar besagen: Je mehr Kleinkinder außer Haus erzogen werden, desto zahlreicher werden die Verhaltensauffälligkeiten.« Kallenberg saß aufrecht auf dem Sofa und blickte abwechselnd zu Liane und ins Publikum. Er sprach ruhig und überzeugend, ohne Ähm und ohne Sätze, denen das Ende fehlte. So ähnlich hatte er schon zigmal argumentiert, er hätte seinen Text auch im Schlaf aufsagen können, trotzdem wirkte er keineswegs gelangweilt, sondern höchst engagiert.

Liane hielt es hingegen kaum noch auf dem Sofa. Seit einigen Sätzen schon wollte sie Kallenberg unterbrechen, aber der steuerte gerade auf seine vielfach erprobte Schlusspointe zu. »Es gibt im Tierschutz sehr genaue Vorschriften zur Aufzucht von Welpen«, sagte er. »Dort wird gesetzlich verboten, Welpen allzu früh von ihrer Mutter zu trennen – wegen der natürlichen Bindung zwischen den Neugeborenen und ihrer Mutter. Und nun frage ich Sie: Warum wollen wir bei Menschen zulassen, was wir bei Tieren zu Recht verbieten?« Bei den Basisveranstaltungen seiner Partei brandete spätestens an dieser Stelle frenetischer Beifall auf. Das konnte man hier nicht erwarten. Immerhin meinte er ein paar verblüffte, vielleicht sogar nachdenkliche Gesichter im Publikum zu erkennen.

»Wie alt sind Ihre Kinder eigentlich?«, hakte Liane Berg nun ein. Kallenberg war schon deshalb ein Fremdkörper in dieser Versammlung, weil er als Einziger gesiezt wurde. »Der Große ist fünfzehn, der Kleine fünf«, antwortete er wie aus der Pistole geschossen.

»Das ist doch nicht mehr klein! Was erzählen Sie denn hier von Welpen? Bei Kindern in dem Alter kann man doch getrost wieder arbeiten gehen. Haben Sie schon mal was von Betreuung in Ganztagsschulen gehört?«

»Meine Frau und ich haben uns ganz bewusst sowohl gegen Kindertagesstätten als auch gegen Ganztagsschulen entschieden. Wir glauben, dass es besser ist, wenn sie weiter für unsere Kinder da ist.«

»Wir?«

»Ja, *wir.*«

»Arme Frau«, rief jemand aus dem Publikum.

Von derlei Zwischenrufen ließ er sich schon lange nicht mehr irritieren. »Im Übrigen gefällt mir das Wort ›betreuen‹ überhaupt nicht, ich finde es sogar entlarvend«, fuhr Kallenberg fort. »Der Begriff ›Treue‹ wird hier nämlich ins Passiv gesetzt. Alles muss heutzutage betreut werden. Was ist das für eine unmenschlich beziehungslose Gesellschaft, die so herbeigeredet wird? Eine voll durchökonomisierte Gesellschaft, in der Kinder in Kitas und Ganztagsschulen fremdbetreut und die Großeltern im Altersheim entsorgt werden, eine solche Gesellschaft ist mir zutiefst unsympathisch.«

»Also, Entschuldigung«, hakte Christian nun ein, »ihr beiden seid ja schneller als der Schall. Ich hatte mir eigentlich überlegt, dass wir die Diskussion ein wenig strukturiert angehen. Und da würde mich, wie gesagt, erst mal interessieren, ob ihr beiden den Feminismus nun für eine Erfolgsgeschichte haltet oder nicht. Herr Kallenberg, vielleicht fangen Sie mal an.«

»Wenn das eine Erfolgsgeschichte sein soll, dann haben wir eine merkwürdige Vorstellung von Erfolg. Ich bin mir sicher, dass der Feminismus die Menschheit in der Bilanz unglücklicher gemacht hat, Männer wie Frauen zugleich. Heute reden wir über die Selbstverwirklichung der Frau, über ihren Wunsch, Familie und Beruf zu verbinden. In zwanzig Jahren werden wir über die psychischen und sozialen Folgen dieses Wunsches reden, weil man beide Aufgaben letztlich nicht miteinander vereinbaren kann. Einerseits leiden die Frauen selbst darunter. Andererseits werden wir massenhaft gestörte Nachkommen haben. Das nenne ich einen schönen Erfolg.«

»Aha, interessant«, hielt Christian fest. »Und was sagst du, Liane: Erfolgsgeschichte, ja oder nein?«

»Ich bin sehr glücklich darüber, dass ich mir von Männern wie Herrn Kallenberg nicht mehr sagen lassen muss, wie oft ich zu spülen und zu kochen habe.« Frenetischer Applaus im Saal, einige johlten sogar, um ihren Gegenangriff zu befeuern.

»Ich würde dennoch nicht von einer Erfolgsgeschichte des Feminismus sprechen«, fuhr sie fort. »Dafür gibt es noch zu viel zu tun auf dem Weg zur vollen Gleichberechtigung.« Sie wirkte konzentriert, das, was sie sagte, trug sie mit kämpferischem Ernst vor, ohne dass ihr auch nur einen Moment lang die Freundlichkeit aus dem Gesicht zu rutschen drohte.

Nach dem hitzigen Auftakt kamen sie Christians Wunsch nach einer »strukturierten Diskussion« allmählich näher. Liane Berg erzählte nun vom schlechten Gewissen, das ihre Mutter lange Jahre begleitet habe, weil sie, obwohl alleinerziehend, arbeiten gegangen sei, nicht um sich selbst zu verwirklichen, sondern um Geld zum Leben für sie beide zu verdienen. Sie habe ihre Tochter in die Obhut einer der besagten Ganztagsschulen gegeben, wofür sie von manchen Teilen der sich für aufgeklärt haltenden Münchner Gesellschaft als »Rabenmutter« beschimpft worden sei. »Schon früh ist mir dadurch bewusst geworden, dass etwas faul ist in dieser Gesellschaft und dass sich die Frauen zur Wehr setzen müssen.«

Kallenberg saß tief in Rudi Dutschkes Sofa versunken und betrachtete Liane Berg, wie sie die Geschichte ihrer Kindheit erzählte, die zugleich wohl die Geschichte ihrer Haltung war. So wenig er von ihren Ansichten hielt, so sehr mochte er ihre Art zu reden, ihre helle und trotzdem weiche Stimme, den Rhythmus ihrer Worte und Sätze, auch wenn er deren Inhalt kaum ertragen konnte. Hinzu kam, dass sie fast immer lächelte und immer wieder Blickkontakt mit ihm suchte. Liane Berg war die erste gut gelaunte Feministin in Kallenbergs Lebens, sie warb auf sympathische Weise für das Üble. Das machte sie einerseits interessant, andererseits gefährlich. Die Netten waren die Schlimmsten – das hatten seine Gegner oft genug über ihn gesagt.

Sie war wunderbar in Fahrt, saß vorne auf der Sofakante, malte im Takt ihrer Sätze mit den Händen Schlaufen in die Luft, strich sich zwischendurch die braunen kinnlangen Haare hinters Ohr und bewegte Füße und Beine zum Rhythmus ihrer Worte. Sie sprach nicht nur mit dem

Kopf, sondern mit dem ganzen Körper, so leidenschaftlich, dass ihr Vortrag fast wie ein Tanz wirkte, ein Tanz im Sitzen, Tango, Salsa oder Cha-Cha-Cha – irgendwas mit Feuer halt, so genau kannte Kallenberg sich da nicht aus.

Es würde noch dauern, bis Frau Berg ausgetanzt hatte, das spürte er. Kallenberg hatte in den vergangenen Jahren an vielen Diskussionen teilgenommen. Er hatte die Tricks und Finessen der anderen studiert wie ein Boxer sich auf große Kämpfe vorbereitet, hatte sie verfeinert, Wettbewerbspraxis gesammelt, trainiert, wie man den ersten Schlag setzte, das Überraschungsmoment nutzte, hatte an seiner Deckung gefeilt, gelernt, Schläge einzustecken, zu kontern, die Kraft des Gegners aufzunehmen und gegen ihn selbst zu richten. Er hatte Rhetorik-Bücher gelesen, sich einem Selbststudium unterzogen und dabei eine wahre Obsession für sprachliche Eleganz, argumentative Schärfe, Schlagfertigkeit oder Timing entwickelt. Während er trainierte, hatte er fast immer seinen tölpelhaften Vater vor Augen, wie er sprach- und somit wehrlos vor seiner Mutter stand, ein Mann, dem das Werkzeug gefehlt hatte, um das Gerüst eines glücklichen Lebens zu zimmern. So war Frederik Kallenberg in seiner Partei rasch als rhetorisches Talent aufgefallen. Seine Eloquenz hatte ihn schließlich bis in den Bundestag getragen.

Jetzt aber saß er auf diesem verlotterten Sofa neben einer Frau mit türkisfarbenen Strümpfen und verspürte nicht den geringsten Impuls, seine Kontrahentin zu unterbrechen, um selbst das Wort zu führen. Er hätte es wohl gekonnt, aber er wollte sie lieber beobachten. Je länger sie sprach, desto gründlicher konnte er sie betrachten. Er ließ sie reden und freute sich an ihrem Wesen.

Sie trug eine hellblaue Jeans und grüne Turnschuhe mit dunkelblauen Streifen. Ihre Strümpfe bissen sich zwar mit der Farbe ihrer Schuhe, begeisterten ihn aber. So, wie sie wirkte, hätte es ihn nicht gewundert, wenn Liane Berg verschiedenfarbige angehabt hätte, aus Schusseligkeit oder einfach, weil es lustig war. Vermutlich hätte Kallenberg, der selbst penibel darauf achtete, dass seine schwarzen Kniestrümpfe nie unter die Wade rutschten, selbst das an ihr gemocht.

Liane Berg sprach bereits seit Minuten darüber, wie wichtig es für Frauen sei, finanziell unabhängig zu sein. Nun wandte sie sich Kallenberg zu: »Oder halten Sie es für richtig, dass Frauen sich heute noch in die Abhängigkeit eines Mannes begeben und dann ohne eigene Existenz dastehen, wenn dieser Mann eines Tages keinen Bock mehr auf sie hat und sich eine Jüngere sucht?«

Er finde es falsch, immer vom Schlimmsten auszugehen, entgegnete Kallenberg. »Ein Mann, der ein Eheversprechen abgegeben hat, soll sich keine Jüngere nehmen. Ehe hat mit Standhaftigkeit zu tun, das bedeutet, Versuchungen zu widerstehen, sich Mühe zu geben, auch in schwierigen Zeiten …«

»Dann mal schönen Gruß an ihre Geschlechtsgenossen«, fuhr Liane dazwischen. »Solche Männer gibts doch gar nicht mehr.«

»Und ob es die gibt. Ich kenne viele, und – falls Sie mir den Hinweis in eigener Sache gestatten – ich hoffe, selbst ein solcher Mann zu sein. Die Kultur des einfachen Weges, des Wegrennens ist jedenfalls nicht meine Kultur.« Für einen kurzen Moment wirkte Liane Berg sprachlos. Sie hatte sich zwar intensiv auf Kallenberg und seine Ansichten vorbereitet, trotzdem schien sie nun verblüfft zu sein, mit welcher Ernsthaftigkeit und Überzeugung er über die Kultur des Wegrennens sprach. »Kann es sein, dass Sie in irgendeiner Parallelwelt leben, Herr Kallenberg?«, fragte sie schließlich. »Ich meine, auf welchem Planeten befinden Sie sich denn?«

»Ich stamme aus dem Sauerland, falls das Ihre Frage war.«

»Liegt dieses Sauerland hinter dem Mond?«

»Südlich des Ruhrgebiets und östlich des Rheins«, entgegnete er. Er konnte fuchsig werden, wenn man sich über seine Herkunft lustig machte und ihn als Hinterwäldler oder Hintermondler darstellte. Diese Form der Arroganz hatte er seit jeher in der Großstadt vermutet. Bei Liane Berg aber konnte ihn selbst das nicht aus der Fassung bringen.

»Es war nicht persönlich gemeint«, sagte sie. »Ich verstehe nur einfach nicht, wie Sie so denken können.« Sie sahen sich in die Augen, einen Tick länger, als sie es bislang getan hatten.

Christian irritierte der kurze Moment der Stille. Hektisch musterte er die Karteikarten, auf denen seine Stichworte standen, und klammerte sich schließlich an den letzten Punkt. Dort hatte er »hypothetisch« und »Insel« notiert.

»Ja, ich denke, im Laufe der Diskussion haben wir die Differenzen zwischen euch beiden ganz gut herausarbeiten können. Erlauben Sie mir abschließend eine zugegeben etwas hypothetische Frage, da ist jetzt Fantasie gefragt: Stellen Sie sich vor, Herr Kallenberg, Sie wären auf einer einsamen Insel gestrandet und der einzige Mensch auf dieser Insel wäre Liane. Glauben Sie, sie kämen miteinander klar?« Im Publikum lachten einige. »Arme Liane«, rief jemand.

Kallenberg rutschte unruhig auf dem Sofa hin und her. Solche Fragen waren ihm eindeutig zu schlüpfrig, aber er wollte kein Spielverderber sein, also antwortete er. »Sofern Frau Bergs Fanclub aus den letzten Reihen nicht mit auf die Insel kommt, kämen wir wohl ganz gut miteinander aus. Ich will Ihnen auch sagen, warum: Ich glaube ja, dass viele Frauen bei dieser Gleichberechtigungsgeschichte gar nicht auf ihre eigenen Bedürfnissen hören. Sie fühlen sich unter Druck gesetzt von einer Handvoll Aktivistinnen und von der deutschen Wirtschaft, die aus Müttern arbeitende Trommelhasen machen will. Das Schöne an der einsamen Insel ist, dass es dort keine gesellschaftlichen Zwänge gibt. Man könnte wieder ganz Mann und Frau sein, sich in Ruhe unterhalten, ehrlicher und entspannter als das in einem Rahmen wie heute Abend möglich ist.«

»Und du, Liane?«, fragte Christian. »Würdest du mit Herrn Kallenberg klarkommen?«

»Natürlich«, antwortete sie, schnell, direkt, selbstbewusst.

»Eh, und wieso jetzt genau?«

»Ich bin ja schon lange der Auffassung, dass körperliche Nähe wahre Wunder bewirken kann, selbst bei solchen Problemfällen wie Ihnen. Und wenn man dann auf dieser Insel, notgedrungen natürlich …, jedenfalls würde dann vielleicht auch unser Herr Kallenberg etwas lockerer werden, weniger verbohrt, als er sich heute Abend präsentiert hat.«

Kallenberg, der sich bislang ziemlich locker gefühlt hatte, verkrampfte nun tatsächlich, seine Wangen röteten sich, er wusste nicht, wohin mit seinem Blick. Was war bitteschön mit dieser Frau los, dass sie vor dem ganzen Saal ziemlich deutlich über Sex philosophierte? Frau Berg schien wirklich keine Hemmungen zu kennen. Oder wollte sie ihn nur provozieren?

»Aber das ist, wie du schon sagtest, Christian, alles sehr hypothetisch«, schob sie hinterher.

»Ähhmm, ja gut, hehe …« Selbst Christian war peinlich berührt. Aus Verlegenheit stellte er rasch eine weitere Frage, die gar nicht auf seiner Karte stand.

»Wer würde denn kochen bei euch auf der Insel? Sie vielleicht, Herr Kallenberg?«

Er war ihm dankbar für diese Frage, ermöglichte sie ihm doch einen Ausweg aus dieser Anzüglichkeit und eine Rückkehr auf vertrautes Terrain. »Nun, ich würde mich erst mal darum kümmern, dass wir überhaupt etwas zu essen *haben*«, sagte er. »Früher, bevor sich alles änderte, waren wir Männer ja als Sammler, Jäger und Beschützer gefragt, und ich hoffe, dass diese Fähigkeiten noch nicht gänzlich verkümmert sind. Außerdem würde ich uns jeden Tag ein schönes Feuer machen.« Er lächelte erfreut über seine Schlagfertigkeit.

»Ich koche gern – zumindest für Leute, die mir sympathisch sind«, sagte Liane Berg. Sie bezeichnete sich zwar als Feministin, sah es aber nicht ein, die Männer deshalb gleich zu Feinden zu erklären. Ohnehin war ihr jede Form von Radikalität fremd. Auch zu den im feministischen Diskurs gern bemühten Schlüsseltätigkeiten Kochen und Putzen hatte sie ein entspanntes Verhältnis: Wenn sie sich ihnen verweigerte, dann nur aus purer Faulheit.

»Na, das klingt doch fast wie ein versöhnliches Ende«, versuchte sich Christian an einem Schlusswort. Die Frauenfrage würde auch an diesem Abend ungeklärt bleiben, wie bei all diesen Boxkämpfen der Gebildeten, die am Ende mehr der Unterhaltung als der Erkenntnis dienen. Christian bedankte sich bei beiden »für die hochspannende Debatte« und regte an, dass man diese bei Gelegenheit unbedingt »vertiefen« müsse. Wie gesagt. Er brachte jene Höflichkeitsformeln, auf die man im politischen Diskussionsgeschäft immer zurückgriff, um einen Fortschritt zu simulieren.

Kaum waren die Schlussworte gesprochen, entschuldigte sich Liane Berg, sie müsse noch rasch mit ein paar Leuten reden. Dann sprang sie vom Podium und lief in den hinteren Teil des Saals, wo ihr Fanclub auf sie wartete. Man habe im Nebenraum etwas vorbereitet, sagte Christian, als Kallenberg sich aus Dutschkes Sofa erhoben hatte. »Falls Sie noch Lust haben, ein Bierchen oder ein Gläschen Rotwein mit uns zu trinken.« Eigentlich hasste Kallenberg die Minuten nach Veranstaltungen, den sogenannten »gemütlichen« Teil, in dem alle den Eindruck erzeugten, als sei das, was sie im ungemütlichen Teil gesagt hatten, gar nicht so gemeint gewesen, als sei der öffentliche Diskurs nur ein Schauspiel und die eigene Haltung nur eine Rolle, für die man bezahlt wurde. Andererseits war er ein höflicher Mensch, und da Christian ihn gut behandelt hatte, willigte er ein. »Allerdings nur kurz.«

»Glückwunsch! Dem hast dus gezeigt«, sagte Suse, die die Diskussion aus der letzten Reihe mitverfolgt hatte. Liane und sie hatten sich im ersten Semester kennengelernt und seither fast alles geteilt, was Freundinnen teilen konnten – Freuden, Ängste, Wohnungen, Männer, Klamotten, Geld und nicht zuletzt die Einstellung zum Leben.

»Findest du? Ich fands irgendwie komisch.«

»Natürlich, du warst großartig!« Sie drückte ihre Freundin fest an sich, um ihr Lob zu bestärken. »Außerdem hat der Penner es auch verdient. Solche Ansichten gehen wirklich gar nicht.«

»Ich hatte einen ganz anderen Typen erwartet«, sagte Liane. »Schlimmer. Hassenswerter. Er war ja eigentlich ganz sympathisch.«

»Wie du ihn am Ende mit der Aussicht auf Sex ins Schwitzen gebracht hast, das war ganz großes Kino.«

»Das war vielleicht ein bisschen gemein.«

»Tut er dir jetzt leid oder was?«

»Er ist anständig mit mir umgegangen, deshalb wollte ich umgekehrt nicht unfair sein. Ich fand ihn übrigens interessanter, als ich dachte.«

»Was ist an dem bitte interessant?«, fragte Suse. Die beiden liebten es, sich gegenseitig aufzuziehen, besonders, wenn es um Männer ging. »Ein Typ mit solchen Ansichten geht gar nicht!«

»Das ist ja gerade das Interessante. Wo findet man solche Typen denn heute noch? Die Leute, mit denen wir rumhängen, sind doch irgendwie alle gleich, gleiche Klamotten, gleiche Musik, gleiche Ansichten. Natürlich ist er vollkommen gestrig. Aber immerhin ist es eine erfrischende Gestrigkeit.«

»Wie auch immer. Dieser Kallberger jedenfalls …«

»Kallenberg«, korrigierte Liane.

»Von mir aus auch Kallenberg. Solltest du jedenfalls auch nur im Entferntesten dran denken …, na du weißt schon, dann sage ich dir: Vergiss es. Von mir aus jeder andere Politiker, aber nicht der.«

»Meinst du wirklich?« Sie wusste, dass Suse sich aufregen würde, wenn sie so tat, als sei sie tatsächlich an ihm interessiert. Schon das war Grund genug, es zu tun.

»Jetzt hör aber auf. Du hast ihn doch selbst erlebt. Wie steif er neben dir auf dem Sofa saß. Was er über Treue und Moral gefaselt hat. Wie er von seiner Frau und seinen Kindern schwärmt. Glaub mir, dieser Knochen ist zu hart, selbst für dich, meine Liebe.«

»Du weißt doch, ich mag die Herausforderung.«

»Hör bitte auf mit dem Quatsch.«

»Was genau meinst du?«

»Den Typen kriegst du nie rum.«

»Bist du dir so sicher?«

»Du bist vollkommen übergeschnappt«, rief Suse. »Na gut, um was wetten wir?« Sie hatte ihr zwar schon einige Wetten vorgeschlagen, weil sie das immer tat, wenn sie recht zu haben glaubte, diese aber kam überraschend für Liane.

»Los, schlag einen Einsatz vor«, drängte ihre Freundin. Sie würde nicht lockerlassen.

»Ich weiß nicht.«

»Na los, erst groß rumtönen und dann kneifen. So geht es ja auch nicht.«

»Ich kann nicht glauben, was du gerade machst. Du willst tatsächlich um Kohle wetten, dass ich Herrn Kallenberg ins Bett bekomme?«

»Muss ja nicht um Geld sein«, sagte Suse, »kannst auch einen anderen Einsatz wählen.«

»Und du meinst so richtig, ja?«

»Wie denn sonst? Unrichtig?«

»Also gut«, sagte Liane trotzig, doch sogleich überkam sie ein mulmiges Gefühl. Übertrieben sie es nicht gerade mit ihrer Lust am Wettstreit? Andererseits war es keine Tragödie, die Wette irgendwann verloren zu geben, solange der Einsatz überschaubar blieb. »Dann wetten wir um unseren nächsten Urlaub«, sagte Liane. »Wer gewinnt, darf aussuchen, wo es hingeht.«

Sie fuhren seit Jahren zusammen weg, auch wenn es im Vorfeld jedes Mal Streit um das Reiseziel gab. Während Suse tagelang wie ein Hähnchen am Strand braten konnte, suchte Liane nach Erlebnissen und Abenteuer, und die fand man ihrer Ansicht nach in den großen Städten. In der Vergangenheit hatten sie sich meist auf Ziele wie Barcelona oder Lissabon geeinigt, in denen sich beides kombinieren ließ. Darüber hinaus wurden sie von Billigfliegern angeflogen, ein Umstand, der für das Reiseverhalten ihrer Generation wichtiger zu sein schien als die wahren Sehnsüchte. »In Ordnung?«, fragte sie. Suse nickte.

»Wenn ich gewinne, gehts nach Moskau«, sagte Liane.

»Und wenn ich gewinne, nach Fuerteventura.«

»Gruselig!« Liane lachte laut auf und schlug die Hände über dem Kopf zusammen. »Gepflegte Langeweile hoch zehn. Touribunker mit Vollpension, mitten in der Einöde. Ein Grund mehr, die Sache zu gewinnen.« Sie reichten sich die Hände, um die Wette zu besiegeln.

»Halt, eins noch.« Suse zog ihre Hand wieder zurück. »Über welchen Zeitraum reden wir eigentlich?«

»Sechs Wochen?«, fragte Liane zurück.

»Abgemacht.«

Kaum hatten sich ihre Hände voneinander gelöst, lief Liane durch den sich leerenden Saal in Richtung Foyer, stolperte über den offenen Schnürsenkel ihres linken Turnschuhs, konnte sich gerade noch fangen und rannte weiter, ohne ihn zuzubinden.

Kallenberg, der mit Christian rasch einen Orangensaft getrunken hatte, stand bereits an der Tür und hielt Ausschau nach Schnellinger und dem Wagen. Die Fahrbereitschaft des Deutschen Bundestags war eine der zuverlässigsten Organisationen, die er kennengelernt hatte. Sie kam gleich nach der katholischen Kirche und dem Autobauer Volvo.

»Herr Kallenberg, warten Sie!«

Er hätte seinen Namen fast überhört, so konzentriert starrte er ins Dunkle. Dann aber drehte er sich um und sah Liane Berg mit ihrem offenen Schuh. »Gut, dass ich Sie noch erwische. Ich wollte mich noch mal dafür bedanken, dass Sie gekommen sind.«

»Keine Ursache«, sagte er. »Ich fand es sehr interessant. Auch wenn Ihr Fanclub dort hinten mir die Sache nicht leicht gemacht hat.«

»Das tut mir leid«, sagte sie. »Aber was ich Sie fragen wollte: Hätten Sie Lust, unser Gespräch bei Gelegenheit fortzuführen? Ohne Moderator, ohne Publikum und garantiert ohne Fanclub?«

Er spürte die seltsamsten Substanzen durch seinen Kopf jagen, wo sie noch seltsamere Verbindungen einzugehen schienen. Hirnforscher sprachen in solchen Fällen von einer Schockstarre. Er stand nur da und sah sie an. Seine Lippen waren wie festgefroren.

»Na ja, wahrscheinlich haben Sie für so was keine Zeit, bei Ihrem Terminkalender«, sagte Liane Berg nach einer Weile. Kallenberg spürte, dass er nun etwas sagen musste, wollte er nicht für verrückt gehalten werden.

»Eh, ja, warum nicht«, stammelte er, nicht wissend, wie er diese dreieinhalb Wörter hatte hervorbringen können.

»Fein, das freut mich«, sagte Liane Berg. »Geben Sie mir vielleicht Ihre Handynummer? Das würde es leichter machen, dann müsste ich Ihr Büro nicht belästigen. Oder dürfen Sie die Nummer nicht rausgeben?«

»Doch, doch, darf ich.« Wie in Trance zog er eine Visitenkarte aus der Innenseite seines Sakkos und notierte mit seinem Montblanc eine Telefonnummer auf die Rückseite. Erst als er fertig war, bemerkte er, dass er seine Festnetznummer aus dem Sauerland aufgeschrieben hatte. Panisch strich er die Nummer erst durch, zerdrückte dann die Karte und ließ sie in seiner Hosentasche verschwinden. »Sie müssen entschuldigen«, stammelte er, »es war ein anstrengender Tag.« Er zog eine weitere Visitenkarte aus dem Sakko und versuchte es erneut, diesmal mit Erfolg. Dann verabschiedete er sich rasch und stürzte hinaus in den Regen.

Kallenberg hatte die Begegnung mit Liane Berg fast verdrängt, da erreichte ihn gut eine Woche später eine SMS: »Einladung in die Kneipe. Name: Zur einsamen Insel. Wo? Berlin-Kreuzberg. Wann? Nächste Woche. Mögen Sie sich einen Abend aussuchen? Ich bin flexibel. Mit feministischen Grüßen, Liane Berg.«

SECHS

Wie lange das Monster bereits heimlich in seinem Kopf wohnte, konnte Frederik nicht sagen. Eines Abends, ein paar Wochen nach dem Schützenfest, machte es sich jedenfalls bemerkbar und schaltete sich mit seiner einzigen, aber wirkungsvollen Waffe in sein Leben ein: Es pflanzte Gedanken. Frederik lag in seinem Hochbett und hatte das Licht bereits gelöscht, als er sich plötzlich fragte, ob es nicht etwas fahrlässig sei, die neue, gerade erst von seinem Taschengeld gekaufte Stereoanlage über Nacht in der Steckdose eingestöpselt zu lassen. Konnten da nicht Sicherungen durchbrennen, Kabel schmoren, Funken auf den Teppichboden überspringen und das ganze Haus in Flammen setzen? Natürlich war das möglich. Er konnte es jedenfalls nicht ausschließen. So schlug er die Bettdecke zur Seite, kletterte die Sprossen seines Hochbetts hinab und zog den Stecker aus der Dose. Und weil er schon dabei war, trennte er auch noch die Stehlampe vom Stromnetz. Er wunderte sich, warum er die Gefahr, die von diesen Geräten ausging, nicht viel früher erkannt hatte.

Als er wieder oben in seinem Bett lag, fragte er sich, ob er den Stecker tatsächlich rausgezogen hatte. Er war eigens dafür runtergeklettert, das wusste er, aber hatte er ihn wirklich rausgezogen? Vollständig? Er war sich nicht mehr hundertprozentig sicher, und warum sollte er sich mit einem Restrisiko begnügen? Statt mit quälenden Gedanken einzuschlafen, war es besser, ein weiteres Mal nachzuschauen. Er kletterte erneut die Leiter hinab und sah, dass der Stecker weit von der Dose entfernt auf dem Boden lag.

Die Sache mit der Stereoanlage wiederholte sich am nächsten und am übernächsten Abend, wobei Frederik nun dazu überging, seine Kontrollgänge zur Steckdose auf die Zahl drei zu erhöhen. Die Drei gab ihm ein größeres Gefühl der Sicherheit als die Zwei. Er erinnerte sich an seinen Kommunionsunterricht, in dem die Drei äußerst gut weggekommen war. Sie stehe für das Himmlische, hatte der alte Pfarrer Hecker, Schmiedebachs Vorgänger, ihnen erklärt. Es gab die Dreifaltigkeit aus Vater, Sohn und Heiligem Geist, die drei Erzengel und die Heiligen Drei Könige. Und am dritten Tage war Jesus auferstanden. Wenn es also eine Zahl gab, von der das Gute und Erlösende ausging und die einen beschützen konnte, dann war es die Drei. Zudem war sie die Hälfte der Sechs, des Symbols des Bösen aus der Offenbarung des Johannes, über die sie erst kürzlich im Religionsunterricht gesprochen hatten. Mit der Drei konnte jedenfalls nichts anbrennen.

Bald schon war die Drei fest in seinen Alltag integriert, besonders in den Abendstunden, wenn die Gefahren wie Katzenaugen aus der Dunkelheit blitzten. Er drehte nun dreimal den Wasserhahn auf und zu, schloss dreimal die Tür seines Zimmers, schaltete dreimal das Licht an und aus, bevor er schlafen ging, und zwar sowohl das Deckenlicht seines Zimmers als auch die Leselampe an seinem Hochbett. So hatte er sich mit der Zeit einen Parcours gesteckt, den es zu bewältigen galt, ehe er zur Belohnung mit einem Gefühl innerer Ruhe einschlafen durfte. Richtig zeitraubend wurde es, als Frederik es für klüger hielt, die Zahl seiner Wiederholungen auf drei mal drei auszuweiten, was rein rechnerisch zwar auf neun hinauslief, in seinem Kopf jedoch als dreimalige Wiederholung der Drei verbucht wurde, als Verstärkung des Guten, als Haftpflichtversicherung des Himmels.

Das Zwangsmonster hatte sich in seinem Kinderzimmer breitgemacht und wollte mit immer neuen Handlungen gefüttert werden. Sonst gab es keine Ruhe.

Getrieben von seinem neuen Mitbewohner zimmerte sich Frederik ein Regelwerk, dessen strikte Befolgung ihn schützen würde, vor Gefahren, vor Unglück, vor dem Bösen. Sonst passiert etwas, mahnte das Monster und dachte sich immer weitere Aufgaben für ihn aus. Ein ganz neuer Kosmos tat sich auf, überall lauerten nun Gefahren, die er vorher übersehen hatte. Dass sich dadurch die Zeit, die zum Schlafen zur Verfügung stand, enorm verkürzte, schien ein kraftraubendes, jedoch notwendiges Opfer zu sein. Was waren ein paar Stunden Schlaf gegen ein abgewendetes Unglück, eine verhinderte Krankheit, einen ausbleibenden Unfall oder gar den Tod?

Nach einigen Wochen erweiterte Frederik seinen abendlichen Parcours um eine Hürde, an der er letztlich scheitern sollte. Der neue Gedanke betraf seinen Fuß, genauer: die Art und Weise, wie sein linker Fuß den Teppichboden verließ, ehe Frederik die Sprossen seines Hochbetts emporkletterte. Die Aufgabe, die ihm gestellt wurde, verlangte, dass seine Fußsohle beim Verlassen des Bodens eine Rutschbewegung in Richtung Dorfkirche machte, denn dort wohnte bekanntlich das Gute. Frederik konnte den Kirchturm von seinem Fenster aus sehen, so ließ sich genau bestimmen, wohin seine Fußsohle zu schleifen hatte. Nicht einen Zentimeter durfte er von der richtigen Richtung abweichen, denn sonst lief er Gefahr, dass er zur Schützenhalle zielte, und mit der verband sich bekanntlich alles Übel der Welt.

Leider verlangte das Monster auch nach einer möglichst kräftigen Bewegung des Fußes, weil sie Entschiedenheit signalisierte. Die Kehrseite der Entschlossenheit waren jedoch die Brandspuren, die sich bald unter seinem linken Fuß fanden, denn auch bei dieser Aufgabe lag das Geheimnis des Erfolgs in der Wiederholung.

Die eigentliche Grausamkeit des Monsters war, dass es tagsüber Ruhe gab. So war sich Frederik während der hellen Stunden im Klaren darüber, dass das, was er am Abend und in der Nacht veranstaltete, Unsinn war. Er wusste, dass Stereoanlagen nicht einfach in Flammen aufgehen. Er wusste, dass Menschen zwar sterben konnten, dies aber nichts mit der letzten Fußbewegung vor dem Schlafengehen zu tun hatte. Doch am Abend wusste er all das nicht mehr so genau.

Die Zeit, in der seine nächtlichen Aktivitäten unbemerkt blieben, endete eines Morgens um halb fünf. Seine Mutter, die von Geräuschen aus seinem Zimmer wach geworden war, fand ihn völlig entkräftet am Fuße seiner Leiter liegen. Ohne sich zu bewegen, wimmerte Frederik leise vor sich hin. Sie legte sich neben ihn auf den Boden, schmiegte ihren Körper von hinten an seinen und nahm ihn in den Arm. Sie war so warm und liebevoll wie nie zuvor. Am liebsten wäre er bis zum Rest seiner Tage mit ihr liegen geblieben.

Was denn geschehen sei, wollte sie nach einer wunderschönen Weile von ihm wissen. Er habe sich den Fuß verstaucht, antwortete Frederik. Von der Verstauchung seiner Seele verriet er nichts.

Kurz nach dieser Nacht fuhr Frederik mit der Pfadfindergruppe Waldhagen ins Zeltlager. In diesem Jahr freute er sich besonders auf die Fahrt, denn erstmals würde sie der junge Pfarrer begleiten, der nach dem Schützenhochamt so nett zu ihm gewesen war. Zudem war Frederik froh, den Ritualen seiner Nächte entfliehen zu können. Wie in jedem Jahr hatte ihnen ein Bauer der Region eine Weide überlassen, auf der sie ihre Welt aus Seilen, Haken, Stoffen, Stangen und Planen errichten durften. Frederik liebte diese Stunden gleich nach der Ankunft, in denen sie, verteilt nach Alter, Kraft und Größe ihr Fünftagedorf bauten, wie eine große Familie, in der jedes Mitglied seinen Platz hatte, jeder dem anderen sein Talent zur Verfügung stellte, bis irgendwann auch das Küchenzelt stand und die erste Erbsensuppe im Gemeinschaftskessel dampfte.

Ein alter Brauch sah vor, dass zwei jüngere, zwei mittlere und zwei ältere Pfadfinder sich ein Zelt teilten, wobei einer der Älteren zugleich der Anführer des Zeltes war. Er sollte dafür sorgen, dass seine Einheit den ihr zugewiesenen Aufgaben nachkam. Außerdem musste er die Gutenachtgeschichte erzählen.

Frederiks Zelt war an einen erfahrenen Erzähler geraten, der sich nicht allein durch seine lebhaften Schilderungen auszeichnete, sondern auch dadurch, dass er offen ließ, ob das Erzählte wahr oder erfunden war. »Kennt ihr die Geschichte von der Schwarzen Hand?«, fragte er eines

Abends im schwachen Schein des Lagerfeuers. Frederik, der sich vor den meisten Geschichten fürchtete, ahnte Schlimmes.

»Ist es eine wahre Geschichte?«, fragte er. Der Erzähler grinste und zuckte die Schultern. »Bitte, sag es mir, dieses eine Mal nur.«

»Habe ich jemals unwahre Geschichten erzählt?«, fragte der Junge.

»Weiß ich nicht.«

»So soll es bleiben«, meinte er und begann: »Nun, es war einmal in einem Dorf nicht weit von hier, da lebte ein kleines …« Und dann erzählte er seinen tief in ihre Schlafsäcke verkrochenen Zuhörern von einem Mädchen aus der Ortschaft Bödefeld im Sauerland, das zu seinen Lebzeiten nicht gerade artig gewesen war und insbesondere das vierte Gebot ganz und gar missachtet habe.

»Wie lautet das vierte Gebot?«, unterbrach der Erzähler. Frederik erschrak und presste ein *»Du sollst Vater und Mutter ehren«* hervor.

»Genau das aber tat das Mädchen aus Bödefeld nicht«, fuhr der Junge fort. »Und eines Tages, als es mal wieder sehr zornig war und tobend vor seiner Mutter stand, da tat es, was sich ein Kind niemals trauen sollte: Es hob den Arm und schlug nach ihr.« Der Junge betonte den letzten Satz, als handle es sich um die schlimmstmögliche Sünde, die man auf Erden begehen konnte. »Dieser Schlag sollte nicht ungesühnt bleiben. Und wisst ihr, wer dafür sorgte?« Stille. »Niemand anderes als der allmächtige Gott.« Der Wind pfiff und rüttelte an den Stangen ihres Zeltes, von ferne hörten sie die Scheite des Lagerfeuers knistern. Gekonnt gesetzte Pausen waren die hohe Schule des

Geschichtenerzählens, und der Anführer ihres Zeltes beherrschte sie perfekt. »Ein paar Wochen nach dem Zornesausbruch verstarb das Mädchen. Plötzlich und unerwartet, wie es damals schon hieß, aber ganz so unerwartet war es nicht. Nicht umsonst nennt man manche Sünden Todsünden.« Wieder eine Pause, wieder Raum für den Wind, für das Knistern des Feuers, das Rascheln der Schlafsäcke, für das große Schaudern.

»Man bestattete das Mädchen auf dem Friedhof von Bödefeld, gleich neben der Kirche. Das halbe Dorf gab ihm das letzte Geleit, doch während man offiziell trauerte, erzählte man sich zugleich, welch schlimme Tat das Mädchen begangen hatte, auch der Pfarrer ließ den Schlag gegen die Mutter in seiner Grabrede nicht unerwähnt. Und nun hört genau hin.«

Frederik konnte das Atmen eines jeden im Zelt hören. In der Ferne knackte das Feuer nun heftiger, der Wind hatte ihm neue Kraft eingehaucht. »Das Mädchen lag in einem fest verschlossenen Holzsarg. Langsam ließ man ihn an Seilen in die ausgeschaufelte Grube hinunter, schüttete ihn mit Erde zu und trat sie fest. Bis hierhin verlief alles normal. Doch als der Küster am nächsten Morgen die Kirche aufschloss und einen Blick hinüber zum Friedhof wagte, da sah er die Hand einer Leiche aus der Erde ragen.« Pause. Frederik wäre am liebsten aus dem Zelt gestürmt, doch wer davonlief, durfte von allen anderen offiziell »Angsthase« gerufen werden, die ganze Woche lang. Der Angsthase wurde sogar namentlich im Lagerbuch vermerkt, und mit etwas Pech tauchte er später im Bericht für die *Pfarr-Nachrichten* auf. So zwang sich Frederik, die Geschichte bis zum Ende zu ertragen.

»Der Küster näherte sich der Hand und sah, dass sie von dem Mädchen stammte, welches sie am Vortag begraben hatten. Sie war so rosig und zart, als flösse noch immer Blut in ihr, aber sie bewegte sich nicht, sie ragte einfach aus dem Boden, starr wie ein Pfahl. Der Küster benachrichtigte den Pfarrer, mit vereinten Kräften gelang es ihnen, die Hand zurück in die Erde zu drücken. Am nächsten Morgen aber ragte sie erneut aus dem Grab. Am übernächsten wieder. Und am darauffolgenden auch. Dann endlich verstand der Pfarrer, dass Gott es war, der die Hand des Mädchens aus dem Grab wachsen ließ und damit eine Warnung an alle Kinder aussenden wollte: Achtet auf eure Hände! Erhebt sie nicht gegen eure Eltern! Und stellt auch keine anderen unzüchtigen Dinge mit ihnen an! Als der Pfarrer Gottes Botschaft verstanden hatte, holte er ein scharfes Messer, schnitt die Hand unterhalb des Gelenks vom Arm ab und stellte sie in seiner Kirche aus. Als ewige Mahnung an die Jugend.« Pause, Zittern, Übelkeit. »Und wisst ihr was?« Der Geschichtenerzähler sah sie der Reihe nach an. »Wenn ihr wie Frederik Zweifel habt, ob die Geschichte wahr ist, dann könnt ihr euch selbst überzeugen: Die Hand liegt noch immer in der Pfarrkirche von Bödefeld, genau so, wie der Pfarrer sie damals vor 250 Jahren abgeschnitten hat. Passt also immer schön auf, was ihr mit euren Händen macht!« Wie auf Kommando zogen alle im Zelt ihre Hände aus den Schlafsäcken und falteten sie als Beweis ihrer Unschuld vor der Brust.

»Und jetzt: Gute Nacht!«

Frederik tat kein Auge zu. Eigentlich hatte er sich vorgenommen, keine dieser Geschichten zu glauben. Das Schicksal des Mädchens und seiner Hand aber konnte man angeblich sogar nachprüfen. Er lag da und stellte sich immer neue Fragen: Hatte er sich neulich nicht unsittlich berührt? Hatte er zu allem Übel nicht sogar Gefallen daran gefunden? Und wenn es offenbar so war, dass Gott sich auf jenen Körperteil konzentrierte, mit dem am schlimmsten gesündigt wurde, was würde dann bei ihm eines Tages aus dem Grab ragen? Und was aus dem Grab seiner Mutter?

Am nächsten Abend war Frederiks Zelt für die Nachtwache eingeteilt. Sie sollten das Lager beschützen, vor allem das Banner, das Allerheiligste, durfte unter keinen Umständen geklaut werden. In der Vergangenheit wurde es ein paar Mal von Pfadfindern aus der Umgebung erbeutet, und die hatten es erst gegen etliche Kisten Bier wieder herausgegeben. Für das wachhabende Zelt bedeutete ein Diebstahl die größtmögliche Schmach. Obendrein musste es die nicht unerheblichen Kosten für das Lösegeld aufbringen.

Frederik hatte eine der früheren Schichten erwischt, zwei Stunden ab Mitternacht. Er saß schon eine Weile am Lagerfeuer, als er Pfarrer Schmiedebach zwischen zwei Zelten auf sich zukommen sah.

»Und, Herr Wachmann, alles unter Kontrolle?«, fragte er und setzte sich neben ihn auf einen Baumstumpf. »Ich sage immer: Vier Augen sehen mehr als zwei.« Eine Weile saßen sie einfach nur da und betrachteten das Feuer. Und während sie mit Ästen in der Glut herumstocherten, erfüllte Frederik ein Gefühl tiefer Behaglichkeit. Von vorne wärmten ihn die Flammen des Feuers, von der Seite strömte Pfarrer Schmiedebach eine Ruhe und Gelassenheit aus, wie er sie selten bei einem Menschen gespürt hatte.

»Darf ich Sie mal was fragen?«

»Nur zu«, sagte Schmiedebach und wandte sich Frederik zu. »Aber vergiss dabei all die Räuber nicht, die um uns herum lauern.« Er zwinkerte.

»Es geht darum, was Sie neulich während der Predigt gesagt haben. Über die Familie.« Pfarrer Schmiedebach nickte. »Da wollte ich gerne mal wissen, was man machen soll, wenn die eigene Familie sich nicht gegenseitig beschützt?«

Schmiedebach dachte nach. Er wusste natürlich, was den Jungen so aufwühlte. Aber er brachte es nicht übers Herz, die Sache von sich aus anzusprechen.

»Warum kann Gott nicht öfter mal helfen?«, fragte Frederik.

»Das möchte er ja. Aber am leichtesten fällt es ihm, jenen zu helfen, die sich helfen lassen möchten.« Schmiedebach hatte seinen Satz noch nicht beendet, da wünschte er sich, er hätte ihn nie begonnen. Eigentlich hasste er derartigen Theologen-Singsang, Weisheiten, die immer richtig, aber nie konkret und deshalb auch selten hilfreich waren, Verlegenheitssprüche für faule Pfarrer, die sie mit einer Aura von Weisheit und Gottesnähe umhüllten, in Wahrheit aber nur eines waren: für die Katz. Schmiedebach ärgerte sich über sich selbst. Er war erst 27 Jahre alt, aber er sprach gerade wie jene alten Männer, die er als Kind nie verstanden hatte. Nach dem Theologiestudium in Münster hatte er sich für das Priesterseminar entschieden, um wirklich für die Menschen da zu sein. Er hatte früh gelernt, dass es im Pastorengeschäft feine Unterschiede gab: Die guten waren im wahrsten Sinne Seelsorger, die anderen bestenfalls Sprücheklopfer. Er hatte sich geschworen, nie zu Letzteren zu gehören.

Schmiedebach nahm einen zweiten Anlauf. »Magst du mir erzählen, was bei dir zu Hause los ist? Was es genau ist, das dich bedrückt und traurig macht?«

Frederik hatte gehofft, einen allgemeinen Rat von Schmiedebach zu bekommen, etwas, das ihm ersparte, all das erzählen zu müssen, was in seinem Elternhaus und seit Neuestem in seinem Kinderzimmer geschah. Aber dann platzte alles aus ihm heraus, und er erzählte vom Knirschen der Kiesel, vom Gebrüll seiner Eltern und von dem Monster, das ihn Steckdosen kontrollieren ließ. Als er alles losgeworden war, erhob sich Schmiedebach von seinem Baumstumpf, ging neben Frederik in die Hocke und nahm ihn in den Arm. So vergingen Sekunden, die Frederik wie Minuten vorkamen. Er genoss es, von jemandem gehalten zu werden, dem diese Geste nicht Ritual, sondern Anliegen war.

»Weißt du, wir alle haben unser Scherflein zu tragen. Sogar wenn wir in guter Absicht handeln, verlieren wir mitunter die wahren Ziele im Leben aus den Augen«, sagte Schmiedebach, nachdem sie eine Weile dagesessen und den Scheiten beim Knistern zugehört hatten. »Ich will dir gerne erzählen, was ich als Kind mit meinen Eltern erlebt habe.« Er berichtete von einer Mutter, die ihr Leben der Flasche gewidmet hatte, und einem Vater, der sie so sehr liebte, dass er es ihr gleichtat, von Nachmittagen, als er von der Schule nach Hause kam, hungrig wie alle Kinder, und statt einer Mahlzeit zwei Schnapsleichen am Esstisch fand. Sie waren keine aggressiven, sondern stille Trinker gewesen, liebenswürdig sogar, als Eltern jedoch eine Zumutung.

»Gott möchte, dass wir die richtigen Schlüsse aus dem ziehen, was wir erleben, auch wenn uns das Schicksal ziemlich grausam und ungerecht vorkommen mag. Wir sollen unsere eigenen Lehren aus dem Erlebten ziehen. Ich habe sehr darunter gelitten, meine Eltern mit dem Alkohol zu teilen und sie schließlich ganz an ihn zu verlieren. Aber ich habe mir damals auch geschworen, dieses Teufelszeug niemals anzurühren. Dieser Schwur hat meinen Eltern nicht helfen können. Mein Vater starb an einem Herzinfarkt, da hatte ich gerade mein Theologiestudium begonnen, und meine Mutter lebt seit Jahren in einem Pflegeheim, weil ihr Geist sich schon von dieser Welt verabschiedet hat, auch wenn ihr Körper noch da ist. Mich selbst aber hat mein Entschluss zu einem glücklichen Menschen gemacht. Und heute versuche ich, andere an diesem Glück teilhaben zu lassen, ganz so wie der heilige Martin, der das Glück hatte, einen warmen Mantel zu besitzen, und diesen mit den Frierenden geteilt hat. Verstehst du, was ich meine?«

»Ja«, antwortete Frederik. »Aber eines versteh ich nicht.«

»Was denn?«

»Ich dachte, dass Sie ziemlich viel Alkohol trinken.«

»Wie kommst du denn darauf?«

»Na ja, im Gottesdienst, da trinken Sie doch immer Wein – wenn Sie bei der Wandlung den Kelch heben, wenn Sie das Brot in den Leib und den Wein in das Blut Christi verwandeln, dann trinken Sie doch Alkohol. Oder ist da tatsächlich Blut drin?«

»Nein, kein Blut.« Schmiedebach lachte. »Das mit der Wandlung ist eher symbolisch gemeint. Religion ist immer auch ein bisschen Theater. Sonst wird den Leuten langweilig.«

»Und was haben Sie wirklich in Ihrem Kelch?«

»Fanta«, antwortete Schmiedebach. »Ich glaube nämlich, dass es Jesus egal ist, ob sein Blut aus Wein oder Limonade gewonnen wird. Der Wein ist nur eine Metapher für etwas Kostbares oder Köstliches. Ich selbst finde nun mal Fanta köstlich.« Frederik sah ihn erstaunt an. Der Pfarrer lächelte still vor sich hin, während das Feuer sein Gesicht wärmte. Er schien ein rundum zufriedener Mensch zu sein, völlig im Reinen mit sich. Für einen Moment versuchte Frederik sich vorzustellen, er könnte ihm jener große Bruder sein, den er sich immer gewünscht hatte.

»Aber sag es trotzdem nicht weiter«, bat ihn Schmiedebach. »Das mit der Fanta. Du kennst ja die Leute im Dorf.« Sie blickten sich an und nickten einander zu. Es war, als würden sie sich gegen den Rest des Dorfes verbünden, nur sie, die Wissenden gegen das Heer der Ahnungslosen.

»Also, versprochen?«, fragte Schmiedebach und versuchte sich an einem strengen Blick. »Versprochen«, kam es zurück. Sie gaben sich die Hand, Frederik strahlte. Er, Frederik Kallenberg, und der Diener Gottes teilten von nun an ein Geheimnis!

»Was ich dir aber eigentlich sagen wollte«, fuhr Schmiedebach fort, »selbst wenn es für deine Eltern keine Rettung mehr geben sollte, was ich nicht beurteilen kann, so kann ihr Beispiel am Ende doch hilfreich sein, ein Geschenk an dich, ihren Sohn, welches dir das Leben leichter machen wird, als es für sie selber ist. Es liegt an dir, ob du dieses Geschenk annimmst. Ob du die richtigen Schlüsse aus ihrem Leid ziehst.«

»Ich muss also einfach das Gegenteil von dem tun, was meine Eltern machen?«

»Nur von dem, was dich an ihnen stört. Und was sie selbst unglücklich macht. Hast du eine Ahnung, was das sein könnte?«

Frederik zögerte einen Moment und sagte schließlich, dass ihm die Bilder seiner Mutter hinter der Festhalle nicht mehr aus dem Kopf gingen und er sich nichts sehnlicher wünsche, als dass seine Mutter endlich treu und sein Vater trocken sein würde.

»Wenn dir das mit der Treue so wichtig ist, was ich gut verstehen kann«, Schmiedebach warf einen kurzen verschmitzten Blick in den schwarzen Himmel, »dann hast du bereits etwas sehr Wertvolles erkannt. Du könntest dir nun etwas vornehmen: dass du dir treu bleiben möchtest, und eines Tages vielleicht deiner Frau, deiner eigenen Familie. Vereinbarungen mit sich selbst sind sowieso viel besser, als etwas zu tun, weil andere es von dir verlangen.«

»Warum sagt uns Gott nicht einfach, wie wir unser Leben führen?«

»Er möchte, dass wir es selbst herausfinden. Er hat uns kleine Wegweiser dagelassen, aber entscheiden dürfen wir am Ende allein.« Wieder zwinkerte er. »Geh also deinen eigenen Weg, kämpfe für deine Überzeugungen, sei anderen ein Vorbild.« Frederik beschloss, es genau so zu machen. Er fühlte sich derart wohl, dass er sich sogar traute, den Pfarrer etwas zu fragen, was ihn die ganze Zeit schon beschäftigt hatte.

»Wollen Sie selbst nie eine Frau haben?«

Schmiedebach seufzte. »Du stellst Fragen! Ich bin Seelsorger, ich möchte mich mit ganzer Kraft und Liebe meiner Gemeinde widmen. Wie soll das gehen, wenn ich mich an erster Stelle um meine eigene Frau und Kinder sorgen müsste? Ich kümmere mich eben um andere – und das Zölibat verleiht mir dafür die nötige Ruhe und Konzentration.«

Auf einmal hörte Frederik in seinem Rücken ein Rascheln und Knarzen. Kurz darauf stand seine Ablöse neben ihnen, um den Wachdienst zu übernehmen. Er stand auf, überließ seinem Nachfolger den warmen Baumstumpf und wünschte dem Pfarrer eine gute Nacht.

»Eines noch«, rief Schmiedebach und lief ihm ein paar Schritte hinterher, damit die Ablöse nicht mithören konnte. »Wenn du das nächste Mal Sorgen hast, kannst du gleich zu mir kommen.« Frederik nickte und bedankte sich. »Und wehe, du verrätst unser Geheimnis.«

Kurze Zeit später lag er in seinem Schlafsack und lauschte in die Nacht. Er hörte das Atmen der anderen, das Knistern des Feuers und wie der Wind ihr Zelt streichelte. Nach wenigen Minuten schlief er ein, ohne Ängste, ohne komische Gedanken, als sei Einschlafen das Einfachste der Welt.

Als er aus dem Zeltlager zurück nach Hause kam, hatte das Monster sich verkrümelt. Den Zwang, Dinge tun zu müssen, die keinerlei Sinn ergaben, hatte es mitgenommen. Frederik ließ die Stereoanlage zwar sicherheitshalber ausgestöpselt – er hörte ohnehin nicht viel Musik – verzichtete aber fortan auf seinen nächtlichen Parcours. Was genau geschehen war, konnte er sich nicht erklären. Vermutlich hatte der Teufel seine Finger im Spiel gehabt. Frederik war erleichtert, dass er von ihm gelassen hatte.

Was ihm neben einer intakten Familie weiterhin fehlte, war ein richtiger Freund, ein »bester Kumpel«, wie ihn fast alle hatten. Einer, mit dem man lästern und sich verschwören konnte, mit dem man alles teilte und der sich für einen prügeln würde. Frederik war weder hässlich noch dick, beides wäre in seinem Alter, da der Mensch einen besonderen Hang zu Grausamkeiten hat, ein sicherer Grund gewesen, keine Freunde zu finden. Man konnte nicht mal sagen, dass er unbeliebt war, denn dazu war er viel zu höflich. Er ließ seine Mitschüler bei sich abschreiben, stellte jedem sein Heft mit den gemachten Hausaufgaben zur Verfügung, gab kostenlos Nachhilfe und achtete trotz seiner guten Leistungen darauf, nicht in den verheerenden Ruf eines Strebers zu kommen. Anders als sein Klassenkamerad Olaf blieb er von Hänseleien verschont. Olaf war übergewichtig oder »schneckenfett«, wie seine Mitschüler sagten, er schwitzte selbst im Winter andauernd, was die anderen dazu animierte, seinen Schweiß als »The Oil of Olaf« zu bezeichnen.

Frederik beteiligte sich nie an solchen Gemeinheiten, auch das schloss ihn von mancher Gemeinschaft aus. Leider war er zudem ein »Bewegungslegastheniker« – den Ausdruck hatte er jedenfalls in einem Gespräch zwischen seiner Mutter und der Nachbarin aufgeschnappt, die wissen wollte, warum Frederik nicht wie die anderen Jungs des Dorfes im Fußballverein war. Was ihm blieb, waren die Nachmittage bei den Pfadfindern und die Treffen der Jungschützen, beide Gruppen bestanden jedoch in erster Linie aus seinen Mitschülern und waren somit kein neues Reservoir für einen echten Kumpel.

So war er dankbar, als Jürgen, der im Unterricht neben ihm saß, ihn eines Tages fragte, ob er Lust habe, mal in die Politik zu schnuppern. Jürgen war Mitglied der Jungkonservativen, der Nachwuchsorganisation jener Partei, die, wie er stolz erzählte, »alle wichtigen Wahlen seit der Erfindung des Sauerlandes« gewonnen hatte. Er gehörte zu jenen Typen, die ihre Jugend am liebsten übersprungen hätten und gleich im Berufsleben gelandet wären. Jeden Morgen trug er ein frisch gebügeltes Hemd und einen frisch gebügelten Scheitel. Statt einer Schultasche kam er mit Aktenkoffer in den Unterricht. Er trat auf wie ein Angestellter der örtlichen Stadtsparkasse. Nur die blühende Akne in seinem Gesicht verriet, dass er der Pubertät näher war als der Pensionierung.

Nicht nur äußerlich, auch thematisch legte Jürgen erkennbar Wert darauf, sich von seinen Altersgenossen abzuheben. Während seine Mitschüler über ihre Lehrer lästerten oder die Formkurve ihrer Fußballvereine diskutierten, räsonierte er über den Segen des Nato-Doppelbeschlusses und die Notwendigkeit einer geistig-moralischen Wende.

Für die meisten in ihrer Klasse war Jürgen ein altkluger Sonderling. Frederik hingegen bewunderte ihn insgeheim, weil er über eine Selbstsicherheit verfügte, von der er selbst nur träumen konnte. Jürgen hatte zu allem eine dezidierte Meinung und konnte diese sogar mit Fakten untermauern. Weit bevor seine Mitschüler morgens im Klassenraum eintrafen, saß er bereits in seiner Bank und las *Die Welt*, die er sich auf dem Schulweg am Kiosk besorgte. Manchmal wies er Frederik auf Berichte und Kommentare hin, die er für besonders gelungen hielt; so hatte sich die eine oder andere Diskussion zwischen ihnen entwickelt: über den Angriff Saddam Husseins auf das kleine Scheichtum Kuwait etwa oder die Vereinigung der im Herbst 1990 offiziell nicht mehr geteilten deutschen Staaten – wobei es der Begriff Diskussion vielleicht nicht ganz traf, denn meistens hörte

Frederik seinem Banknachbarn einfach fasziniert zu und beschränkte sich darauf, ein paar Fragen zu stellen.

Nach kurzer Überlegung stimmte er Jürgens Vorschlag zu, ihn zu einem Treffen seiner Gruppe zu begleiten. Eigentlich hatte er kein Bedürfnis, in die Politik zu schnuppern, aber da Jürgen fragte, durfte Frederik wohl nicht Nein sagen. Das Ganze sei völlig unverbindlich, er solle sich erst mal in Ruhe ein Bild machen, dann könne er immer noch entscheiden, ob er Mitglied werden wolle oder nicht. Gerade jetzt, im Wahlkampf, könnten sie jeden Helfer gebrauchen. Im Dezember stünden die ersten Wahlen des wiedervereinten Landes an, in einer solch historischen Zeit des Umbruchs sei es umso wichtiger, den Kanzler zu stellen, zumal sich der Amtsinhaber nun wirklich bewährt habe. Es sei ja nicht zuletzt dessen Verdienst, dass die Nation nach Jahrzehnten der Teilung wieder groß und stark sein dürfe. Gerade jetzt verböten sich sozialistische Experimente. Frederik wusste nicht genau, was er von »sozialistischen Experimenten« konkret zu befürchten hatte, aber so wie Jürgen es aussprach, klang es bedrohlich.

Er erinnerte sich, dass er besagtem Kanzler vor vielen Jahren begegnet war. Der Anlass war ihm entfallen, er wusste nur noch, dass die komplette Pfadfinderschaft der Region antreten musste, als Begrüßungskomitee gewissermaßen. Als die Fotografen der Lokalzeitung dann Fotos machen wollten, da brummte der Kanzler ein lautes »Unsinn«, erklärte ihnen, dass sie »keine Ahnung vom Knipsen« hätten, weil sie sonst wüssten, dass ein Politiker, wenn er das Volk besuche, niemals alleine auf dem Bild sein dürfe. Gleich darauf führte er vor, wie ein ordentliches Politikerfoto auszusehen hat, indem er sich Frederik und einen weiteren Jungen aus der Reihe fischte und sie rechts und links an seinen gewaltigen Kanzlerkörper presste. »So macht man das«, rief er den Fotografen zu. »Nix Gescheites gelernt, und selbst das nicht richtig.«

Kurz bevor die Fotografen endlich auf ihre Auslöser drücken durften, drängte sich der Bürgermeister ins Bild, was dem Kanzler jedoch noch stärker missfiel, als alleine auf dem Foto zu sein, weshalb er ihn mit einem für alle Anwesenden hörbaren »Weg da, Bürgermeister!« aus dem Bild beförderte. Als die Fotos gemacht waren, gab er Frederik einen Klaps auf die Schulter, sagte »Braver Bub, aus dir wird mal was.« und verschwand im Rathaus. Dies war Frederiks erste und bislang einzige Begegnung mit der großen Politik.

Als Jürgen eines frühen Abends mit seinem Mofa vor ihrem Haus hielt, um ihn abzuholen, glühte Frederik innerlich vor Stolz. Er ärgerte sich kurz, dass seine Eltern diesen Moment nicht mitbekamen, weil sein Vater bereits in der Gaststätte saß und seine Mutter einen ihrer ominösen »Kulturabende« hatte. Auf der Fahrt zum Ort der Versammlung erzählte Frederik, dass am Vormittag ein Typ aus der Dreizehnten vor dem Schulhof gestanden und Sticker mit der Aufschrift »Ich bin Juso – werd auch Du so« verteilt habe. »Gesocks«, rief Jürgen und warf seinen Kopf nach hinten über die Schulter. Ob er wissen wolle, was der Unterschied »zwischen den Sozis und uns« sei, fragte er, und noch bevor Frederik antworten konnte, legte er los. Grundsätzlich stünden die Jungkonservativen für Sicherheit, Treue und Stabilität. Anders als den linken Spinnern ginge es ihnen nicht um die Weltrevolution, sondern um konkrete Anliegen, von denen die Menschen wirklich etwas hätten:

Saubere Bürgersteige, neue Fahrradständer, Umgehungsstraßen, solche Sachen. »Verstehst du den Unterschied?« Jürgen drehte seinen Kopf erneut über die Schulter, um sicherzugehen, dass Frederik ihn trotz Fahrtwind verstanden hatte.

»Schon klar«, rief Frederik, bemüht, einen wissenden Eindruck zu machen. Er war mit seinen Gedanken nicht ganz dabei gewesen, zu sehr genoss er seine erste Fahrt auf einem Mofa. In diesem Moment hätte er vermutlich jedem Unsinn zugestimmt. Aktuell gehe es darum, zu verhindern, dass Attendorn ein Asylantenheim bekomme, fuhr Jürgen fort. »Die Sozis in Düsseldorf wollen uns nämlich gerade eins aufs Auge drücken.«

»Das gibts doch nicht«, empörte sich Frederik, so wie es Jürgen von ihm zu erwarten schien.

»Ist aber so. Ich hab ja überhaupt nichts gegen Schwarze, aber alles in Maßen.«

»Genau«, entfuhr es Frederik, und wenn die Fahrt noch länger gedauert hätte, hätte er sich wohl noch zu weiteren Aussagen hinreißen lassen, über die er sich nie zuvor Gedanken gemacht hatte. Endlich hielten sie vor dem »Schwarzen Raben«.

Frederik Kallenbergs Weg in die Politik führte durch eine altdeutsche Schankstube, an deren Theke die üblichen Trinker saßen, weiter links über den Flur, an dessen Ende die Toiletten lagen, dann rechts durch eine Schiebetür, über der das Wort »Jägerstube« auf einer bronzenen Plakette prangte, hinein in einen rauchigen Raum, in dem neun junge Männer an Tischen saßen und einen Aschenbecher mit Asche füllten, über dem auf einem schieferfarbenen Halbrund das Wort »Stammtisch« stand.

Jürgen stellte Frederik als »Sympathisanten« vor, der sich ein Bild machen wolle, und der, so sein Eindruck aus ihren Gesprächen, »unserer Sache« recht gewogen sei. »Nicht wahr, Frederik?« Er nickte beflissen, eine andere Reaktion schien ihm im Angesicht von Jürgens erwartungsfrohem Blick nicht angebracht. Wie er erst jetzt erfuhr, war Jürgen der Kreisvorsitzende der Jugendorganisation und damit automatisch der Wortführer ihrer Sitzungen. Frederik musterte die anderen Leute am Tisch. Erst jetzt fiel ihm auf, dass auch eine Frau unter ihnen war. Sie stellte sich als Brigitte vor und ähnelte, was den kurzen Haarschnitt und die Polster an Hals und Nacken betraf, den anderen auf verblüffende Weise.

»Ich habe euch die heutige Tagesordnung ja bereits per Einschreiben zukommen lassen«, eröffnete Jürgen. Er sprach jetzt noch amtlicher als in der Schule, es fehlte nur, dass er die anderen siezte. Frederik reichte er einen Zettel hinüber, auf dem er mit der Schreibmaschine fünf Punkte aufgelistet hatte:

1. *Begrüßung durch den Vorsitzenden*
2. *Bericht des Vorsitzenden*
3. *Wahlkampfplanung*
4. *Sonstiges*
5. *Verabschiedung durch den Vorsitzenden*

»Gibt es Rückfragen?« Die Runde schüttelte den Kopf, und Jürgen ging von der Begrüßung des Vorsitzenden gleich zu dessen Bericht über.

»Wie ja alle wissen, stehen die kommenden Wochen im Zeichen eines einzigartigen, ja man muss sagen, historischen Wahlkampfs. Keine andere Partei hat so hartnäckig und überzeugend für die Einheit der deutschen Nation gekämpft wie unsere. Wir haben es Konrad Adenauer und dem jetzigen Kanzler zu verdanken, dass die Wiedervereinigung Wirklichkeit werden konnte. Da wäre es doch ein Treppenwitz der Geschichte, wenn ausgerechnet in einem solchen Moment die Sozis in Deutschland an die Macht kommen. Wir haben ja gerade erst in der Zone beobachten können, wohin sozialistische Experimente führen. Die DDR hat am Ende geröchelt wie ein Schwindsüchtiger. Und jetzt komme ich auch schon zum entscheidenden Punkt: Alle Welt glaubt derzeit, die Musik spiele in Berlin. Was die Bundestagswahl im Dezember angeht, sind nicht die Städte ausschlaggebend. Die Wahlen werden gerade bei uns auf dem Land gewonnen! Und deshalb möchte ich hier, an diesem Abend, vor dieser Runde die Parole ausrufen: ›Über das Schicksal Deutschlands wird im Sauerland entschieden!‹«

Die Runde legte ihre Zigaretten im Aschenbecher ab und klopfte energisch auf den Tisch. Dann sprang einer von ihnen auf, rannte zur Theke und kam mit einem Tablett voll Biergläsern zurück. »Zur Feier des Tages.« Als alle ihr Glas in der Hand hielten, blickte Jürgen in die Runde und rief: »Auf Deutschland!« – »Auf Deutschland!«, antwortete die Runde, auch Frederik murmelte die letzte Silbe seines Vaterlandes mit, das ihm bis zu diesem Abend relativ egal gewesen war. Das würde sich ändern müssen, wenn er künftig Teil dieser Runde sein wollte. Und auch das Biertrinken würde er lernen müssen, obwohl ihm das Zeug jede Faser in Mund und Magen zusammenzog.

»Ich freue mich außerordentlich, dass sich Frederik gerade in einer solchen Zeit entschlossen hat, unsere Gruppe und damit die Partei und ihren Kanzler zu unterstützen«, sagte Jürgen. »Das ist aller Ehren wert!« Wieder trommelten Knöchel auf die Tischplatte. Frederik fühlte sich geehrt, obwohl von einem unverbindlichen Reinschnuppern, wie Jürgen es genannt hatte, nicht mehr die Rede sein konnte.

Damit komme er gleich zum nächsten Punkt, der Planung des Wahlkampfs. Es werde vier Kerngruppen geben, wobei es möglich sei, in mehr als einer mitzuwirken. Da sei zunächst die »Abteilung Plakat«, die nicht nur für das Kleben von Plakaten, sondern auch für das Postieren von Aufstellern zuständig sei. Die »Abteilung Fußgängerzone« werde in Attendorn und Umgebung Infostände errichten und versuchen, mit dem Bürger ins Gespräch zu kommen. Die »Abteilung Kneipe« hingegen werde abends durch die Gaststätten ziehen, um Broschüren zu verteilen. Die Erfahrung habe gezeigt, dass es in der Kneipe nicht empfehlenswert sei, das Gespräch mit dem Bürger zu suchen. In der Kneipe wolle der Bürger seine Ruhe haben und sei allenfalls zur Annahme von Broschüren bereit. Und schließlich habe man noch die »Abteilung Attacke«, die versuchen werde, Veranstaltungen der Sozis aufzumischen.

Jürgen hatte zu Hause ein Blatt Papier mit vier Spalten vorbereitet, über denen die Worte »Plakat«, »Fußgängerzone«, »Kneipe« und »Attacke« standen. Nun trug er die Namen der Anwesenden sowie weiterer Mitglieder, die an diesem Abend nicht kommen konnten, in seine Liste ein. Frederik ordnete er den Abteilungen »Plakat« und »Kneipe« zu – den Direktkontakt mit dem Bürger traute er ihm noch nicht zu, und für die Attacke war er wohl zu schüchtern. »Den genauen Einsatzplan schicke ich euch in der kommenden Woche zu. Gibt es Fragen?«

Frederik hob den Arm. »Ich habe ja wirklich keine Ahnung, und vermutlich ist meine Bemerkung völlig unpassend, trotzdem frage ich mich: Für welche Ziele ziehen wir eigentlich in den Wahlkampf? Gehören die nicht irgendwie dazu?« Er beobachtete, wie einige am Tisch sich fragende Blicke zuwarfen. »Ich meine, so ein paar Inhalte oder wie nennt man das bei euch …?«

»Du meinst ein Programm?«, fragte Jürgen.

»Genau, ein Programm. Habt ihr so was?«

»Kommt noch«, sagte Jürgen. »Wird uns rechtzeitig aus Bonn geschickt.«

»Aus Bonn?« Einige runzelten die Stirn.

»Aus der Parteizentrale. Programme, Plakate, Flyer, kommt alles aus Bonn.« Es herrschte betretenes Schweigen.

»Aber was ist, wenn euch das nicht gefällt, was aus Bonn kommt?«, setzte Frederik nach. »Ich meine, wenn man für etwas Werbung macht, dann muss man das ja auch irgendwie gut finden.«

»Warum sollte uns das nicht gefallen?«, fragte Jürgen.

»Weil ihr es offenbar noch nicht kennt.«

»Da machen wir uns keine Sorgen.«

»Wer genau macht denn das Programm da in Bonn?« Frederik blickte seine neuen Mitstreiter an und sah Ratlosigkeit. Jürgen, dem die Fragen seines Klassenkameraden allmählich auf die Nerven gingen, weil sie die Tagesordnung durcheinanderbrachten und die anderen Mitglieder verunsicherten, bemühte sich nun, die leidige Diskussion über Inhalte zu einem raschen Ende zu führen. »Das Programm machen der Kanzler, seine Berater und die wichtigsten Mandatsträger der Partei. Bislang sind wir damit sehr gut gefahren.« Frederik wollte gerade bemerken, dass er sich das mit der Demokratie doch etwas anders vorgestellt habe, kam aber nicht mehr dazu, da Jürgen, der dergleichen ahnte, den Punkt für abgehakt erklärte und zum nächsten Thema überging.

»Klären müssen wir auch, welche Werbemittel wir in diesem Jahr einsetzen wollen. Jeder Ortsverein darf sich einen Gegenstand aussuchen, der auf Parteikosten mit dem eigenen Logo bedruckt wird.«

»Entschuldige, Jürgen«, machte sich nun Stefan, der Schriftführer, bemerkbar. »Aber gehört das jetzt noch zu Tagesordnungspunkt 3, Wahlkampfplanung, oder bereits zu Punkt 4, Sonstiges?« Jürgen habe doch eben deutlich gesagt, dass der Punkt Wahlkampfplanung abgehakt sei, meinte Matthias, der die Position des stellvertretenden Vorsitzenden bekleidete und sich Jürgen gegenüber durch eine gewisse Unterwürfigkeit auszeichnete. Insofern sei man laut Tagesordnung automatisch bei Punkt 4, Sonstiges, angelangt. Auf einmal kam Leben in die Runde. Einige am Tisch begleiteten Matthias' Ausführungen mit Kopfschütteln, andere nickten, die Kontroverse spitzte sich zu. Christian, seines Zeichens Kreiskassenwart, stellte die Frage, ob man sich nicht einfach den Werbemitteln widmen könne, ganz egal, unter welchen Tagesordnungspunkt diese nun fielen. Mit diesem Vorschlag aber brachte Christian fast alle am Tisch gegen sich auf. Eine solche »Scheißegal-Haltung« helfe jetzt gewiss nicht weiter, bemerkte Claudius, der Generalsekretär. Bisher sei er der Ansicht gewesen, dass man in dieser Runde ein paar Überzeugungen, man könne auch sagen Werte teile, und zu diesen Werten gehöre sicherlich auch der gute alte Grundsatz, wonach Ordnung das halbe

Leben sei. »Wem Ordnung egal ist, kann gleich zu den Sozis gehen.«

Kurz bevor die Debatte eskalierte, griff endlich der Vorsitzende ein. Die Frage, was man während des Wahlkampfes verteile, gehöre eindeutig zur Wahlkampfplanung und damit zu Punkt 3, sagte Jürgen.

»Sehr richtig«, meinte Matthias, der eben noch das Gegenteil gesagt hatte.

Er nehme seine unbedachte Äußerung, wonach dieser Punkt abgehakt sei, deshalb gerne zurück, fuhr Jürgen fort. Die Suche nach einem geeigneten Werbemittel müsse aber trotzdem gelöst werden. Er bitte um Vorschläge.

»Wie wärs mit Kochschürzen?«, fragte Matthias. »Um zu zeigen, dass wir uns auch um das Wohl der Frau kümmern.« Frederik war nicht klar, ob der Vorschlag ernst gemeint war. »Zu teuer«, kommentierte Jürgen knapp. »Weitere Ideen?«

»Kaffeetassen«, rief jemand und schlug gleich einen Spruch vor, den man auf die Tasse schreiben könne. »Jungkonservative – schwarz wie Ihr Kaffee«.

»Und was ist, wenn die Leute ihren Kaffee mit Milch trinken?«, fragte ein anderer.

»Kaffeetassen sind ebenfalls zu teuer«, sagte Jürgen. »Aus meiner Sicht kommen Kugelschreiber, Jo-Jos und Beinklammern fürs Fahrradfahren infrage.«

»Wie wäre es mit Kondomen?« Die Frage platzte wie eine Bombe in die Runde, alle verstummten, vereinzeltes Kopfschütteln. Es war Brigitte, die sie gestellt hatte. »Meinst du das ernst?«, fragte Jürgen.

Es sei ja nur eine Idee, sagte Brigitte. Zwar hätten die Grünen damit begonnen, Kondome zu verteilen, aber so viel sie wisse, hätten inzwischen auch einige Konservative die Idee aufgegriffen, in Hamburg etwa, auch in Berlin. Bei den Leuten komme das jedenfalls gut an.

Frederik traute seinen Ohren nicht. Auch wenn er nicht viel über die Positionen der Gruppe und deren Mutterpartei wusste, so hatte er doch eine gewisse Vorstellung von ihnen gehabt, und zu dieser Vorstellung gehörte ein Mindestmaß an Sittlichkeit und Zurückhaltung in sexuellen Dingen. Sollte diese Gruppe jetzt kostenlos Kondome unters Volk bringen, dann war er hier falsch.

Er fände die Idee gut, eröffnete Stefan die Aussprache. Endlich mal was Neues. Jedes Jahr Kugelschreiber sei in der Tat langweilig. Er habe noch 95 Kulis vom letzten Wahlkampf zu Hause, das seien Ladenhüter. Wenn die Kondome hingegen beim Bürger gut ankämen ... Wieder blickte Frederik entgeistert in die Runde. Gab es selbst hier niemanden mehr, der dem Verfall der Sitten entgegentrat? Er hatte sich innerlich bereits von den Jungkonservativen verabschiedet, als Claudius sich zu Wort meldete.

Ob sie denn alles mitmachen wollten, was gut ankomme, fragte er in scharfem, maßregelndem Ton. Dann könne man sich eine eigene Meinung nämlich sparen.

Die Gegenoffensive war gestartet, nun ging es den Gummis an den Kragen. Wofür Kondome denn bitteschön stünden, fragte Matthias in die Runde und lieferte die Antwort gleich mit: »Dass jeder mit jedem ins Bett hüpfen kann, als sei gar nichts dabei. Insofern sind diese Dinger *das* Symbol für eine Freizügigkeit, die in diesem Kreise wohl niemand gutheißen kann. Ich werde die Dinger jedenfalls nicht verteilen. Da können wir ja gleich Pornos oder Dildos nehmen und unser Logo draufdrucken.«

»Zu teuer«, murmelte Jürgen, aber niemand lachte.

»Meines Wissens richten sich Kondome in erster Linie an die Schwulen«, bemerkte Christian. »Und die wechseln ihre Partner bekanntlich so häufig wie unsereins die Unterhose. Ich fühle mich da offen gestanden in schlechter Gesellschaft.«

Jürgen hatte sich bis zu diesem Zeitpunkt nicht anmerken lassen, auf welcher Seite er selbst in der Kondom-Frage stand. Wie in seinem Lieblingsratgeber *In zehn Tagen zur Führungskraft* empfohlen, hatte er die Diskussion eine Weile laufen lassen, um sich erst, wenn die Argumente ausgetauscht waren, selbst zu positionieren. Wem die Worte des guten Karol Wojtyła nicht völlig wurscht seien, sagte er nun, der könne sich nicht ernsthaft auf die Straße stellen und Gummis verteilen.

Dann bat Jürgen um eine Abstimmung per Handzeichen. Acht der Anwesenden votierten gegen die Kondome, eine dafür. Stefan enthielt sich, was bei einer solch grundlegenden Frage nun wirklich keine Haltung war, wie Frederik fand. Er selbst besaß noch kein Stimmrecht, freute sich aber, dass das Meinungsbild so deutlich ausfiel. Der Kreis hatte ihn doch nicht enttäuscht.

Ob es noch etwas unter »Sonstiges« zu besprechen gebe, bevor man zum »gemütlichen Teil« übergehe, fragte Jürgen. Matthias meldete sich zu Wort. »Ich habe am kommenden Samstag Geburtstag und mache eine Party bei mir zu Hause. Natürlich seid ihr alle eingeladen, auch du, Frederik, denn du bist ja jetzt einer von uns.« Frederik bedankte sich fast eine Spur zu überschwänglich, es war das erste Mal, dass er zu einer richtigen Party eingeladen wurde. Überhaupt hatte ihn seit den Tagen, da sogenannte Kindergeburtstage mit Blinde Kuh gefeiert wurden, niemand mehr eingeladen.

Mit seinem Einstieg bei den Jungkonservativen, der ein paar Wochen nach diesem Abend auch formell vollzogen wurde, waren seine einsamen Jahre vorbei. Fast jede Woche hatte einer aus dem Kreis etwas zu feiern, und immer waren alle anderen eingeladen. Die größte und emotionalste Feier aber folgte im Dezember, als die historische Wahl gewonnen war und der »Kanzler der Einheit« auch unter den Bedingungen der Einheit Kanzler bleiben durfte. Frederik hatte großen Einsatz bewiesen und mehr als 300 Plakate geklebt, mit eigens für das Sauerland entwickelten Slogans:

Am Biggesee wählt man das C!
Sauerland in schwarze Hand!
Neu-Listernohl für Helmut Kohl!

Reime, lernte Frederik, schienen in der Politik äußerst beliebt zu sein.

Am Wahlabend lag er sich mit seinen neuen Freunden im alten Feuerwehrhaus von Attendorn buchstäblich in den Armen. Und um zwei Uhr nachts stimmten sie betrunken vor Glück und Bier die Nationalhymne an.

Als er in dieser Nacht nach Hause kam, spürte er, dass etwas Neues, Großes begonnen hatte, und er ahnte, dass dieses Neue eine Lösung für die Probleme seines Lebens bereithielt. Hatte Schmiedebach nicht gesagt, dass er für seine Überzeugungen kämpfen solle? Wo ging das besser als in der Politik?

Schon nach kurzer Zeit wurden ihm die jungen Konservativen zur Ersatzfamilie, endlich bewegte er sich unter mehr oder weniger Gleichgesinnten. Ein wenig altmodisch zu wirken war hier keine Schande, sondern eine Zierde. Endlich konnte Frederik ein Gefühl entwickeln, das ihm bislang verwehrt geblieben war. Das Selbstwertgefühl.

Jürgen ahnte bald, dass der junge Kallenberg von allen aus seiner Truppe das größte politische Talent besaß, konnte dies aber erst nach und nach anerkennen, und das auch nur zähneknirschend, denn eigentlich hatte er sich selbst für den Talentiertesten gehalten. Frederik brachte die seltene Mischung aus scharfem Verstand und Wahrhaftigkeit mit, die es brauchte, um weder als schlicht noch als unterkühlt, korrupt oder abgehoben zu gelten. Jürgen musste sich eingestehen, dass ihm jene authentische Wärme fehlte, die Frederik ausstrahlte, und dass diese Eigenschaft sich nicht erlernen ließ.

Eines Tages erzählte er Frederik, wie er sich ihre gemeinsame Zukunft in der Politik vorstellte. Er selbst wolle ein großer Stratege werden, ein Organisator der Macht, kein Zirkuspferd, das man durch die Manegen schickte. »Wir machen es wie Herbert Wehner und Willy Brandt. Nur in Konservativ.« Er legte Frederik seinen Arm um den Hals, so wie ältere Männer es tun, wenn sie sich einer tiefen, über Jahrzehnte gereiften Vertrautheit sicher sind. »Ich bin Wehner, der Mann für die schmutzigen Winkel der Politik. Und du wirst ein konservativer Brandt sein, feinfühlig, feingeistig, ein Mann mit Emotionen und Charisma, einer, den die Massen mögen.« Jürgen hielt ihm seine Hand hin und Frederik schlug ein. »Jedenfalls wirst du Kanzler und ich werde Fraktionsvorsitzender oder

Kanzleramtschef, irgendwas, bei dem es um die Organisation der Macht geht, verstehst du?« Jetzt sah Frederik ihn skeptisch an. »Tut mir leid«, sagte Jürgen, »aber die Politik hat nun mal ihre dunklen Seiten, ihre dreckigen Hinterhöfe, die der Bürger niemals sehen darf, weil er sonst den Glauben an sie verliert. Auf den Hinterhöfen aber wird die wahre Politik gemacht, glaube mir. Da werden die Mehrheiten erzwungen, die schmutzigen Geschäfte mit dem Gegner ausgehandelt. Deshalb braucht die Politik beides: Denjenigen, der vorne auf dem Balkon steht und dem Volk seine Visionen von einer besseren, schöneren Welt verkündet. Und den, der im Hinterhof die Deals macht, damit von den großen Sätzen vorne auf dem Balkon wenigstens zwei, drei Relativsätze übrig bleiben. So funktioniert sie nämlich, die große Politik.« Jürgen sprach so wissend, als sei dieser Wehner bei ihm persönlich in die Schule gegangen.

Jürgen schien es sich ernsthaft zur Aufgabe gemacht zu haben, Frederik auf eine politische Karriere vorzubereiten. Er stellte ihm alles zur Verfügung, was man seiner Ansicht nach für eine solche Karriere benötigte, darunter seine gesammelten Rhetorik-Bücher, *Die Kunst der öffentlichen Rede* Band I bis III, sowie andere angeblich unverzichtbare Werke, das *Praktische Handbuch* mit dem Untertitel *Manieren zum Mitnehmen* etwa, *Die Schweigespirale* von Elisabeth Noelle-Neumann und natürlich die Biografie Konrad Adenauers.

Frederik empfand Jürgens Fürsorglichkeit bisweilen etwas übertrieben, aber er spürte, dass ihm die Politik helfen würde, ein anderes Leben zu führen als jenes, das sein Vater lebte. Oft dachte er an seinen Schwur damals im Türrahmen seines Kinderzimmers: dass er niemals so sprachlos, so rhetorisch hilflos sein würde. Der Vertrag, den er in dieser Nacht mit sich selbst geschlossen hatte, verlangte von ihm, dass er eines Tages klüger, aktiver und ehrgeiziger sein musste als sein Alter Herr. Und so verstand er die Begegnung mit Jürgen und den Jungkonservativen auch als Zeichen des Himmels.

SIEBEN

Und jetzt nach Hause?«, fragte Schnellinger, der den Motor angelassen hatte und sich nun zur Rückbank drehte. Von allen Fahrern des Deutschen Bundestags wurde ihm Schnellinger am häufigsten zugeteilt. Dadurch hatte dieser einen guten Einblick in seinen Alltag gewonnen, und zu diesem gehörte, dass sich Kallenberg nach dem letzten Termin des Tages umgehend zu seiner Zweiraumwohnung am Prenzlauer Berg fahren ließ. Währenddessen plauderten sie oft über Politik, was immer eine reizvolle Paarung ergab, denn Schnellinger bezeichnete sich selbst als »notorischen Sozialdemokraten«, und zwar »qua Geburt«, wie er fast entschuldigend hinzufügte, denn schon sein Vater habe als Chauffeur gearbeitet, wenn auch bei einem Großindustriellen. »So was schütteln Sie nicht einfach ab.«

Wann immer Schnellinger in diesen Gesprächen einen Einblick »hinter die Kulissen« der Politik erhaschen wollte, wurde er von seinem Fahrgast enttäuscht. »Ach Schnellinger, ich kriege doch selbst nichts mit!«, entschuldigte sich Kallenberg und musste nicht mal flunkern. Er selbst genoss die Plaudereien mit seinem Fahrer, glaubte er doch, aus ihm die Stimme des Volkes zu hören, die man in Gremiensitzungen und bei Podiumsdiskussionen wunderbar zitieren konnte. Allerdings war ihm aufgefallen, dass auch seine Kollegen, wollten sie darauf hinweisen, wie der sogenannte »kleine Mann« dachte, gern auf ihre Fahrer zurückgriffen. An manchen Tagen waren sie ihre einzige Direktverbindung zum Volk. Die deutsche Politik schien vor allem von Fahrern geprägt zu werden.

Mit seiner dünkellosen Freundlichkeit hatte Kallenberg den guten Schnellinger gleich während ihrer ersten Fahrt für sich eingenommen. »Von allen Konservativen sind Sie mir der liebste«, hatte dieser neulich gesagt. »Sie haben nämlich Manieren.«

Während ihrer Fahrten wurde Schnellinger Zeuge des fast immer gleichen Telefonats, in dem Kallenberg seiner Frau berichtete, dass er auf der Heimfahrt sei und sie gleich in Ruhe telefonieren könnten. Dass Julia Kallenberg nicht mit ihm nach Berlin hatte ziehen können, war offenkundig. Ihre Söhne waren jetzt fünf und fünfzehn Jahre alt, sie besuchten im Sauerland Kindergarten und Schule. Außerdem war es für jeden Abgeordneten ratsam, seinen Wohnsitz im Wahlkreis zu behalten. Was Kallenberg jedoch traurig stimmte, war, dass Julia nach ihrem ersten und bislang einzigen Besuch in Berlin eine regelrechte Aversion gegen die Stadt entwickelt hatte. Es war ihr alles viel zu groß, zu anonym, sie fühlte sich dort nicht wohl. Er hätte es dagegen schön gefunden, gemeinsam mit seiner Frau die Hauptstadt zu entdecken. Obwohl sie sich in wenigen Minuten wieder sprechen würden, beendete er jedes dieser Telefonate aus dem Auto mit einem »Ich küsse dich«. Auch das gefiel Schnellinger.

»Heute müsste ich noch kurz nach Kreuzberg«, beantwortete Kallenberg die Frage, ob es nach Hause gehe. Sein

Fahrer traute seinen Ohren nicht. Nach allem, was er über das Leben dieses Abgeordneten wusste, war diese Antwort geradezu verstörend.

»Nach Kreuzberg?« Er sprach den Namen aus, als handle es sich um ein stadtbekanntes Bordell. Kallenberg hatte geahnt, dass diese Fahrt schwierig werden würde. Er wäre lieber mit dem Taxi gefahren, aber Schnellinger, die treue Seele, hatte darauf bestanden, so lange zu warten, bis sein Termin in der Parlamentarischen Gesellschaft vorüber war.

»Ist doch gar kein Problem«, schob er rasch hinterher. Neben der Konzentration auf den Straßenverkehr gehörte Diskretion zu den wichtigsten Anforderungen seines Jobs. Es ärgerte ihn, dass er seine Überraschung nicht hatte verbergen können, das passierte ihm sonst nie. In betont gelassener Stimmlage, ganz so, als führen sie jeden zweiten Abend nach Kreuzberg, fragte er nun, in welche Ecke es denn genau gehen solle.

Kallenberg nannte den Straßennamen und erklärte, dass er dort in einem Lokal verabredet sei. »Ein alter Schulfreund aus dem Sauerland. Wohnt offenbar dort. Lang nichts mehr von ihm gehört.« Er bemerkte, wie schwer ihm das Lügen fiel. Gewiss würde Schnellinger schon am Tonfall erkennen, dass er nicht die Wahrheit sagte. Wie denn das Lokal heiße, wollte sein Fahrer wissen – zumindest ließ er sich nichts anmerken. Leider habe er den Namen vergessen, log Kallenberg erneut. Deshalb müsse man besagte Straße ganz langsam entlangfahren; wenn er den Schriftzug über dem Eingang lese, werde er sich wieder erinnern.

Kallenberg sah aus dem Fenster und dachte an seine Frau. Dies war die Zeit, zu der er, wann immer es möglich war, ihren beiden Söhnen eine gute Nacht wünschte. Bisweilen schlich er sich sogar aus Veranstaltungen raus und gab vor, auf die Toilette zu müssen, um ihnen diese zwei Worte mit in den Schlaf zu geben. Im Vergleich zu der Mühe, die er sonst auf sich nahm, um ihre Stimmen zu hören, wäre es jetzt ein Kinderspiel, sie zu sprechen. Trotzdem erschien es ihm unmöglich, zu Hause anzurufen. Was sollte er seiner Frau erzählen? Dass er mit einer Studentin in der Bar »Zur einsamen Insel« noch einen trinken gehe? Und zwar in Kreuzberg?

Schlagartig wurde ihm bewusst, auf welchen Unsinn er sich eingelassen hatte. Er war überrumpelt worden an jenem Abend in der Universität – das konnte er noch zu seiner Entschuldigung vorbringen. Warum aber hatte er auf Liane Bergs SMS geantwortet? Warum hatte er seinen Terminkalender nach einem freien Abend durchforstet und sogar eine vor langer Zeit vereinbarte Besprechung verschoben? Und warum machte er sich diese Gedanken erst jetzt, da Schnellinger bereits die Grenze nach Kreuzberg passiert hatte?

»Komische Gegend«, murmelte Kallenberg, während er Julia in einer SMS schrieb, dass es wegen einer Sitzung spät bei ihm werde. Seine Frau ging in der Regel gegen zehn ins Bett, was einem abendlichen Gespräch der Eheleute Kallenberg schon häufiger im Wege gestanden hatte. Julia zeigte stets Verständnis, wenn ihr Ritual einmal ausfallen musste, weil ihr Mann noch zu arbeiten hatte. Dann telefonierten sie eben am Morgen und alles war gut.

»Hier vorne beginnt die Straße, die Sie mir genannt haben.« Schnellinger hatte den Wagen vor einem Stoppschild zum Stehen gebracht und den Blinker gesetzt. Er schob den Kopf über das Lenkrad und lugte nach links. »Viel ist da nicht los.« Als sie abgebogen waren, sah Kallenberg zu seinem Entsetzen, dass sein Fahrer recht hatte.

»Sie sagen dann einfach stopp«, bat Schnellinger, freundlich wie immer. Kallenberg sah seinen nach Bestätigung suchenden Blick im Rückspiegel und nickte. Die Straße war nicht lang, und wie es aussah, enthielt sie gerade mal drei Häuser, deren Beleuchtung auf eine Gastronomie schließen ließ. »Hier vielleicht?« Sein Fahrer deutete aus dem Fenster und lachte. Über dem Laden stand »Trinkhalle«. Der nächste Schuppen, an dem sie vorbeirollten, war die Kneipe »Zur einsamen Insel«, der Name stand unscheinbar über der Tür, in Druckbuchstaben so klein wie die Hausnummer. »Das hier wird es auch nicht sein«, sagte Schnellinger und sah wieder in den Rückspiegel. Kallenberg schüttelte eilig den Kopf. Er hatte schon beim Einsteigen nicht zugeben wollen, dass er in einer Kneipe mit solch einem Namen verabredet war, jetzt traute er es sich noch weniger, da die Fassade auf einen alternativen Studentenschuppen schließen ließ. Immerhin war er Frederik Kallenberg, Abgeordneter des Deutschen Bundestags, zweifacher Vater, Abgesandter des Sauerlands in Berlin und ganz nebenbei »Der letzte Joker des deutschen Konservatismus«, wie ihn eine Zeitung gerade erst genannt hatte.

»Bald ist die Straße aber zu Ende«, sagte Schnellinger.

»Lassen Sie mich doch einfach hier raus«, bat Kallenberg. »Ich werde das Restaurant schon finden. Zur Not frage ich jemanden, der hier wohnt.« Sein Fahrer fühlte sich in seiner Berufsehre gekränkt. »Kommt nicht in die Tüte. Wäre doch gelacht, wenn wir das nicht finden.« Schnellinger deutete mit dem Finger gegen die Windschutzscheibe. »Da vorne haben wir noch einen letzten Laden.« Ein paar Meter vor ihnen schimmerte eine grün leuchtende Fassade, dahinter war die Straße zu Ende. Es war seine letzte Chance. Kallenberg betete, dass es sich um einen halbwegs vernünftigen Laden handelte, vor dem er erhobenen Hauptes aussteigen konnte, ohne dass der Schwindel auffiel. Der Wagen hielt.

»Kötzis Bierstube«, rief Schnellinger und lachte erneut. Unter dem Schriftzug befand sich ein hell erleuchtetes Fenster, hinter dem ein vergilbter Vorhang den Blick ins Innere verzerrte. Lediglich die Umrisse einer Theke und die Schatten dreier Gestalten, die an ihr Halt gefunden hatten, ließen sich erahnen. Im Schaufenster standen sieben verstaubte Bierflaschen aufgereiht, wie zum Beweis, dass es in der Kneipe tatsächlich Bier gab.

»Da muss sich Ihr Freund mit der Adresse vertan haben«, sagte Schnellinger, immer noch lachend. »Ich schlage vor, wir fahren erst einmal zurück zur Hauptstraße.«

»Nein, stopp«, protestierte Kallenberg. »Kötzis Bierstube – wir sind richtig. Der Laden werde angeblich von Sauerländern geführt, behauptet mein Freund. Deshalb wollte er mit mir hierhin.« Wieder bemerkte er, was für ein miserabler Lügner er war.

»Also wenn Sie mich fragen, ist das ne typisch Berliner Spelunke«, meinte Schnellinger.

»Aber das Essen muss sehr gut sein. Ordentliche Hausmannskost nach Sauerländer Art. Findet man hier sonst ja nicht.«

»Wie Sie meinen, Herr Kallenberg. Soll ich Sie später wieder abholen?«

»Nein, vielen Dank. Machen Sie Feierabend, Ihre Frau wird sich freuen. Ich wäre auch lieber bei meiner.« Kallenberg drückte ihm einen Fünfeuroschein in die Hand, riss die Tür auf, ehe Schnellinger auf die Idee kam, sie ihm zu öffnen, und verabschiedete sich. Er konnte jetzt keinen Rückzieher machen, musste schnurstracks in den Laden laufen, auch wenn ihm beim Anblick des Schaufensters bewusst wurde, dass »Kötzis Bierstube« verglichen mit der »Einsamen Insel« die beklopptere Wahl gewesen war.

Die Männer an der Theke schreckten von ihren Gläsern hoch, als habe er sie geweckt. Sie musterten ihn aus halben Augen, in ähnlichem Zustand hatte er seinen Vater oft erlebt, wenn er ihn aus der Gaststätte »Zum Bus« abholen musste.

Wie er Schnellinger kannte, würde er sicher ein paar Minuten warten, ehe er losfuhr. Ihm blieb nichts anderes übrig, als sich an den einzigen Tisch im Raum zu setzen. Kaum hatte er Platz genommen, klingelte sein Handy, auf dem Display blinkte der Name seiner Frau.

»Telefooon«, brüllte einer der Männer am Tresen. Hatte Kallenberg die Herrschaften beim Reinkommen nur kurz aus ihrem Dämmerzustand holen können, wirkte das Klingeln nun belebend auf sie. Alle drei drehten sich langsam, aber zielstrebig auf ihren Barhockern um die eigene Achse und starrten Kallenberg an.

»Teeeelefooon«, trompete es erneut, woraufhin sie in rumpelndes Gelächter verfielen.

Kallenberg errötete. Eben erst hatte er Julia mit Verweis auf eine wichtige Sitzung per SMS auf morgen vertröstet, was würde sie denken, wenn er nun ans Telefon ging und ihr Kneipengelächter entgegenschallte? Leider wusste er weder, wie man einen Anruf abweisen, noch, wie man das Klingeln leiser stellen konnte. Wieder mal verfluchte er den Terror der ewigen Erreichbarkeit, jenes Übel der Gegenwart, das der Welt eine neue Spezies beschert hatte: den nervösen Menschen. Er hatte nie verstanden, wieso die neue Form der Kommunikation als zivilisatorischer Fortschritt gefeiert wurde, raubte sie der Welt doch jene Tugenden, die er selbst so schätzte, nämlich Ruhe, Besinnung, Nachdenklichkeit. Was waren das für goldene Zeiten, als sein geliebter Fontane damals durch Schottland reiste und alle paar Tage einen Brief an seine Frau komponierte, vollgepfropft mit Hingabe, reich an Abenteuern und Sehnsucht, es waren kleine Kunstwerke statt Massenware, verfasst in einer Sprache, deren Schönheit schon so viel Wertschätzung enthielt, wie sie tausend Telefongespräche nicht aufwiegen konnten. Er hatte sie alle gelesen. Heute hingegen wurde jedes Einsteigen in den Bus in den Rang eines Ereignisses erhoben, das umgehend mitgeteilt werden musste: »Ich wollt nur sagen: Ich sitze jetzt im Bus.« So verkam Kommunikation zur banalen Momentaufnahme, gerade zwischen Liebenden. Gewiss waren sich Herr und Frau Fontane während seiner Reisen näher gewesen, als wenn sie an jedem schottischen Loch, das der gute Theodor erwandert hatte, telefoniert hätten.

»Wollen Sie nicht mal drangehen?«, röhrte einer der Männer, und weil man gute Witze nicht tot genug reiten konnte, trompetete sein Nachbar ein weiteres »Teeeelefooon« hinterher.

»Nein, ich möchte jetzt nicht drangehen«, sagte Kallenberg schließlich und vergrub das Handy, so tief es ging, in seiner Tasche. Dort klingelte es noch dreimal, dann gab es auf.

Inzwischen war der Wirt hinter seinem Tresen hervorgekommen und fragte, was er trinken wolle.

»Eine Apfelsaftschorle«, sagte Kallenberg.

Wieder großes Gelächter an der Bar. »Kötzis Apfelsaftstube«, rief einer, und von nun an gab es kein Halten mehr. »Kötzi, machst du mir noch einen frisch gepressten O-Saft? Aber bitte nen Doppelten«, grölten sie, »Herr Ober, wann kommt denn das Birchermüesli?« oder »Vergiss meinen Hagebuttentee nicht.« Jeder Spruch zündete eine weitere Lachsalve: »Kötzi, einen Obstlersalat!« Die Herren hätten wohl ein Pils zu viel intus, entschuldigte sich der Wirt. Leider habe er nur Apfelschorle ohne Geschmack, eine Mineralschorle gewissermaßen, man könne aber auch einfach Sprudelwasser sagen. »Das heißt, ich muss erst gucken, ob ich noch Wasser habe. Wurde ewig nicht mehr bestellt.«

»Das sieht man«, sagte Kallenberg. Während das Lachen an der Theke verebbte, fand er zu gewohnter Sicherheit zurück. »Lassen Sie es gut sein«, sagte er zum Wirt. »Ich muss los, der Anruf eben, Sie entschuldigen bitte.« Er legte zwei Euro auf den Tisch und verließ die Bierstube. »Ab ins Fitnessstudio«, riefen ihm die Männer noch nach. Dann fiel die Tür ins Schloss.

Wenigstens wartete Schnellinger nicht mehr. Auf dem Weg »Zur einsamen Insel« rief er seine Mailbox ab. »Gute Nacht, mein Liebling, bis morgen.« Kallenberg spürte Übelkeit in sich aufsteigen. Vermutlich war es ein Zeichen Gottes, dass er diese Worte gerade jetzt hörte, am Eingang der Insel. Jemand wollte ihn in letzter Sekunde davon abhalten, diesen Schritt zu tun. Jetzt war es zu spät. Er würde das Treffen in aller Höflichkeit hinter sich bringen und sich nie wieder auf dergleichen einlassen.

Ein Blick auf die Tische in der Nähe der Tür genügten und Kallenberg wusste, dass er völlig falsch gekleidet war. Wenigstens die Krawatte hatte er noch ablegen wollen, dies vor Aufregung aber vergessen. Er spürte, wie ihn die Gäste musterten, wie sie zu ihm hinauf und doch auf ihn herabsahen. Was maßten sich diese Leute an, ihn wie einen Sonderling zu behandeln? Von allen menschlichen Verhaltensweisen, die er hasste, gehörte Arroganz zu den schlimmsten. Genau das aber war es, was er in diesen Blicken las, ein Gefühl der Überlegenheit, weil man glaubte, lässiger, cooler, hipper zu sein – wie immer man das Selbstverständnis künstlerisch angehauchter Avantgarde gerade nannte –, denn sogar der Gebrauch des richtigen Adjektivs entschied in diesen Kreisen über Dabei- oder Draußensein. Kallenberg kaufte seine Kleidung seit Jahren bei Peek & Cloppenburg, sowohl die Anzüge wie auch die Freizeitkleidung. Es gab keinen Grund, sich deshalb schlecht zu fühlen. Er war erst einige Minuten hier und hatte bereits genug von diesem Kreuzberg.

Er tastete sich nun in den dunklen Raum hinein, nach drei Schritten dachte er, in einen Hundehaufen getreten zu sein, was ihm bei allem, was er über diesen Stadtteil gehört hatte, nicht unrealistisch erschien, dann aber merkte er, dass der Boden mit Sand bedeckt und dieser statt mit Muscheln mit Kronkorken übersät war. In der Mitte des Raumes stand eine Palme, die von einem schwachen grünen Spot bestrahlt wurde. Ansonsten spendeten nur eine Handvoll Kerzen Licht, die meisten Tische waren kaum zu erkennen.

Liane Berg hatte sich in den hintersten Winkel gesetzt, wo die Kneipe am schummrigsten war, mit dem Gesicht zur Tür. So hielt sie es immer, wenn sie sich mit fremden Männern traf. Wenn ihr der Kerl schon beim Reinkommen nicht gefiel, konnte sie noch rechtzeitig flüchten, ohne dass er es merkte. Bei Kallenberg wusste sie zwar schon, was auf sie zukam, aber auch sie konnte sich der Kraft der Gewohnheit nicht immer entziehen. Um die jeweiligen Rendezvous besser einordnen zu können, hatten Liane und ihre Freundin Suse ein Raster mit vier Kategorien erstellt. In die Kategorie »Uni« fielen nicht nur andere Studenten, sondern auch Lehrkörper, angefangen vom Wissenschaftlichen Mitarbeiter über den Gastprofessor bis zum Vollzeitprofessor. Zur Kategorie »Arbeit« zählten vor allem die Kollegen bei der NGO, die sich den »Kampf für eine gerechtere Welt ohne Armut« auf die Fahnen geschrieben hatte und für die Liane nicht nur zwei Nachmittage die Woche im Büro arbeitete, sondern gelegentlich auch als Aktivistin auf die Straße ging. Insgesamt aber war der Bereich »Arbeit« als Reservoir für Rendezvous recht überschaubar. Anders sah es in der Kategorie »Musik« aus, wozu ihre männlichen Bandkollegen von »Gruppenbild mit Dame« sowie Musiker anderer Bands zählten, die sie auf Festivals und Konzerten trafen. Den größten Fundus aber bot die Kategorie »Sonstiges«, also Männer, die Liane in ihren Lieblingsclubs oder sonst wo kennenlernte. Der Bereich »Politik« gehörte bislang nicht in ihr Raster.

Trotz ihrer 27 Jahre war Liane Berg bereits eine Langzeitstudentin im Fach der Männerkunde. Sie konnte schon an der Art der »Mal-was-trinken«-Frage erkennen, welcher Typ Mann ihr gegenübersitzen würde. Entscheidend war die vorgeschlagene Tageszeit und die Art des Getränks. Die Schüchternen schlugen den Klassiker vor, Kaffee am Nachmittag, was aus Lianes Sicht schon deshalb unklug war, weil die meisten Menschen im Tageslicht schlechter aussahen als abends. Einen Kaffee am Abend schlugen die Mischwesen vor, die durchaus wussten, dass Verabredungen nach sieben größeren Erfolg versprachen, ihre Forschheit aber mit einem Kaffee abmilderten – wohl wissend, dass man früher oder später doch beim Alkohol landen würde. Am liebsten waren Liane die Typen, die sich gleich »auf ein paar Drinks in der Bar« verabreden wollten. Diese Ansage versprach ein lockeres, selbstbewusstes Gegenüber, wobei man sich immer noch überlegen konnte, wie und wo dieser Abend enden sollte, was ein großer Vorteil gegenüber der letzten Kategorie Mann war: Denn eine Einladung in die Wohnung des Fragenden (»Ich koch uns was Nettes«) war eine kulinarisch versteckte Aufforderung zum Geschlechtsverkehr und wurde nur von ausgewiesenen Draufgängern ausgesprochen.

Liane Berg ahnte, dass ihr Raster in Kallenbergs Fall nicht helfen würde, allein schon, weil sie es gewesen war, die ihn um dieses Treffen gebeten hatte. Außerdem hatte sie Suses Prophezeiung im Ohr, wonach Kallenberg sich niemals von ihr verführen lassen würde, und was Männer betraf, hatte Suse fast immer recht. Allein wie er auf ihre SMS geantwortet hatte, ließ vermuten, dass er eine harte, wenn auch nicht unknackbare Nuss war: »Sehr geehrte Frau Berg, danke für die Anfrage zu einer weiterführenden Diskussion. Am kommenden Mittwoch wäre mir dies ab 20.30 Uhr möglich. Wo genau befindet sich die von Ihnen erwähnte Lokalität? Mit freundlichen Grüßen, Frederik Kallenberg.« Noch nie hatte ein Mann, mit dem sie verabredet war, seine SMS mit »Mit freundlichen Grüßen« beendet.

Sie hatte sich anders gefühlt als sonst vor Verabredungen. Je näher der kleine Zeiger ihrer Küchenuhr an die

Acht gerobbt war, desto nervöser war sie geworden. Ihre Nerven hatten schon lange nicht mehr so rumgezickt. Ob das an der Wette mit Suse lag? Oder daran, dass sie keinerlei Erfahrung mit Abgeordneten des Deutschen Bundestags hatte?

Den ganzen Nachmittag hatte sie alles ergoogelt, was das Netz über Kallenberg preisgab. Obwohl er mit dem Internet auf Kriegsfuß stand, hatte es weitaus mehr über ihn ausgespuckt als bei Lianes sonstigen Verabredungen. Die Fotos hatten ihr durchaus gefallen und sie in ihrem ersten Eindruck bestärkt: Kallenberg war ein attraktiver Mann, den man nur ein wenig anders frisieren und kleiden musste. Irritiert hatte sie die Gästeliste des vorigen Bundespresseballs. »Frederik Kallenberg, MdB, und Katja Bendowski« stand da, seine Frau hieß laut seiner Homepage aber Julia Kallenberg, was Liane zu der Frage brachte, ob die von ihm vergötterte Ehe vielleicht doch nicht so göttlich war.

Später dann, bei der Durchsicht politischer Meinungsforen, hatte sie sich dabei ertappt, Kallenberg innerlich gegen all die Beschimpfungen zu verteidigen, die dort in Massen hinterlassen waren, und das, obwohl sich viele der Tiraden gegen sein angestaubtes Frauenbild richteten. Liane hinterließ sogar selbst einen Eintrag, wenn auch anonym. Um 17.23 Uhr schrieb die Nutzerin lene_nimptsch: »bevor man andere menschen derart niedermacht, sollte man sich intensiver mit ihnen beschäftigen.« Dennoch war sie sich nicht ganz sicher, ob die anderen User vielleicht recht hatten.

Auch die eigene Kleiderfrage, sonst keine größere Herausforderung für sie, war diesmal zum Problem geraten. Sie hatte sich schließlich für Stiefel, hellblaue Jeans, ein weißes Top, das ihre Brüste gut zur Geltung brachte, und den roten Blazer entschieden, den sie häufig bei ihren Konzerten auf der Bühne trug. Auch zwischen den drei erprobten Optionen, ihr Haar zu tragen, konnte sie sich lange nicht entscheiden. Der klassische Pferdeschwanz, ihre Standardfrisur, erschien ihr für diesen Abend zu gewöhnlich. Es blieben die Möglichkeiten, sie offen zu lassen, was sie reifer und nach Aussage vieler Männer zugleich fraulicher machte; oder aber sie am Hinterkopf mithilfe kleiner Spangen zu einem hochstehenden Büschel aufzustellen, einem Dutt für Verspielte, was ihr ein süßes, mädchenhaftes Antlitz verlieh. Nach abermaliger Befragung des Internets und der Erkenntnis, dass seine Ehefrau die Haare auf allen Bildern offen trug, hatte sie sich für die dritte, die Mädchen-Variante entschieden. Noch während sie ihr Haar zu Büscheln zupfte, wunderte sie sich, warum sie einen solchen Rechercheaufwand betrieben hatte. Sie betrachtete ihr Spiegelbild und schämte sich ein wenig.

Seitdem er die Kneipe betreten hatte, verfolgte ihn ihr Blick. Sie hatte seine ersten, vorsichtigen Schritte beobachtet und das Befremden in seinem Gesicht gesehen. Nun winkte sie, um ihm ein weiteres Rumtapsen zu ersparen. »Hier sind Sie!«, sagte Kallenberg, erleichtert, er nahm ihre Rechte zur Begrüßung und küsste sie auf den Handrücken. Liane Berg fragte sich, ob sie jemals so förmlich begrüßt worden war. Sie musterte ihn von den im Kerzenschein glänzenden Schuhen bis zum Windsorknoten. »Kommen Sie direkt aus dem Bundestag?«

»Nein, aus Kötzis Bierstube«, erwiderte er. Sie wusste nicht, was sie von der Antwort halten sollte, und verzichtete auf eine Nachfrage. Kallenberg wirkte jünger als bei der Diskussion an der Uni und auf den Fotos im Internet, auf denen er sich als honoriger Abgeordneter und Familienvater präsentierte.

»Gefällts Ihnen hier?«

»Nun ja, es ist etwas dunkler als in den Läden, die ich sonst besuche.«

»Welche Läden besuchen Sie denn sonst?«

Gleich zum Auftakt sah sich Kallenberg in ein Gespräch verstrickt, das er unbedingt vermeiden wollte. Er hasste den Wettkampf um angesagte Läden und vermeintliche Geheimtipps, jenes Szenegequatsche, mit dem junge Menschen in der Großstadt ihren gesellschaftlichen Stellenwert abklopften. Er war froh, sich diesem Wettstreit bislang entzogen zu haben, und verspürte keinerlei Lust, doch noch einzusteigen. Trotzdem musste er jetzt antworten.

Die Läden, die er am häufigsten aufsuchte, waren das Abgeordnetenrestaurant des Deutschen Bundestags, die Parlamentarische Gesellschaft und das Touristenlokal »Tucher« gleich neben dem Brandenburger Tor. Hinzu kam in seiner Heimat das »Landhaus Salzmann«, ein wegen seiner »gutbürgerlichen Küche« über die Grenzen Attendorns hinaus bekanntes Speiselokal, in das er seine Frau zu besonderen Anlässen ausführte. Aber mit diesen Läden konnte er jetzt nicht kommen.

»Um ehrlich zu sein bleibt mir nicht viel Zeit, um abends auszugehen«, sagte er. Liane Berg spürte sein Unbehagen und wusste, dass sie den falschen Einstieg in den Abend gewählt hatte. Dass er »ausgehen« sagte, rührte sie jedoch, beinhaltete das Wort doch eine altmodische Feierlichkeit, die sich aus ihren Kreisen längst verflüchtigt hatte.

»Sind Sie denn öfter hier?«, fragte Kallenberg. Sie schüttelte den Kopf, den Laden hatte sie wegen des Namens ausgewählt, ihre Stammkneipen schienen ihr zudem wenig geeignet für dieses Treffen. Sie mochte sich nicht vorstellen, was ihre Bekannten sagen, wie sie jede einzelne Bewegung beobachten würden.

Je länger sich die Pause nach seiner letzten, zugegeben belanglosen Frage hinzog, desto häufiger fragte sich Kallenberg wieder, warum er sich auf diese Begegnung eingelassen hatte. Jetzt war es weniger der Gedanke an seine Frau, der ihn quälte, als seine Unbeholfenheit. Er hatte nicht die geringste Ahnung, wie man sich bei solchen Treffen verhielt. Seit jener Zeit, als er Julia kennenlernte, hatte er sich nicht mehr mit Frauen verabredet, zumindest nicht privat, erst recht nicht in einer schummrigen Kneipe. Zwar hatte er akribisch daran gearbeitet, sich ausdrücken und präsentieren zu können, aber nicht in Gegenwart einer fremden Frau. Die Kunst des Flirtens war ihm fremd geblieben.

Normalerweise mochte er es, wenn Menschen miteinander schweigen konnten, gerade aber fühlte es sich falsch an. Endlich kam ihm eine Idee: »Was lesen Sie gerne?«

Als habe sie auf die Frage gewartet, antwortete Liane Berg umgehend mit einer langen Liste an Autoren und Epochen, deren Anfang sicher nicht zufällig Simone de Beauvoir machte, die sich dann über Virginia Woolf, Jane Austen, Heinrich Mann, Max Frisch, Getrude Stein und mit einem kurzen Abstecher zu Ernest Hemingway (»furchtbarer Macho, aber geiler Autor«) bis zu den feministischen Schriften der jüngsten Vergangenheit fortsetzte, zu denen natürlich auch Dagmar Kappler gehörte, die als Ikone der deutschen Frauenbewegung gefeiert wurde.

»Mit der soll ich nächste Woche im Fernsehen diskutieren«, unterbrach Kallenberg.

»Mit Dagmar Kappler?« Liane Berg war hörbar erstaunt. »Im Ernst?«

»Ja, so ist es zumindest geplant.«

»Das ist ja spannend«, sagte Liane Berg. »Frau Kappler wollte ich schon immer mal kennenlernen. Sie geht mir zwar tierisch auf die Nerven, aber sie hat auch viel für uns Frauen erreicht.«

»Wie mans nimmt«, entgegnete Kallenberg.

Liane Berg erschien es nicht sinnvoll, diese Debatte jetzt erneut zu eröffnen, also kam sie zum eigentlichen Thema zurück. »Und Sie, was lesen Sie?«

Kallenberg wollte gerade den großen Kanon der klassischen Literatur aufzählen und obendrein die Schriften des konservativen Theoretikers Edmund Burke unterbringen, als die Kellnerin mit den Getränken kam. Es war Liane, die ihren Wein als Erste erhob. »Na dann, prost! Schön, dass das mit uns geklappt hat.«

»Also, ich könnte Sie jetzt mit einer langen Aufzählung nerven«, sagte Kallenberg, »aber wenn ich einen Autor benennen müsste, dessen Werke ich als Einziges mit auf eine einsame Insel nehmen dürfte, dann wäre es Theodor Fontane.«

»Ha«, rief Liane Berg. Ein lautes, triumphales Ha. »Den hatte ich eben vergessen. Fontane – großes Kino!« Kallenberg, der Fontane nicht unbedingt als »großes Kino« bezeichnet hätte, freute sich über diese Gemeinsamkeit. Sie würde den weiteren Abend erleichtern. Liane Berg erzählte nun von einem Hauptseminar in Germanistik, das sie gerade belege und das sich mit Fontanes Frauenbild beschäftige. Sie sei verblüfft gewesen, wie progressiv dieser Fontane in der Frauenfrage doch gewesen sei, was sich nicht allein daran ablesen lasse, dass in fast all seinen Gesellschaftsromanen Frauen die Hauptrolle spielten, und fast immer – mit Ausnahme der etwas tranigen Effi Briest vielleicht – seien dies starke Frauen gewesen. »Gemessen an seiner Zeit war Fontane ein wahrer Anwalt des weiblichen Geschlechts. Und dabei hatte ich bislang gedacht, dass er ein konservativer Knochen gewesen sei.« Sie sah ihn mit einer Mischung aus Provokation und Triumph an.

»Unter diesem Aspekt habe ich Fontane noch nie betrachtet«, entgegnete Kallenberg. »Ich bin mir allerdings nicht sicher, ob Sie recht haben.« Er wollte verhindern, dass Schindluder mit seinem Liebling getrieben wurde. Dass ihn jetzt schon die Feministinnen für ihre Zwecke missbrauchten, ging eindeutig zu weit.

»Was ist denn Ihr Lieblingsroman von ihm?«, fragte sie nun. Wieder sah sie ihn herausfordernd an. »Vermutlich etwas aus seiner reaktionären Zeit, die *Wanderungen durch die Mark Brandenburg* etwa, oder dieser Kriegsroman *Vor dem Sturm*.« Kallenberg erkannte die Provokation, freute sich aber zugleich, jemanden gefunden zu haben, der offenbar ähnlich viel von Fontane gelesen hatte. »Sie täuschen sich, die fand ich beide langatmig. Wenn ich mich für einen Lieblingsroman entscheiden muss, dann nehme ich den *Stechlin*.«

»Den habe ich damals in der Schule lesen müssen«, entgegnete sie. »Ich glaube, es zählt zu dem Langweiligsten, was der gute Fontane je verfasst hat.«

»Wie alt waren Sie damals?«, fragte er.

»Weiß nicht. Fünfzehn, vielleicht sechzehn.«

»Geben Sie dem Stechlin eine zweite Chance. Sie werden es nicht bereuen.«

Wieder entstand eine Pause, die sich bis zur Grenze des Unangenehmen dehnte. Sie tranken ein paar Schlucke, als ließe sich die Verlegenheit wegspülen, und beobachteten einander so unauffällig wie möglich. Kallenberg mochte, wie Liane ihr Glas zum Mund führte, sie umklammerte es mit beiden Händen, wie eine warme Tasse Tee. Zugleich wunderte er sich, warum eine solch banale Tätigkeit ihn derart entzücken konnte.

Als die Stille unerträglich wurde, entschuldigte er sich für einen Moment, obwohl er gar nicht zur Toilette musste. Als er zurückkam, überraschte Liane Berg ihn mit einer Frage. Sie hatte sie die ganze Zeit über schon stellen wollen, sich aber nicht getraut, was gemessen an ihrer sonstigen Unbekümmertheit erstaunlich war.

»Was ich Sie fragen wollte: Wer ist eigentlich Katja Bendowski?«

»Die Schwester meiner Frau«, antwortete Kallenberg erstaunt.

»Und warum gehen Sie mit der Schwester Ihrer Frau zum Bundespresseball?«

Die Wahrheit war, dass Julia selbst für dieses Ereignis nicht nach Berlin hatte kommen wollen. Aber diese Erklärung erschien ihm zu privat – und noch dazu illoyal seiner Frau gegenüber.

»Weil meine Frau mit Mittelohrentzündung im Bett lag und ihre Schwester schon immer davon geträumt hatte, einmal auf einen großen Ball zu gehen.«

Liane Berg spürte, dass sich eine leichte Enttäuschung in ihrem Körper breitmachte.

»Woher wissen Sie eigentlich, dass ich mit meiner Schwägerin beim Bundespresseball war?«, fragte Kallenberg.

»Aus dem Netz.«

»Da steht, wer mit wem zum Ball geht?« Er fand diesen Umstand irgendwie unheimlich.

»Ja, ich habe Sie gegoogelt. Und dann erschien dort eine Gästeliste, auf der Ihr Name stand. Haben Sie mich nicht gegoogelt?«

»Nein«, sagte Kallenberg.

»Echt nicht?« Sie war etwas erstaunt. »Das macht doch jeder.«

»Ich nicht.«

»Sie sind mir ein Vogel. Entschuldigen Sie, dass ich so rede, aber das ist wirklich seltsam.«

»Was haben Sie denn sonst noch über mich herausgefunden?«

»Ich habe Sie gegen Ihre Feinde verteidigt. Sie haben ganz schön viele Feinde im Internet.«

»Ich weiß«, sagte er, aber ihn interessierte etwas anderes. »Wie haben Sie mich denn verteidigt?«

»Verteidigt ist vielleicht ein zu großes Wort. Ich habe einen Kommentar in einem Forum hinterlassen, in dem ich dazu aufgefordert habe, sich erst mal über Sie zu informieren, ehe man Sie niedermacht.« Kaum hatte sie es ausgesprochen, war es ihr peinlich. Sie fragte sich, warum sie so ehrlich zu ihm war.

»Das ist nett von Ihnen«, sagte Kallenberg. Es war das erste Mal an diesem Abend, dass sie sich direkt in die Augen sahen. Sekunden verstrichen, die zu lange waren, um ihre Blicke dem Zufall zuzuschreiben, dann erst wandte er sich, halb verschämt, halb erregt, wieder seinem Glas zu.

Sie hatten den Sprung aus der Verkrampfung geschafft, auch wenn noch keiner von ihnen den Mut aufbrachte, das »Du« vorzuschlagen. Kallenberg gelang es fortan, sie offen anzulächeln, und Liane Berg wurde wieder zu jener jungen Frau, die sie all die Jahre gewesen war, frech, neugierig, unbekümmert, glühend vor Lebenslust. Ein neuer Kosmos der Weiblichkeit tat sich gerade vor ihm auf.

Jetzt trauten sie sich, jene Fragen zu stellen, die sie wirklich interessierten. »Sie fanden mich an dem Abend an der Uni sicher ziemlich grässlich«, sagte Liane Berg.

»Um ehrlich zu sein …, ich fand Sie ganz und gar nicht grässlich. Hat mich selbst verwundert.«

Ihr gelang etwas, was bislang nur wenigen gelungen war: Kallenberg wurde locker, fast schon lustig, mit Anflügen von Selbstironie. So erzählte er – sie waren gerade bei den Geschichten aus ihrer Jugend angelangt –, wie er im Alter von sechzehn Jahren nach der letzten Schulstunde als Erster aus dem Unterricht gestürmt war, um draußen vor der Pforte Handzettel der Partei an seine Mitschüler zu verteilen. »Auf dem Schulgelände selbst war ›Politische Agitation‹, wie das in den Statuten hieß, verboten, und wir von der Partei für Recht und Ordnung halten uns natürlich immer an die Statuten.«

Was denn auf den Zetteln draufgestanden habe, fragte sie.

»Das wollen Sie wirklich wissen?«

»Ich sags auch nicht weiter.«

»Ob Norden, Süden, Osten, Westen, mit Kanzler Kohl sind wir die Besten!«

Liane Berg lachte laut und Kallenberg stimmte ein. »Wer hat sich das denn ausgedacht?«, fragte sie.

»Ich! Das ist ja das Schlimme.« Er lachte jetzt noch lauter. »Ich habe den Flyer sogar selbst zusammenkopiert: ein ordentliches Bild des Kanzlers, daneben der Spruch und das Logo unserer Jugendorganisation.«

Nacheinander beichteten sie sich ihre peinlichsten Aktionen von früher und brachen immer wieder in Gelächter aus, wobei Kallenberg angenehm auffiel, dass Liane mit ihm, aber nicht über ihn lachte. Er war schon lange nicht mehr so albern gewesen, und das lag nicht nur an dem dritten Bier, das ganz gegen seine sonstigen Gewohnheiten bereits vor ihm stand.

In diesem Moment spürte er, wie es an seinem Oberschenkel vibrierte – eine SMS, die Kallenberg aus der eben erst gewonnenen Leichtigkeit riss. Sogleich meldete sich sein Gewissen, das hinter dem Schleier aus Heiterkeit und Alkohol vorübergehend fast verschwunden war. Hatte ihm seine Frau nach ihrem Anruf noch eine Nachricht geschickt? Er entschuldigte sich und verschwand nochmals zur Toilette.

Schmiedebach fragte, ob sie sich am Wochenende sehen wollten. Erleichtert steckte Kallenberg sein Telefon in die Tasche. Er dürfe es mit dem schlechten Gewissen nicht übertreiben, sagte er sich. Was war schon einzuwenden gegen eine züchtige, wenn auch heitere Plauderei über Fontane und das Leben?

Liane Berg war bei ihrem vierten Weißwein angelangt. Wie ehrlich er ist, dachte sie, während Kallenberg zu einer weiteren peinlichen Geschichte aus seiner Jugend ansetzte. Anders als die meisten Menschen, mit denen sie sich sonst umgab, schien Kallenberg keine Sekunde darüber nachzudenken, in welchem Licht diese oder jene Geschichte ihn erscheinen ließ. Er erzählte sie einfach. Das hätte sie gerade von einem Politiker nicht erwartet.

»Wie fanden es denn Ihre Eltern, dass Sie damals solche Zettel verteilt haben?«, fragte sie.

Kallenberg zuckte mit den Schultern. »Denen war das egal. Die waren vor allem mit sich beschäftigt.«

»Das klingt aber nicht gut.«

»War es auch nicht.« Für einen Moment fühlte sich Kallenberg zurückversetzt in die bedrückende Enge seines Elternhauses, als säße er am Küchentisch zwischen dem lallenden Vater und der lügenden Mutter. Er nahm einen Schluck Bier, um den Kloß hinunterzuspülen. Zugleich ärgerte er sich, dass er sich nicht besser unter Kontrolle hatte. Liane Berg legte ihre Hand auf seinen Unterarm und blickte ihn sanft an. »Wollen Sie erzählen, was da bei Ihnen los war?«

Kallenberg zögerte. Er konnte dieser Frau unmöglich von den Eskapaden seiner Eltern berichten. Sie kannten sich ja gar nicht.

»Ich erzähls auch keinem weiter«, sagte sie und lächelte ihn an. »Und danach beichte ich Ihnen, was bei mir zu Hause alles los war. Versprochen.«

Und so fasste sich Kallenberg ein Herz und erzählte ihr von den Wirren seiner Kindheit im sicheren Gefühl, ihr trauen zu können. Als er fertig war, erzählte auch sie, ermutigt von so viel Offenheit, die Geschichte ihrer eigenen Familie. Als ihre Eltern sich kennenlernten, glaubten sie eine Zeit lang, übers Wasser laufen zu können, so glücklich waren sie, einander gefunden zu haben. Und als sie bald darauf ein Mädchen erwarteten, da schien es, als könnten sie dem Schicksal, das Glück eigentlich nur fein dosiert spendet, ein Schnippchen schlagen.

Ein paar Jahre später warfen sie mit Eier- und Aschenbechern nacheinander. Sie erniedrigten und beleidigten sich, brüllten und fluchten. Oft hatte die kleine Liane am Rande des Schlachtfelds gesessen und sich nur eines gewünscht: friedliche, einander liebende Eltern. Nun glaubte sie zu wissen, was früher oder später mit Paaren geschah. »Und irgendwann kommen dann Missgunst oder Langeweile und machen alles kaputt.« Sie sprach jetzt ähnlich erregt wie Kallenberg zuvor bei seiner Geschichte. Er sah sie an und hätte sie gerne in den Arm genommen.

»Jedenfalls glaube ich, dass zwei Menschen ihr Leben nicht teilen sollten, jedenfalls nicht dauerhaft«, sagte Liane Berg. Sie sei sich daher auch nicht sicher, ob sie einmal Kinder haben wolle, denn die seien fast immer die Leidtragenden streitender Eltern. »Es tut mir leid, dass ich das so sage, weil ich ja weiß, dass Sie sich für genau diesen Weg entschieden haben, aber so schaut es eben aus bei mir.«

»Das tut mir wiederum leid«, sagte Kallenberg.

»Braucht es nicht. Ich bin ja ganz froh, dass ich rechtzeitig erkannt habe, dass die Ehe kein Ziel für mich ist. Wissen Sie, früher sind Ehen deshalb nicht geschieden worden, weil sie für die finanziell abhängigen Frauen eine Art Gefängnis waren. Heutzutage jedoch, da Frauen sogar besser ausgebildet sind als Männer, haben die Gefängnisse ihre Grundlage verloren. Klingt logisch, oder?«

Kallenberg gefiel nicht, was sie erzählte, und je länger er ihr zuhörte, desto mehr fragte er sich, wie er sich mit einer Frau hatte treffen können, die solch ernüchterndes Zeug von sich gab. Welchen Sinn hatte ihre Verabredung eigentlich? Wollten sie allen Ernstes ein »Thema vertiefen«? Zugleich begann er, sie gegen seine eigene vorschnelle Meinung zu verteidigen. Immerhin hatte sie weder Kinder noch Ehe kategorisch ausgeschlossen. Im Bundestag hatte er rasch gelernt, wie man entschieden wirken konnte, ohne sich festlegen zu müssen – jenseits des kategorischen Ausschlusses musste man die Dinge nicht so ernst nehmen.

Offenbar stand Liane Berg noch immer unter den Eindrücken ihrer Kindheit, die ihren Glauben an Treue und Verlässlichkeit stark getrübt hatten. Sie war ein Opfer ihrer Sozialisation, genau wie er, nur dass sie völlig andere Schlüsse daraus gezogen hatte. Er sah sie verständnisvoll an und schwieg.

»Ich glaube einfach nicht an die eine große Liebe«, fuhr sie fort. »Selbst wenn ich es täte, wollte ich sie wahrscheinlich nicht leben. Ich habe andere Ziele.«

»Welche denn?«

»Ein großer Freundeskreis ist mir wichtig. Dann will ich Menschen helfen, die sich schlecht selber helfen können. Und natürlich die Musik! Ich liebe mein Saxofon, müssen Sie wissen. Wenn ich mit ihm auf der Bühne stehen und für andere etwas spielen darf, bin ich glücklich. Um all das tun zu können, brauche ich Freiheit. Ich weiß, dass Sie das Wort nicht sonderlich mögen, aber ich mag die Freiheit. Sie bedeutet für mich, nichts machen zu müssen, was ich nicht machen möchte. Wenn es mein größter Wunsch wäre, Ehe und Familie zu haben, würde ich sofort danach suchen. Ich habe nichts gegen Frauen, die aus freier Entscheidung diesen Weg wählen. Ich bin nur gegen jede Art von Vorschrift, gegen alles, was ›die Gesellschaft‹ von einem erwartet. Keine Vorschriften! Kein Erwartungsdruck! Das ist fortschrittlicher Feminismus. Ich möchte nicht gesagt bekommen, dass Männer Schweine sind, vor denen ich mich hüten soll, wie es einige Feministinnen in den Sechziger- und Siebzigerjahren getan haben. Ich möchte aber auch nicht gesagt bekommen, dass ich heiraten muss, um glücklich zu sein.«

Kallenberg saß vor ihr und staunte. Nie zuvor hatte er eine Frau Vergleichbares sagen hören, jedenfalls keine, der er privat gegenübergesessen hatte. Liane Berg wirkte sehr entschlossen, manches überzeugte ihn sogar, und doch hatte er Zweifel, ob sie wirklich so dachte wie sie sprach. Konnte man denn dauerhaft so leben? Ohne feste Bindung an einen Partner? War sie tatsächlich verloren für die Schönheit der Beständigkeit?

Als sie kurz nach Mitternacht vor der »Einsamen Insel« standen und die obligatorische Frage, wer in welche Richtung musste, bereits geklärt war, traute Liane Berg sich doch noch zu fragen, was sie die ganze Zeit schon hatte fragen wollen: »Zu solchen Fernsehdiskussionen …, ich meine, dürfen Sie da theoretisch jemanden mitnehmen?«

»Um ehrlich zu sein: Ich weiß es nicht«, antwortete Kallenberg. »Es ist mein erster Fernsehauftritt, zumindest von dieser Größenordnung. Würden Sie etwa mitkommen wollen?«

»Wenn das ginge, gern!«

»Ich kläre das«, sagte er. »Danke für den schönen Abend.«

Sie stieg auf die Zehenspitzen und küsste ihn ohne Vorwarnung auf den Mund. »Und ich danke Ihnen.« Dann lief sie in die Kreuzberger Nacht, die Hände unschuldig auf dem Rücken gekreuzt, die Knie wippend, die Schultern tanzend.

Kallenberg sah ihr nach, sog jede ihrer Bewegungen in sich ein. Er wusste nicht, ob dieser Kuss etwas zu bedeuten hatte. Oder gehörten solche Küsse in ihren Kreisen zu Verabschiedungen dazu? Er ertappte sich, wie er mit der Zunge auf seinen Lippen nach Spuren suchte, die sie dort hinterlassen haben könnte.

ACHT

Ihre ersten fünf Worte wechselten sie auf der Bundesstraße 73 zwischen Attendorn und Waldhagen, er sitzend, sie mit dem Po über dem Sattel tanzend. Einige Male schon hatte Frederik sich vorgenommen, das neue Mädchen anzusprechen, und sich doch nie getraut. Er hatte aufgehört zu zählen, wie oft sie ihn schon überholt hatte.

Gleich beim ersten Manöver war sie ihm aufgefallen, denn der Vorgang war eine Ungeheuerlichkeit: Ein Frederik Kallenberg wurde fast nie überholt. Bis zu jenem Sommer, als Julia mit ihrer Familie aus dem Hochsauerland in die Neubausiedlung oberhalb Waldhagens zog, die geografisch korrekt »Auf der Höhe« hieß, war er unangefochtener Träger des Gelben Trikots gewesen. Fast alle Schüler des Dorfes mussten den vier Kilometer langen Anstieg nach Schulschluss mit dem Fahrrad bewältigen, weshalb es täglich zu einem Rennen kam, dessen Ziellinie der erste und einzige Zebrastreifen Waldhagens war.

Frederik hatte sich anfangs geärgert, wie leicht ihr das Überholen offenbar fiel – kein Schnaufen, kein Blick zurück, es schien ihr gewöhnliches Tempo zu sein. Vermutlich wusste sie nicht mal von dem Rennen, das er und die anderen Schüler hier täglich austrugen.

Beim ersten Überholen war er so überrascht gewesen, dass er nicht mal ihr Gesicht gesehen hatte. Was er aber wahrnahm, genügte, um sich zu wünschen, gleich noch einmal überholt zu werden: ihr Pferdeschwanz, der im Takt des Wiegeschritts auf ihrem Rücken tanzte. Ihr zarter, langer Rücken, ihr Po in der hellblauen Jeans.

Am nächsten Tag fuhr er langsamer denn je den Berg hinauf, nur um sie nicht zu verpassen. Er nahm sogar in Kauf, von Costas überholt zu werden, der wegen der Herkunft seiner Vorfahren und seiner Körperfülle »Koloss von Rhodos« genannt wurde und bei dem es an ein Weltwunder grenzte, dass er überhaupt den Berg hinaufkam. Frederik sah bereits die ersten Fachwerkhäuser Waldhagens vor sich und glaubte, vergeblich gegen Costas verloren zu haben, als das Mädchen doch noch von hinten heranflog, als würden die Gesetze der Schwerkraft für sie nicht gelten. Viel Zeit blieb Frederik nicht, um wenigstens einen flüchtigen Eindruck von ihrem Gesicht zu erhaschen, ehe sie zu ihm aufschloss. Was er erkennen konnte, bestätigte seine Ängste: Sie sah fantastisch aus. Das bedeutete, dass er für sie nicht infrage kam. Bildhübsche Mädchen, so viel hatte er gelernt, gingen entweder mit bildhübschen Jungs oder mit Mofabesitzern. Von beidem war er weit entfernt.

Ihre Augen waren groß und blau, sie hatten jenes Leuchten, das die Welt heiterer macht. Nase und Wangen waren mit feinen Sommersprossen betupft, ihre Lippen formten sich zu einem Lächeln, was angesichts des strammen Tempos, das sie fuhr, eigentlich unmöglich war. Wie gerne hätte er sie jetzt in ein Gespräch verwickelt, wie gerne wäre er an ihrer Seite geblieben, bis zum Zebrastreifen oder gleich bis zum Rest seines Lebens. Aber dazu fehlte ihm der Mut. So dauerte es keine fünf Sekunden, bis sie grußlos an ihm vorbeigezogen war.

Am nächsten Tag lief es genauso ab, am übernächsten wieder. »Darf ich ein Stück mit dir mitfahren?«, keuchte er schließlich am fünften. Er hatte all seinen Mut zusammengenommen und vier demütigende Überholmanöver über sich ergehen lassen, um diese eine Frage zu stellen.

»Kommt auf dich an.« Immerhin. Sie antwortete, lächelnd, souverän, getragen vom schönsten Gefühl, das einem Menschen widerfahren konnte, dem Gefühl, begehrt zu werden. »Wenn du mithalten kannst, gerne.« Nüchtern betrachtet kam diese Antwort einem Korb gleich. Dass sie vielleicht doch Interesse an seiner Begleitung hatte, verriet ihm der Rhythmus ihrer Pedale, der sich merklich entschleunigte.

Frederik hatte jenes kritische Alter erreicht, in dem es höchste Zeit war, ein Mädchen zu finden, das bereit war, mit ihm zu »gehen«, und so wagte er, oben an der Bushaltestelle angekommen, den nächsten Schritt und fragte sie nach ihrem Namen.

Er freute sich über die Anmut dieser Silben. Es gab bekanntlich unterschiedliche Kategorien von Namen. Da waren die trockenen, erdigen wie Margot oder Heidrun, heiter verspielte Namen wie Trixi und Isabella und dann gab es die anmutigen, zarten, Namen, die man hauchen konnte, in denen Literatur und Geschichte mitschwang, und zu denen für ihn auch Julia zählte.

Sie war sechzehn Jahre alt, ein Jahr jünger als Frederik, und ging in die Stufe unter ihm. Auch das war rasch geklärt. Gerade wollte er sie nach ihren Lieblingsfächern fragen, da sah er seinen Vater die Straße hinunterlaufen. An

Freitagen arbeitete er nur bis zur Mittagszeit im Baumarkt, was ihm die Gelegenheit gab, seinen täglichen Gaststätten-Aufenthalt um einige Stunden früher zu beginnen. Frederik wandte sich ab, er konnte nur hoffen, dass sein Vater sie nicht bemerken würde.

»Mensch Junge, da hasse aber n feines Frollein bei dir«, rief er schon von Weitem. »Wer issn ette, wo kommt die wech?« Statt jedoch näher zu kommen und die Straße zu überqueren, brüllte er lieber hinüber. Frederik wusste nicht, was ihm peinlicher war, der dämliche Spruch, die Brüllerei oder der Umstand, dass er gleich – am helllichten Tag – in einer Kneipe verschwinden würde. Julia aber rief amüsiert zurück, dass sie aus dem Hochsauerland sei und nun auf der Höhe wohne.

»Kerr, datt is ja n Ding«, rief sein Vater, und dann schob er hinterher, dass »die Mutti« sich wieder mal mit einer Migräne ins Bett verabschiedet habe.

Die Phasen, in denen Elvira Kallenberg sich eine Migränepause nahm, waren in den vergangenen Jahren häufiger und länger geworden.

»Also dann, viel Spaß noch euch beiden, woll!«, rief sein Vater, hob die Hand zum Abschied und wurde kurz darauf von der Gaststätte verschluckt, die ihn erst weit nach Einbruch der Dunkelheit wieder ausspucken würde.

Kaum war die Kneipentür ins Schloss gefallen, verabschiedete sich Julia. Sie sei spät dran und müsse schnell nach Hause. Frederik war sicher, dass ihr plötzlicher Aufbruch mit dem Auftritt seines Vaters zusammenhing. Julia sah die Enttäuschung in seinem Gesicht und schob hinterher, dass es heute ihr Lieblingsgericht gebe, Pfannkuchen mit Zucchini und Speck, das dürfe sie keinesfalls verpassen.

Überall warteten Mütter irgendwo mit dem Essen, dachte Frederik. Seine Mutter hingegen wartete fast nie, erst recht nicht mit seinem Lieblingsgericht oder gar zu einer festen Zeit. »Bis morgen«, sagte Julia.

Seit dieser Begegnung fuhren sie jeden Tag gemeinsam den Berg hinauf. Er erfuhr, dass Julia im Hochsauerland an richtigen Straßenrennen teilgenommen hatte. Unklar blieb ihm, ob sie ihr Tempo ihm zuliebe drosselte, oder ob er, beflügelt von ihrer Gegenwart, über sich hinauswuchs. Jedenfalls kamen sie immer gemeinsam am Zebrastreifen an. Ihre Gespräche im Schatten der Bushaltestelle, bevor Julia die letzten hundert Höhenmeter nach Hause fuhr, wurden von Tag zu Tag ausgiebiger. Dort, wo er einst in dieser schrecklichen Schützennacht gesessen und vergeblich auf einen Bus gewartet hatte, verbrachte er nun die glücklichsten Minuten der Woche. Bald wusste Frederik, dass Julia noch immer traurig war über den Umzug ihrer Familie, weil sie nicht nur ihre besten Freundinnen, sondern auch ihren Radverein zurücklassen musste, und dass sie die einsamen Nachmittage nun meist mit ihrer Geige verbrachte, weil sie davon träumte, später in einem richtigen Orchester zu spielen.

Was sie am liebsten höre, fragte er. *Dvořáks Neunte* kam es wie aus der Pistole geschossen – richtig berühmt sei sie unter dem Titel *Aus der neuen Welt*. Frederik musste einräumen, dass er weder den ach so berühmten Titel noch die Sinfonie kenne, ja nicht mal der Komponist sei ihm geläufig. Sie dürfe ihn nicht falsch verstehen, sagte er, es sei keineswegs so, dass er die klassische Musik nicht möge, er habe sich einfach noch nicht mit ihr beschäftigt. Obwohl Julia lächelte, kam er sich klein und dumm vor.

Noch am selben Nachmittag fuhr er mit seinem Fahrrad den Berg wieder hinunter, um sich im Musikgeschäft Trompertz Dvořáks neunte Sinfonie zu besorgen. Leider verstand die Verkäuferin nicht, wonach er verlangte, weil er den Namen des Komponisten so aussprach, dass es nach »Torwart« klang, worauf die Dame empfahl, er möge es lieber gegenüber im Sportgeschäft versuchen. »Wenn Sie aber tatsächlich klassische Musik suchen, junger Mann, dann empfehle ich Ihnen den Vivaldi. Der wird immer gern genommen. Da machen Sie nichts falsch.« Mit dem Titel von Dvořáks Neunter konnte die Dame offenbar mehr anfangen, jedenfalls ließ er sich nachschlagen. »Und in welcher Aufführung hätten Sie die Sinfonie gerne?«

»Als Langspielplatte«, sagte Frederik. Er hatte nicht damit gerechnet, dass es so kompliziert sein würde, Julias Lieblingslied zu kaufen.

»Junger Mann, welche Aufführung, welcher Dirigent?«

»Na, von diesem Dworschack, oder wie der jetzt heißt, das hatte ich doch schon gesagt.«

»Sie sind mir ein lustiger Vogel. Es gibt Dvořáks neunte Sinfonie in unzähligen Aufführungen, gespielt von allen berühmten Dirigenten der Welt, von allen namhaften Orchestern.«

Frederik kam sich wie ein Idiot vor, aber anders als vor Julia war ihm seine Ignoranz vor dieser Schnepfe herzlich egal. »Die Wiener Philharmoniker werden immer gern genommen«, sagte die Frau, um den Vorgang abzukürzen. »Da sind Sie auf der sicheren Seite.«

»Das ist immer wichtig«, murmelte Frederik. Natürlich ging es ihm nicht um Dvořák, sondern um Julia. Ihre Bemerkung am Zebrastreifen, das mit der klassischen Musik könne »man« beizeiten ja nachholen, kam ihm wie ein Versprechen auf ein besseres Leben vor. Nichts erschien ihm reizvoller, als sich von Julia persönlich ins Reich dieser Musik einweisen zu lassen.

Bei einem ihrer nächsten Gespräche an der Bushaltestelle fragte er sie, ob sie Dvořáks Neunte auch in der Version des Leipziger Gewandhausorchesters unter der Leitung von Kurt Masur kenne. Das war jedenfalls die Version, die ihm die Schnepfe letztlich angedreht hatte, weil die Platte der Wiener nicht vorrätig gewesen war. Julia sah ihn an, als habe er ihr soeben einen Heiratsantrag gemacht. Dann erzählte er ihr von seinem Ausflug ins Musikgeschäft Trompertz, ohne auch nur eine Peinlichkeit auszulassen, und als er am Ende ihr Lächeln sah, da wagte er es endlich, jene Frage zu stellen, die er schon länger mit sich herumtrug. »Du hast heute Nachmittag wahrscheinlich keine Zeit, wonnich?« Nur wenn er stark aufgeregt war, schlichen sich die für seine Region typischen Bestätigungs-floskeln »woll« oder »wonnich« in seine Sätze; ansonsten konnte man ihm seine Herkunft kaum anhören. Er würde sich nämlich gerne revanchieren, schob Frederik hinterher. Dafür, dass sie ihm ihre Lieblingssinfonie verraten habe, wolle er ihr seinen Lieblingsort zeigen.

Das sei momentan schwierig, antwortete Julia. Sie müsse viel für die Schule lernen, dazu die Geigenstunden, und bei der Einrichtung des Hauses müsse sie ebenfalls anpacken.

»Klar, verstehe ich«, sagte Frederik. Er war enttäuscht, ärgerte sich aber zugleich über sich selbst. Zu glauben, dass sie an mehr als einer netten Plauderei auf dem Heimweg interessiert sein könnte, war völlig vermessen gewesen. Er schämte sich ein wenig. Trotzdem wagte er eine Woche später einen erneuten Anlauf und fragte sie, ob sie noch immer so viel zu tun habe. Leider ja, lautete die Antwort. Aber sie könne ihm ja Bescheid geben, wenn der Stress vorbei sei.

Drei Wochen später, Frederik hatte die Hoffnung bereits aufgegeben, fragte Julia, ob das Angebot noch stehe. Morgen habe sie einen freien Nachmittag. Sie trafen sich um vier Uhr am Zebrastreifen. Julia trug ein Kleid, das, so hoffte Frederik, nicht nur für ihn etwas Feierliches hatte. In der Schule hatte sie jedenfalls immer nur Jeans an. Sie liefen die Hauptstraße entlang und bogen in Frederiks Straße ein. Um ja nicht die Befürchtung aufkommen zu lassen, er wolle sie mit nach Hause nehmen, wies er Julia erst nachdem sie es passiert hatten auf das Gebäude hin, in dem seine Familie wohnte. Es hatte den Glanz der frühen Jahre längst eingebüßt und präsentierte sich, passend zu seinen Bewohnern, verlottert und lieblos. Kurz hinter dem Friedhof bogen sie links in einen Waldweg ein und schlenderten schweigend vor sich hin. Befangen von der Ungewissheit, wohin dieser Nachmittag sie führen würde, lauschten sie dem Knacken der Äste und Zapfen unter ihren Sohlen. Schließlich gelangten sie an eine Lichtung.

»Das ist er – mein Lieblingsort.« Frederik deutete auf einen Hochstand. »Hast du Lust, mit mir da raufzuklettern?« Julia nickte, zeigte dann aber auf ein grünes Schild mit der Aufschrift: »Jagdliche Einrichtung – Betreten verboten«. Er freute sich, dass ihr Regeln und Verbote offenkundig nicht egal waren.

»Ich habe eine Genehmigung«, sagte er stolz. »Der Förster persönlich hat es mir erlaubt.« Er signalisierte ihr mit einer Handbewegung den Vortritt, Julia aber machte keine Anstalten, die Sprossen aus geschälten Baumstämmen hinaufzuklettern, verschämt stand sie vor ihm und sah zu Boden. Endlich erahnte Frederik den Grund für ihre Zurückhaltung: Sie trug einen Rock! Schließlich stieg er voran.

Frederik kannte jeden Hügel, man konnte fast sagen, jeden Baum zu seinen Füßen. Manchmal verbrachte er ganze Nachmittage alleine hier oben und betrachtete seine Heimat. Die Stunden auf dem Hochstand waren wie kleine Fluchten vor der eigenen Familie. Er erklärte Julia, dass der Wind wohl soeben gedreht habe. Von den Weiden wehte der Geruch von Jauche herüber, das Parfum seiner Kindheit.

»Das ist ein schöner Lieblingsort«, sagte sie. Unter ihnen präsentierte sich die Farbe Grün in ihren unendlichen Schattierungen. An das finstere Grün der Nadelwälder reihte sich das hellere der Laubwälder, das in seiner Freundlichkeit nur noch vom Grün der Wiesen übertroffen wurde. Die einzigen Tupfer waren die weißen Rücken der Milchkühe, die wie Statisten in dieser Ausstellung des Grünen standen.

Von hier oben sah man die ordnende Kraft der deutschen Forstwirtschaft. Sie hatte die Natur wie einen Scherenschnitt bearbeitet und der Anarchie des Wachstums klare Kanten verpasst. Besonders gut ließ sich dies am Rande der Nadelwälder beobachten, wo die nackten, bis knapp unter die Baumkrone rasierten Stämme wie eine Mauer gegen den Rest der Natur wirkten. Geschmeidiger hielten es die Laubbäume, deren grüner Mantel bis zum Boden fiel, was einen sanfteren Übergang zum Nachbarn, dem Weideland, ermöglichte. Die geordnete Landschaft passte gut zu ihren Bewohnern, die klare Strukturen sehr zu schätzen wussten.

Wenn man die Unschuld in einem Gemälde festhalten wollte, dann müsste es Julia und Frederik zeigen, wie sie dort auf ihrem Hochsitz saßen und sich mit Blicken umarmten, ohne einander zu berühren. »Hast du Geschwister?«, fragte sie irgendwann, um jener Stille zu entkommen, die etwas Großem fast immer vorauseilt.

Frederik schüttelte den Kopf. Vermutlich würde sie nun weiter in die Tiefen seiner Familie vorstoßen. Er überlegte, ob die Geschichte seiner Eltern gut bei ihr aufgehoben war. Außer Pastor Schmiedebach hatte er sich bislang niemandem anvertraut. Sie wussten so gut wie nichts voneinander und trotzdem fühlte er sich schon jetzt von Julia verstanden.

»Verstehst du dich mit deinen Eltern?«, fragte sie und schon war der Bann gebrochen: Frederik erzählte ihr von den abtrünnigen Pfaden seiner Mutter, von der Weinerlichkeit seines Vaters und dem Gift der Untreue, und als er das alles erzählt hatte, den Blick starr auf die Wälder gerichtet, da endete er mit einem Satz, in dem sich all seine Sehnsüchte vereinten. »Ich werde es mal ganz anders machen.«

Julia hatte ihn die ganze Zeit von der Seite angesehen und hätte ihn am liebsten fest in den Arm genommen, so sehr fühlte sie mit ihm. Aber sie traute sich nicht.

»Du willst also nie eine Familie haben?«, fragte sie nach einer Weile.

»Und wie ich das möchte«, antwortete Frederik. »Aber eben eine richtige Familie, in der man füreinander sorgt, sich treu ist und alles teilt, was das Leben zu bieten hat.«

Es schien schon jetzt eine unausgesprochene, aber letztlich beschlossene Sache, dass *sie* eines Tages jene Familie sein würden. Jedenfalls dachten nun beide daran, wie es wäre, des anderen Mann und Frau zu sein, und alles, was sie sich in ihrer Fantasie ausmalten, bestärkte sie in diesem Wunsch. Als Julia beim Abschied vor dem Bungalow ihrer Eltern – er hatte sie in der Dämmerung bis nach Hause begleitet – mit ihrem Unterarm an seinen stieß, bekam er eine Gänsehaut.

Den nächsten Schritt in ihre gemeinsame Zukunft machten Julia und Frederik dann erneut an einer Bushaltestelle. Beim zweiten Ausflug an seinen Lieblingsort hatte er ihr die Geschichte der Schwarzen Hand aus dem Zeltlager erzählt und zugegeben, dass er noch heute Albträume von ihr habe. »Lass uns hinfahren«, hatte Julia sogleich vorgeschlagen, »man muss sich seinen Ängsten stellen.« Wenn er erst mit eigenen Augen gesehen habe, dass in diesem Bödefeld gar keine Schwarze Hand herumliege, könne er gewiss ruhiger schlafen. Frederik hatte den Vorschlag nicht ernst genommen, als Julia aber am nächsten Tag mit der Information aufwartete, dass Bödefeld nur 50 Kilometer entfernt sei und sie auch die Busverbindung schon rausgesucht hatte (»nur drei Mal umsteigen«), wusste er, dass sie es ernst meinte.

Am folgenden Samstag fuhren sie in einen kleinen Ort, nahmen dort eine Linie in einen noch kleineren Ort, der nicht viel mehr als eine Haltestelle war, und warteten eine halbe Ewigkeit auf den Bus nach Bödefeld. Drei Stunden später waren sie am Ziel. Es mochte romantischere Arten des Reisens geben als den öffentlichen Nahverkehr des Sauerlands, und doch genoss Frederik jede einzelne Station, an der sie hielten. Manchmal drückte er sogar heimlich den roten »Halt«-Knopf, damit ihre Fahrt noch etwas länger dauerte.

In Bödefeld suchten sie zunächst eine Bäckerei auf und bestellten sich belegte Brote. Julia fragte den Bäckermeister, ob er je von der Schwarzen Hand gehört habe, um dem Spuk gleich die Grundlage zu entziehen, doch der Bäcker nickte und wies Richtung Pfarrkirche. Wenn sie Glück hätten, würden sie den Küster noch antreffen, in dessen Obhut sich die Hand befände. Obwohl Frederik sich vorgenommen hatte, keine Furcht zu zeigen – immerhin war er siebzehn und mit jenem Mädchen unterwegs, das er zu heiraten gedachte –, schauderte es ihn nun. Er war entschlossen gewesen, Julias Theorie zu folgen, dass es diese Hand nur in der Fantasie eines durchgeknallten Pfadfinders gab. Jetzt aber schien die Geschichte doch zu stimmen.

Der Küster, ein älterer Mann mit Petrusbart, war gerade im Begriff, die Pforte der Kirche abzusperren, als Julia ihn freundlich darum bat, sie in die Geheimnisse der Hand einzuweihen. Er stieß die schwere Tür zur Pfarrkirche wieder auf, verriegelte sie mit einem riesigen Schlüssel von innen und wandte sich seinen Gästen zu. »Ihr seid hoffentlich keine Angsthasen?« Julia schüttelte für beide den Kopf. »Dann folgt mir.« Seine tiefe Stimme hallte durch die leere Kirche. Er führte sie zu einer der weißen Säulen, die den Kirchturm stützten, deutete auf eine Nische im Gemäuer, die von einer Glasscheibe geschützt wurde, und zündete eine Kerze an, die er Frederik in die Hand drückte.

Im ihrem flackernden Licht sahen sie, wovon der Junge im Zelt erzählt hatte. Hinter dem Glas ruhte die Hand mit dem Rücken auf einem lilafarbenen Samtkissen, das in einer bronzenen Schale lag. Ihr Gelenk sah aus wie ein morsches Stück Holz, auf der Innenfläche aber ließen sich noch die Lebenslinien erahnen. Der schmale Daumen sah verschrumpelter aus als die anderen Finger, sein Nagel hatte sich vom Fleisch entfernt und stand senkrecht in der Luft. Mittel-, Ring- und kleiner Finger hatten sich zu einer Einheit verbunden und sich vom Zeigefinger abgesondert. Es sah aus, als sei sie gerade im Begriff gewesen, nach etwas zu greifen.

»Es handelt sich allem Anschein nach um die Hand eines Mädchens«, sagte der Küster. Frederik fragte, ob es stimme, dass dieses Mädchen seine Mutter geschlagen habe. Und dass seine Hand immer wieder aus der Erde des Grabes gewachsen sei.

Das sei die Variante, die man sich früher am häufigsten erzählt habe, sagte der Küster, es gebe aber noch andere. Die Mythen gediehen bei ihnen im Sauerland bekanntlich ähnlich gut wie die Nordmanntannen. »Ich persönlich halte folgende Version für die wahrscheinlichste: Im Mittelalter gab es eine Prozessordnung, die festlegte, wie man vorgehen sollte, wenn ein Mordverdacht nicht eindeutig nachgewiesen werden konnte. In diesem Fall sollte Gott sein Urteil sprechen. Man führte den Beschuldigten an die Leiche des Ermordeten, und wenn dessen Wunden erneut bluteten, galt der Verdächtige als von Gott überführt. Wenn nicht, ließ man ihn laufen.«

»Und das hat funktioniert?«, fragte Julia. Frederik bewunderte, wie locker sie mit dem Küster umging, als sei es das Normalste der Welt, in einer halbdunklen Dorfkirche zu sitzen und sich die Geheimnisse einer unverwesten Hand erläutern zu lassen. Ihm selbst war das alles zu unheimlich.

»Offenbar hat es funktioniert«, sagte der Küster. »Schwierig wurde es nur, wenn die Leiche schon beerdigt war. In diesem Fall hob man das Grab wieder aus, trennte der Leiche eine Hand ab und machte den Test an ihr. So geschah es wohl auch mit der Hand des Mädchens, vor der wir hier stehen.«

Das hieße also, unterbrach ihn Julia, dass dem Mädchen all die Jahrhunderte Unrecht widerfahren sei, weil es als Sünderin gebrandmarkt wurde, die ihre Mutter geschlagen habe, obwohl sie selbst ein Opfer war. So müsse man es wohl sehen, bestätigte der Küster.

»Den Eltern und wohl auch den Pfarrern ihrer Zeit passte die andere Geschichte offenbar besser in den Kram. Sie hatte, wenn man so will, einen pädagogischen Mehrwert. Mit Verweis auf das vermeintlich böse Mädchen konnte man den anderen Kindern vor Augen führen, was auch mit ihnen geschehen würde, wenn sie Vater und Mutter nicht ehrten oder ihre Hände für andere unzüchtige Dinge missbrauchten. Und jetzt entschuldigt mich bitte, meine Frau wartet mit dem Essen.«

Julia und Frederik bedankten sich und warfen einen letzten Blick in die Nische. Vor der Glasscheibe berührten sich ihre Ellenbogen zufällig, woraufhin Frederik sich fragte, wie sie wohl reagieren würde, wenn er jetzt seinen Arm um sie legte, während Julia sich fragte, warum er es nicht endlich tat.

Als sie die Kirche verlassen hatten und vor dem Eingang zum Friedhof standen, war sie es, die den ersten Schritt wagte und ihren Kopf an seine Schulter lehnte. »Meinst du, es hat dir ein wenig geholfen, dass du die komische Hand mal gesehen hast und ihre wahre Geschichte kennst?« Frederik nickte und lächelte dankbar. Dann blickte er nach links auf seine Schulter, um sich zu vergewissern, dass ihre Berührung Wirklichkeit war.

Er war froh, dass sie lange auf den Bus warten mussten. So saßen sie eine halbe Ewigkeit, mindestens aber vierzig Minuten, allein auf der Bank des Wartehäuschens, sahen sich an und hätten kaum euphorischer sein können. Endlich beugte sich Frederik ohne Nachdenken zu ihr, weil es dazu jetzt einfach keine Alternative mehr gab. So holten ihre Lippen nach, was ihre Blicke schon lange getan hatten. Sie mussten zwar mehrfach absetzen, um Luft zu holen, aber das störte sie nicht, aufregend war es allemal.

Als er nach einer langen, durchknutschten Rückfahrt wieder zu Hause war, fühlte sich Frederik wie ein anderer Mensch. Alles, was ihn die vergangenen Jahre so belastet hatte, schien plötzlich sein erdrückendes Gewicht verloren zu haben.

Fünf Jahre später stand Frederik am Küchenfenster ihrer gemeinsamen Wohnung und hoffte, dass sie endlich in ihre Straße einbiegen würde. Schon seit Stunden wartete er nun, dass sie vom Arzt zurückkam. Um zehn hatte sie ihre Wohnung in der Weberstraße verlassen, jetzt näherte sich der kleine Zeiger der Küchenuhr bereits der Zwei. Am Ende der Straße aber war immer noch nichts von ihr zu sehen. Selbst wenn er in Rechnung stellte, dass das Wartezimmer voll war, hätte sie längst zurück sein müssen.

Bis zu diesem Nachmittag im Oktober hatte es in seinem neuen Leben mit Julia keinen Anlass für Angst oder Trübsinn gegeben. Unter dem ganzen Himmel gab es kaum ein Paar, das zarter, warmherziger und respektvoller miteinander umging als sie, zumindest nicht unter dem nebligen

Himmel des Sauerlands. Nichts konnte ihre Liebe gefährden, auch jenes Jahr nach Frederiks Abitur nicht, in dem sie oft aufeinander verzichten mussten, weil er ein Studium im eineinhalb Autostunden entfernten Bonn begonnen hatte. Die Bundeswehr hatte ihn bei der Musterung als »untauglich« eingestuft, weil er unter zu vielen Allergien litt. Zunächst war Frederik darüber geschockt gewesen, dann aber hatte er das Urteil akzeptiert. Mit Allergikern ließ sich offenbar kein Land verteidigen.

Bonn war ihm von Schmiedebach wärmstens empfohlen worden, der dort Theologie studiert hatte. Es handle sich einerseits »durchaus um eine richtige Großstadt«, andererseits sei Bonn »nicht so ein Moloch« wie Hamburg, Köln oder, schlimmer noch, Berlin. Fern von Julia, die ein Jahr nach ihm Abitur machte, hatte sich Frederik mit großem Eifer seinen Fächern Literaturwissenschaften, Geschichte und Katholische Theologie gewidmet. An den Wochenenden sowie an den vielen freien Tagen, die das Studentenleben bereithielt, war er immer zurück ins Sauerland gefahren. Sein vorzüglicher Abi-Schnitt hatte ihm ein Stipendium der Konrad-Adenauer-Stiftung beschert, mit deren Geld er sich nicht nur ein möbliertes Zimmer in der Poppelsdorfer Allee, sondern auch einen gebrauchten VW Polo zulegen konnte. Den Wagen hatte er mit dem Kennzeichen BN-JF 1993 versehen, BN für Bonn, dann Julia und Frederik und schließlich das Jahr ihres Kennenlernens.

Trotz der vielen Abende, die sie ohne einander verbrachten, hegte Frederik keinen Zweifel an ihrer Treue. Auch Julia, die eigentlich größeren Anlass zur Sorge gehabt hätte, weil Frederik in neuer Umgebung lebte, hatte das sichere Gefühl, sich auf ihn verlassen zu können. Viele Männer mochten Eroberer, Abenteurer, Hallodris sein, Frederik aber gehörte zu keiner dieser Kategorien, das wusste sie. So hatten sie das Jahr ohne Verdächtigungen und nächtliche Kontrollanrufe überstanden, wie sie bei vielen Paaren üblich waren.

Einen Sommer später stand Frederik mit einem gemieteten Lieferwagen vor dem Haus ihrer Eltern, packte Julias Habseligkeiten samt der Geige ein und fuhr mit ihr der gemeinsamen Zukunft entgegen. Auf der Autobahn Richtung Bonn übermannte ihn ein solch intensives Glücksgefühl über das nun bevorstehende Leben, dass er auf einen Parkplatz fahren und sich beruhigen musste, ehe es weiterging.

Julia schrieb sich für ein Studium der Musikwissenschaften ein. Bald fanden sie eine hübsche Zweiraumwohnung in der Südstadt. Beide hatten nie zuvor einen Altbau betreten, von den besichtigten Schlössern und Burgen mal abgesehen, nun freuten sie sich jeden Tag wie Kinder über das knarzende Holz unter ihren Füßen.

Auf ihre Kommilitonen machten Julia und Frederik einen befremdlichen Eindruck. Sie hatten wenig übrig für das übliche Gehabe, das die meisten Menschen an den Tag legen, wenn sie, das erste Mal entfernt vom Elternhaus, jenes Gefühl empfinden, das sie für Freiheit halten: stundenlanges Rumsitzen vor großen Milchkaffeeschalen (nachmittags), noch längeres Rumsitzen vor großen Bierkrügen (abends, nachts, morgens) und dazwischen – wenn möglich – ein bisschen rumvögeln. Sie suchten nach Erfüllung und waren doch meistens nur voll, so kam es Frederik jedenfalls vor. Solche »Scheinfreiheiten«, wie er sie nannte, wären nur von ihrer gemeinsamen Zeit abgegangen – und die war das Kostbarste, was es gab.

Sie zogen es vor, kilometerweit am Rhein zu spazieren und sich dabei von ihren Vorlesungen und Seminaren zu erzählen. In den Abendstunden saßen sie manchmal so lange in der Badewanne und hörten sich Hörspiele an, bis ihre Haut schrumplig war. Als einzigen Wermutstropfen empfand Frederik, dass er Julia nicht für die klassische Literatur gewinnen konnte, die ihn selbst so begeisterte. In seinem Elternhaus hatte Literatur nie eine Rolle gespielt, die einzigen Bücher in ihrem Wohnzimmer waren die Chronik *100 Jahre Waldhagen* und der *ADAC-Atlas*. In Bonn wurde er dann rasch zu einem großen Fontane-Liebhaber, inspiriert von einem Professor, der eigens ein Urlaubssemester genommen hatte, um die Wanderungen durch die Mark Brandenburg persönlich nachzulaufen. Julia mochte Krimis, weil sie am Abend »gern mal abschalten« wollte, was ihr mit den Klassikern der Weltliteratur offenbar nicht so gut gelang. Für Frederik war das in Ordnung. Solange Julia glücklich war, war er es auch.

Er selbst genoss es, sich von seiner Freundin noch tiefer in die Geheimnisse der klassischen Musik einweisen zu lassen. An Sonntagnachmittagen machten sie es sich deshalb auf dem Sofa gemütlich, lehnten sich in die Seitenpolster, verschränkten ihre Füße in der Sofamitte und hörten eine Sinfonie oder Sonate, die Julia für diesen Tag ausgesucht hatte und deren Besonderheit sie zu erläutern versuchte. Zu Frederiks musikalischer Späterziehung gehörten auch die Konzerte in der Beethovenhalle, für die er, wann immer es sein Budget erlaubte, Karten kaufte, um Julia eine Freude zu machen. Und als dort eines Freitagabends Dvořáks

Neunte gegeben wurde, da weinte er während des Largo vor Glück.

Er hatte es nicht für möglich gehalten, dass sein Leben eine solch wunderbare Wendung nehmen und mit jedem Tag schöner werden würde. Seine halbe Jugend über hatte er Gott darum gebeten, nun dankte er ihm jeden Abend vor dem Einschlafen für den Engel, den er ihm geschickt hatte. Ihre Zweiraumwohnung in der Weberstraße kam Frederik wie das Paradies vor und manchmal, wenn er abends im Bett lag und Julia schon eingeschlafen war, betrachtete er sie im Schein der Leselampe und fragte sich staunend, wie es ihm hatte gelingen können, eine so schöne Frau für sich zu begeistern. Er hatte sich weder für sonderlich attraktiv noch für unterhaltsam gehalten. Vielleicht hatte er sich da getäuscht, dachte er nun, vielleicht gab es gar keinen objektiven Grund, so lange schüchtern zu sein.

In dieser Zeit machten Julia und Frederik eine weitere Entdeckung. Mit großer Neugier und Lust erkundeten sie nun den Körper des anderen. Vorerst verzichteten sie jedoch auf den letzten Schritt, der den Verheirateten vorbehalten war. Julia hätte sich wohl schon früher zu diesem Experiment hinreißen lassen, Frederik aber wollte sich den feierlichen Moment lieber noch etwas aufsparen.

Wie alle wichtigen Fragen des Lebens, hatte er auch diese mit Pastor Schmiedebach besprochen. »Wenn man der päpstlichen Enzyklika folgt …«, hatte Schmiedebach seine Ausführungen zur Sexualität vor der Ehe begonnen, was die Möglichkeit andeutete, ihr nicht zu folgen oder sie bewusst infrage zu stellen. »Wenn man der Enzyklika folgt, dann ist es nicht entscheidend, ob man beim Geschlechtsakt verheiratet ist, sondern zu welchem Zweck man miteinander schläft.« Frederik war froh, mit Schmiedebach über »die Sache« zu reden, weil er sich wie ein Postbeamter ausdrückte, der einen in die Kunst des korrekten Frankierens einwies. »Man sollte sich also fragen: Geht es allein darum, Spaß zu haben und seine Triebe auszuleben? Das würde Gott, so wie ich ihn kenne, als Motivation wohl nicht genügen. Wenn man aber beabsichtigt, dass neues Leben entstehen soll, dann würde er die Sache sicher sehr viel milder betrachten. Dann kennt auch Gott keine größere Freude auf Erden als die menschliche Sexualität.«

Sofern man das feste Ziel hatte, »neues Leben« entstehen zu lassen, dürfe man vorher gewiss noch ein wenig üben, hatte sich Frederik nach dem Gespräch mit Schmiedebach gesagt. Kurz darauf hatte er Julia nach einem Hörspielabend in der Badewanne nicht nur von Kopf bis Zeh trocken gerubbelt, wie er es schon häufig getan hatte, sondern ihren getrockneten Körper danach mit Küssen übersät, und zwar mit einer bislang ungekannten Liebe fürs Detail, die Julia anfangs irritierte, sie letztlich aber so erregte, dass sie sich revanchieren wollte. Etliche Küsse später lagen sie auf dem künstlichen Eisbärenfell vor der Badewanne, ohne jede Scham und ohne jeden Grund, länger auf etwas zu verzichten, wonach sie sich schon lange sehnten.

Nach dem Abend auf dem Eisbärenfell widmeten sie sich ihrer neuen Lieblingsbeschäftigung mit einer solchen Hingabe, dass die Spaziergänge am Rhein fortan deutlich kürzer ausfielen oder ganz gestrichen wurden. Auch die Sonntage auf dem Sofa wurden nun von Übungen unterbrochen, die nur im weitesten Sinne dem besseren Verständnis von klassischer Musik dienten.

Endlich sah er Julia in die Weberstraße einbiegen. Er hätte sie allein an ihrem Gang erkannt, niemand lief so fröhlich wie sie, mit dieser seltenen Mischung aus gehen und hopsen, als sei jeder Gang ein Weg in eine noch bessere Zukunft. »Du musst jetzt tapfer sein«, rief sie schon im Treppenhaus, um ihm kurz darauf in der Wohnung, umschlungen von seinen Armen, alle Sorgen zu nehmen, die sich in den Stunden des Wartens in ihm angestaut hatten. »Wir bekommen ein Kind.«

Irgendwann hatten sie genug geprobt und die Verhütungsmittel weggelassen. Die Möglichkeit, dass nun tatsächlich »neues Leben« entstehen konnte, hatte den Akt keineswegs gehemmt, sondern ihm eine Größe verliehen, die sie überwältigte. Lukas kam im darauffolgenden Sommer zur Welt.

Auf manche Parteiveranstaltung in der Heimat, die er bis zur Geburt ihres Sohnes trotz der Entfernung regelmäßig besucht hatte, verzichtete Frederik vorerst. Die Parteifreunde mussten es ihm nachsehen, stand doch die Familie im Zentrum ihrer Politik. Julia besuchte nur noch wenige Vorlesungen, die meiste Zeit kümmerte sie sich um ihren Nachwuchs. Sämtliche Angebote Frederiks, selbst ein Semester lang auszusetzen, um sie mit dem Kind zu entlasten, wurden von ihr unter schärfstem Protest zurückgewiesen. Sie habe sich das gut überlegt, erklärte Julia. Es gebe nichts, was ihr derzeit wichtiger sei, als ihrem Sohn eine behütete Kindheit zu schenken. Dem Rat einer Freundin folgend, hatte sie sich während der Schwangerschaft mit einigen Untersuchungen zur Mutter-Kind-Bindung beschäftigt. Die Nähe zur eigenen Mutter sei entscheidend für die Entwicklung des Kindes, hatte es dort geheißen. Außerdem fand Julia es wichtig, dass Frederik sein Studium zügig beendete, damit er bald genügend Geld für sie verdienen konnte.

Vor lauter Zufriedenheit hätte Frederik beinahe vergessen, Julia einen Heiratsantrag zu machen. Als er es sich endlich vornahm, grübelte er lange über den passenden Ort. Am Ende blieben drei Optionen: der Hochstand des Försters, die sogenannte Dinner-Fahrt der Köln-Düsseldorfer Schifffahrtsgesellschaft und Rhöndorf am Rhein. In Rhöndorf hatte Konrad Adenauer gelebt, dort hatte er seine Rosen gezüchtet und dort lag er auf dem Waldfriedhof. An diesem geschichtsträchtigen Ort um die Hand seiner Frau anzuhalten hätte für Frederik auch symbolisch Sinn ergeben, weil die Ehen zu Adenauers Zeiten um einiges länger gehalten hatten als die Ehen der Gegenwart.

Am Ende entschied er sich für den Hochsitz. Da er trotz seiner sauerländischen Herkunft mit einer romantischen Ader versehen war, hatte er am frühen Morgen des großen Tages zwei Kilometer von seinem Lieblingsort entfernt ein beschriftetes weißes Tuch zwischen zwei Eichen am Waldrand gespannt. Als er Julia später auf dem Hochsitz auf ein angebliches Reh aufmerksam machte und ihr das mitgebrachte Fernglas in die Hand drückte, las sie, was er mit Plakafarbe auf das Tuch geschrieben hatte. »Julia, willst Du mich heiraten?« Sie küsste ihn und sagte Ja.

Für die Vorbereitung ihrer Trauung kam Pfarrer Schmiedebach extra zu ihnen nach Bonn gereist, weil es, wie er sagte, auch Geistlichen bisweilen guttue, »mal rauszukommen«, und weil er neugierig war, wie sich das »junge Glück« zu Hause eingerichtet hatte. Notwendig waren diese Gespräche im Grunde nicht, denn Schmiedebach wusste von

Frederik fast alles über die beiden, genug jedenfalls, um die Trauung »schön persönlich« zu halten, wie es sich alle Brautpaare wünschten. Es wurden gemütliche Stunden in der engen Küche, und am Ende schlief Schmiedebach, trotz der Ankündigung, zurück nach Waldhagen fahren zu wollen, auf ihrer Wohnzimmercouch, weil es viel zu spät geworden war.

Eine Woche später war er gleich wieder zu Besuch in Bonn. Frederik freute es, wie sehr sich ihr Verhältnis gewandelt hatte. Aus dem Berater, der ihm durch die Unwetter seiner Jugend geholfen hatte, war ein Kumpel geworden, falls man das über einen Geistlichen sagen durfte. Neulich hatte ihm Schmiedebach sogar gestanden, dass es mit dem Zölibat nicht immer ganz einfach sei, auch wenn er dessen Richtigkeit natürlich nicht infrage stellen wolle, sonst könne man ja gleich evangelisch werden. Frederik war froh, dass seine künftige Frau, die Schmiedebach bislang nur flüchtig kannte, sich prächtig mit seinem Freund verstand.

Ihre Hochzeit feierten sie hoch über Attendorn auf der alten Burg Schnellenberg. Als Frederik spät in der Nacht neben Julia in der Hochzeitssuite lag, entsann er sich noch einmal der Frage, die Schmiedebach ihm am Nachmittag vor dem Altar gestellt hatte. Ob er Julia lieben und ihr treu sein werde, bis dass der Tod sie scheide. Frederik hatte die Frage fast als Beleidigung empfunden. Dann aber hatte er laut geantwortet, und nie zuvor war ein Wort, das seine Lippen verlassen hatte, so tief aus seinem Herzen gekommen wie dieses Ja.

WESTFALENPOST

Waldhagener Abgeordneter

Neue Hinweise im Fall Kallenberg

Berlin/Neuglobsow – Die Polizei geht Hinweisen nach, wonach der vermisste sauerländische Abgeordnete Frederik Kallenberg am Tag seines Verschwindens in einem Abteil der Deutschen Bahn gesehen worden sein soll. Dies erklärte ein Behördensprecher am Mittwochvormittag in Berlin. Zudem habe man ein Mobiltelefon gefunden, das offenbar Kallenberg gehört habe. Es habe am Ausgang des Tiergartentunnels gelegen und weise Spuren von Blut auf, so der Sprecher.

Ein anderer Hinweis, wonach Kallenberg sich in der Nähe des brandenburgischen Stechlinsees aufhalte, erwies sich dagegen als Falschinformation. Auf Nachfrage bei einer Zeugin habe sich herausgestellt, dass diese den Abgeordneten bereits Wochen vor dessen Verschwinden am Ufer des Stechlinsees gesehen habe, sagte der Polizeisprecher. Eine Urlauberin hatte gegenüber der *Märkischen Oderzeitung* behauptet, den Abgeordneten in der Nähe der Ortschaft Neuglobsow erkannt zu haben. Dabei habe sie auch beobachtet, dass es zu einem heftigen Streit zwischen ihm und seiner weiblichen Begleitung gekommen sei.

NEUN

Kallenberg saß im Zug, sah aus dem Fenster und ärgerte sich über seine Mitreisenden. Ohnehin wunderte er sich zunehmend über die Welt, die ihn umgab. Warum nur führten die Menschen in voll besetzten Zügen Telefongespräche? Warum prahlten sie vor fremden Leuten mit ihrem beruflichen Erfolg oder mit dem Geld, das sie zu bewegen in der Lage waren? Warum war ihnen das Gefühl für Diskretion und Privatsphäre abhandengekommen?

Allerdings war er an diesem Nachmittag äußerst empfindlich. Seine Nervosität rührte weniger von den Millionen Zuschauern her, die ihn am Abend in der Talkshow sehen würden, als von jener Frau, die wahrscheinlich im Publikum sitzen würde. Er hatte gleich am Tag nach ihrem Treffen in der Redaktion nachgefragt, ob er eine Bekannte mitbringen dürfe, was dort Verwunderung ausgelöst hatte. Ob er wirklich nur *einen* Gast anmelden wolle? Andere wollten bis zu dreißig mitbringen; in der Branche sprach man in diesem Zusammenhang von Klatschvieh. Am Ende stand Liane Berg jedenfalls auf der Gästeliste.

Vor ihm auf dem kleinen Tisch lag ein umfangreiches Dossier über seine Kontrahentin. Dagmar Kappler war die bekannteste Feministin des Landes und berüchtigt für ihre Schärfe und Kompromisslosigkeit. Auch das fortgeschrittene Alter hatte ihr kaum Milde geschenkt. »Man muss seine Gegner genau kennen«, hatte sein Fraktionskollege Fliegenberg ihn gewarnt. »Nimm dich vor der in Acht!« Kallenbergs Büro hatte ihm Interviews, Porträts und sogar eine Liste mit möglichen Angriffspunkten von Dagmar Kappler zusammengestellt. Er wollte die Zugfahrt nutzen, um sich vorzubereiten, noch gewissenhafter, als er es sonst immer tat.

Zu Hause war konzentriertes Arbeiten leider unmöglich. Nach der Geburt ihres zweiten Sohnes Andreas hatten sie ein Haus in der Nachbarschaft von Julias Eltern gekauft und waren von Bonn zurück ins Sauerland gezogen. Das erste Jahr im neuen Heim hatten sie viel Zeit als Familie verbracht, auch weil Frederiks Job als Projektleiter bei der Caritas dafür genügend Raum ließ. Seit er aber im Bundestag saß, war es beinahe utopisch, den Jungs ein würdiger Vater und Julia ein guter Ehemann zu sein, dafür gab es nun zu viele Verpflichtungen. An manchen Wochenenden im Wahlkreis brachte er es auf dreizehn Termine; und da zählte er den sonntäglichen Kirchgang nicht mal mit, obwohl auch der längst zum Politikum geworden war. Er wollte zwar die Messe besuchen; das war er nicht nur dem lieben Gott, sondern auch seinem Freund Schmiedebach schuldig. Aber er spürte zugleich, dass der Besuch des Gottesdienstes nichts Freiwilliges mehr hatte. Er stand nun unter Beobachtung, weit stärker, als man dies als Dorfbewohner ohnehin tat. Fernbleiben konnte er der Messe nicht, die Leute tuschelten ja schon, wenn seine Frau einmal grippebedingt fehlte. Aus der Freude über das familiäre Glück war die Pflicht geworden, es jeden Sonntag zur Schau zu stellen.

Zu allen anderen Terminen begleitete Julia Kallenberg ihren Mann schon lange nicht mehr. Deshalb kurvte er meist alleine von Dorf zu Dorf, besuchte Kreisdelegiertenversammlungen, Richtfeste, Kreisparteitage, goldene Hochzeiten, Ortsvereinsgrillfeste, Karnevalssitzungen, Bezirksdelegiertentreffen, Fußballturniere, Landesparteitage, Kaninchenschauen, Oldtimertreffen, Pfarrfeste, Wohltätigkeitsbasare und natürlich Schützenfeste. Leider gab es kein einziges Wochenende, an dem nicht irgendein Verein sein verdammtes Jubiläum feierte. Und alle erwarteten sie, dass der örtliche Abgeordnete ihnen seine Aufwartung machte. Die Bilanz seiner Wochenenden ließ sich dann jeden Montag im Lokalteil der Westfalenpost nachlesen. In manchen Ausgaben lächelte Kallenberg von bis zu acht verschiedenen Fotos.

Am Vortag hatte man in Waldhagen wieder einen Schützenkönig gesucht, und natürlich hatte Kallenberg auch bei diesem Heimspiel zugegen sein müssen. Zu seinem Leidwesen hatte ihm die St.-Antonius-Schützenbruderschaft vor Kurzem den Ehrenvorsitz angetragen. Also war er mit den Brüdern erneut auf die Lichtung im Wald hinausmarschiert, zu jener Stelle, wo sein Vater einst im Matsch gelegen hatte. Er war sogar der Bitte des Vorsitzenden nachgekommen, ein Grußwort zu sprechen und das Schießen freizugeben. Zum Glück hatte sein Vater mit den Jahren alle Ambitionen auf den Königstitel verloren, er gesellte sich gleich an den Rand zu den Zaunkönigen und trank friedlich seine Biere. Auch der Vogel wurde schon lange nicht mehr von Günther Kallenberg gebaut, sondern im

Internet bestellt. Und noch etwas hatte sich geändert: Kallenberg beobachtete, wie die Schützenbrüder einen lustlosen Schuss nach dem anderen in den Himmel jagten und sich nach dem ersten, bewusst missglückten Versuch aus dem Wettbewerb zogen. Niemand wollte noch König werden. Aus dem Höhepunkt des Jahres schien ein Ritual geworden zu sein, das irgendwie hinter sich gebracht werden musste, ehe man endlich ins Festzelt durfte.

»Alles wegen der Gleichverwirklichung«, erklärte ihm der Vereinspräsident. »Kennze doch, woll!?« Der Präsident hatte schon etliche Veltins intus, hinzu kam, dass er sich mit den Zielen der Frauenbewegung bislang allenfalls sporadisch befasst hatte. »Als König brauchse ja auch ne Olle, die den ganzen Scheiß mitmachen tut. Die mit dir von Fest zu Fest zieht, immer schön an deiner Seite. Ja, find so wat heutzutage ma. Die jungen Dinger wolln doch eh nich mehr aufm Dorf bleiben. Wolln doch alle inne Stadt. Um angeblich ihr Ding zu machen.« Sein Gesichtsausdruck verriet, dass er wenig davon hielt, dass die Dinger ihr Ding machten. »Dat wird hier langsam so ne Art Wallachei. Von den Kerlen, die hierbleiben, findet kaum noch einer ne Olle. Und wenn, dann ham die Ollen ihren eigenen Kopp. Langer Rede kurzer Sinn: Ohne Königin kein Schützenkönig.«

Kallenberg erinnerte sich an einen Artikel, den er kürzlich in der Zeitung gelesen hatte. Demnach hatte im Oberbergischen Kreis erstmals ein Schwuler die Krone davongetragen und hernach seinen Lebensgefährten als Königin präsentiert. Die Proteste, die daraufhin einsetzten, hatte Kallenberg durchaus nachvollziehen können. Er habe ja gar nichts gegen Homosexuelle, betonte Kallenberg stets – aber man müsse es auch nicht übertreiben.

Zwischen Hamm und Gütersloh dachte Kallenberg über seine Ehe nach. An diesem Wochenende hatten Julia und er sich wieder kaum gesehen. Ihre Beziehung hatte sich verändert, das musste er eingestehen. Es fehlte die Euphorie, das Verträumte von früher. Sie waren ein gutes Team, organisatorisch perfekt, aber es fehlte jene Leidenschaft, die ihre Verbindung viele Jahre begleitet hatte. Aus etwas Besonderem war etwas Funktionierendes geworden. Zwischen Kreisdelegiertenversammlung, Caritas-Jubiläum und Ortsvereinsgrillen war irgendwas auf der Strecke geblieben.

Hinter Gütersloh schweiften seine Gedanken dann zu einer anderen Frau. Ob Liane Berg tatsächlich kommen würde? Sollte er sie vor oder nach der Sendung begrüßen? War das überhaupt möglich?

Der Titel lautete »Headquarter oder Herd? Wohin gehört die Frau?«. Es war offensichtlich, dass sie ihn als Anwalt des Herdes eingeladen hatten. So sahen ihn die meisten, seit er für die Einführung des Müttergeldes kämpfte, mit dem er jene Frauen unterstützen und auch ermutigen wollte, die bereit waren, zumindest eine Zeit lang auf ihren Job zu verzichten, um für ihre Kinder zu Hause zu bleiben. Kallenberg konnte die Aufregung, die um diesen Vorstoß entstanden war, nur zur Kenntnis nehmen, verstehen konnte er sie nicht. Er fand es gerecht, dass den Müttern jenes Geld, das sie sonst bei der Arbeit verdient hätten, gewissermaßen erstattet wurde. Warum sollte sich der Staat für diese Erziehungsleistung nicht erkenntlich zeigen? Seine Gegner aber beschimpften ihn, als habe er das Frauenwahlrecht abschaffen wollen.

»Wir haben uns erlaubt, Sie im Studio direkt gegenüber von Frau Kappler zu platzieren«, erklärte ihm der Redakteur der Sendung. »Wir dachten, dass Sie beide sich wahrscheinlich besonders viel zu sagen haben.« Sein Lächeln hatte etwas Diebisches. Die Talkshow nahm im gesellschaftlichen Gefüge der Republik jenen Platz ein, den in der Antike das Amphitheater innehatte. Wo sich damals Gladiatoren und Löwen bis zum Tod bekämpften, wurde einige Zivilisationsstufen später so getan, als ginge es darum, ein Thema »zu vertiefen«. In Wahrheit wurde das Spektakel der Tiefe jederzeit vorgezogen. Die Talkshow-Redaktion dachte in »interessanten Paarungen«, die Anlass zur Hoffnung gaben, dass die Gäste aufeinander losgingen – das erhöhte in den seltensten Fällen die Erkenntnis, aber immer die Einschaltquote.

In der Zentrale seiner Partei war der Generalsekretär fast in Panik verfallen, als er erfuhr, dass Kallenberg mit seinem Herzensthema in der meistgesehenen Talkshow des Landes sitzen würde – und das nur wenige Monate vor der Bundestagswahl. Er hatte ihn sogleich angerufen und gebeten, seine Teilnahme abzusagen, nach der Wahl könne er dann in Talkshows sitzen, so oft er wolle. Als Kallenberg aber stur geblieben war, versuchte es der Generalsekretär bei seinem Kumpel in der Redaktion, der ihm schon manchen Gefallen getan hatte. Diesmal aber konnte auch der Kumpel nicht helfen und so stand Kallenberg eine Stunde vor Beginn der Sendung in den Kulissen und fragte, ob er kurz in den Wartebereich der Zuschauer gehen dürfe.

Liane Berg saß neben anderen Publikumsgästen auf einem schwarzen Ledersofa und balancierte einen Weißwein auf den Knien. Man spendierte den Gästen Bier und

Wein, damit sie während der Sendung temperamentvoller waren. Sie lächelte, als sie ihn sah, überlegte aber gleich, ob die Freude in ihrem Gesicht der Situation angemessen war. Sie begrüßten sich förmlich, mit Handschlag, plauderten kurz über den Ablauf der Sendung, dann fragte sie, ob er später noch mit ihr ausgehen wolle. Sie hatte tatsächlich »ausgehen« gesagt und Kallenberg fragte sich, ob sie sich über ihn lustig machte oder ob die Anspielung auf seine Wortwahl liebevoll gemeint war. Die halbe Zugfahrt lang hatte er gegrübelt, ob er ihr dasselbe vorschlagen sollte, sich aber zu keiner Entscheidung durchringen können. Nun war er dankbar, dass sie die weitere Planung in die Hand genommen hatte. »Treffen wir uns später am Eingang?« Sie nickte und wünschte Glück.

Als er die Maske betrat, saß Dagmar Kappler bereits vor dem Spiegel, die Visagistin kämpfte gerade mit ihrem Haar. Um die Seitenpartie besser frisieren zu können, hatte sie den Rest des langen Haars vorübergehend nach vorne über die Stirn gekämmt. Nun hing es wie ein Lappen vor Dagmar Kapplers Augen und Mund.

»Guten Tag, Frau Kappler, Kallenberg mein Name«, sagte er leise, um sie nicht zu erschrecken.

»Ach, Herr Kallenberg«, kam es hinter dem Lappen hervor. »Das freut mich aber, dass wir uns mal kennenlernen.« Er traute seinen Ohren nicht. Sie klang viel freundlicher als die Dame, die er aus diversen Talkshows kannte, und er fragte sich, ob sie in Wahrheit eine liebenswürdige Person war, die hier auf dem Schminkstuhl jedes Mal in jenen Drachen verwandelt wurde, den man im Fernsehen sah? Am Eingang hing schließlich das Wort »Maske«.

Er ließ sich ein wenig Puder ins Gesicht tupfen und ging

in den Warteraum für die Gäste der Sendung. An diesem Abend waren es nur zwei. Man habe die jeweiligen Thesen so interessant gefunden, dass weitere Diskutanten nur stören würden, hatte ihm der Redaktionsleiter erklärt. Solche »Sonderformate« seien sonst nur ganz besonderen Menschen vorbehalten, der Bundeskanzlerin etwa oder dem Dalai Lama. Kallenberg könne sich durchaus geehrt fühlen. Fünf Minuten vor Sendungsbeginn kam auch Frau Kappler aus der Maske.

Liane Berg saß in der zweiten Reihe des Publikums, gleich neben einer Gruppe von Damen, die bei der Vorstellung Dagmar Kapplers als »die Ikone der deutschen Frauenbewegung« klatschten und johlten. »Headquarter oder Herd?, so lautet also unsere Frage des Abends«, sagte die Moderatorin zur Begrüßung und wandte sich, während ihr Gesicht eine blitzartige Wandlung von freundlich zu betroffen vollzog, gleich Dagmar Kappler zu. »Frau Kappler, Sie haben diese Frage für sich schon vor vierzig Jahren klar entschieden. Jedenfalls nicht zugunsten des Herdes. Was denken Sie, warum müssen wir uns selbst heute noch mit diesem Thema beschäftigen?«

Dankbar griff sie die Vorlage auf. »Die Frage ist sehr berechtigt«, sagte Kappler. Ihre Stirn verknitterte wie auf Knopfdruck vor demonstrativer Sorge. »Und die Antwort ist, denke ich, klar: Es sind Menschen wie dieser Herr mir gegenüber …«, sie richtete ihren Finger auf Kallenberg, »… vor denen wir uns in Acht nehmen sollten. Ich jedenfalls lasse mir von jungen Männern wie ihm nicht erklären, wo ich hingehöre.« Sie sah ihn eindringlich und strafend an. In der Maske kannte sie noch meinen Namen, dachte Kallenberg. »Ich denke, ich spreche im

Namen von Millionen Frauen in Deutschland, wenn ich sage: Das ist dreist, was Sie hier verlangen, einfach nur dreist!« Die Frauen neben Liane rasteten fast aus vor Begeisterung.

»Ich habe doch noch gar nichts gesagt«, versuchte Kallenberg einzuwenden.

»Jetzt lassen Sie mich mal ausreden«, fauchte Kappler dazwischen. Sie wollte ihn gleich in den ersten Minuten vernichten. »Früher wussten sich Konservative wenigstens noch zu benehmen. Wie kommen Sie eigentlich dazu, sich anzumaßen, *mir* und Millionen anderer Frauen draußen an den Fernsehgeräten, die jetzt hoffentlich genau hinsehen, die genau zuhören, was Sie mit ihnen vorhaben, wohin die Reise für sie gehen wird, wenn Leute wie *Sie* das Sagen haben.«

Ob das Ende ihrer Sätze noch einen Bezug zu ihrem Anfang hatten, war angesichts der Größe ihres Themas eine kleinkarierte Frage. Wann immer Dagmar Kappler im Fernsehen sprach, sprach sie für »Millionen Frauen«, ganz egal, ob diese das wollten oder nicht. Und immer nannte sie zuerst sich selbst, dann erst die Millionen.

»Aber Frau Kappler, ich habe doch …«, versuchte Kallenberg es erneut, aber die Strafe folgte noch vor dem »doch«. »Ich habe Sie eben auch nicht unterbrochen«, rief sie empört. Die Rituale dessen, was fälschlicherweise »öffentliche Debatte« genannt wurde, waren ihr in Fleisch und Blut übergegangen. Kallenberg hingegen war eher unbedarft, was die gängigen Talkshow-Tricks betraf. Er hatte zwar seine Ratgeber gelesen und an vielen Podiumsdiskussionen teilgenommen, aber das hier war eine ganz andere Nummer. Kappler war ihm dreißig Jahre voraus.

Sie hatte schon in Talkshows gesessen, als diese noch Gesprächssendung hießen.

Kallenberg war schon jetzt derart perplex, dass er vergaß, auf die Unsinnigkeit von Kapplers Aussage hinzuweisen. Sie konnte ihn gar nicht unterbrochen haben, er hatte ja noch nichts gesagt.

»Was ich eigentlich sagen wollte«, fuhr Kappler fort, »dieser junge Mann hier ist Anführer einer Bewegung, die versucht, mit aller Macht jenen gesellschaftlichen Fortschritt zunichtezumachen, für den *ich* und Millionen Frauen in diesem Lande Jahrzehnte gekämpft haben, für den wir gelitten haben, uns demütigen, verspotten, ja anspucken lassen mussten. Und diesen bitter erkämpften Fortschritt wollen sie jetzt, zu Beginn des 21. Jahrhunderts, wieder rückgängig machen? Ich fasse es nicht!« Sie warf die Arme theatralisch in die Luft.

Kallenberg blickte ins Publikum und erinnerte sich, wie angenehm es gewesen war, mit Liane an der Uni zu diskutieren. Sie gehörte einer anderen Generation von Feministinnen an, der ihre Freiheit wichtiger als ihre Feindbilder war, und die zwar wusste, was sie wollte, aber darüber nicht die Fähigkeit zum Zweifeln verlernt hatte.

Vielleicht war es ein Fehler gewesen, die Einladung zu dieser Talkshow anzunehmen, dachte er jetzt. Er war nie ein Freund des Fernsehens gewesen. Hin und wieder sah er sich mit seiner Frau alte Filme an, zudem hatte er eine Schwäche für Tierdokumentationen. Darüber hinaus aber konnte er dem Fernsehprogramm nichts Gutes abgewinnen. Doch statt seinem Instinkt zu folgen, hatte er letztlich auf Fliegenberg gehört, der trotz aller Warnungen vor Dagmar Kappler gesagt hatte: »Wenn du was erreichen willst, musst du ins Fernsehen.« Der Anschaulichkeit halber hatte Fliegenberg ihm noch seine selbst entwickelte Faustregel präsentiert: »Einmal Talkshow bringt mehr als dreißig Bundestagsreden.« Da Kallenberg tatsächlich etwas erreichen wollte, hatte er schließlich zugesagt. Bald wollte er die Entscheidung über die Einführung des Müttergeldes zur Abstimmung im Bundestag bringen. Es war höchste Zeit, um öffentliche Unterstützung zu werben. Hinter der Frage, ob er für das Müttergeld eine Mehrheit in seiner Fraktion bekam, stand für ihn die viel größere, ja alles entscheidende Frage: War seine Partei noch immer die Schutzmacht der Familien, war sie noch Heimat der Konservativen? Oder war sie genauso beliebig geworden wie alle anderen? Leider bekam er nun den Mund nicht auf.

Er ärgerte sich, dass er das Dossier während der Zugfahrt nicht ordentlich gelesen hatte. Tief in Gedanken versunken hatte er sich kaum konzentrieren können. Das war ihm noch nie passiert!

Im bisherigen Verlauf der Sendung hatte er noch keines seiner erprobten Argumente unterbringen können. Schuld daran mochte auch das Publikum sein. Quer über das Publikum verteilt saßen Männer wie Frauen, die wie auf Kommando in die Hände klatschten, sobald die große Frauenrechtlerin dazu eine Gelegenheit gab. Nur Talkshow-Anfänger wie er gingen in solche Sendungen, ohne vorab für eine schlagkräftige Unterstützung im Zuschauerraum gesorgt zu haben. Offiziell durfte jeder Gast zwar lediglich drei Personen als persönliche Begleitung mitbringen, routinierte Talkshow-Gäste griffen aber gerne auf die Dienste von Agenturen zurück, die ihnen je nach Höhe des Honorars garantierten, drei, fünf oder gar zehn weitere

Fans im Publikum zu platzieren. Es fanden sich immer ein paar Studenten, die sich fürs Klatschen bezahlen ließen, ganz egal, wen sie gerade bejubeln sollten. Manche Agenturen garantierten sogar, dass der Fanclub den eigenen Positionen entsprechend gekleidet sein würde, um etwa zu vermeiden, dass ein Bankdirektor von einem Gepiercten beklatscht wurde. In Kallenbergs Kreisverband hatte es solcher Finessen nicht bedurft, um politischen Erfolg zu haben. Selbst seine Kandidatur für den Bundestag hatte er ohne einen schmutzigen Trick erlangt. Er glaubte an die Kraft von Überzeugungen, an Argumente, auch an Fleiß, aber nicht an die Macht der Finte. Das schien sich in der Bundespolitik zu rächen.

Seine einzige Unterstützung im Publikum hieß Liane Berg. Sie saß da und verfolgte die Sendung mit ungläubigem Staunen. Dagmar Kappler mochte eine Heldin ihrer Jugend gewesen sein, sie mochte vieles für die Frauen erkämpft haben, die Schärfe aber, mit der sie hier agierte, diese tief sitzende Lust zu verletzen, entfachten nun eine ungeheure Wut in Liane. Instinktiv schlug sie sich auf Kallenbergs Seite. Wenn er allerdings nichts sagte, konnte sie auch nicht für ihn klatschen.

Stattdessen flogen Dagmar Kapplers Hände weiter wild durch die Luft. Wenn es um Frauenfragen ging, reklamierte sie einen Anspruch auf Unfehlbarkeit für sich, der selbst den Papst wie einen glühenden Demokraten erscheinen ließ. Wie vielen Revolutionären sei es auch ihr versagt geblieben, in Würde zu altern, hatte vor Kurzem eine Zeitung geschrieben. Einst waren sie mit dem Glauben an etwas Gutes, Gerechtes gestartet, mit den Jahren aber, erst recht mit den Jahrzehnten, überwog die Peinlichkeit das

Heldenhafte. Der Weg von der Revolution zur Witzfigur schien einer der Hauptverkehrsrouten der Weltgeschichte zu sein.

Kallenberg wusste nicht, wie ihm geschah. Er sah hinüber zur Moderatorin, in seinem Blick die Bitte, seine Kontrahentin endlich zu stoppen. Aber sie beachtete ihn nicht mal. Stattdessen nickte sie Kappler verständnisvoll zu, als könne sie gar nicht genug von ihren Tiraden bekommen, als wolle sie die Glut, auf der ihr Zorn gedieh, noch weiter anfachen. Kallenberg selbst hatte ihr wenig entgegenzusetzen. Für einen Moment sah er seinen sprach- und wehrlosen Vater vor sich. Ob er ihm am Ende doch ähnlich war, obwohl er fast alles getan hatte, um anders zu sein? Der Gedanke hatte etwas Erschreckendes.

Während einer der Einspielfilme suchte er im Publikum nach seinem einzigen Anker. Liane Berg reagierte sogleich. Sie lächelte, um ihm zu zeigen, dass sie zu ihm hielt. Dann ballte sie die rechte Hand zur Faust, hob sie auf Höhe des Schlüsselbeins, bewegte ruckartig ihren Oberkörper, dezent genug, dass die anderen nichts mitbekamen, und doch so klar, dass Kallenberg ihre Botschaft verstand: »Kämpfe, wehr dich endlich!« Er nickte verschämt, dann endete der Einspielfilm, die nächste Runde begann.

»Tja Herr Kallenberg, wie bewerten Sie das, was wir gerade gesehen haben?« Zur Abwechslung hatte die Moderatorin sich ihm zugewandt, herausfordernden Blickes saß sie da und wartete auf eine Antwort, ausgerechnet jetzt, da er einen Moment lang nicht aufgepasst und keinen Schimmer hatte, was in dem Film gezeigt worden war. Eigentlich wusste er, wie er sich aus solchen Situationen retten konnte, wie man, obwohl auf dem falschen Fuß erwischt, das Gleichgewicht hielt. Angeboten hätte sich ein »Das fragen Sie mich jetzt nicht im Ernst« oder noch besser: »Ach wissen Sie, ich finde, die viel spannendere Frage lautet …«, um dann schnell ein neues Thema anzusprechen, das lose mit der Debatte zusammenhing und geeignet war, in die Offensive zu kommen. Jetzt aber fehlte ihm jene Souveränität, mit der er sonst durchs Leben ging.

»Entschuldigung, ich war geistig gerade etwas abwesend«, sagte er. Sein Gesicht färbte sich rot.

»Wenn ich die Position von meinem Gegenüber vertreten müsste«, schaltete Dagmar Kappler sich nun wieder ein, »würde mir auch nichts mehr einfallen. Dann wäre auch ich sprachlos.« Das letzte Wort traf ihn wie ein weiterer heftiger Schlag. Kappler erzählte noch ein wenig, was ihr und den Millionen anderen Frauen auf dem Herzen lag, bis sie überraschend innehielt und sich ihm zuwandte. »Wissen Sie, ich bin ja ein höflicher Mensch, und als solcher weiß ich, dass man sich um Menschen, die Probleme haben, kümmern sollte. Also frage ich Sie, ganz direkt, ganz offen: Was in Gottes Namen haben Sie eigentlich für ein Problem mit eigenständigen Frauen?« Sie stützte die Ellenbogen auf ihre Knie, bettete ihr Kinn auf dem Handrücken und lächelte ihn süffisant an.

Kallenberg ahnte, dass sie Boshaftes im Schilde führte. Andererseits bot sich nun zum ersten Mal die Gelegenheit, seine Position darzulegen. »Ich habe kein Problem mit eigenständigen Frauen. Ich habe ein Problem mit Übertreibungen. Ich glaube ganz einfach, dass der Feminismus mit all seinen Auswüchsen die Menschheit nicht glücklicher gemacht hat«, begann er. »Von Ausnahmen einmal abgesehen. Berücksichtigen Sie doch einfach mal ein paar Fakten.«

»Aufgepasst, meine Damen, uns wird nun erklärt, warum wir alle so unglücklich sind«, rief Dagmar Kappler und schaute verschwesternd ins Publikum. Die Kameras fuhren über grinsende Gesichter.

Kallenberg schwor sich, sich wenigstens diesmal nicht aus dem Konzept bringen zu lassen. Er hatte sechs, bei Bedarf sogar acht Statistiken im Kopf, die er immer zitierte, wenn es um die Folgen des Feminismus ging. Jedes Mal begann er mit der Scheidungsrate, die seit den Sechzigern, den Anfängen der großen Frauenbewegung, drastisch gestiegen war. Als Nächstes folgte die Zahl alleinerziehender Mütter und psychisch gestörter Kinder. Auch hier war die Entwicklung eindeutig. In der Regel brachte er dann die Zunahme an psychischen Erkrankungen in der Gesamtbevölkerung und die Menge an verschriebenen Antidepressiva, gefolgt von der Entwicklung der Selbstmordrate, ehe er, als krönenden Abschluss gewissermaßen, mit dem »Glücksquotienten« der Universität Heidelberg um die Ecke kam, den ein Forscherteam Jahr für Jahr zu ermitteln versuchte und der, im Vergleich mit der Bundesrepublik der Sechzigerjahre, die Entwicklung zu einer Gesellschaft der Unglücklichen nachwies.

Bislang hatte sein Vortrag fast immer einen gewissen Eindruck auf seine Zuhörer gemacht, sie zumindest nachdenklich werden lassen, auch wenn sich trefflich darüber streiten ließ, ob all diese Faktoren Folgen des Feminismus waren. Jetzt aber geriet er mit seinen Ausführungen gleich nach der ersten Statistik ins Stocken.

»Stopp!«, rief Dagmar Kappler. »Stoppstoppstopp, so nicht, guter Mann, so bitte nicht! Sie beklagen also die Scheidungsrate, habe ich das richtig verstanden? Sie denken also, dass es die Menschen unglücklich mache, sich scheiden zu lassen? Ich glaube einfach nicht, was Sie hier die ganze Zeit für einen Unsinn verbreiten. Ich kenne unzählige Frauen, die heilfroh sind, dass es, anders als früher, heute kein Problem mehr ist, sich scheiden zu lassen. Die sonst ganze Jahrzehnte als unglückliche Ehefrau gelitten hätten, an der Seite eines ..., ach was, unter der Knechtschaft eines Mannes.« In dieser Art ging es noch eine Weile weiter. Jedes Argument, jede Statistik, die Kallenberg anführte, wurde von Dagmar Kappler wahlweise als »Lüge«, »Geschichtsklitterung« oder schlicht als »Unverschämtheit« zurückgewiesen. Nie zuvor war er in einer halbstündigen Debatte so wenig zu Wort gekommen. Schließlich befand die Moderatorin, nachdem Kappler gerade noch einmal vor Kallenbergs »Konterrevolution« gegen all ihre Errungenschaften für die Frauen gewarnt hatte, dass dies doch ein gutes Schlusswort sei. Der Spuk war vorbei.

Nach der Sendung lud die Redaktion noch auf ein paar Schalentiere und Kanapees in die VIP-Lounge ein. Moderatorin und Redaktionsleiter schienen äußerst zufrieden mit der Sendung zu sein, sie gossen Champagner in langstielige Gläser. Kaum hatte auch Kallenberg ein Glas in der Hand, kam Dagmar Kappler auf ihn zu und stieß ohne Vorwarnung mit ihm an. »Na, das haben wir doch prima hinbekommen, Herr Kallenberg, nicht wahr?« Sie klang jetzt wieder so freundlich wie zuvor in der Maske.

Verstört von dieser Zweigesichtigkeit fiel ihm keine Antwort ein. »Sie kennen meinen Namen ja doch noch«, sagte er nur, aber Frau Kappler tat so, als hätte sie die Bemerkung überhört.

»Also, ich bin zufrieden«, sagte sie. »Können wir gerne

öfter machen.« Sie nahm einen ordentlichen Schluck Champagner. »War das Ihr erster Auftritt in dieser Talkshow?« Kallenberg nickte. »Na, darauf trinken wir gleich noch ein Gläschen!« Erst jetzt bemerkte er, dass er sein Glas bereits geleert hatte. Dennoch ließ er sich ein zweites geben. Er spürte, wie sein Kopf langsam matschig wurde, es fühlte sich gut an.

»Wenn Sie mögen, verrate ich Ihnen ein paar Tricks, wie es das nächste Mal noch besser läuft«, sagte Dagmar Kappler und zwinkerte ihm auf unangenehme Weise zu.

»Vielleicht ein andermal«, erwiderte er. Er wollte keine Tricks lernen, erst recht nicht von dieser Frau. Wenn es so etwas brauchte, um Erfolg zu haben in der Politik, dann hatte er wohl den falschen Beruf gewählt. Er konnte es kaum erwarten, dieses gemütliche Beisammensein zu verlassen. Am liebsten wäre er gleich ganz nach Hause gefahren und hätte sich ins Bett verkrochen.

Liane stand rauchend auf dem Bürgersteig, sie sagte nichts, wippte nur auf ihren Zehenspitzen und küsste ihn auf die Wange. »Und jetzt machen wir uns einen schönen Abend.«

»Meinen Sie wirklich?«, fragte Kallenberg. Ihm war gerade fast alles egal. Immerhin freute er sich, endlich in ein ehrliches Gesicht sehen zu dürfen.

»Haben Sie Hunger?«

»Ich weiß nicht, ob ich nach dieser Sendung einen Bissen runterkriege.«

»Darauf sollten wir es ankommen lassen. Ich habe eine Kleinigkeit bei mir vorbereitet.«

Letzteres war eine herrliche Lüge. Wenn es hoch kam, befanden sich noch eine Packung Nudeln und zwei Knoblauchzehen in der Küche ihrer WG. Das Einkaufen zählte ebenso wenig zu ihren Stärken wie das Kochen. Zu ihren Spezialitäten gehörten Spaghetti Aglio e Olio und das »Schlemmerfilet Bordelaise« eines Fertigfischproduzenten. Die Idee, Kallenberg in ihre WG zu locken, war ihr erst gegen Ende der Sendung gekommen. Vermutlich gab es keinen besseren Moment, den nächsten Schritt zu wagen. Sein Selbstwertgefühl musste nach diesem Auftritt stark angegriffen sein. Wenn er jetzt nicht empfänglich war für Zuwendung und Bestätigung, dann würde er es nie sein.

»Sie meinen, bei Ihnen in Kreuzberg?« Kallenberg klang, als habe sie einen Ausflug in die Slums von Mumbai vorgeschlagen.

»Sie brauchen keine Sorge zu haben«, antwortete Liane Berg und lächelte ihn an. »Bei Ihrem letzten Ausflug nach Kreuzberg ist doch alles gut gegangen. Keine Infektionen, keine Schießerei, oder hat man Sie auf dem Heimweg noch ausgeraubt?« Jetzt musste auch er lachen. Trotzdem war er unschlüssig, wie er auf ihr Angebot reagieren sollte. Wenn er tatsächlich mit zu ihr fuhr, musste das zwar nichts bedeuten, weil er ohnehin nach einer Stunde gehen würde. Dennoch fühlte es sich wie ein weiterer Schritt ins Reich des Verbotenen an. »Wollen wir nicht einfach in ein Restaurant um die Ecke gehen?«

»Nun stellen Sie sich nicht so an«, entgegnete sie und steuerte auf eine der schwarzen Limousinen zu, die für die Teilnehmer der Talkshow bereitstanden. Kallenberg bewegte sich nicht. Als sie vor der Tür des Wagens stand, drehte sie sich zu ihm um. »Sie müssen schon kommen, alleine nehmen die mich nicht mit.« Er zögerte noch immer. Als Nächstes öffnete sie die Tür der Limousine und wechselte eine paar Worte mit dem Fahrer. Jetzt endlich folgte er und nahm neben ihr auf der Rückbank Platz.

Während Liane Berg dem Fahrer den Weg zu ihrer Wohnung erklärte, verfiel Kallenberg ins Grübeln. Was würden seine Kollegen wohl zu diesem Auftritt sagen? Was die Kanzlerin? Selbst wenn sie die Sendung nicht gesehen hatte, würde sie spätestens morgen Früh genau informiert sein – dafür sorgten seine Gegner schon. Bedeutete diese verpatzte Sendung bereits das Ende seiner Mission? War sein Kampf für eine andere Familienpolitik, für eine Renaissance konservativer Werte schon gescheitert, ehe er richtig begonnen hatte?

»Was für eine verlogene Person«, murmelte er in die Stille des Wagens. »Pssst«, zischte Liane Berg und legte ihren Zeigefinger auf seine Lippen. Sie hielt es für klüger, nicht weiter über die Sendung zu sprechen, es gab wirklich nichts schönzureden. Als sie den Finger von seinem Mund nahm, strich sie ihm mit dem Rücken ihrer Hand langsam über die Wange, und wäre es nicht so dunkel gewesen, hätte sie sehen können, dass sie sein ganzes Gesicht rotgestreichelt hatte. Er spürte, wie gut es ihm tat, jetzt nicht alleine zu sein. Die Limousine hielt vor einem Altbau.

Einen Putzplan kennen die hier nicht, dachte Kallenberg, als sie den Hausflur betraten. Alles war mit Graffiti beschmiert, die Wände, die Briefkästen, das Treppengeländer, selbst die Wohnungstüren. Ihm sprangen gleich jene Symbole ins Auge, die von ideologischen Verirrungen zeugten: die Arbeiterfaust, die kubanische Flagge und das Maschinengewehr im fünfzackigen Stern.

»Sie sind doch hoffentlich keine Befürworterin?«, fragte er und deutete auf den Stern der Roten Armee Fraktion.

Liane Berg lachte laut auf. Sie hatte geahnt, dass das Treppenhaus eine Herausforderung für ihn sein würde; andererseits bereitete es ihr große Freude, ihn in dieser Umgebung zu erleben. »Bei so was hört für meinen Geschmack der Spaß auf«, sagte Kallenberg.

»Es soll auch kein Spaß sein. Das Zeichen hat hier dieselbe Funktion, die andernorts Gedenksteine oder Plaketten haben. Es soll an etwas erinnern, daran, dass einige Mitglieder der RAF zeitweise in diesem Haus gelebt haben.« Sie konnte in seinem Gesicht lesen, wie sehr ihn diese Erklärung verstörte, und beließ es dabei. Als sie den zweiten Stock erreicht hatten, vorbei an Drachen, einem Che-Guevara-Porträt, nackten Brüsten und den programmatischen Aussagen »Fuck Bush«, »Fuck Capitalism« und »Fuck Heino«, blieb Liane Berg vor einem Eingang stehen. »Der Rudi Dutschke hat übrigens auch hier gelebt, direkt hinter dieser Tür.« Sie steckte den Schlüssel ins Schloss, sperrte auf und drehte sich zu ihm um. »War nur ein Spaß.«

»Und die Sache mit der RAF?«, fragte Kallenberg.

»Die stimmt angeblich. War aber vor meiner Zeit, falls Sie das beruhigt.« Sie knipste das Licht im Flur an und sah seinen skeptischen Gesichtsausdruck. »Sie brauchen keine Angst zu haben. Von meinen Mitbewohnern ist niemand da.«

»Wie viele Mitbewohner haben Sie denn?«

»Das wechselt. Aktuell sind es drei, oder nein, vier. Sind aber alle in Ordnung.«

Das obligatorische »Sie müssen entschuldigen, es ist nicht aufgeräumt«, das alle Menschen sagen, wenn sie andere in ihre Wohnung lassen, und das meist völlig übertrieben ist, war in Lianes Fall absolut angemessen. Schuhe, Zeitungsstapel und leere Flaschen lagen kreuz und quer über den Flurboden verteilt, auf einer Kommode stapelten sich ungeöffnete Rechnungen der letzten Monate.

Sie bedeutete Kallenberg, in ihr Zimmer zu treten. »Machen Sie es sich bequem, ich hole nur noch etwas aus der Küche.« Als sie verschwunden war, sah er sich um. Er suchte einen Sessel oder Stuhl, auf den er sich setzen konnte, doch das Einzige, was er fand, war eine geriffelte Stoffmatte, an deren Ende sich ein Dreieck erhob. Mit viel gutem Willen konnte man sie als Sitzgelegenheit durchgehen lassen. Da er sich weder auf die Matte setzen wollte noch auf das Bett, dessen Decke noch verknüllt war, blieb er vorerst stehen.

Verglichen mit dem Flur war das Zimmer eine Oase der Ordnung und des guten Geschmacks. An zwei Wänden standen gut gefüllte Bücherregale aus Kiefernholz. Über dem Bett hing ein Poster, das für ein Album »Damals hinterm Mond« einer Gruppe namens »Element of Crime« warb. Neben dem Schreibtisch, auf dem es ähnlich chaotisch aussah wie auf der Kommode im Flur, stand eine Kiste aus feinem Holz, in der die Seeleute vor fernen Zeiten Tee transportierten und auf der heute die Kerzenkollektion des Fräulein Berg ihren Platz gefunden hatte.

Er entdeckte ein Foto, das mit dem Rücken an einem der Bücher lehnte. Es zeigte eine Familie, vermutlich die kleine Liane mit ihren Eltern. Sie wirkten glücklich miteinander, es war ein altes Foto. Der Anblick ließ Kallenberg an seine eigene Familie denken. Vielleicht hatte Julia ihn nach der Sendung angerufen, aber nicht erreicht, weil er sein Handy nicht wieder eingeschaltet hatte. Jetzt würde sie sicher schlafen. Maximal eine Stunde gab er sich, dann würde er ohne schlechtes Gewissen nach Hause fahren.

Liane Berg kam mit einer Flasche Rotwein und zwei Gläsern aus der Küche und goss ihnen ein. Sie stießen an und tranken. Während Kallenberg den Champagner direkt in seinem Kopf gespürt hatte, wärmte der Rotwein seinen Körper von innen. Sie zog eine weitere Matte mit Dreieck unter dem Bett hervor, erklärte, dass es sich um Thaimatten handle, und zeigte ihm, wie man es sich darauf bequem machte. Sie legte sich auf die Seite, stützte einen Ellenbogen auf die Matte, bettete ihren Kopf in die dazugehörige Hand und schob das Dreieck als Stabilisator zwischen Rumpf und Arm. »Und jetzt Sie.« Kallenberg kam diese Art zu sitzen oder liegen, genau konnte man das ja nicht sagen, irgendwie albern vor. Dennoch folgte er ihrem Drängen, es wenigstens auszuprobieren. Dann zündete sie Teelichter an, die sie im Kreis um ihre Matten verteilte, und löschte das Licht der Decke. Es war jetzt ähnlich schummrig wie in der »Einsamen Insel«.

»Jetzt bräuchte ich bitte Ihre Krawatte!« Liane Berg stand mit ausgestrecktem Arm vor ihm und verlangte nach seinem Schlips. Er wusste nicht genau, warum, aber er gehorchte ihr.

»Wollen Sie mein Lieblingslied hören?« Noch ehe Kallenberg nicken konnte, beugte sie sich zu ihrer Stereoanlage herunter, drehte an ihrem iPod, fand endlich das Lied, nach dem sie gesucht hatte, und legte sich wieder hin – diesmal in umgekehrter Richtung. Man könne die Dreiecke auch als Stütze für den Rücken nehmen, sagte sie und machte es vor. Wieder folgte er ihren Anweisungen. Ihre Knie standen nun in entgegengesetzter Richtung nebeneinander. Es dauerte nicht lange, da berührte ihr rechtes Bein das seine. Kallenberg zuckte zurück, er dachte, dass es sich bei der Berührung um ein Versehen handelte. Ihr Knie aber folgte ihm, wieder schmiegte es sich an das seine. Er hatte bislang nicht geahnt, wie aufregend ein Knie sein konnte. Es schien Sensoren zu besitzen, die kleine Schauer durch den ganzen Körper schicken konnten. Seit Jahren hatte er nicht mehr ein solches Kribbeln unter der Haut verspürt.

Eine Weile lagen sie so da und hörten ihr Lieblingslied, *The Greatest* von »Cat Power«.

»Schließen Sie die Augen«, sagte sie. Kallenberg tat, wie ihm aufgetragen. Die Stimme der Sängerin war klar und verraucht zugleich, melancholisch und heiter, getragen und doch von großer Leichtigkeit. Sie gefiel ihm. Wieder bewegte sich Lianes Knie, es schien sich von seinem lösen zu wollen. Kaum wollte er diesen Rückzug bedauern, da sah er, wie sie ihr Bein hob und den Fuß langstreckte, um ihn langsam über seine Knie wandern zu lassen. Sie trug wieder jene türkisfarbenen Strümpfe, nun senkte sich ihr Fuß langsam, aber zielsicher zwischen seinen Beinen. »Sie gestatten?«, fragte sie und lächelte ihn neckisch an. Da er wieder kein Wort herausbekam, nickte er nur. Er bemerkte, dass sein ganzer Körper zitterte.

Während sie so mit Kallenberg spielte, sah sie ihm ohne Unterlass in die Augen. Es war ein eindringlicher Blick, streng, lasziv, er sollte deutlich machen, wer die Situation kontrollierte, wer hier mit wem spielte. Frederik wagte es nicht, sich ihm zu entziehen. Wieder schmiegte sich ihr rechtes Knie an das seine, diesmal von der inneren Seite. Sie drückte fester, als sie es zuvor getan hatte, Kallenberg musste nun selbst ein wenig Kraft aufbringen, um dagegenzuhalten. So verharrten sie eine Weile, sahen sich an und hörten, wie »Cat Power« sang, dass weder Wind noch Wasserfälle sie würde stoppen können. Dann setzte sie ihre Zehen ein, ließ sie an der Innenseite seines Unterschenkels entlangstreifen, mal mehr, mal weniger stark, als hätten sie sich zum Ziel gesetzt, keinen seiner Nerven auszulassen.

»Würde es Ihnen gefallen, wenn mein Fuß ein wenig weiter wanderte, dorthin, wo es richtig Spaß macht?« Wieder wusste er nicht, was er sagen sollte. Liane aber löste ihre Zehen von seiner Haut, ein paar Zentimeter nur, als wolle sie ihm zeigen, dass sie jederzeit aufhören und das Spiel, das sie begonnen hatte, augenblicklich beenden konnte.

Nie zuvor in seinem Leben hatte er sich derart ausgeliefert gefühlt. Liane hatte vollkommene Macht über ihn gewonnen. Das Seltsame war, dass er, der bislang alles getan hatte, um die Kontrolle über sein Leben zu behalten, sich plötzlich eingestehen musste, dass dieses Ausgeliefertsein angenehm sein konnte. Umgekehrt genoss Liane das Gefühl, ihn ganz in der Hand zu haben, fast wie eine Marionette. Und sie wusste genau, welche Fäden sie ziehen musste.

Schließlich beantwortete er ihre Frage mit einem Nicken, es würde ihm also gefallen, und so tanzten ihre Zehen in jene Gegend, wo das Netz der Nerven dichter gesponnen ist. Bald war jeder Widerstand in ihm gebrochen.

»Wären Sie so freundlich, mir einen Gefallen zu tun?«, fragte Liane und lächelte. Ihre Stimme klang dunkel und lustvoll. Wieder nickte er, auch wenn er fürchtete, dass der Tanz ihrer Zehen nun enden könnte. »Könnten Sie sich vielleicht die Hose öffnen? Mit den Füßen ist das etwas schwierig.«

Wie in Trance begann er, die Schnalle seines Gürtels zu lösen, dann den Knopf am Bund. Ihr Blick sagte, dass er weitermachen sollte, und so tat er, wie ihm befohlen: Reißverschluss, Unterhose, gehorsam legte er frei, was außer seiner Frau noch niemand zu sehen bekommen hatte.

»Und jetzt befreien Sie bitte meinen Fuß«, lautete die nächste Anweisung. Artig zog Kallenberg ihr den Strumpf über die Ferse, vorsichtig, als packe er ein wertvolles Geschenk aus. Sie hatte kleine, eher putzige als grazile Füße. Der große Zeh war im Vergleich zu groß geraten, ein sympathischer Sonderling, der sich schon deshalb von den anderen Zehen absetzte, weil er als einziger rot lackiert war.

Liane ließ ihre Fußspitze zwischen seinen Schenkeln in der Luft kreisen, ehe sie langsam seine Hoden streichelte und ihr T-Shirt auszog. Sie trug keinen BH.

»Hätten Sie vielleicht Lust, meine Brüste zu berühren?« Wieder so eine bewusst unschuldig vorgetragene Frage, als ginge es darum, eine Tasse Tee anzubieten. Es gab nun keinen Flecken mehr an ihr, auf den Kallenberg nicht scharf war. Er beugte seinen Oberkörper vor und fing an, sie zu streicheln, die seitlichen Partien ihres Halses, ihre weich rasierten Achselhöhlen, schließlich ihre Brüste. Als er dann ihre Brustwarzen zwischen den Fingern spürte, spreizte Liane ihren großen Zeh so weit es ging von dessen Nachbarzeh ab, nahm sein Glied sanft in die entstandene Lücke und massierte es langsam von unten nach oben.

So saßen sie sich gegenüber, sich streichelnd, massierend, die Köpfe nur wenige Zentimeter voneinander entfernt, und sahen sich in die Augen. Hin und wieder schob Liane ihre Zunge hervor und fuhr mit ihrer feuchten Spitze langsam seine Lippen entlang. So verstrichen die aufregendsten Minuten seines Lebens.

»Auf einer Skala von eins bis zehn, wie erregt sind Sie gerade?«, flüsterte sie nach einer Weile.

Allein der Hauch ihrer Worte zauberte ihm eine Gänsehaut auf Arme und Beine. Er öffnete den Mund, ohne einen Laut von sich zu geben. Nie zuvor hatte er seine Lust beschreiben müssen. Was Liane von ihm verlangte, kam einer Zumutung gleich, aber ihre Zehen umklammerten ihn noch fester, und die »Zehn« war seit Langem das erste Wort, das ihm über die Lippen kam. Er konnte sich nicht vorstellen, welche Steigerung es jetzt noch geben sollte, ihm würde alles recht sein. Liane fischte nun ein Kondom aus der Schüssel auf ihrem Nachttisch und streifte es ihm über. Selbst der Akt des Kondomüberstreifens war lustvoll. Und wie sie bald schon über ihm thronte und ihn behutsam, Zentimeter um Zentimeter in sich aufnahm, da erinnerte ihre Anmut an die einer Zirkusartistin. Sie war sich jeder ihrer Schritte bewusst, und sie war großartig in dem, was sie tat.

Ihre größte Kunst war ihr Umgang mit Pausen, sie hatte verstanden, dass die Erwartung von Ekstase meist noch größere Lust bereitete als die Ekstase selbst.

Erst nach einer Weile läutete sie den Schlussakt ihrer Zeremonie ein und setzte zu ihrer Glanznummer an. Während sie über ihm kniete, stützte sie sich mit den Händen auf seinen Unterarmen ab. Selbst wenn Kallenberg es gewollt hätte, er hätte sich kaum aus ihrer Umklammerung befreien können. Als er kurz vor der Eruption stand, hielt sie inne, wartete ab, bis er sich ein wenig beruhigt hatte, ritt dann weiter, Pause, weiter, Pause, sie hatte ihn jetzt noch umfassender unter Kontrolle als die ganze Zeit schon. Je öfter sie kurz vor seiner Erlösung innehielt, desto flehentlicher blickte er sie an, bis sie es selbst nicht mehr aushielt und ihn erhörte.

»Hätten Sie etwas dagegen, wenn wir uns duzen?«, fragte sie, als sein Körper sich beruhigt hatte. Kallenberg schüttelte den Kopf. »Ich bin Liane«, sagte sie und küsste ihn auf den Mund.

ZEHN

Er saß am Küchentisch seiner Wohnung am Prenzlauer Berg und überlegte, ob er sich krankmelden sollte – zum ersten Mal, seit er Abgeordneter des Deutschen Volkes war. In der Nacht hatte Frederik nicht eine Sekunde schlafen können, hatte sich von der einen auf die andere Seite gewälzt, nun war ihm schlecht.

Was hatte er nur getan? Wie hatte er ein solcher Hornochse sein können, Liane in ihre Wohnung zu begleiten? Und wieso hatte er dort all das mit sich geschehen lassen? Es kam ihm vor, als wäre sein ganzes Leben soeben in sich zusammengefallen.

Würde er Julia noch in die Augen schauen können? Wie sollte er einst seinen Söhnen erklären, was Treue bedeutet? Er wusste, woher seine Übelkeit rührte, ihm war schlecht vor Scham. Zugleich wurde er diese Bilder einfach nicht los: sein Glied zwischen Lianes Zehen. Ihre hüpfenden Brüste über seinem Gesicht. Ihre lüsternen Lippen an seinem Ohr. Es war so verboten und aufregend gewesen. Würde er sich nun permanent danach sehnen?

Nein, das durfte natürlich nicht sein. Solche Gedanken mussten schon im Ansatz unterbunden werden. Was er getan hatte, war unverzeihlich, noch unverzeihlicher aber wäre es, nun zu vergessen, wer er eigentlich war. Und wer er sein wollte. Du bist ein willensstarker Mann, sagte er sich. Daran konnte sich in einer einzigen Nacht doch nichts verändert haben. Er war immer stolz auf seine Disziplin gewesen, die Gabe der Selbstbeherrschung konnte nicht einfach so verflogen sein. Wenn er etwas wollte, würde er es auch künftig hinbekommen. In seinem Kopf versuchte er nun, den wahren Frederik von jenem Kerl zu trennen, der sich gestern Nacht so willenlos hingegeben hatte, der schamlos all diese Schweinereien mitgemacht und sie auch noch genossen hatte. Der Schamlose war ein ungebetener Gast in seinem Leben, ein Eindringling – er musste ihm einen entschiedenen Platzverweis aussprechen. Wiedersehen ausgeschlossen. So versuchte er, sich seines alten Ichs zu vergewissern.

Auf der Tischplatte lag sein Telefon. Er überlegte, wen er zuerst anrufen sollte: sein Büro, seine Frau oder seinen besten Freund? Hinter dem Fenster erstrahlte der Wasserturm in der Morgensonne. Der Himmel über Berlin konnte viel klarer und blauer sein als der Himmel über dem Sauerland, das war ihm schon während seiner ersten Woche in der Hauptstadt aufgefallen. Er erinnerte sich, wie er Julia damals von diesem Himmel vorgeschwärmt und seine Frau sich für ihn gefreut hatte. Niemand konnte sich so gut für andere freuen wie Julia Kallenberg. Der Gedanke daran steigerte seine Übelkeit.

Anfangs hatte er gedacht, der Makler wolle ihn auf den Arm nehmen, als er ihm eine Wohnung in Prenzlauer Berg nahelegte. Frederik war nie dort gewesen, aber nach allem, was er gehört hatte, handelte es sich um eines der sündigsten Viertel der Republik. In den Neunzigerjahren hatte selbst die *Westfalenpost* über den neuen »Szenebezirk« berichtet, in dem junge Menschen in verlassenen Hinterhöfen wilde Partys feierten, und das oftmals illegal. Zudem zündeten die Punker am 1. Mai dort offenbar Autos an. In seinem Kopf stand Prenzlauer Berg für alles, wovor er sich in der Hauptstadt fürchtete: Drogen, Kommunisten, Exzess.

»Glauben Sie mir: Das Viertel passt zu Ihnen«, bekräftigte der Makler. Schließlich gab Frederik dem Drängen nach, sich wenigstens seine beiden »Filetstücke« anzusehen. Bei der Wohnungsbesichtigung hatte die Gegend gleich einen überraschend anständigen Eindruck auf ihn gemacht. Graffiti hatte er nur bei sehr genauem Hinschauen entdecken können, die Fassaden der Häuser waren frisch gestrichen, der Baumbestand war manierlich und der Zustand der Bürgersteige, was ihre Sauberkeit betraf, fast mit Waldhagen vergleichbar.

Es handelte sich um frisch renovierte Zweiraumwohnungen mit Stuck, Kochnische und Fahrradkeller. Was denn mit den illegalen Hinterhofpartys sei, wollte Frederik wissen, als sie durch die leeren Räume schritten. Der Makler lachte laut auf. Die seien längst umgezogen. Die »Lärmsituation« habe sich ohnehin sehr zum Positiven entwickelt. »Die wilden Zeiten sind vorbei, und trotzdem muss es Ihnen hier nicht langweilig werden.« Man habe es inzwischen mit einer »hochwertigen Gastronomiesituation« zu tun. »Das heißt: Sie haben hier absolute Ruhe – und wenn Sie nach der Arbeit doch mal ein gepflegtes Bier oder ein schönes Glas Wein trinken wollen, müssen Sie nicht weit laufen.« In Gegenden wie diesen war das Bier immer gepflegt und das Glas Wein immer ein schönes. Als sie sich nach der zweiten Besichtigung an den im Flur geparkten

Kinderwagen vorbeizwängten, erwähnte der Makler noch, dass es sich um einen äußerst fruchtbaren Bezirk handelte, den kinderreichsten der Republik. Am nächsten Tag unterschrieb Frederik den Mietvertrag für eine Wohnung am Wasserturm.

In den drei Jahren, die er nun schon am Prenzlauer Berg wohnte, hatte er seinen Entschluss nicht bereut. Die Menschen in seiner Nachbarschaft machten einen ordentlichen Eindruck, auch wenn ihre Kleidung für seinen Geschmack von einer etwas albernen Sehnsucht nach Extravaganz geprägt war. Dahinter steckte der wohl verzweifelte Wunsch, einen Tick anders auszusehen als der Rest, was zur Folge hatte, dass am Ende alle gleich aussahen.

Nun hatte er selbst getan, wofür er die Städter stets verdächtigt hatte. Er hatte rumgeludert. Als sein Selbsthass gerade in Apathie umschlagen wollte, klingelte vor ihm sein Mobiltelefon. Eine Berliner Nummer. Liane? Er schreckte zusammen. Was konnte sie jetzt von ihm wollen? Sich gleich wieder verabreden? Sie hatte keinerlei Widerstand geleistet, als er sich in der Nacht verabschiedet hatte, sondern sogar schon an der Wohnungstür gewartet, als er noch damit beschäftigt war, sich die Schuhe zuzubinden. Vermutlich war sie enttäuscht von ihm, von seiner Passivität und Schüchternheit; gewiss war sie andere Kerle gewohnt, erfahrene, tabulose Hengste. So sehr er sich auch für sein Fremdgehen schämte, der Gedanke, dass Liane womöglich nichts mehr von ihm wissen wollte, betrübte ihn zugleich. Hätte sie ihn sonst nicht gebeten, die Nacht bei ihr zu bleiben?

Frederik traute sich nicht, den Anruf anzunehmen, und wartete, bis das Klingeln aufhörte. Dann stand er auf und ging zur Kaffeemaschine. Er hatte vergessen, am Vorabend das Wasser einzufüllen und drei gehäufte Kaffeelöffel in den Filter zu geben. Das tat er sonst immer. Gerade als er die Frischhaltebox öffnete, klingelte es erneut. Wieder die Berliner Nummer. Natürlich war es Liane, sie musste es sein, schon die Forschheit des Klingelns verriet sie. Zu seiner Übelkeit gesellte sich nun auch noch Panik, er fühlte sich bedrängt vom eigenen Telefon. Schließlich drückte er auf die Annahmetaste.

»Hallo, hier ist Frederik.«

»Bundeskanzleramt, Vorzimmer der Bundeskanzlerin, Herkenhoff am Apparat, guten Morgen, Herr Kallenberg. Die Frau Bundeskanzlerin würde gerne mit Ihnen sprechen. Darf ich durchstellen?«

Frederik fiel fast das Telefon aus der Hand. Noch nie hatte das Bundeskanzleramt auf seinem Handy angerufen. Es hatte auch sonst nie bei ihm angerufen.

»Herr Kallenberg?«

Da stand er in der Unterhose und fragte sich, ob er in diesem unwürdigen Aufzug mit der Bundeskanzlerin telefonieren dürfe. So viel er an ihr auszusetzen hatte, der Respekt vor Amtsinhabern saß ihm tief in den Knochen.

»Ich stell dann mal durch.« Er hörte ein Klacken in der Leitung, dann eine belustigte Frauenstimme: »Traut er sich nicht? … Hallo, Frau Herkenhoff?«

»Hier ist Frederik Kallenberg«, sagte er. »Guten Morgen, Frau Bundeskanzlerin.«

»Ah, guten Morgen, Herr Kallenberg.« Sie klang wie ausgewechselt. »Schön, dass das so schnell geklappt hat. Wissen Sie, ich habe mir von gestern Abend berichten lassen …«

Kallenberg erschrak. Wie konnte sie das wissen?

»Was Sie da in der Talkshow gesagt haben …« Sie ließ eine lange Pause, offenbar suchte sie nach dem richtigen Ausdruck. »Ich sag mal so: interessant. Wirklich interessant. Wir sollten uns dringend mal unterhalten; ich meine: in Ruhe unterhalten, unter vier Augen, nicht so zwischen Tür und Angel, wie das meistens der Fall ist.« Frederik hatte sich noch nie mit der Bundeskanzlerin unterhalten, nicht mal zwischen Tür und Angel.

»Allerdings reise ich ja übermorgen nach China. Dann komme ich wieder zurück, muss aber gleich weiter zu den Vereinten Nationen. Da ist zwischendrin kaum Zeit, eine frische Zahnbürste einzupacken.«

»Verstehe.« Er hatte zwar keine Ahnung, was sie ihm sagen wollte, aber ihre joviale Art nahm ihn für sie ein.

»Die Vereinten Nationen könnte ich mir eigentlich sparen, weil es nichts Wichtiges zu entscheiden gibt, aber es ist ja bekannt, worum es da geht: sehen und gesehen werden. Sie wissen ja, dass das nicht so meine Sache ist. Trotzdem werde ich nicht fehlen können, sonst wird gleich wieder etwas hineininterpretiert. Oder was meinen Sie, Herr Kallenberg?«

Er war in der Zwischenzeit in sein Schlafzimmer gegangen, um sich, das Telefon zwischen Schulter und Ohr geklemmt, wenigstens eine Hose anzuziehen. Warum in aller Welt fragte die Kanzlerin ausgerechnet *ihn*, ob sie ihren Besuch bei den Vereinten Nationen absagen könne? Sie hatte doch unzählige Berater.

Beim Versuch, während des Gesprächs seinen Hosenknopf zu schließen, fiel ihm das Telefon zu Boden und schlug hart auf.

»Hallo? Herr Kallenberg, sind Sie noch da?«, schallte es aus dem Lautsprecher, die Verbindung hatte den Sturz also überstanden. Er musste sich zusammenreißen.

»Herr Kallenberg? Ist alles in Ordnung?«

»Ja, alles in Ordnung.« Auf der Suche nach einer Erklärung blickte er sich im Schlafzimmer um. »Sie müssen entschuldigen. Hier ist gerade der Staubsauger umgefallen.« Am liebsten hätte er vor Scham einfach aufgelegt.

»Sind Sie in Ihrem Büro?«

»Äh, ja, natürlich«, stotterte er.

»Und da staubsaugen Sie selbst? Erstaunlich.«

»Ja, das heißt: nein. Oder: doch, hin und wieder schon.«

»Hören Sie, die Verbindung scheint mir etwas holprig zu sein«, sagte die Kanzlerin. »Sollen wir Sie vielleicht besser auf dem Festnetzanschluss anrufen?«

»Nein, vielen Dank, alles in Ordnung.« Er musste dringend das Thema wechseln, ehe es noch peinlicher für ihn wurde. Er versuchte, sich zu entsinnen, bei welcher Frage sie stehen geblieben waren, aber die Kanzlerin kam ihm zuvor. »Bei Ihnen klopft jemand an.«

»Was?« Kallenberg blickte zur Tür.

»Jemand versucht, Sie anzurufen. Ich kenne dieses Geräusch. Gehen Sie ruhig ran.«

Kallenberg starrte auf das Display seines Handys, wo nun das Wort »Schatz« aufleuchtete – so hatte er seine Frau vor Jahren schon in seinem Adressbuch verewigt. Als er Julias Anruf wegdrücken wollte, unterlief ihm ein verhängnisvoller Fehler. Plötzlich vernahm er eine laute Computermusik, die Kanzlerin aber schien verschwunden zu sein. Sekunden verstrichen, in denen er fassungslos auf sein

Telefon starrte, bis die Berliner Nummer erneut bei ihm anklopfte.

»Jetzt haben Sie mich freundlicherweise mit Ihrer Frau verbunden«, sagte die Kanzlerin. »Ich würde sagen, das mit dem Telefonieren üben wir bei Gelegenheit noch mal, Herr Kallenberg.« Sie lachte, es war ein herzliches, kein hämisches Lachen. »Klang aber sehr sympathisch.«

»Was?«

»Ihre Frau. Wie hieß sie doch gleich?«

»Schatz. Äh, ich meine natürlich: Julia.« Er war völlig von der Rolle.

»Vielleicht sollte ich mich besser mal mit ihr statt mit Ihnen unterhalten.«

»Wie meinen Sie das?«

»War nur ein Witz. Also, wo waren wir stehen geblieben?«

»Bei den Vereinten Nationen«, sagte Kallenberg. Wenn es ihm jetzt nicht gelang, dem Telefonat eine seriöse Wendung zu geben, brauchte er sich bei seiner Kanzlerin und Parteivorsitzenden nie wieder blicken lassen. »Ich denke auch, dass Sie dort nicht absagen sollten.«

»Es freut mich, dass wir da einer Meinung sind«, sagte sie. Machte sie sich lustig über ihn? Kallenberg kannte sie bislang nur aus Fraktionssitzungen oder von Parteitagen. Und aus dem Fernsehen natürlich.

»Wir werden dennoch einen Termin finden, da bin ich mir sicher«, sagte die Kanzlerin.

»In zwei Wochen fahre ich erst mal für zehn Tage in Urlaub.«

»Das wird Ihnen sicher guttun. Wo geht es denn hin?«

Kallenberg zögerte mit der Antwort, aber er wollte sie

nicht belügen, auch wenn ihm sein Reiseziel plötzlich unangenehm war.

»Malediven? Hätte ich gar nicht von Ihnen gedacht«, sagte sie. Man hört ja überall, dass es dort wie im Paradies sein soll. Jedenfalls wird es am besten sein, wenn sich Frau Herkenhoff danach noch einmal mit Ihnen in Verbindung setzt, um einen Termin zu vereinbaren. Wollen wir es so machen?«

»Ja, gerne«, sagte Kallenberg.

»Na dann: Allzeit gut Luft!«

»Bitte?«

»Sagen das nicht die Taucher?«

»Ach so, ja, aber wir tauchen gar nicht.«

Nachdem sie aufgelegt hatten, benötigte Frederik etwas Zeit, um zu verstehen, was gerade geschehen war. Er hatte unzählige öffentliche Diskussionen bestritten, hunderte Reden gehalten, und immer war er souverän geblieben. Warum musste er sich ausgerechnet in diesem Gespräch derartig tollpatschig anstellen – und das direkt nach der missglückten Talkshow? Was war nur los mit ihm? Fürchtete er sich vor der Kanzlerin? Oder war es Liane, die ihn so sehr verwirrte? Er wusste es nicht genau, ärgerte sich aber maßlos über sich.

Etwas später fragte er sich, was sie mit ihrem Anruf wirklich bezweckt hatte. Trotz seiner latenten Gutgläubigkeit wusste Kallenberg inzwischen, dass nichts, was in der Politik gesagt oder getan wurde, einer gleich ersichtlichen Logik folgte, sondern immer von einem Hintergedanken motiviert und verseucht war. Bisweilen kam er sich wie ein Trottel vor, weil er der Einzige zu sein schien, der tatsächlich sagte, was er dachte.

Was waren also ihre Hintergedanken? Wäre es ihr lediglich um eine Terminvereinbarung gegangen, hätte sie das gewiss ihrer Vorzimmerdame überlassen, statt selbst mit ihm zu reden. Vielleicht wollte sie ihm zu verstehen geben, dass sie über alles im Bilde war, was er unternahm? Doch dafür war sie eigentlich zu freundlich gewesen.

Kallenberg goss sich eine Tasse Kaffee ein und überlegte, was er tun sollte, bevor sein Leben noch stärker außer Kontrolle geriet. Er stand auf, holte seinen Montblanc und einen Notizzettel, setzte sich wieder an den Küchentisch und fertigte eine Liste an. Eine Liste war ein Plan, sie gab Sicherheit. Danach würde er gewiss etwas ruhiger werden.

Als Erstes würde er seinen Mitarbeitern im Büro Bescheid geben, dass er wegen eines Arztbesuchs später komme. Dann musste er seine Frau anrufen. Julia und er telefonierten jeden Morgen miteinander, gerade heute war es ratsam, dieses Ritual beizubehalten – auch wenn er sich vor diesem Gespräch fürchtete. Schließlich wäre es sinnvoll, sich mit Schmiedebach zu beraten. Wenn es jemanden gab, der die Dinge einzuordnen wusste, dann sein geistlicher Freund. Außerdem war er der Einzige, dem er die Ereignisse der vergangenen Nacht diskret anvertrauen konnte, weil er nicht nur sein bester Freund war, sondern obendrein dem Beichtgeheimnis unterlag. Dennoch zweifelte Frederik. Sollte er ihm wirklich von Liane erzählen? Bislang war ihm vor Schmiedebach nie etwas unangenehm gewesen, diese Angelegenheit hingegen schon. Er strich seinen Namen wieder von der Liste.

»Na, flirtest du etwa mit anderen Frauen?«

Eigentlich war Julias Spruch zur Begrüßung lustig gemeint gewesen, doch Frederik zuckte zusammen. »Habt ihr wirklich miteinander gesprochen?«, fragte er. Seine Frau lachte laut und herzlich, jenes Lachen, in das er sich damals während des Anstiegs nach Waldhagen verliebt hatte.

»Sie fragte, wer denn jetzt in der Leitung sei«, sagte Julia. »Im ersten Moment dachte ich tatsächlich, es handle sich um eine heimliche Geliebte von dir, weshalb ich sie gleich nach ihrem Namen gefragt habe – obwohl ich natürlich weiß, dass ich dir restlos vertrauen kann. Ich glaube, ich klang ein wenig unfreundlich, aber sie sagte ganz ruhig, dass sie die Bundeskanzlerin sei, und ich erwiderte, dass ich deine Frau bin – da mussten wir beide lachen.« Frederik wusste nicht, ob er das komisch finden sollte.

»Was hat sie denn sonst noch gesagt?«

»Dass ich auf dich achtgeben soll.«

»Wirklich? Warum das denn?«

»Keine Ahnung. Das sagt man doch gerne mal so.«

»Stimmt, sagt man so«, stammelte Frederik.

»Und dass du ein ganz schlimmer Finger seist.«

»Wie bitte? Das hat sie gesagt?«

»Ja, in etwa. Aber ich glaube, du kannst ganz beruhigt sein. Sie ist doch total nett.«

Das war genau das Problem. Alle Menschen, die persönlich mit der Kanzlerin zu tun hatten, fanden sie total nett. Solange sie so beliebt war, würde es Frederik und seinen Mitstreitern weiter schwerfallen, die Dame von einer neuen konservativen Programmatik zu überzeugen. Für sie lief ja alles wie am Schnürchen.

Er fragte sich, warum die Kanzlerin seine Frau gebeten hatte, auf ihn achtzugeben. Vermutlich bezog sie sich auf seinen Einsatz für das Müttergeld, das die Kanzlerin vehement ablehnte. Aber er konnte nicht ganz ausschließen, dass ihre spitzen Bemerkungen etwas mit Liane Berg zu tun hatten. Fliegenberg hatte ihm erzählt, dass der Hofstaat der Kanzlerin – jene höflichen, feschen Leute mit den niedrigen Kleidergrößen, die ihre eigene Karriere fest mit ihrer Chefin verknüpft hatten – angeblich schwarze Mappen anlegten, in denen Belastendes über innerparteiliche Widersacher gesammelt wurden: unsaubere Spenden, nicht angegebene Nebenverdienste, Liebesaffären, Bordellbesuche – alles, womit man einen Widersacher ein wenig geschmeidiger machen konnte. Frederik hatte nicht glauben wollen, dass so etwas möglich war. Nun aber bekam er es mit der Angst zu tun.

»Warum hat sie dich denn angerufen?«, fragte Julia.

»So genau weiß ich das auch nicht. Ich vermute, sie wollte mir etwas zu der Talkshow gestern Abend sagen, aber dann hat sie die ganze Zeit über ihre Reisen geredet. Letztlich wollte sie sich wohl nur mit mir verabreden.«

»Das ist doch toll!«, rief Julia. Sie hatte ein besonderes Talent, ihrem Mann das Positive vor Augen zu führen, wenn er selbst unglücklich wirkte. Doch dann kam sie auf die Sendung zu sprechen. Er habe so einsam, so verloren in diesem Studio gewirkt. Dass diese Frau Kappler und auch die Moderatorin gegen ihn waren, sei ja kein Wunder gewesen. Aber am meisten habe sie sich über das Publikum aufgeregt, das sei doch sehr parteiisch gewesen, habe immer nur für die Kappler geklatscht, nie für ihn. Mit einer Ausnahme – eine junge Frau, welche die Kameras mehrfach eingefangen hätten, habe manchmal für ihn applaudiert. »Da war ich froh, dass wenigstens eine Zuschauerin auf deiner Seite war«, sagte Julia. »Ich bin extra wach geblieben, weil ich dich nach der Sendung ein wenig trösten wollte. Aber ich konnte dich nicht erreichen.«

Frederik hatte das Bedürfnis, sich selber zu schlagen oder seinen Kopf auf die Tischplatte zu hämmern. Irgendetwas, das höllisch wehtat. Er fühlte sich hundsgemein, so dreckig und verkommen wie nie zuvor in seinem Leben. Kurz überlegte er, seiner Frau alles über diese Zuschauerin zu beichten, aber etwas hielt ihn davon ab. »Am besten, wir vergessen den Abend schnell wieder«, sagte Julia. »Ich liebe dich jedenfalls sehr, mein Schatz. Und ich bin immer für dich da. Vielleicht nimmst du mich das nächste Mal einfach mit ins Publikum, dann wäre dir mindestens ein Fan sicher. Meinst du, das geht?« Sie war keine Frau, die ihren Mann grundlos anhimmelte. Jetzt aber spürte sie, dass sie ihren gefallenen Gatten wieder aufrichten musste.

»Ja, das geht«, sagte Frederik, der sich dafür verachtete, die richtige Antwort zu kennen. Kurz darauf beendeten sie ihr Gespräch mit den üblichen Küssen in die Muschel.

Eine Weile saß er einfach nur da, den Kopf in seine Hände gestützt. Er versuchte sich vorzustellen, wie es sein würde, wenn er am Freitagabend nach Hause kam. Seine beiden Söhne würden ihm schon in der Einfahrt entgegenrennen, der kleine ihn vor Freude fast umstoßen, dann würde er ihn auf dem Rücken die letzten Meter zum Hauseingang tragen und seine Frau umarmen. Es würde alles so aussehen wie immer und doch nichts mehr sein, wie es gestern noch war. Frederik hatte diese Familienroutine all die Jahre geliebt, sie hatte ihm jene Sicherheit gegeben, die er brauchte, um zu funktionieren. Waren sie nächsten Freitag überhaupt noch eine Familie? Oder hatte er bereits alles zerstört?

Er griff nach seiner Geldbörse, die neben ihm auf dem Küchentisch lag, faltete sie auf und betrachtete das Foto, das sich, geschützt von einer durchsichtigen Folie, in ihrem Inneren verbarg. Es zeigte Julia, ihn und ihre beiden Kinder. Er hatte es sich unzählige Male angesehen, wenn er Sehnsucht nach ihnen gehabt hatte oder sich vergewissern wollte, wie gut es das Leben mit ihm meinte. Er hatte den Arm um Lukas, ihren Erstgeborenen, gelegt, seine Frau hielt den kleinen Andreas, der ihnen damals noch Sorgen bereitete, weil er zu früh zur Welt gekommen war und zerbrechlicher wirkte als die meisten Kinder seines Alters. Im Hintergrund posierten ihre Freunde und Verwandten wie eine Leibgarde für das familiäre Glück. Julia und Frederik sahen sich an und strahlten.

Das Foto war an einem Freitagabend entstanden, am Ende seiner ersten Woche als Abgeordneter des Deutschen Bundestags, wenige Minuten nach Frederiks Heimkehr aus Berlin. Seine Frau hatte ihm zu Ehren eine Überraschungsparty organisiert und alle Menschen eingeladen, die ihm wichtig waren. Sie hatte ihn an der Haustür empfangen, ohne jeden Hinweis, dass im Wohnzimmer bereits zwanzig Gäste warteten. Am Nachmittag hatte Schmiedebach die Getränke und ein rustikales Buffet in einer Attendorner Fleischerei besorgt, zu dem neben dem üblichen Mettigel auch Frikadellen, Blutwurst, ein Kessel Gulasch und eine Käseplatte gehörten. Julia hatte ihren berühmten mediterranen Kartoffelsalat zubereitet, nach dem Rezept ihrer Mutter, das diese vor Jahren aus dem Toskana-Urlaub mitgebracht hatte.

Obwohl Julia sich scheute, mit Frederik in der Öffentlichkeit aufzutreten, hielt sie an diesem Abend in ihrem Wohnzimmer sogar eine kleine Ansprache. Sie sagte, wie stolz sie auf ihren Mann sei, nicht nur, weil dieser nun Vertreter des deutschen Volkes, sondern auch, weil er seinen Kindern ein wunderbarer Vater sei. Ach ja, und sie als seine Ehefrau könne sich auch nicht beklagen, schob sie lakonisch nach. Die Gäste applaudierten, während Frederik gegen Tränen kämpfte. Dann umarmten und küssten sie sich. Sie knutschten tatsächlich immer noch, obwohl ihre Ehe mit den Jahren eine angenehme Selbstverständlichkeit erreicht hatte. Von beidem konnten die meisten Paare nur träumen. Für viele Menschen mochte die Ehe eine Versicherung gegen Einsamkeit und Verlorenheit sein, ein Tausch von Freiheit gegen Sicherheit. Auch Frederik hatte ihre Hochzeit als Versicherung gegen die Zumutungen der liberalen Gesellschaft verstanden. Trotzdem war sie weniger von Ängsten als von Begeisterung motiviert gewesen. Und seine Frau schien ohnehin keine nennenswerten Ängste zu kennen.

Julia rührte es jedes Mal, wenn sie sah, wie herzlich ihr Mann mit den Kindern umging. Lukas war ein aufgeweckter, neugieriger Junge und viel sportlicher, als Frederik je gewesen war. Er spielte als Mittelstürmer in der Jugend des SV Waldhagen und hatte die zweite Saison in Folge als Torschützenkönig beendet. Fast jeden Sonntag stand Frederik auf einem Sportplatz des Sauerlands und empfand einen unbändigen Stolz, seinen Sohn über das Feld jagen zu sehen. Andreas, ihren Kleinen, konnte man ohnehin nur lieb haben. Er lachte so oft, dass ganz Waldhagen ihn »Sonnenschein« nannte, und was die körperlichen Folgen der frühen Geburt betraf, holte er allmählich auf.

Julia und Frederik hatten vor seiner Kandidatur oft darüber gesprochen, ob sie es den Kinder zumuten konnten, wenn er künftig häufig in Berlin sein würde, waren aber zu dem Schluss gekommen, dass er dadurch kein schlechterer Vater werden musste. Ohne Julias Unterstützung wäre Frederik nicht nach Berlin gegangen, das hatte er immer wieder betont, und sie hatte ebenso oft geantwortet, dass sie seine Ambitionen teile – auch wenn sie sich sicher oft einsam fühlen werde. Gemeinsam hatten sie im Internet nachgesehen, wie viele Sitzungswochen im Jahr der Bundestag hatte. Es waren zwanzig, die restliche Zeit konnten die Abgeordneten in ihrem Wahlkreis verbringen. Von seinem Vorgänger wusste Frederik zudem, dass dieser auch in Sitzungswochen bewusst Termine im Sauerland arrangierte, um an weiteren Abenden zu Hause zu sein. Und Fliegen oder Bahnfahren durfte man ohnehin umsonst. »Das schaffen wir«, hatte Julia gesagt und ihn innig geküsst. »Wir lieben uns doch!« Inzwischen unterrichtete sie zwei Nachmittage die Woche an der Musikschule Attendorn, in dieser Zeit kümmerte ihre Mutter sich um die Kinder. Das genüge ihr, betonte sie. Sie sei glücklich, so viel Zeit mit ihren Söhnen verbringen zu dürfen.

Zur Überraschungsparty war auch Jürgen gekommen, der ihn vor zwanzig Jahren auf seinem Mofa zu den Jungkonservativen gebracht hatte. Ohne ihn wäre Frederik kaum in der Politik und erst recht nicht im Bundestag gelandet. Viele Jahre hatten sie im Kreisverband der Partei ein Team gebildet, Jürgen als Kreisgeschäftsführer, später sogar als Kreisvorsitzender, Frederik als Stadtverordneter und Hoffnungsträger. Zuletzt hatte Jürgen ihm einen vorzüglichen Wahlkampf organisiert, den emotionalsten und zugleich professionellsten, den das Sauerland je gesehen hatte. Auf Kallenbergs Plakate hatte er Slogans wie »Werte wählen« oder »Anstand hat einen Namen« drucken lassen. Das Motto seiner Kandidatur lautete: »Andere spotten über die heile Welt – ich kämpfe für sie.« Im traditionell konservativen Sauerland war das ausgezeichnet angekommen.

Mit dem Sieg aber war ihre Partnerschaft an ein Ende gelangt. Jürgen, dem die Lust auf eine eigene politische Karriere abhandengekommen war, hatte gerade einen Vertrag in einer Wirtschaftskanzlei in München unterschrieben, der ihm ein Jahresgehalt von einer halben Million Euro plus Erfolgsbeteiligung garantierte. Er sei unendlich stolz auf ihn, sagte er am Abend der Überraschungsparty und nahm Frederik in den Arm. »Der alte Wehner verlässt das Schiff«, flüsterte Jürgen in sein Ohr. »Jetzt muss der gute Brandt es allein packen.«

Als er am Nachmittag mit der Bahn aus seiner ersten Berlin-Woche zurück ins Sauerland fuhr, hatte er erstmals das sichere Gefühl gehabt, auch ohne Jürgen in der Politik bestehen zu können. Hinter ihm lagen Tage, die ihm unwirklich vorkamen, besser hätte sein Start nicht gelingen können. Der Fraktionschef hatte ihn gleich am Tag der konstituierenden Sitzung zum Einzelgespräch in sein Büro gebeten, eine Ehre, die manchen Abgeordneten in einer ganzen Legislaturperiode nicht zuteilwurde. Offenbar war er neugierig auf den »Willy Brandt der Konservativen« – so hatte ihn Jürgen auch über die Grenzen des Sauerlands hinaus bekannt gemacht. Der Ruf eines politischen Talents, das ungewohnt aufrichtig und leidenschaftlich für sein Anliegen eintrat, war ihm bis nach Berlin vorausgeeilt.

Der Fraktionschef hatte gleich Frederiks Wunsch unterstützt, Mitglied des Familienausschusses zu werden. Zudem hatte er ihn schon in der ersten Sitzungswoche seine erste Rede halten lassen. Akribisch wie er war, hatte Frederik sich einen ganzen Tag lang auf seine »Grundzüge einer neuen Familienpolitik« vorbereitet und den knapp fünfminütigen Vortrag mehrfach vor dem Spiegel geprobt. Seine Eloquenz hatte dann selbst der Opposition Respekt abgenötigt, obwohl sie inhaltlich anderer Meinung war. Ein Kamerateam des *Westdeutschen Rundfunks* hatte ihn zudem durch die erste Woche begleitet und in einem Film für die *Aktuelle Stunde* nur Positives über ihn zu berichten gewusst. Und die *Westfalenpost* titelte am Tag seiner Heimreise auf der ersten Seite: »Waldhagener Abgeordneter sorgt in Hauptstadt für Furore!«

An manchen Tagen wirkt das Sauerland wie eine viele tausende Quadratmeter große Einladung, dem Herrgott zu danken oder einfach nur loszujauchzen, dachte sich Frederik, als er mit dem Taxi vom Attendorner Bahnhof die letzten Meter hoch nach Waldhagen fuhr. Es war ein lauer Herbstabend, das Licht der Abendsonne verlieh den Wäldern und Wiesen eine Schönheit, die in Zeiten des ewigen Nebels nur selten zur Geltung kam.

Als er später mit seinen Freunden und Bekannten im Wohnzimmer stand, spürte er wieder jenes Gefühl des Zusammenhalts, das das Sauerland trotz seiner alkoholbedingten Eskapaden so liebenswert machte. Nirgendwo sonst, dachte er sich, findet man derart treue und aufrichtige Menschen wie hier. Woanders, im Reich der Ironie, gefror das Herz. Diese Menschen waren Wurzeln und sie würden ihm ewig Halt geben.

Es folgte die schönste Party seines Lebens, später wurde sogar getanzt. Julia glitt mit ihm über den Teppich ihres Wohnzimmers, als seien sie frisch verliebt.

Frederik klappte die Geldbörse wieder zu. Unwiederbringlich schien ihm die auf dem Foto festgehaltene Zeit. Erneut klingelte sein Telefon, das Display zeigte »Pfarrhaus« an. Schmiedebach war der einzige Mensch in seinem Umfeld, der sich erfolgreich gegen ein Mobiltelefon gewehrt hatte; allein dafür verehrte er ihn. Aber was wollte er gerade jetzt von ihm?

»Ich habe dich gestern Abend im Fernsehen gesehen«, sagte Schmiedebach. Frederik war erleichtert. Die Talkshow war zwar auch kein angenehmes Thema, aber immer noch angenehmer als das andere. »Vielleicht hätten wir uns vorher mal austauschen sollen«, sagte sein Freund.

»Da hast du recht«, antwortete Frederik. Er hatte sich immer mit Schmiedebach beraten, wenn große Ereignisse bevorstanden. Wieder wurde ihm bewusst, wie fahrlässig er in diese Sendung gegangen, wie schlecht vorbereitet er gewesen war.

»Warum hast du dich denn nicht mal gemeldet?«

»Ich weiß es nicht«, sagte Frederik. »Es war …, ich hatte sehr viel zu tun.« Er konnte einfach nicht lügen, dachte er sich.

»Ist alles in Ordnung mit dir?«

»Warum fragst du?«

»Du klingst so merkwürdig. Bedrückt dich etwas?«

»Nein, wie kommst du darauf?«

»Du hörst dich an, als seist du mit den Gedanken woanders. Also: Was beschäftigt dich gerade?«

Frederik war verblüfft. Offenbar konnte man einem Gesandten Gottes einfach nichts vormachen, weil er den bestmöglichen Informanten hatte. Oder sie kannten sich einfach schon zu lange. Es hatte keinen Sinn, weiter herumzudrucksen, trotzdem war es ihm unfassbar peinlich, dem Freund seine Sünde zu beichten. Gewiss, Schmiedebach konnte wenig erschüttern, er kannte die Abgründe des menschlichen Lebens aus dem Beichtstuhl. Aber was er ihm nun erzählen würde, musste selbst ihn kalt erwischen. Frederik holte tief Luft, er musste es hinter sich bringen. Und dann berichtete er seinem Freund, was seit der ersten Begegnung mit Liane an der Universität geschehen war, erzählte von seinen unkeuschen Gedanken noch während der Podiumsdiskussion, von ihrem Treffen in der Kreuzberger Kneipe und schließlich – er zögerte, bevor er auf die Ereignisse der vorigen Nacht zu sprechen kam.

»Ihr habt doch nicht etwa …«

»Doch«, sagte Frederik und gestand alles, wobei er sich bemühte, einen Mann Gottes nicht mit allzu intimen Details zu belasten. Als er fertig war, wartete er auf eine Reaktion. Er wartete lange. Frederik hörte, wie sein Freund tief ein- und ausatmete, und glaubte, einen gewissen Zorn aus diesem Atem herauszuhören. Es war ihm, als sei er vor seinen Richter getreten und harre nun auf das Urteil.

»Bist du denn verliebt in sie?«, fragte Schmiedebach schließlich. Es war nicht die Reaktion, mit der Frederik gerechnet hatte, er fand sie sogar reichlich unpassend. »Nein, das heißt: Ich weiß es nicht, ich meine, es ging alles so schnell. Ich wollte ja gar nicht mit zu ihr nach Hause gehen, es war …«

»Warum hast du es trotzdem getan?«, fragte Schmiedebach, ehe er weiterreden konnte.

»Ich weiß es nicht, wirklich nicht. Sie ist so, wie soll ich sagen, sie ist so anders.«

»Du weißt, was die Bibel im Hebräerbrief dazu sagt?«

»Gerade leider nicht, nein.«

»Die Ehe sei geehrt und das Ehebett unbefleckt, denn Unzüchtige und Ehebrecher wird Gott richten.« Schmiedebach räusperte sich. »Andererseits weißt du ja, welches Bild ich von unserem Herrn habe: dass er ein gütiger Gott ist, der uns mit seinen Regeln nur helfen, aber gewiss nicht strafen will. Wenn wir uns also anmaßen, es besser zu wissen, und seine Regeln missachten, dann möchte er bitteschön einen triftigen Grund präsentiert bekommen. Und damit bin ich wieder bei meiner Frage von eben: Gibt es einen solchen Grund? Bist du sehr verliebt in sie?«

»Nein, eigentlich nicht.«

»Was heißt eigentlich?«

»Wenn du Liane mal gesehen, sie mal erlebt hättest, dann wüsstest du vielleicht, was ich meine. Sie ist so lebendig, so gewitzt und dabei so unfassbar selbstbewusst. Ich glaube, sie hat mich …, tja, wie sagt man so was am besten …, sie hat mich ein wenig verzaubert.«

»Weißt du, Frederik, es kann immer mal vorkommen, dass man attraktivere Frauen als die eigene trifft – wobei ich das in deinem konkreten Fall fast bezweifeln möchte. Das allein ist jedenfalls noch nicht verwerflich. Schwierig wird es, wenn wir uns unseren Begierden hingeben, wenn wir uns treiben lassen und den in uns allen schlummernden Sehnsüchten folgen. Von Jesus selbst stammt der Satz: *Jeder,*

der eine Frau ansieht, sie zu begehren, hat schon Ehebruch mit ihr begangen in seinem Herzen.«

Frederik fand, dass sein Freund verdammt schweres Geschütz auffuhr. Insgeheim hatte er gehofft, Schmiedebachs Telefonpredigt würde sanfter ausfallen, mit größerem Verständnis für die Versuchung, die Liane darstellte. Aber diesen Gefallen wollte er ihm nicht tun. Und was er sagte, stimmte natürlich, es gab nichts zu beschönigen.

Mit leiser, zerknirschter Stimme fragte er nun, was er ihm im Umgang mit Julia raten würde. Durfte er ihr seine Sünde verschweigen? Oder war es sogar seine Pflicht, ihr alles zu beichten? Wieder antwortete Schmiedebach mit einem Zitat aus der Bibel, diesmal aus dem Johannesbrief: »*Wenn wir unsere Sünden bekennen, so ist er treu und gerecht, dass er uns die Sünden vergibt und uns reinigt von aller Ungerechtigkeit.* Oder, wie es an anderer Stelle der Heiligen Schrift heißt: *Darum leget die Lüge ab und redet die Wahrheit, ein jeglicher mit seinem Nächsten.*«

Frederik ertappte sich bei der Frage, ob Schmiedebach wohl einen Zettelkasten neben sich stehen hatte, in dem sich zu jedem gängigen menschlichen Abgrund passende Bibelstellen fanden. Oder hatte er all die Weisheiten tatsächlich im Kopf?

Auch in der Frage des Umgangs mit seiner Lüge hatte sich Frederik etwas mehr Entgegenkommen erhofft, wie Schmiedebach es in vielen ihrer Gespräche über das, was richtig und falsch war, gezeigt hatte. Bislang hatte es bei ihm nie ein Schwarz oder Weiß gegeben, er war stets ein Freund der Grautöne gewesen. In diesem Fall aber war seine Botschaft eindeutig: Frederik sollte sich von seinen Träumereien verabschieden, auch wenn es schwerfiel. Und weil er bislang noch jeder Empfehlung seines Freundes gefolgt und damit sicher durchs Leben geglitten war, überlegte er noch während sie sprachen, wie er Julia seine Tat beichten und sie um Verzeihung bitten sollte. Am besten gleich, wenn er zu Hause angekommen war, von Angesicht zu Angesicht.

»Tust du mir einen Gefallen?«, fragte Frederik, als das Gespräch eigentlich schon beendet war. »Erzähl bitte niemandem davon.«

»Was denkst du eigentlich von mir?«

»Ist nur eine Vorsichtsmaßnahme. Sonst erzähle ich den Leuten, dass du Fanta in deinen Kelch schüttest.« Es war der Versuch, zu heiterer Kumpanei zurückzufinden. Aber die Stimmung war nicht danach. »Ich wünsche dir, dass du die richtigen Entscheidungen triffst«, sagte Schmiedebach und legte auf.

Nur wenige Kilometer Luftlinie von Frederiks Wohnung entfernt wählte Liane Berg an diesem Morgen die Nummer ihrer Freundin, um ihr von den Vorfällen der vergangenen Nacht zu berichten. »Was geht?«, fragte Suse, sie war mal wieder beim ersten Klingelton ans Telefon gegangen.

»Ich wollte nur kurz durchgeben, dass wir im Sommer nach Moskau fahren«, sagte Liane. »Und danach vielleicht weiter nach Sankt Petersburg. Du glaubst gar nicht, wie ich mich freue.«

»Ich glaube, es hackt«, rief Suse. »Nach Russland bekommen mich keine zehn Pferde.«

»Wettschulden sind Ehrenschulden«, sagte Liane und lachte.

»Das ist nicht dein … Du hast nicht wirklich …«

»Doch. War gar nicht so schwierig.«

»Du hast sie doch nicht alle«, sagte Suse. »Das glaube ich nicht.« Die beiden Freundinnen hatten über die Jahre manches übereinander gelernt, was sie kaum für möglich gehalten hatten, oft war es dabei um Männer gegangen. So war es immer schwieriger geworden, die andere noch zu verblüffen. Mit dem Abgeordneten Kallenberg schien Liane nun ein wahrer Coup geglückt zu sein.

»Kannst du es beweisen?«, fragte Suse.

»Ahh, ich wusste es.«

»Was wusstest du?«

»Dass du eine schlechte Verliererin sein würdest. Warst du schon immer. Wie soll ich das denn bitte beweisen?«

»Hast du Fotos gemacht?«

»Natürlich nicht. Aber du kannst gerne eine Genprobe in Auftrag geben. Das Kondom müsste hier noch irgendwo rumfliegen.«

»Ich fasse es nicht. Ich wusste wirklich nicht, dass dir unser Urlaubsziel so wichtig ist.«

»Vielleicht ging es mir ja nicht nur um das Urlaubsziel …«

»Worum denn sonst? Das muss doch der reinste Horror gewesen sein mit diesem verklemmten Typen!«

»Ich fands gar nicht schlecht. Ehrlich, er hat was.«

Suse wollte ihrer Freundin noch immer nicht glauben. Sie hatten mit den Jahren einen ebenso neckischen wie ironischen Umgang miteinander entwickelt, und dennoch wussten sie in der Regel genau, wann der andere es ernst meinte und wann nicht. Jetzt aber war sich Suse nicht mehr sicher.

»Also Moskau?«, fragte sie nach einer kurzen, für ihre Gespräche eher seltenen Pause.

»Ja, Moskau.«

»Du bist echt verrückt. Aber gut. Immerhin musst du diesen Kerl jetzt nicht mehr treffen. Ich habe ihn gestern kurz in dieser unsäglichen Talkshow gesehen. Ein seltsamer Typ. Ich habe mich richtig gefreut, wie die Kappler ihn fertiggemacht hat.«

»Red nicht so über ihn«, sagte Liane mit leiser, aber bestimmter Stimme.

»Jetzt fang nicht schon wieder damit an.«

»Ich habe nur gesagt, dass du nicht so über ihn reden sollst. Das war im Übrigen ein ganz mieses Ding bei dieser Talkshow, ein abgekartetes Spiel. Frederik sollte systematisch fertiggemacht werden. Ich saß ja im Studio und habe das ganz genau mitbekommen.«

»Hab ich also doch richtig gesehen«, rief Suse. »Ich habe nur rumgezappt. Plötzlich meinte ich, dich im Publikum erkannt zu haben, dachte dann aber, dass das ja gar nicht sein kann, und hab weitergeschaltet. Und jetzt nennst du ihn auch schon Frederik!«

»Warum denn nicht?«

»Liane, komm mal runter. Es war eine Wette. Du hast sie gewonnen. Herzlichen Glückwunsch! Von mir aus fahren wir sogar nach Moskau. Fertig ist der Hase. Können wir jetzt bitte weitermachen wie bisher?«

»Ich bin mir nicht sicher«, sagte Liane.

»Du willst den Kerl doch nicht etwa wiedersehen?«

»Mal sehen. Ich hätte mir das zwar nie gedacht, aber ich mag ihn wirklich, er ist so überraschend anders als all die Typen, die wir sonst abschleppen.«

»Ich verstehe dich wirklich nicht mehr.«

Und während das Gespräch der beiden Freundinnen auf

diese Weise hin- und herschaukelte, sich bald ins Allgemeine verflüchtigte, um schließlich bei den Plänen für den Abend zu landen, drehte Frederik Kallenberg, der seine Wohnung am Wasserturm bereits verlassen hatte, um sein Büro im Deutschen Bundestag aufzusuchen, auf dem Gehsteig wieder um und lief die vier Stockwerke zu seiner Wohnung hinauf, um zu prüfen, ob er die Kaffeemaschine ausgeschaltet hatte. Es war alles in bester Ordnung, ganz so, wie er es geahnt hatte.

ELF

Das Urlaubsziel war nicht seine Idee gewesen. »Wenn du eine Frau mal so richtig beeindrucken willst, gibt es im Grunde nur eine Option«, empfahl sein Parteikollege, der Abgeordnete Fliegenberg. Kallenberg hatte den Tipp eher beiläufig zur Kenntnis genommen, bislang hatte es keinen Anlass gegeben, seine Frau mal so richtig beeindrucken zu wollen. Er hatte dies auch ohne die Malediven geschafft, ganz einfach, weil er sie liebte.

Zudem hatte sich Frederik die berechtigte Frage gestellt, was gerade er auf diesen Inseln zu suchen habe. Obwohl er sich nie mit den Malediven beschäftigt hatte, ahnte er, dass er dort nicht hingehörte. Fuhren da nicht die Reichen und Schönen hin, die sogenannte Champagner-Fraktion? Er war weder reich noch hielt er sich für schön. Und Champagner kaufte er äußerst selten, und wenn, dann den günstigen von Aldi, von dem es hieß, er sei genauso lecker wie die teuren. Und darauf kam es doch schließlich an.

»Auf den Malediven seid ihr allein mit dem Sand und dem Meer«, hatte Fliegenberg geschwärmt. »Da könnt ihr den lieben Gott mal einen guten Mann sein lassen.« Kallenberg hatte das mit Gott und dem guten Mann nie richtig verstanden, er wusste aber, wie sehr seine Frau den Strand liebte. Während ihres alljährlichen Sommeraufenthalts auf Norderney konnte sie stundenlang im Sand sitzen und auf das Meer schauen, selbst wenn es regnete. »Es gibt solche und solche Strände«, hatte Fliegenberg noch hinterhergeschoben. Die Malediven seien »das Jerusalem unter den Stränden, ums mal in deiner Kirchensprache zu sagen. Strandiger gehts nicht.«

Vor fünfzehn Jahren, als Julia und Frederik geheiratet hatten und das Geld für eine spektakuläre Hochzeitsreise fehlte, hatten sie sich damit getröstet, dass man solche Reisen ja auch später noch machen könne, zum Zehnjährigen etwa, nun stand das Fünfzehnjährige vor der Tür. Vor einem halben Jahr war Frederik eines Samstagmorgens nach Attendorn zum Reisebüro Henkel gefahren, wo er jedes Jahr die Bahnfahrt nach Norderney und drei Wochen Halbpension in der »Pension Friesenhuus« buchte. Die Inhaberin, Frau Henkel, hatte ihn wie immer mit »Schau an, der Herr Kallenberg! Gehts wieder an die Nordsee?« begrüßt und wäre trotz breiter Armlehnen fast von ihrem Stuhl gekippt, als ihr Kunde – sich umsehend, dass niemand mithörte – mit den Malediven um die Ecke kam.

Er hatte Frau Henkel von der aufgeschobenen Hochzeitsreise erzählt, und allmählich begriff sie, dass Kallenberg es ernst meinte. Endlich würde ihr ganzes Können zur Geltung kommen, was bei der Buchung eines »ruhigen Zimmers« in der »Pension Friesenhuus« nur eingeschränkt der Fall war. Kallenberg war ihr einziger Kunde, der die Buchung eines Zimmers noch über das Reisebüro vornahm. Beflügelt von der neuen Ausgangslage und der Aussicht auf guten Umsatz, zog Frau Henkel nun die Kataloge aus dem

Regal. »Für eine Hochzeitsreise bietet sich das natürlich mustergültig an.«

Kommen Sie auf die Malediven, solange es sie noch gibt, stand auf der ersten Seite des Katalogs. Frau Henkel, die Kallenbergs stutzigen Blick bemerkte, kommentierte: »Klimawandel und so.« Sie erklärte ihm, dass der höchste Punkt der Malediven gerade zwei Meter über dem Meeresspiegel liege. Schließlich buchte er einen zehntägigen Aufenthalt auf der Resortinsel Mendaruhfushi, fünf Sterne mit Halbpension. »Das Essen à la carte ist auf den Inseln schweineteuer, da sind Sie mit einer Halbpension gut bedient«, meinte Frau Henkel. »Oder sind Sie nicht so der Buffet-Typ?« Frederik bemerkte, dass er zu dieser Frage keine Haltung hatte, und so ließ er sie gewähren. Von dem Geld hätten sie mindestens fünf Mal nach Norderney fahren können, schoss es ihm durch den Kopf, als er die Endsumme sah. Und zwar mit der ganzen Familie. Aber er verdrängte den Gedanken. Es war schließlich ihre Hochzeitsreise. Und Julia hatte es verdient.

Erst seit Liane in sein Leben getreten war, empfand er diese Buchung als Fehler. Nach dem Abend bei ihr hatte es vier Tage gedauert, bis sie eine SMS mit der Frage nach einem Wiedersehen schickte. Frederik, der sich geschworen hatte, sich nicht bei ihr zu melden, hatte zu diesem Zeitpunkt bereits schlimme Tage hinter sich. Immer wieder fragte er sich, wie er das seiner Frau hatte antun können. Es auf den Alkohol zu schieben erschien ihm zu billig. Er hatte doch Grundsätze, die ihn hätten schützen müssen. Wie kam es, dass sie ihn nicht davor bewahrt hatten? Oder liebte er Julia nicht mehr in dem Maße, wie er es einst getan hatte? Sie hatte sich verändert, das war ihm schon aufgefallen. Früher war sie interessierter gewesen, unternehmungslustiger. Sie mochte sein politisches Anliegen unterstützen, aber immer, wenn er ihr von seiner Arbeit in Berlin erzählen wollte, wechselte sie recht schnell das Thema. Meist ging es dann um die Kinder und was sie unbedingt noch besorgen musste. Frederik hatte sich eingeredet, dass das völlig normal sei. Außerdem konnte er seiner Frau schlecht vorwerfen, sich zu aufopferungsvoll um seine Familie zu sorgen. Er hatte sich eingeredet, dass dies der ganz gewöhnliche Verlauf von Partnerschaften war. Trotzdem störte ihn, dass die Beziehung zu Julia zwar noch liebevoll, aber zunehmend pragmatisch geworden war. Und im Bett zog sie ihm immer häufiger ihre Krimis vor. Aber rechtfertigte das seinen Fehltritt? Und warum wollte dieses Begehren partout nicht verschwinden? Lianes Stimme, ihr Lächeln, ihr Körper, ihr Geruch, das alles ging ihm nicht mehr aus dem Kopf.

Er selbst hätte sich nicht getraut, nach einem weiteren Treffen zu fragen. Einen One-Night-Stand konnte man mit ganz viel Buße eines Tages vielleicht ungeschehen machen, eine weitere Nacht aber hätte den Beginn einer Affäre bedeutet, und die war unverzeihlich. Zwei Tage lang hatte er immer neue Antworten an Liane in sein Mobiltelefon getippt, allesamt Versuche, ihr auf freundliche, aber bestimmte Weise zu sagen, dass es bei dieser einen Nacht bleiben müsse. Er wollte sich verbieten, sie noch einmal zu sehen. »Ich muss oft an dich denken«, schrieb er schließlich, »aber ich kann das nicht. Frederik.«

Kurz darauf schickte er eine zweite SMS hinterher: »Prediger 3.1–8«

Die Sätze Salomos hatten ihn schon als Jugendlicher im Firmunterricht beschäftigt – *Alles hat seine Zeit und alles Vorhaben unter dem Himmel hat seine Stunde* –, seit Tagen schwirrten sie nun wieder durch seinen Kopf.

Dass Liane nicht mehr geantwortet hatte, erleichterte ihn irgendwie. Eine Woche später aber, als er tagträumend in seinem Büro saß und aus dem Fenster blickte, da sah er sie auf der anderen Straßenseite an der Bushaltestelle. Sie hatte Kopfhörer auf und schien still für sich zu tanzen, Kopf und Schultern bewegten sich zu einem geheimen Rhythmus. Ob sie gerade das grandiose Lied hörte, das sie an ihrem ersten Abend aufgelegt hatte? Sofort war die Sehnsucht wieder da. Er stand auf und ging in die Teeküche, nur um sie nicht länger sehen zu müssen.

Jener Morgen, als er bei Frau Henkel die Malediven-Reise gebucht hatte, kam ihm wie eine andere Epoche vor. Bei der Buchung war er noch beseelt gewesen von dem Gedanken, seiner Frau eine Freude zu machen. Je näher die Reise jedoch rückte, desto mehr wünschte er sich, es wäre auch in diesem Jahr wieder nach Norderney gegangen. Die Malediven waren kein gewöhnlicher Urlaub, sie waren ein Statement. Kurzzeitig hatte er überlegt, diesen Urlaub mit Verweis auf parlamentarische Pflichten zu stornieren, dies aber letztlich nicht übers Herz gebracht.

Ihre Söhne hatten sie bei Julias Eltern einquartiert, seine eigenen kamen für Frederik nie infrage. Elvira und Günther Kallenberg lebten noch immer nebeneinanderher und teilten nicht viel mehr als die postalische Anschrift. Frederik hatte den Kontakt auf das Nötigste reduziert. Da seine Mutter ihre Enkel offenbar ins Herz geschlossen hatte, kamen sie sonntags hin und wieder auf einen Kaffee vorbei. Das musste genügen. Es tat ihm zu weh, mitansehen zu müssen, was seine Eltern aus ihrem Leben gemacht hatten.

Schon der Hinflug war eine Zumutung für Frederik. Gleich nach dem Start dröhnten Durchsagen aus den Bordlautsprechern, die über das Snackangebot informierten, wobei man penibel auf Vollständigkeit achtete. Wenn in einem Sandwich neben Käse, Salami, Tomaten und Salatblatt auch noch eine kleine Gewürzgurke steckte, wurde das genau so detailliert mitgeteilt. »Für unsere Gäste, die im Besitz einer Happy-Picnic-Card sind, haben wir ein Käsebrötchen plus Heißgetränk oder ein Truthahntoastbrötchen mit Heißgetränk im Angebot.« Überall im Flugzeug beugten sich nun Männer zu ihren Frauen und fragten, ob sie etwas essen wollten, nur Frederik, sonst durchaus bemüht, Julias Wünsche zu erfüllen, war dazu nicht in der Lage, zu sehr ärgerte er sich über die Marktschreierei. Die Menschen mussten ja verdummen, wenn sie dauernd mit Banalitäten der Werbung konfrontiert waren, mit »zart-cremigem Milchrahm« oder »bremsfesten Winterreifen«. Zu den größten Sünden, die seine Partei je begangen hatte, gehörte für Frederik die Einführung des Privatfernsehens. Wem die Kultur des Abendlandes teuer ist, hätte dem niemals zustimmen dürfen.

Irgendwann sprach er eine Stewardess an und fragte, was das mit der Happy-Picnic-Card solle.

»Da haben Sie die Wahl zwischen einem Käsebrötchen plus Heißgetränk oder einem …«

»Ja, das wurde bereits durchgesagt«, unterbrach er sie. »Meine Frage ist, was eine Happy-Picnic-Card ist? Warum verkaufen Sie nicht einfach Ihr Essen?«

»Sie können auch ohne Happy-Picnic-Card bestellen, das ist gar kein Problem«, erklärte die Stewardess. »Sollten Sie aber im Besitz einer Karte sein, haben Sie nicht nur die Gelegenheit, aktiv zu sparen, es stehen Ihnen zudem auch andere Menükombinationen zur Verfügung. Vielleicht achten Sie bei der nächsten Buchung im Internet mal darauf.«

Frederik hatte sich schon häufiger als Störung im Uhrwerk der Zeit empfunden. Er war nicht geeignet für gewisse Dinge, die seine Mitmenschen bereitwillig in ihr Leben integrierten, ohne sie zu hinterfragen. Das kann einfach nicht meine Zeit sein, dachte er sich dann, wie um sich selbst zu entschuldigen.

»Ich habe gar nicht im Internet gebucht«, sagte er nun. »Ich habe einfach zwei Flugscheine gekauft, und zwar im Reisebüro.« Die Stewardess sah ihn verwundert an, sie verstand nicht, was dieser äußerlich so anständig wirkende Mann von ihr wollte. »Mich würde noch interessieren, warum Sie die Lautsprecher hier auf die höchste Stufe gestellt haben. Halten Sie das für eine zivilisierte Lautstärke?« Julia, die es sich im Schneidersitz bequem gemacht hatte und in einer Zeitschrift las, hob irritiert ihren Kopf. Ihr Mann war sonst nie so gereizt.

»Da muss ich meine Chefin fragen«, sagte die Stewardess und verschwand. Zwei Minuten später beugte sich eine andere Stewardess zu ihm herunter. Sie hielt eine Broschüre in der Hand und lächelte freundlich. »Meine Kollegin sagte, Sie hätten gerne mehr Informationen zu unserer Happy-Picnic-Card. Hier drin finden Sie alles, was Sie benötigen.«

Noch bevor ihr Mann reagieren konnte, griff Julia nach der Broschüre, bedankte sich bei der Stewardess und wandte sich dann Frederik zu: »Nun entspann dich doch mal. Wir haben Urlaub.« Sie streichelte seinen Unterarm. »Das ist unsere Hochzeitsreise, erinnerst du dich? Warum lässt du dir von einer Happy-Picnic-Card die Laune verderben?« Frederik zuckte die Schultern, er erkannte sich selbst nicht wieder. »Tut mir leid«, sagte er und gab Ruhe.

Dass ein schiefer Segen über diesem Urlaub hing, zeigte sich auch nach der Landung auf der Flughafeninsel von Male. Sie hatten bereits ihr Gepäck vom Band gezogen und strebten auf den Ausgang zu, als sie aufgefordert wurden, ihre Koffer auf ein weiteres Band zu legen, um sie durchleuchten zu lassen. Nachdem der Scanner ihr Gepäck wieder ausgespuckt hatte, trat ein schlecht gelaunter Mann auf sie zu, erkundigte sich, ob sie zusammengehörten, und wies Frederik an, Julias Koffer auf einen separaten Tisch zu stellen. Der Mann streifte sich Plastikhandschuhe über, beugte sich über das Gepäckstück, öffnete den Reißverschluss so vorsichtig, als gelte es einen Sprengsatz zu bergen, und entnahm ihr mit gezieltem Griff eine Flasche Champagner.

»Wie kommt die denn da rein?«, fragte Frederik entsetzt.

Der Beamte reckte die Flasche in die Luft und starrte die Kallenbergs an wie hauptberufliche Drogenschmuggler. Dann deutete er auf ein Schild neben dem Röntgenautomaten, das eine durchgestrichene Flasche unter dem Schriftzug »No Alcohol« zeigte. Eigentlich waren Kallenberg derartige Schilder nicht unsympathisch. Während er auf das Schild zeigte, brüllte der Mann quer durch die Halle, um einen Kollegen herbeizuzitieren. Hinter sich hörte Frederik Lachen und Gerede. Auf einmal glaubte er, die Blicke der gesamten Ankunftshalle auf seinem Rücken zu spüren, zumindest aller Pauschalreisenden, die mit ihnen aus Düsseldorf gekommen waren. Er betete, dass ihn niemand erkannte und auf die Idee kam, eines dieser verdammten Handyfotos zu schießen – er sah schon die Schlagzeilen vor sich: »Abgeordneter Kallenberg beim Alkoholschmuggel erwischt!«

Die beiden Herren packten Julia und Frederik an den Armen und führten sie an einen Informationsschalter mit weiteren Zollbeamten, deren Uniformkappen auf viel zu kleinen Köpfen balancierten. Sie mussten ihre Reisepässe und die Buchungsbestätigung des Hotels abgeben, dann zog einer der Beamten Formulare hervor und begann, sie auszufüllen. Die beiden Herren blieben neben ihnen stehen wie Wachmänner.

Sie habe ihn überraschen wollen, flüsterte Julia in Frederiks Ohr. Der Champagner sei für einen romantischen Abend am Strand gedacht gewesen. Es tue ihr furchtbar leid. »Wusstest du denn nicht, dass Alkohol hier verboten ist?«, flüsterte er zurück. Julia schüttelte den Kopf. »Hoffentlich stecken sie uns jetzt nicht ins Gefängnis.«

So peinlich ihm die ganze Situation war, musste er doch anerkennen, dass sie die öffentliche Moral hier deutlich besser im Griff hatten, als dies daheim im Abendland der Fall war. Die Moslems offenbarten jene Konsequenz, die er im Westen so schmerzlich vermisste, inzwischen sogar an sich selbst. Vielleicht, dachte er, war das Leben als Moslem gar nicht so übel.

Einige Formulare später schob ihnen der Beamte ihre Pässe, die Buchungsbestätigung und einen Zettel über die Theke. Der Champagner sei nun auf ihren Namen und unter der Vorgangsnummer Y2T583 im Sammeldepot hinterlegt, sagte er. Gegen Vorlage dieses amtlichen Scheins könnten sie die Flasche vor ihrer Abreise zurückbekommen.

Er wünsche einen schönen Urlaub. Da es sich bei ihnen um Touristen handelte, die außer Alkohol auch Devisen mitbrachten, behandelte man sie eher wie Schlitzohren denn als Schmuggler. Beim Flughafen Male musste es sich um das reinste Schnapslager handeln.

Kaum hatten sie die Zollschranken passiert, wartete das nächste Ärgernis. In der Ankunftshalle stand eine Frau, die ihnen schon von Weitem theatralisch zuwinkte. »Ja, wen ham wir denn daaaah?«, kreischte sie. Frederik sah sich um, aber es konnte niemand anderes gemeint sein. »Jaaaah, sind das etwa unsere beiden Honeymooner? Sind das etwa unsere Kallenbergs? Die liebe Julia und der liebe Frederik?« Der liebe Frederik wäre am liebsten gleich wieder ins Flugzeug gestiegen, aber das ging nicht mehr. Die Frau trug die Uniform des Hotels, in dem sie gebucht hatten, und stellte sich als »Silvia vom Waldorf Astoria« vor. Sie sei ihr persönlicher »Villa Host«, was sich als eine Art Butler in barfuß herausstellte. Sie sei rund um die Uhr für sie verfügbar, auch nachts. »Ich hoffe, Sie hatten eine fantastische Anreise«, rief Silvia, während sie beiden Kallenbergs eine Kette aus Jasminblüten um den Kopf hängte, was bei Frederik gleich einen Niesanfall auslöste, weil er gegen fast alles, das blühte, allergisch war. Ihre Frage war in Wahrheit ein Befehl, ein ehrliches »Ging so« wirkte als Antwort jedenfalls unpassend. Silvia strahlte wie die Sonne über Male, wobei ihre blitzweißen Zähne einen scharfen Kontrast zur brathähnchenbraunen Haut bildeten. Für sie schien das gesamte Leben eine einzige fantastische Anreise zu sein.

Kurz darauf saßen sie mit Silvia in dem kleinen Wasserflugzeug, das sie zu ihrer Insel bringen sollte. Julia und er teilten sich ein cremefarbenes Ledersofa und blickten hinab auf die Atolle, und da ihr Villa Host für einige Minuten den Mund hielt, hätte sich tatsächlich Freude oder Leichtigkeit einstellen können. Julia hatte ihren Kopf an seine Schulter gelehnt und umklammerte seinen Oberarm. Sie lächelte, wenn sie sich ansahen, aber etwas an diesem Lächeln wirkte aufgesetzt, als spürte sie, dass die Unschuld etwas anderem gewichen war. Erst hier, am fernen Ende der Welt, wurde Frederik das volle Ausmaß dessen bewusst, was er in den letzten Wochen angerichtet hatte. Solange er in Deutschland seinen Verpflichtungen nachkommen musste, hatte er genügend Gründe, sich nicht tiefergehend mit seiner Lebenssituation zu beschäftigen. Der Alltag zu Hause hatte etwas Betäubendes, es gab Dinge, die geregelt, Telefonate, die geführt, Heimlichkeit, die organisiert werden musste. Jetzt aber war da nichts mehr, das ihn ablenken konnte. Er war allein mit seiner Frau, dem schlechten Gewissen und seinem verwirrten Herzen.

Zwei Tage nachdem er Liane an der Bushaltestelle gesehen hatte, war er selbst die Straße unter seinem Bürofenster entlanggelaufen. Vor sich selbst hatte er den Spaziergang damit gerechtfertigt, dass er Fachliteratur aus der Bundestagsbibliothek besorgen musste. Dass er sich die Bücher auch hätte bringen lassen können, versuchte er ebenso zu verdrängen wie die Tatsache, dass es genau die Uhrzeit war, zu der er Liane gesehen hatte. Aber sie war weder auf dem Hin- noch auf dem Rückweg da. Am nächsten Tag brachte er die Bücher zur selben Zeit wieder zurück.

»Was machst du denn hier?«, fragte Frederik und tippte sie von der Seite an. Er tat überrascht. Liane zog die Kopfhörer von den Ohren. Zum ersten Mal, seit er sie kannte, wirkte sie sprachlos. Sie murmelte etwas von Projektbesprechung und verstummte wieder. Eine Weile standen sie einfach nur da, überfordert, einander zu sehen.

»Alles hat seine Zeit«, sagte sie schließlich. So wie sie es aussprach, wurde nicht deutlich, ob es eine Frage oder eine Aussage sein sollte. Aber dann zitierte sie weiter aus dem dritten Prediger-Kapitel:

»Herzen hat seine Zeit, aufhören zu herzen hat seine Zeit; suchen hat seine Zeit, verlieren hat seine Zeit; behalten hat seine Zeit, wegwerfen hat seine Zeit.«

Frederik war so gerührt, dass sie den Text auswendig kannte, dass nun er es war, dem die Worte fehlten. »*Schweigen hat seine Zeit, reden hat seine Zeit.* Vers sieben«, sagte sie, nachdem sie einige Sekunden in sein verdutztes Gesicht gesehen hatte.

»Hättest du denn Zeit? Für mich vielleicht?«, fragte er schließlich. Er hatte all seinen Mut zusammennehmen müssen.

»Alles Vorhaben unter dem Himmel hat seine Stunde«, antwortete sie. »Neun Uhr morgen Abend?« Frederik nickte. »Tanzen hat übrigens auch seine Zeit, siehe Vers vier«, schob Liane hinterher und lächelte ihn herausfordernd an. »Aber die ist vielleicht noch nicht gekommen.«

Während die Atolle wie Perlen an der Kette unter dem Wasserflugzeug vorbeizogen, wurde Frederik das Gefühl nicht los, dass diese Reise zu spät kam und es Zeit war, reinen Tisch zu machen. Wie, das wusste er nicht, aber er musste die Lüge aus seinem Leben entfernen. Als sie vor der türkisfarbenen Lagune ihrer Insel aufgesetzt hatten, glaubte er, Angst in Julias Augen zu erkennen.

Am Steg wurden sie von einer fünfköpfigen Delegation begrüßt. »Wir freuen uns, dass Sie die schönste Zeit Ihres Lebens bei uns verbringen. Happy Honeymoon!«, sagte der Hotelmanager. Bei der Buchung im Reisebüro hatte Frederik angeben müssen, in welcher Eigenschaft sie das Resort besuchen würden. Zur Auswahl hatten die Klassiker »Paar«, »Alleinreisender«, »Familie«, »Ruhesuchende«, »Taucher« und »Honeymooner« gestanden, wobei auch Doppelnennungen möglich waren. Man konnte sich also als ruhesuchendes Paar oder als tauchende Familie ankündigen, während die Einstufung als alleinreisendes Paar zwar theoretisch möglich, praktisch aber Unsinn war. Das Hotel sei gerade bei Hochzeitsreisenden sehr beliebt, hatte Frau Henkel gesagt, und so hatte Frederik schließlich »Paar« und »Honeymooner« angekreuzt, was sich nun als Fehler herausstellte.

Julia und Frederik trugen fortan einen unsichtbaren Stempel auf der Stirn. Wer sich bei der Buchung als »Taucher« ausgegeben hatte, wurde morgens, mittags und abends vom Hotelpersonal gefragt, ob man klare Sicht gehabt habe und ob man schon in den Genuss des ersten eigenen Rochens oder einer Wasserschildkröte gekommen sei. Die Fragen an die Taucher waren jedoch erträglich im Vergleich zum Programm, das Honeymooner über sich ergehen lassen mussten. Ständig wollte jemand wissen, ob man denn auch wirklich jeden Moment genieße.

»Sie müssen sehr glücklich sein«, sagte der Hotelmanager und servierte ihnen frisch gepressten Maracujasaft. Julia und Frederik sahen sich an, als kontrollierten sie gegenseitig, wie der andere auf die Unterstellung reagierte. Es war

Julia, die als Erste Worte fand. »Sind wir auch.« Sie hatte sich wirklich auf diese Reise gefreut, nicht nur auf den Strand und das Meer, sondern auch auf die Zeit mit ihrem Mann. Seit der Geburt ihrer Kinder hatten sie nie mehr als zwei Tage nur zu zweit verbracht. »Wir sind ein wenig geschafft von der langen Reise«, sagte Frederik. Er fühlte sich wie ein schlecht gelaunter Betriebsrat inmitten einer gut geölten Glücklichkeitsindustrie.

Nachdem sie ihren Saft getrunken hatten, fuhr Silvia sie mit einem Golf-Buggy durch das Inselinnere zur gegenüberliegenden Seite. Ihre Wasservilla lag am Ende eines weit ins Meer ragenden Stegs. »Und das hier ist unser kleiner Beitrag zu Ihrem Glück«, sagte sie feierlich und zeigte auf die hölzerne Villa. »Gebucht haben Sie zwar nur eine ›Standard Watervilla‹, wir aber schenken Ihnen ein Upgrade in unsere ›Deluxe Honeymoon Villa‹. Ist das nicht fantastisch?« Ob das fantastisch sei, könne er erst sagen, wenn er den Unterschied kenne, entgegnete Kallenberg.

»Dann schauen wir uns die gute Stube doch einfach mal an.« Silvia öffnete die Tür zu einem riesigen, loftartigen Raum, der zur Meerseite hin von einer zehn Meter breiten Fensterfront begrenzt wurde. Links ließ sich das Bad mithilfe zweier mahagonifarbener Schiebetüren vom Rest der Villa abtrennen. Neben der einzigartigen Größe, man spreche hier über sage und schreibe 205 Quadratmeter Wohnfläche, zeichne sich die Honeymoon Villa durch ein paar »Special Romantic Features« aus, erklärte Silvia. Da habe man an erster Stelle den »fantastischen Kamin für romantische Stunden zu zweit«. Sie deutete auf eine von weißem Marmor gesäumte Feuerstelle, in der bereits Scheite zeltförmig für das erste Feuer aufgebaut waren. Wozu man denn bei 37 Grad Außentemperatur einen Kamin brauche, wollte Frederik wissen. Ganz einfach, sagte Silvia: Auf die Frage, wie man ihren Aufenthalt noch hätte verbessern können, hätten viele Honeymooner, insbesondere aus China und Russland, für einen Kamin votiert. Außerdem könne man den Raum mit der Klimaanlage so herunterkühlen, dass so ein warmes Feuerchen ganz angenehm sei. Frederik schüttelte den Kopf. »Gefällts Ihnen nicht?«, fragte Silvia.

»Doch, doch«, antwortete Julia, ehe ihr Mann etwas sagen konnte. Sie hielt den Kamin zwar auch für übertrieben, konnte ihre Mitmenschen aber nur schlecht enttäuschen. »Das Brennholz reicht in der Regel für sieben Abende«, sagte Silvia. »Wenn Sie neues benötigen, lassen Sie es mich einfach wissen.«

Erst jetzt fiel ihnen auf, dass große Teile des Fußbodens verglast waren. So konnten sie vor dem Kaminfeuer sitzen und trotzdem die Fische beobachten; auch die Toiletten waren untenrum verglast. Nachdem sie die weiße Couchgarnitur begutachtet hatten, die Platz für eine achtköpfige Familie bot, machte Silvia vor einem kniehohen, mit rotem Samt bezogenen Rundsofa Halt. »Und hier unsere Sternenwiese. Wenn Sie sich bitte mal hinlegen wollen?« Artig folgten die Kallenbergs der Anweisung. »Und, was sehen wir da?«

Das Glasdach über der »Sternenwiese« gab den Blick in den Himmel frei. »Genial, was?«, befand Silvia, noch ehe sie antworten konnten. »Von vielen Gästen haben wir die Rückmeldung bekommen, dass die Sternenwiese ihr Liebesleben in ganz neue Sphären katapultiert habe. Wenn Sie verstehen, was ich meine …« Sie zwinkerte ihnen zu. »Das haben die Ihnen wirklich erzählt?«, fragte Julia, halb erstaunt, halb entsetzt. »Warum denn nicht?«, fragte Silvia zurück. »Ist doch die natürlichste Sache der Welt. Auch draußen auf der Terrasse sind Sie übrigens ganz für sich allein. Da schauen Ihnen höchstens die Fische zu.«

»Ja, vielen Dank so weit, ich denke, wir kommen klar«, sagte Frederik und rollte sich von der Sternenwiese. Er wollte den Rundgang beenden, bevor es noch schlüpfriger wurde.

»Moment!«, protestierte Silvia. »Das Beste kommt ja erst!« Sie deutete auf die von weißen Tüchern verhangene Ecke des Raumes, in der das Bett stand. Es war höher als gewöhnliche Betten, wer auf ihm lag, konnte in die unendliche Weite des Ozeans blicken.

Die weiße Tagesdecke war mit roten Rosenblättern in der Form eines Herzens verziert, dessen Mitte die Buchstaben »F« und »J« füllten.

»Wann genau haben Sie eigentlich geheiratet?«, fragte Silvia, als sie die Bedienungsanleitung der Villa für abgeschlossen erklärt hatte. »Vorige Woche?«

»Vor fünfzehn Jahren«, antwortete Frederik ohne weitere Erläuterung. Es war der Versuch, ihrem kitschigen Gehabe die Luft zu nehmen, doch Silvia ließ sich nicht beirren. »Oh mein Gott, das ist ja fantastisch!«, rief sie und fasste sich mit beiden Händen an den Kopf.

Für den weiteren Aufenthalt wolle sie noch auf ein paar besondere Aktivitäten aufmerksam machen, man habe nämlich jegliche Form von Romantik im Angebot. Einige »Klassiker des Honeymoonens« seien selbstverständlich gratis, darunter die Rosenblüten, sie deutete auf das Bett, eine 0,35-Literflasche Champagner als Willkommensgeschenk und die »Pärchen-Verwöhnmassage« im hauseigenen Spa. Sie sprach, als erkläre sie gerade, wie der Fön funktioniert.

Darüber hinaus ließen sich weitere Module buchen, diese stammten aus dem dreistufigen »Advanced Romantic«-Bereich, einem Programm für Fortgeschrittene, wenn man so wolle. Sie kicherte über ihren Witz. Dazu gehöre ein Romantik-Diner unter weißem Baldachin am Strand (Stufe 1), ein identisches Diner, das jedoch auf einer der einsamen Nachbarinseln serviert werde (Stufe 2) und schließlich ein Robina-und-Robinson-Tag, bei dem man zu zweit – ausgestattet mit einer Verpflegungs-Box – einen ganzen Tag lang auf einer romantischen kleinen Nachbarinsel ausgesetzt werde (Stufe 3).

Sie waren erst zwanzig Minuten hier und hatten schon etwa zehn Mal den Begriff »Romantik« gehört.

Silvia erklärte, dass die einzelnen Stufen auch als Paket buchbar seien, »für gerade mal 1 590 Euro pro Person«. Frederik hätte interessiert, warum der Preis pro Person berechnet wurde, und ob das Romantik-Paket auch von einem Single gebucht werden konnte, verkniff sich die Frage aber. »Wir überlegen uns das mal in aller Ruhe«, sagte er, was Silvia für eine »fantastische Idee« hielt. »Lassen Sie sich Zeit, Sie sind ja schließlich im Urlaub.« Frederik konnte nicht fassen, dass die Menschheit so weit gekommen war, sich die Magie der Zweisamkeit von einem hoch bezahlten Expertenteam organisieren zu lassen. Er hatte stets eine Ader für das Romantische gehabt, aber diese katalogisierte Ansatzweise ließ keine Freude in ihm aufkommen. Oder lag es doch nur an seinem schlechten Gewissen?

Als sich Silvia endlich mit der Bemerkung »Na dann steht Ihrem Glück ja nichts mehr im Weg« zurückgezogen hatte, standen sie in ihrer riesigen Traumvilla und sahen sich an. »Gefällt es dir?«, fragte Frederik und legte Julia die Hände auf die Schultern. Sie antwortete nicht. Nach einer beklemmenden Weile sah er, wie sich Wasser in ihren Augen sammelte. »Was ist denn los?«

»Ich weiß auch nicht«, antwortete sie. »Irgendwie ist mir das alles zu … zu unwirklich, zu viel. Verstehst du, was ich meine?« Er verstand. Sie hatten soeben die einschüchternde Wirkung der Dekadenz erfahren. Sie standen in einem Bungalow über dem schönsten Meer, das die Welt zu bieten hatte, und sehnten sich nach Norderney. »Vielleicht gehen wir erst einmal schwimmen.«

Dass sie als Honeymooner gewissen Erwartungen unterlagen, spürten sie mit jedem Tag mehr. Sie mussten, erstens, rund um die Uhr einen glücklichen Gesichtsausdruck zeigen, zweitens mussten sie alles gemeinsam unternehmen, weil sonst gleich nachgehakt wurde (»Lady not here?«), und sie standen, drittens, unter dem niemals ausgesprochenen, aber ständig fühlbaren Druck, deutlich mehr Geld als gewöhnliche Urlauber ausgeben zu müssen, denn eine Hochzeitsreise, auch daran wurden sie oft erinnert, mache man idealerweise nur einmal im Leben. Wer würde da etwa so knauserig sein, den günstigsten Wein auf der Karte zu bestellen?

Alle drei Erwartungen waren schwierig für Kallenberg, wobei sein Hang zur Sparsamkeit noch das geringste Problem darstellte; es war im Übrigen nicht Geiz, sondern seiner christlichen Überzeugung geschuldet, wonach Verschwendung und Völlerei vom Herrgott nicht gern gesehen wurden. Größere Probleme bereitete ihm die Pflicht zur permanenten Zweisamkeit. Und noch größere der Zwang zum Glücklichsein.

Eine besondere Zumutung waren in dieser Hinsicht die frisch vermählten Chinesen, von denen jedes Jahr mehr die Reise ins Paradies antraten. Bei ihnen funktionierte das Geschäft mit der Romantik reibungslos. Sie buchten brav das volle Programm und manche Module des »Advanced Romantik-Bereichs« sogar doppelt. Auf der einsamen Robinson-Insel musste es tagsüber vor Chinesen nur so wimmeln. Hier, auf einem Atoll mitten im Indischen Ozean, bekam das heraufziehende asiatische Jahrhundert, von dem jetzt alle sprachen, für Kallenberg plötzlich ein Gesicht. Und es war keins, das ihm gefiel.

Am dritten Urlaubstag stand die »Pärchen-Verwöhnmassage« auf dem Programm. Frederik hatte keinerlei Erfahrung mit Massagen, das Sauerland galt nicht gerade als Wiege der Wellnesskultur. Er selbst hätte gut darauf verzichten können, Julia aber freute sich, und so liefen sie nun den von künstlichen Wasserfällen und Seerosenteichen gesäumten Teakholzsteg zum Spa entlang. Man habe alles nach balinesischem Vorbild gestaltet, hatte Silvia ihnen stolz erklärt. Es gehörte zum Hotelkonzept, das Beste aus aller Welt auf einer Insel zu vereinen: Der Wein kam aus Frankreich, das Essen aus Italien und Japan, der Yogalehrer aus Indien, der DJ aus London und der Tauchlehrer aus Australien. Ein Best-of-Erde-Mix. Nur die Natur wurde von den Malediven selbst gestellt.

An der Rezeption des Spa wurden sie bereits erwartet. Eine füllige Asiatin in Seidengewand, die sich ihnen mit dem deutschen Wort »Romantikexpertin« vorstellte, bat sie, sich auszuziehen und es sich in einem Whirlpool bequem zu machen, der mitten in die Seerosenteiche gebaut war. Rasch stellte sich heraus, dass »Romantikexpertin« das einzige deutsche Wort war, das sie kannte. Im Englischen waren es immerhin vier Begriffe, »relax«, »good«, »now« und »no«. Für eine tiefergehende Verständigung waren sie auf Gesten und Zeichen angewiesen, auf die Sprache der Liebe, wenn man so wollte. Nachdem die Romantikexpertin Badesalz in ihr Becken gestreut hatte, sagte sie »Now relax!« und gab ein Zeichen, das man als Aufforderung zum Kuscheln deuten konnte. Dann zog sie sich zurück.

Sie saßen wie Frösche in ihrem Becken und schwiegen. Frederik fiel es schwer, seiner Frau in die Augen zu sehen, irgendeine Kraft zog seinen Blick immer wieder fort, mal auf eine der wilden Pflanzen, mal auf einen Paradiesvogel.

»Magst du mich nicht mehr anschauen?«, fragte Julia nach einer Weile. »Den Eindruck habe ich schon länger.«

»Doch, natürlich«, antwortete er. »Es ist nur …« Er wusste nicht, was er sagen sollte.

»Was ist nur?«

»Die Vögel, sie sehen so lustig aus.«

»Seit wann interessierst du dich für Vögel?«

»Ich interessiere mich speziell für diesen Vogel. Er ist so bunt. Du musst dir nur mal seinen Kopf ansehen.«

»Da bin ich ja gespannt«, sagte Julia und drehte sich demonstrativ in Richtung Vogel. Für ihre Verhältnisse war diese ruckartige Bewegung eine überaus schnippische Reaktion. »Ist wirklich ein schönes Tier«, sagte sie nun mit sanfter, versöhnlicher Stimme. Sie war keine Frau, die jedem Aufflackern innerer Unruhe gleich nachjagen musste, auch das hatte das Leben mit ihr so angenehm gemacht – wenn auch gelegentlich etwas still.

Wäre da nicht das Krächzen des Paradiesvogels gewesen, die Stille hätte sie wohl erstickt, denn sie entsprang keinem Bedürfnis nach Ruhe, sondern Unsicherheit. Einen solch verkrampften Moment hatten sie nie zuvor erlebt, und das lag nicht allein an der Wohlfühloase. Julia schien nicht zu verstehen, was mit ihnen geschehen war, Frederik hingegen schon. Und er schämte sich dafür.

Sie sollten zehn Minuten lang einfach nur genießen, hatte die Frau ihnen aufgetragen. Frederik zählte die Sekunden herunter. Wieder spürte er, dass er es mit der Lüge, die er mit sich herumschleppte, nicht mehr lange aushalten würde, jedenfalls nicht hier, in dieser Abgeschiedenheit. Aber sollte er wirklich den Urlaub zerstören, auf den sich Julia so gefreut hatte? Wem half ein solches Geständnis: ihr, ihm, ihnen? Oder niemandem? Und wie würde es danach weitergehen? Wollte er seine Frau um Verzeihung bitten und beteuern, dass das Kapitel Liane für ihn abgeschlossen sei? Konnte er das überhaupt versprechen?

Plötzlich stand die Romantikexpertin wieder am Beckenrand. »Relax?«, fragte sie und lächelte. Die Kallenbergs nickten höflich. Mit einer Armbewegung wurden sie unter einen Baldachin gebeten, wo zwei Liegen auf sie warteten. Als sie sich abgetrocknet und hingelegt hatten, traten zwei Masseurinnen an den Baldachin, verbeugten sich und schwenkten die Öle für die Pärchen-Massage. Julia und Frederik sollten einander an den Händen halten, bedeutete die Romantikexpertin, indem sie ihre Arme zueinanderführte. Dann wies sie die beiden Masseurinnen an, mit der Arbeit zu beginnen. Sogleich wurden die Körper der Kallenbergs mit warmem Öl begossen. Aus einem Lautsprecher floss fernöstliches Gedudel.

»Relax, relax«, flüsterte Frederiks Masseurin und fing an, seine Zehen einer Mischung aus Streicheln und Kneten zu unterziehen. Als sich ihre Hände langsam, aber unbeirrt von den Füßen kommend an ihm hochgearbeitet hatten und auf der Innenseite seiner Oberschenkel angelangt waren, verlor Frederik die Kontrolle über seinen Unterleib. Er war nur mit einem Handtuch umwickelt, nun wurde dieses Zentimeter für Zentimeter höher geschoben und verlor seine schützende Wirkung. Ganz leicht streifte die Hand der Masseurin seine Hoden, das Kribbeln in seinem Unterleib nahm zu. Ob ihr bewusst war, was sie gerade anrichtete? Nein, das konnte er sich nicht vorstellen, sie sah so brav und unschuldig aus. Wahrscheinlich massierte die Frau, wie sie immer massierte, und er allein trug die Schuld an dem Dilemma zwischen seinen Schenkeln. Hatte er vielleicht unbewusst schmutzige Gedanken gehabt, gar an Liane gedacht? Sein Glied pochte und wuchs unaufhörlich. Vorsichtig lugte er an seinem Körper hinab, dann schloss er resigniert die Augen. Was, wenn Julia mitbekam, dass er sich von einer anderen Frau eine Erektion eingefangen hatte?

Krampfhaft versuchte er, an unangenehme Situationen zu denken, probierte es zunächst mit der Beerdigung seiner Großmutter, dann mit der letzten Fraktionssitzung über die Reform der Pflegeversicherung – aber nichts davon half. Bislang hatte ihn seine Disziplin vor fast allem bewahrt, was nicht geschehen sollte, jetzt versagte seine Willenskraft.

Wieder öffnete er die Augen, diesmal blickte er seiner Masseurin direkt ins Gesicht. Die aber massierte weiter so unschuldig und teilnahmslos vor sich hin, als habe sie noch nicht mitbekommen, in welchen Zustand sie ihn versetzt hatte. Wichtiger war jedoch, dass Julia nichts bemerkte. Vorsichtig drehte er den Kopf in ihre Richtung, wobei er darauf achtete, seine Hand, die in ihrer lag, nicht zu bewegen. Bloß nicht ihre Aufmerksamkeit erregen, dachte er.

Mit geschlossenen Lidern und angewinkelten Beinen lag sie auf dem Rücken, ließ sich die Unterschenkel massieren, atmete gleichmäßig. Sie schien eingeschlafen zu sein. Frederik betrachtete den Körper seiner Frau, was er, wie ihm auffiel, schon lange nicht mehr getan hatte. Ihre Waden verliefen wie Halbmonde zwischen Knien und Ferse. Erst jetzt entdeckte er, dass sie sich für den Urlaub die Zehennägel rot lackiert hatte. Sie leuchteten wie kleine Bojen am Ende ihres schlanken Fußes. Ihre blasse Haut hatte rund um ihren Bauchnabel ein paar rote Flecken von der Sonne abbekommen. Sein Blick wanderte weiter an ihr hinauf. Was Julias nicht besonders große Brüste für ihn einzigartig machte, war ihre symmetrische Form, er erinnerte sich an jene Zeit, als er sich nicht sattsehen konnte an ihnen.

Schließlich betrachtete er ihre Ohren. Sie waren das Einzige an dieser beinahe makellosen, eleganten Frau, das zu klein geraten war, und genau dafür hatte er ihre Ohren immer geliebt. Frederik ertappte sich dabei, dass er ihren Körper nun mit dem seiner Geliebten verglich. Auf dem Laufsteg hätte Liane dieses Duell gewiss verloren, aber dafür strotzte sie vor Energie, was gepaart mit ihren weiblichen Rundungen eine unglaubliche Anziehungskraft auf ihn ausübte. Auch in dieser Hinsicht hätten die beiden verschiedener kaum sein können.

Dann geschah, was nicht geschehen durfte: Julia öffnete

die Augen. Sie war eingenickt, nun kitzelten sie die Strahlen der Abendsonne, die durch die Ritzen des Strohdachs fielen. Frederik spürte, wie ihre Hand die seine drückte, um sich zu vergewissern, dass er noch da war.

Bitte nicht hersehen!, flehte er innerlich. *Schlaf wieder ein!* Julia bewegte den Kopf und sah ihn an, lächelte friedlich, ja liebevoll. Dann aber fuhr ihr Blick langsam seinen Körper hinab und verweilte genau dort, wo es unangenehm war.

»Na, habt ihr beiden Spaß miteinander?«

Frederik errötete. »Was? Wer?«, stammelte er.

»Relax, relax«, mahnten die Masseurinnen.

»Ist schon okay«, sagte Julia. »Ist doch schön, wenn dich wenigstens andere Frauen noch erregen können.« In all den gemeinsamen Jahren hatte Julia nie so bitter, so höhnisch geklungen wie in diesem Moment.

»Aber ich bin doch gar nicht erregt!«, rief Frederik hilflos.

»Sieht man ja.« Sie löste ihre Hand aus der seinen und deutete mit gestrecktem Zeigefinger auf die Beule in seinem Handtuch.

»Relax, please«, rief seine Masseurin erneut, aber jetzt platzte Frederik der Kragen. »Wie soll man hier bitteschön relaxen?«, entfuhr es ihm in ungekannter Lautstärke.

»Jetzt brüll hier nicht rum«, zischte Julia. Sie sah, wie die Masseurinnen sich unsichere Blicke zuwarfen, ehe sie ein paar Worte in ihrer Landessprache wechselten. »Die beiden können nun wirklich nichts für dieses unwürdige Schauspiel.«

»Wie mans nimmt«, wandte Frederik vorsichtig ein, ahnte jedoch gleich, dass er sich mit diesem Hinweis keinen Gefallen getan hatte.

»Was soll das denn heißen?«, rief Julia empört.

»Ach nichts, war Blödsinn. Vergiss es.«

»Willst du jetzt etwa der armen Frau die Schuld geben?«

»Nein, will ich nicht, tut mir leid.« Es war sinnlos, ihr jetzt den genauen Hergang zu erklären. Die Masseurinnen sahen sich immer verstörter an. »Ich gebe niemandem die Schuld«, schickte er in einer Mischung aus Trotz und Resignation hinterher. »Niemandem außer mir. Zufrieden?«

»Das will ich auch hoffen«, sagte Julia.

Für ein paar Sekunden lagen sie auf ihren Liegen und schwiegen. Frederik fragte sich, was mit ihr los war. Ob sie in den letzten Wochen bemerkt hatte, dass er sie nicht mehr so begehrte wie früher? Hatte sie sich nicht kürzlich über seine Abwesenheit »in jeglicher Hinsicht« beschwert? Vielleicht hatte sich doch einiges in ihr angestaut. Vorsichtig nahmen die Masseurinnen ihre Arbeit wieder auf.

»An wen hast du eben gedacht?«, fragte Julia.

»An wen soll ich bitte gedacht haben?«

»Na, irgendwoher muss das doch kommen.« Sie deutete erneut auf die Stelle. Die Masseurinnen kicherten jetzt.

»An dich hab ich gedacht – kannst du bitte aufhören, ständig dorthin zu zeigen.«

»Glaub mir, die Sache ist auch so nicht zu übersehen, für niemanden.«

»Lass es bitte gut sein«, bat Frederik. »Wir reden später darüber. In Ruhe.«

»Relax, relax«, schaltete sich Julias Masseurin nun wieder ein. Sie war nach der kurzen Lagebesprechung mit ihrer Kollegin zu einem Kühlschrank geeilt und hatte ihm ein feuchtes, vor allem aber kaltes Tuch entnommen, das sie Frederik nun in die Hand legte. Wieder starrten ihn alle drei an, gespannt, was er mit dem kalten Lappen anstellen würde. In Ermangelung sinnvoller Alternativen klatschte er ihn sich auf die Stirn.

Julia ließ den Kopf auf die Liege sinken, die Masseurinnen kneteten weiter und Frederik lag da, versteinert wie eine Skulptur. Sein Handtuch war nun wieder glatt.

Als ihre Romantik-Massage beendet war, drückte er den Masseurinnen ein Trinkgeld in die Hand, der Reiseführer hatte dies so empfohlen. »Na, das hat sie sich ja redlich verdient«, bemerkte Julia.

Kaum hatten sich die Damen mit einer Verbeugung zurückgezogen, erschien wieder ihre Romantikexpertin. »Now relax?«, fragte sie, wobei das A von relax in Frederiks Ohren auf einmal merkwürdig schmutzig klang. Sie deutete auf das Becken, in das sie Rosenblätter gestreut hatte. Julia schüttelte entschieden den Kopf. »Maybe tomorrow«, sagte Frederik.

»No good. Now relax!«, protestierte die Frau, fasste beide Kallenbergs an den Händen und zog sie Richtung Pool. Mit einem zeitgleichen Ruck lösten sich Frederik und Julia aus ihren Fängen und eilten vorbei an Seerosen und künstlichen Wasserfällen dem Ausgang entgegen.

Sie liefen über den sandigen Pfad durch das Inselinnere, jeder gefangen in seinen Gedanken. So entging ihnen das Schauspiel, das die Inselbewohner für sie aufführten, die Kunststücke der Affen in den Wipfeln der Palmen, das Konzert der Glanzkrähen und indischen Kuckucke eine Etage tiefer, der Tanz der Schmetterlinge in der Luft, das zackige Ballett der Geckos und Blutsaugeragamen zu ihren Füßen. Nichts davon erreichte sie.

Zum ersten Mal in seiner Ehe war es Frederik unangenehm, mit seiner Frau alleine zu sein. Erst jetzt kapierte er wirklich, was dort im Spa geschehen war. Julia hatte es tatsächlich geschafft, dass er sich für seine Erektion schämte. Warum hatte sie so übertrieben reagiert? Wie kam sie dazu, ihn derart bloßzustellen? Eben auf der Liege war ihm die Sache selbst unangenehm gewesen, jetzt aber fragte er sich, warum. Es war doch nichts, wofür er sich rechtfertigen musste.

Lange Zeit hatte er das Körperliche mit Julia als schön empfunden. Er gehörte nicht zu jenen Männern, die täglich nach Befriedigung gierten, das hatte seine Frau früh registriert, ohne beleidigt zu sein. Er hatte andere Mittel, ihr zu zeigen, wie sehr er sie liebte. In den letzten Jahren aber war Julia selbst auf Distanz gegangen, im Bett ergriff sie schon lange nicht mehr die Initiative. Einmal hatte Frederik es gewagt, sie darauf anzusprechen. Da er nicht sonderlich viel Interesse an ihr zeige, habe sie die Sorge, von ihm zurückgewiesen zu werden, wenn sie selbst den ersten Schritt machte, hatte Julia geantwortet. Aus Angst, nicht mehr begehrt zu werden, hatte sie also aufgehört, ihn zu begehren. Frederik verstand ihre Erklärung nicht wirklich, und warum es früher anders gewesen war, hatte auch sie nicht erklären können. Ihr Sexualleben hatte sich nach diesem Gespräch noch stärker verkrampft und Frederik hatte begonnen, sich damit abzufinden. Solange es ihren Kindern gut ging und sie sich sonst verstanden, war doch alles in Ordnung. Das hatte er sich jedenfalls eingeredet.

Je länger er nun über den Vorfall im Spa nachdachte, desto klarer sah und desto trotziger wurde er. Es gab keinen Grund, sich zu entschuldigen, auch wenn seine schweigend neben ihm laufende Frau dies vermutlich erwartete. In Wahrheit war sie es, die sich entschuldigen musste.

Sie hatte kein Recht gehabt, ihn derart anzugehen, ja vorzuführen. Liane hätte nie im Leben einen Aufstand gemacht, dachte er nun. Sie hätte eher vorgeschlagen, die Massage zu Hause gleich fortzusetzen. Frederik spürte, dass sich etwas in ihm verändert hatte. Liane hatte ihm gezeigt, dass man Lust nicht verstecken musste, dass es sogar aufregend war, sie ungehemmt zu zeigen. Sie hatte seinen Horizont erweitert, seine Frau hingegen kam ihm plötzlich kleinkariert vor. Er fühlte sich von ihr eingeengt. Mit solchen Gedanken erreichten sie ihre »Deluxe Honeymoon Villa«.

Die Terrasse befand sich zwei Meter über dem Meer, von ihr führten entweder eine Leiter oder ein Kopfsprung hinab in den Ozean. Aber es war ihnen nicht nach Meer. Stumm saßen sie da, Julia auf der hölzernen Schiffsschaukel, er auf der Sonnenliege, hörten das Blubbern des kleinen Süßwasserpools und starrten gen Horizont. Da waren sie um die halbe Welt geflogen, um das zu sehen, was andere für das Paradies hielten.

Endlich erhob sich Frederik von seiner Liege und setzte sich auf den Rand der Schiffsschaukel. »Ich finde, du hast es eben ein wenig übertrieben.«

»So, habe ich?« Julia klang jetzt weniger gereizt, eher traurig.

»Es ist doch gar nichts Schlimmes passiert und es gibt wirklich keinen Grund, dass wir hier rumsitzen wie zwei Häufchen Elend.« Sie reagierte nicht. »Das eben war doch völlig ohne Bedeutung. Ich kann vielleicht mit einer Massage nicht umgehen. Aber deshalb musst du dich nicht so aufregen.« Sie sah ihn verständnislos an.

»Aber du kannst doch nicht …«

»Doch, kann ich«, fuhr Frederik dazwischen. Er spürte, dass die Trotzigkeit ihm guttat. Er sah es nicht ein, sich länger rechtfertigen zu müssen.

»Schon gut«, sagte Julia. »Vielleicht habe ich wirklich etwas überreagiert.« Sie hatte bislang keinen Hang zur Theatralik gehabt. Bis zu diesem Nachmittag im Spa von Mendarufushi Island war sie mit Gelassenheit und Sanftmut durch das Leben geglitten. Hysterische Menschen, vor allem weibliche, hatten sie stets befremdet.

»Können wir dann bitte versuchen, endlich diesen Urlaub zu genießen?«, fragte Frederik. Er bemühte sich jetzt um einen sachlichen Tonfall, als gelte es zu klären, zu welcher Zeit man am besten zu Abend esse. Einmal mehr hatte es das Ehepaar Kallenberg nicht geschafft, seine wirklichen Probleme zu diskutieren. Ihr übertriebenes Bedürfnis nach Harmonie rächte sich jetzt. Er legte den Arm um ihre Taille, sie lehnte den Kopf an seine Schulter, und dabei beließen sie es, auch wenn sie nun, nach Jahren der Zufriedenheit, die grausame Bekanntschaft der Ernüchterung machten.

Nach dem Abendessen, das sie auf seine Anregung hin als »In Villa Dining« bei Kerzenschein auf ihrer Terrasse eingenommen und dabei ein Glas Wein getrunken hatten, versuchten sie miteinander zu schlafen. Er kniete sich vor Julia und schob ihr ein Kopfkissen unter das Becken, das hatte ihnen früher immer besondere Lust bereitet. Doch der Trick funktionierte nicht mehr. Irgendwann gestanden sie sich ihr Scheitern ein. Dann rollte er von ihr ab.

ZWÖLF

Kurz nach der Rückkehr aus dem Paradies saß Kallenberg erneut im Flugzeug, diesmal reiste er mit den Sprechern und Obleuten des Familienausschusses nach Warschau – im Auftrag des deutschen Volkes gewissermaßen. Er hatte sich vehement für Polen als Reiseziel eingesetzt, schließlich handelte es sich um eine der letzten Festungen des Katholizismus in Europa, um eine Insel im Meer der Gottlosigkeit. So war ihm das Land jedenfalls beschrieben worden. Zwar wusste er, dass die Kommunisten auch hier die kirchlichen Wurzeln zu rupfen versucht hatten, allerdings waren sie in Polen auf größeren Widerstand gestoßen als etwa in Ostdeutschland, und so hatte der Katholizismus im Sozialismus recht lebendig überwintert. Kallenberg spekulierte darauf, hier Rückhalt für seine Anliegen zu finden, insbesondere für das Müttergeld, da Ehe und Familie in Polen noch den ihnen gebührenden Stellenwert besaßen.

Wieder saß er an einem Flugzeugfenster und sah hinunter, nicht auf Atolle, sondern auf Plattenbauten. Sie standen dort, als habe jemand einen Parcours aus Dominosteinen um Warschau gesteckt und als müsse man nur den ersten Stein anstupsen, damit alle der Reihe nach umfielen.

Kallenberg, der die erhabene Ausstrahlung sakraler Bauten liebte, hielt das Werk sowjetischer Städteplaner für einen gezielten Angriff auf den Glauben an Gott. Wie sollte in dieser Trostlosigkeit die Güte des Herrn vermittelt werden? Musste der Mensch in dieser Hölle der Funktionalität nicht jede Zuversicht verlieren, dass irgendwer es gut mit ihm meinte? Die Quadrate dort unten stimmten ihn traurig. Mit ähnlich unästhetischen Zweckbauten hatten die Sozialdemokraten in den Sechziger- und Siebzigerjahren Teile Westdeutschlands verunstaltet. Allerdings waren sie nicht ganz so rigoros vorgegangen wie die Genossen im Osten, und heute war es ihnen immerhin peinlich.

Als sie den Minibus am Warschauer Flughafen bestiegen, fiel Kallenberg gleich das Bildnis von Johannes Paul II. ins Auge, das schräg über dem Handschuhfach auf dem Armaturenbrett steckte, umrahmt von einem Dutzend goldener Marienbildchen. Er hatte den polnischen Papst verehrt, hatte für ihn gebetet, als Karol Wojtyła im Sterben lag, und später geweint, weil der Welt ihr letzter Leitstern abhandengekommen war. Umso erleichterter erlebte man Kallenberg kurz darauf, als ausgerechnet ein Deutscher zum Papst gewählt wurde, der noch dazu ein erklärter Feind allen modischen Schnickschnacks war und der versprach, die »Diktatur des Relativismus« bekämpfen zu wollen. Dass ihm dies gerade in seiner Heimat übel genommen wurde, sagte eigentlich alles über dieses Land.

»Schaun Se ma, Kallenberg«, rief Vogelsang, der auf dem Beifahrersitz saß und sich nun mit süffisantem Grinsen zu ihm umdrehte. »Der olle Paule, extra für Sie!« Vogelsang war der einzige Liberale in ihrer Delegation und stammte wie Fliegenberg aus dem Rheinland, wo man, so Kallenbergs Eindruck, den Hang zum Vulgären gerne mit Lebensfreude verwechselte. Von allen im Bundestag vertretenen Parteien konnte Kallenberg die Liberalen am wenigsten ausstehen. Die anderen mochten die falschen Werte und Grundsätze haben, die Liberalen aber hatten gar keine, so kam es ihm zumindest vor. Sie waren es gewesen, die die Globalisierung blind vergöttert hatten. Sie waren es auch, die den Menschen und seine Bedürfnisse an die Wirtschaft verkauften. Der einzige Glaube, den er bei den Liberalen erkennen konnte, war der Glaube an die Rendite.

Mit den Jahren hatte Kallenberg eine gewisse Routine im Umgang mit antireligiöser Hochnäsigkeit gewonnen und parierte sie mit einem Lächeln oder noch besser, mit einem Spruch. Ohne Sprüche, die den Eindruck erzeugten, als könne einem nichts etwas anhaben, kam man in dieser Gesellschaft nicht weit. »Im Gegensatz zu Ihnen, Vogelsang, wurde der ›olle Paule‹ selig gesprochen«, erwiderte er. Großes Gelächter im Bus, ein schaler Nachgeschmack bei Kallenberg.

Den anschließenden Besuch des Sejm, des polnischen Parlaments, durfte er als Erfolg werten, die polnischen Freunde zeigten wie erhofft große Sympathie für sein Modell des Müttergelds. Nachdem der Sozialismus das Land mit Krippen überzogen hatte, weil die werktätige Frau zum Aufbau der neuen sozialistischen Welt angeblich unverzichtbar war, war längst eine Art Konterrevolution im Gange, angeführt von der Volkspartei, die unter Beweis stellte, dass christliche Parteien nicht zwangsläufig dem Zeitgeist hinterherjapsen mussten. Von den polnischen Brüdern und Schwestern konnte seine Partei noch eine Menge lernen.

Am Abend spazierten sie zum Rynek Starego Miasta, dem schönsten Platz in der Warschauer Altstadt. Es war ein heiterer Sommerabend, Straßenmusikanten führten ihre Geigen, Querflöten, Akkordeons aus, spielten Slawisches und ließen die Gemüter tanzen. Wie gerne wäre Kallenberg jetzt mit einer Frau über diesen Platz geschlendert, auch wenn ihn erschreckte, dass er nicht wusste, mit welcher der beiden er lieber hier wäre.

Nach der Rückkehr von den Malediven hatten Julia und er versucht, zum eingespielten Alltag zurückzufinden. Sie telefonierten so regelmäßig wie früher, wobei sie den Verlust an Herzlichkeit mit ausgesuchter Höflichkeit überspielten. Für das erste Wochenende nach dem Urlaub hatte Frederik fast alle Termine abgesagt, um Zeit für seine Familie zu haben. Dann aber hatten sie die gemeinsamen Stunden in Aktivitäten ertränkt, um der Stille der Zweisamkeit zu entkommen, und waren mit den Kindern sowohl zu den Karl-May-Festspielen als auch in den Panoramapark mit seinen Sommerrodelbahnen gefahren.

Obwohl er wusste, dass er alles nur komplizierter machte, hatte Frederik sich nach dem Urlaub bei erster Gelegenheit wieder mit Liane getroffen. Sein Doppelleben wurde langsam routiniert und eine Entscheidung immer schwieriger.

Statt mit Julia oder Liane war er nun mit Fliegenberg und Beier unterwegs, seinen Parteifreunden, hinzu kamen der Liberale Vogelsang und Frau Schurgal-Sassner von den Grünen.

Schurgal-Sassner saß seit Anfang der Neunziger im Bundestag. Angetreten für ökologische Nachhaltigkeit hatte sie mit jedem Jahr ein paar Ideale mehr verloren, ihr größtes

Anliegen war inzwischen die eigene Wiederwahl. Den Verlust ihrer Ideale kompensierte sie so nachhaltig mit Sauvignon Blanc, dass sie sich meist gegen zehn Uhr verabschieden musste, weil es sonst peinlich wurde. Was noch fehlte, um schlafen zu können, würde Schurgal-Sassner von ihrem Kumpel, der Minibar, bekommen.

Sie drehten eine Runde über den Platz und entschieden sich für ein Restaurant, dessen Terrasse gleich neben der bronzenen Sirene lag, der Wappenfigur Warschaus. Es war jene Zeit des Tages, zu der sich Sonne und Mond die Beleuchtung teilen. Den Rest besorgten alte Gaslaternen.

Fliegenberg bestellte polnisches Bier für die Männer und den Sauvignon für die Kollegin. Zwei Gläser würde er mittrinken, hatte Kallenberg sich vorgenommen, mehr nicht. Am liebsten hätte er gar keinen Alkohol getrunken, aber mit diesem Kompromiss ließ sich wenigstens die Zahl der dummen Sprüche reduzieren. Vor Bemerkungen wie »Sie trinken ja langsamer als meine Oma.« oder »Dürfen Sie denn schon Bier trinken?« war er trotzdem nicht sicher. Diese Form von verschwitzter Herrengemütlichkeit bei gleichzeitigem Gruppendruck war Kallenberg schon seit Kindheitstagen suspekt.

Sie waren umgeben von deutschen Geschäftsleuten, die ihre Bürohemden gegen Poloshirts mit aufgenähten Krokodilen oder Pferden getauscht hatten, um kenntlich zu machen, dass sie zum einen Geld, zum anderen Feierabend hatten. Nun lästerten sie lautstark über ihre Geschäftspartner: Wie ungeschickt diese Polen sich heute wieder angestellt hatten! Vermutlich würden sie nie im Kapitalismus ankommen! Während sie lästerten, winkten sie mit Złoty-Scheinen, um die Aufmerksamkeit des Kellners für die nächste Runde Bier zu erhaschen. Die meisten Konservativen freuten sich, wenn sie im Ausland auf Landsleute trafen, Kallenberg hingegen beschlich meist ein Unbehagen. Die meisten dieser Landsleute kamen ihm entweder ungehobelt oder arrogant vor, beides war ihm peinlich. Wer seine Nation liebte, wollte sich für ihre Vertreter nicht schämen.

Kurz vor zehn legte Frau Schurgal-Sassner das Geld für ihre Sauvignon Blancs auf den Tisch und verabschiedete sich. Sie habe noch einiges vorzubereiten für den morgigen Tag. »Schurgal-Sassner«, sagte Fliegenberg, als sie nicht mehr in Hörweite war, »tolle Frau, toller Name.« Alle lachten zuverlässig. Auf viele Neuerungen, die die Frauenbewegung mit sich gebracht hatte, reagierten Kallenbergs Kollegen mit Zynismus. Sie wussten, dass sich die Entwicklungen der letzten Jahrzehnte nicht mehr korrigieren ließen, wollten sie aber auch nicht gutheißen. Mit Vorliebe spielten sie deshalb Spiele wie das »Doppelnamen-Quiz«, bei dem man möglichst absurde Kombinationen von Nachnamen erfinden musste, um die vermeintliche Dämlichkeit des Doppelnamens zu illustrieren. »Nehmen wir mal an, eine gewisse Sabine Bier möchte ihren Partner Herbert Dose ehelichen …«, legte Fliegenberg los. Auf Frederik wirkten solche Spielchen albern und hilflos. Er war zwar kein Freund von Doppelnamen, hielt andere Folgen der feministischen Bewegung aber für weitaus bedenklicher.

»Kennt ihr den schon?«, fragte Beier, der sich Fremden gern mit einem Reim vorstellte: »Gestatten Beier – großes B, kleine Eier.« Das sagte im Grunde alles über ihn. Nun war also die Zeit für jene Witze gekommen, die Kallenberg an seinen Kennenlernabend bei der Burschenschaft »Frankonia« erinnerten. Der Abend war eine Katastrophe gewesen, weshalb er sein Verbindungs-Kapitel, kaum aufgeschlagen, gleich wieder beendet hatte. »Also, was machen ein Italiener, ein Deutscher und ein Pole im Bordell?«, rief Beier und sah erwartungsfroh in die Runde. Kopfschütteln, Ahnungslosigkeit, nur Kallenberg ahnte Schlimmes. »Ganz einfach. Der Italiener lässt sich ordentlich verwöhnen. Der Deutsche kassiert die Kohle. Und der Pole holt seine Frau von der Arbeit ab.«

Großes Gejohle, ausladende Gesten, Beier strahlte. Er war Vorsitzender des »Konservativen Kreises«, mit dessen Gründung Kallenberg einst große Hoffnungen verbunden hatte, der in der liberalen Presse aber rasch als »Selbsthilfegruppe frustrierter älterer Herren« verspottet wurde. Es handelte sich um einen Zusammenschluss von Parteifreunden, die den »Ausverkauf der Werte« durch die eigene Kanzlerin und Parteivorsitzende beklagten. Sie trafen sich alle sechs Wochen im Hinterzimmer des Restaurants »Burkes« und legten jedes Jahr ein neues »Konservatives Manifest« vor, immer dann, wenn die Kanzlerin sich gerade im Sommerurlaub befand und gegen die darin erhobenen Vorwürfe nicht vorgehen konnte. Doch selbst dieser Trick hatte den Ausverkauf nicht stoppen können.

Kallenberg ärgerte sich, dass er Frau Schurgal-Sassner nicht ins Hotel gefolgt war. Er sah die auffordernden Blicke der anderen und nötigte sich ein Schmunzeln ab, hasste sich aber noch im selben Moment dafür. Der schlüpfrige Witz war die Bühnenshow des kleinen Mannes, dachte er, wie gemacht für alle, deren Unterhaltungswert sonst eher dürftig war.

»Den hab ich vom Wirtschaftsminister persönlich«, erklärte Beier. Besagter Minister war für seinen Kanon an schmutzigen Witzen weit über die Parteigrenzen hinaus berüchtigt. Es handelte sich um denselben Minister, der vor Kurzem während einer Delegationsreise in den Oman beinahe bei der Schürzenjagd ums Leben gekommen wäre. Er war mit dem Hinterkopf auf den Schreibtisch seiner Hotelsuite geknallt, als er betrunken eine Referentin bedrängt und diese sich gewehrt hatte.

Kallenberg hatte von vielen Politikern gehört, die in der Einsamkeit der Hauptstadt zu Lustmolchen mutierten. Bei den Linken hatte ihn das nicht verwundert, ernüchternd hingegen waren die Geschichten über seine Fraktionskollegen, die wie besagter Minister in der Öffentlichkeit als bekennende Konservative auftraten und die Kallenberg zu seinen Mitstreitern zählte. Lange hatte er geglaubt, dass die Geschichten übertrieben waren, gestreut und gewürzt von Journalisten, die sich im Zweifel weit mehr für die menschlichen Abgründe des Parlamentsbetriebs als für dessen Ergebnisse interessierten. Inzwischen wusste er es leider besser.

Als Nächstes kamen sie auf den Fernsehmann zu sprechen, dessen konservative Kommentare zum Zeitgeschehen sie Woche für Woche mit einem Endlich-sagts-mal-einer-Nicken goutierten. Dieser Fernsehmann habe sich vor einiger Zeit eine Mitgliedschaft bei einer Internet-Kontaktbörse zugelegt, wusste Fliegenberg zu berichten. Erst neulich habe er ihm davon vorgeschwärmt, ganz so, als sei es das Normalste der Welt, die Liebe seines Lebens mithilfe von Computer-Algorithmen zu ermitteln. Kallenberg schüttelte den Kopf. Über die verlogenen Talkshow-Konservativen konnte er sich ohnehin fürchterlich aufregen, denn sie missbrauchten eine Gesinnung, um sich selbst zu produzieren. Menschen, die ihre Partner im Internet suchten und im Fernsehen vom göttlichen Geschenk der Liebe sprachen, konnten ihm gestohlen bleiben. Es war besser, keine Mitstreiter zu haben, als solche.

Wenn schon diejenigen, die öffentlich für Anstand, Moral und Treue warben, sich selbst nicht am Riemen reißen konnten, wie war es dann um diese Werte bestellt? Waren sie für die Mehrzahl der Menschen ganz einfach nicht lebbar? Hatte Gott seine Kinder etwa mit Eigenschaften ausgestattet, die zwangsläufig zu einer Lebensweise führten, die man eigentlich nicht gutheißen konnte? Das ergab doch keinen Sinn.

Vor lauter Entrüstung über die anderen hatte Kallenberg vorübergehend vergessen, dass er selbst zum Fremdgänger geworden war. Er dachte immer, immun gegen jene Versuchungen zu sein, die das Zweitleben in der Hauptstadt für Abgeordnete bereithielt. Als mildernden Umstand machte er für sich geltend, dass das Fremdgehen bei ihm keine Sache des Triebs, sondern des Herzens war. Aber ob Gott in dieser Hinsicht Unterschiede machte? Er spürte, dass alle Versuche, sich zu rechtfertigen, ihn nicht erleichterten.

Er gab vor, auf die Toilette zu müssen, und verließ die Runde. Als die Kollegen ihn nicht mehr sehen konnten, zog er sein Handy aus der Sakkotasche, das Display zeigte die Bilanz der vergangenen zwei Stunden: ein Anruf in Abwesenheit von Julia, eine SMS von Liane, eine von Schmiedebach und eine von der polnischen Telekom.

»Ich glaube, wir müssen mal reden …«, schrieb sein Freund. Die drei Punkte am Ende des Satzes waren untypisch für ihn. Auch so eine alberne Marotte der Gegenwart, dachte Frederik. Die Punkte gaukelten eine Tiefe und Schwere der Gedanken vor, die nur selten eingelöst wurde. Seine Frau hatte er schon häufig für die Verwendung der drei Punkte kritisiert, aber da sie nicht nur selbstbewusst, sondern bisweilen auch trotzig war, hatte sie erst recht an ihnen festgehalten.

»Gleich Konzert in Kreuzberg! Privatclub! Angeblich ausverkauft!!!!«, schrieb Liane. »Denke an dich. Schlaf schön!« Dass sie ihm eine gute Nacht wünschte, während ihr eigener Abend gerade erst begann, kam häufiger vor. Dennoch schmerzte ihn die Vorstellung, dass sie schon wieder in einem rauchigen Keller auf die Bühne treten und von angetrunkenen Männern begafft würde. Nach den Konzerten versumpfte die Band meist bis tief in die Nacht, oft bis zum Morgengrauen, was die Sache nicht besser machte. Er las Lianes Nachricht erneut. Eigentlich war nichts an ihr auszusetzen, sie war gewiss liebevoll gemeint und entfachte doch nur Unruhe.

»Herzlich willkommen in Polen!«, schrieb die polnische Telekom. »Wir bieten Ihnen auch im Ausland eine uneingeschränkte Nutzung ihres Smartphones.« Frederik hatte sich oft gefragt, warum die Dinger Smartphone hießen, wo sie die Welt doch nervöser, oberflächlicher und letztlich dümmer machten. Es gab Untersuchungen, die besagten, dass der dauervernetzte Mensch sich weit schlechter konzentrieren und komplexe Zusammenhänge immer seltener durchdringen konnte als seine Vorgänger. Zudem lief er häufiger gegen Straßenlaternen.

Um Julia zurückzurufen war es jetzt zu spät. Er steckte sein Handy in die Jackentasche und ging zurück auf die Terrasse. »Dann ziehen wir mal weiter«, sagte Beier, noch bevor Kallenberg sich gesetzt hatte. »Wir wollen dem jungen Kollegen doch mal zeigen, was Warschau bei Nacht zu bieten hat!« Kallenbergs Protest, dass er lieber ins Hotel gehe, um sich auf das morgige Programm vorzubereiten, wurde mit Gelächter quittiert.

»Alsdann«, sagte Fliegenberg, als er die Rechnung beglichen und auf deren Rückseite den Grund für die Bewirtung – »Besprechung mit polnischen Abgeordneten« – notiert hatte. Dass für diese Besprechung 26 Pils und vier Sauvignon Blanc vonnöten waren, würde die Bundestagsverwaltung auch dieses Mal nicht hinterfragen. Falls sie es doch tue, riet Vogelsang, könne man gut darauf verweisen, dass die Polen bekanntermaßen Schluckspechte seien.

Mit dem Taxi fuhren sie aus der Altstadt hinaus in eine ruhigere Ecke Warschaus. Das einzige Licht weit und breit war eine Leuchtreklame, die die Straßen in sanftes Rot tauchte. Der Wagen hielt vor einem Eingang, von dem ein Baldachin mit der Aufschrift »Vegas Club« über den Bürgersteig ragte. »Da wären wir«, sagte Fliegenberg.

»Was wollen wir denn in einem Club?«, fragte Kallenberg. »Tanzen?«

»Nur nen Absacker trinken«, antwortete Fliegenberg. Unter dem Baldachin saßen zwei Männer auf Barhockern und beobachteten, wie sie aus dem Wagen stiegen. Der eine rauchte, dem anderen klemmte eine Bierflasche zwischen den Oberschenkeln. Beier ging mit dem sicheren Schritt eines Stammgastes voran, Fliegenberg folgte ihm, bemerkte aber, dass Kallenberg zögerte. Er legte ihm kumpelhaft den Arm um die Schultern und schob ihn sanft, aber bestimmt Richtung Eingang. Die Männer nickten ihnen zu und wünschten in gebrochenem Deutsch »viel gute Nacht«.

Über eine mit rotem Teppich bezogene Treppe gelangten sie in den Keller. Unten wartete eine Frau auf rund zwanzig Zentimeter hohen Absätzen und verlangte 150 Złoty pro Person. »Ich dachte, wir wollten nur einen Absacker trinken«, sagte Kallenberg, aber da hatte Fliegenberg bereits den Eintritt für alle bezahlt. Auf einen Bewirtungsbeleg verzichtete er diesmal.

Kallenberg folgte seinen Kollegen durch einen schmalen Gang ins Herz des Clubs. »Wir sind wohl noch zu früh«, merkte Vogelsang an. Vor ihnen öffnete sich ein großer dunkler Raum mit Sitzgruppen aus rotem Samt, aus den Lautsprechern hauchte Serge Gainsbourg *Je t'aime.* Sie schienen die einzigen Gäste zu sein, sofern man das bei diesen Sichtverhältnissen präzise sagen konnte. Die einzige Lichtquelle waren kleine Tischlampen mit der Strahlkraft von Grableuchten. Erst als sie in einer der Sitzgruppen Platz genommen hatten, erkannte Kallenberg, dass aus der Mitte der Tische goldfarbene Stangen ragten, die bis zur Decke reichten.

Gleich zwei Bedienungen näherten sich nun ihrem Tisch. Dafür, dass der Raum nicht gerade überheizt war, waren sie ziemlich sommerlich gekleidet, genau genommen trugen sie Unterwäsche und Bluse. Beier wechselte einige Sätze auf Polnisch mit den Damen und zeigte dabei auf Kallenberg. Daraufhin verschwand eine der Frauen, die andere stieg auf den Tisch. Gerade wollte er seinen Kollegen fragen, was sie besprochen hatten, da spürte Kallenberg, wie eine Hand mit gespreizten Fingern durch seine Haare fuhr. Die Frau hatte sich weit zu ihm heruntergebeugt, dabei waren ihre Brüste aus dem Büstenhalter gerutscht und pendelten nun vor seinem Gesicht. Er zuckte zurück in das Samtpolster. »Ich möchte das nicht«, rief er, doch die Kollegen lachten nur.

»My name is Natascha«, sagte die Frau, richtete sich wieder auf, wickelte ihren Körper um die Stange, drehte sich um die eigene Achse und wand sich wieder los. Erneut beugte sie sich hinab, diesmal zu Beier, der anders als Kallenberg keineswegs zurückschreckte, sondern seinen Kopf begeistert zwischen ihre Brüste quetschte. Nach einer Weile tauchte er wieder auf und hinterließ dort, wo sich gerade noch sein Mund befunden hatte, einen Złoty-Schein. Die Dame musterte den Schein, dann öffnete sie ihre ohnehin sehr locker geknöpfte Bluse vollständig und ließ sie auf den Tisch gleiten. Als Nächster war Vogelsang an der Reihe. Auch er verschwand in ihrer Oberweite, so tief, dass Kallenberg sich beinahe Sorgen machte, schließlich hatte der Kollege ein infarktgeplagtes Herz. Als er ihr schließlich japsend zwei Scheine zusteckte, ließ sie ihren verrutschten BH ganz zu Boden fallen.

Fassungslos blickte Kallenberg in die erregten Gesichter seiner Kollegen. Sie schienen alles um sich vergessen zu haben, das Einzige, was sie noch interessierte, war Natascha. Was bitte wollte er mit solchen Mitstreitern bewegen? Sein Einsatz für eine politisch-kulturelle Wende kam ihm lächerlich aussichtslos vor. Besonders in Fliegenberg, der nun ungeduldig auf seinen Einsatz wartete, hatte er sich getäuscht. Gleich in seiner ersten Parlamentswoche hatte er sich ihm anvertraut, einem erfahrenen Abgeordneten, der wertvolle Tipps geben konnte. Vielleicht könne Fliegenberg ihn ähnlich gut beraten wie Jürgen, hatte er damals gehofft. Bei einem ihrer ersten Gespräche hatten sie in der vorletzten Reihe des Parlaments gesessen, während vorne eine Debatte vor sich hin plätscherte. Kallenberg stand am Beginn seiner ersten Legislaturperiode, für Fliegenberg war es die fünfte. Sie hatten sich darüber unterhalten, warum Fliegenberg einst in die Politik gegangen war, was sein Antrieb, seine Träume und Ziele gewesen waren und wie viel er davon hatte verwirklichen können. Die Antworten hatten Kallenberg erschüttert. Alles, wofür der Kollege einmal angetreten war, schien ihm mittlerweile egal zu sein. Er brannte für nichts mehr.

Später hatte Fliegenberg dann eine Eieruhr, die er immer bei sich trug, aus seiner Sakkotasche gezogen und sie auf die Armlehne zwischen ihren Sitzen gestellt. Eine Weile hatten sie zugesehen, wie der Sand vom oberen Kubus in den unteren floss. »Und? Hat die Aktion mit der Eieruhr jetzt die Welt verändert?«, fragte er, als der Sand durchgerieselt war, und Kallenberg zuckte brav mit den Schultern, ohne Schimmer, auf was der Kollege hinauswollte.

»Hat es also nicht, es ist nur Zeit verstrichen«, hielt Fliegenberg fest. »Und so ist es auch mit dem Dasein als Abgeordneter. Die Zeit vergeht, aber die Welt bleibt dieselbe. Und wenn sie sich doch verändert, dann gewiss nicht unseretwegen. Wir können hier nichts ausrichten.« Das werde man ja sehen, antwortete Kallenberg trotzig. Er werde dieser These jedenfalls so lange nicht zustimmen, bis er selbst alles versucht habe. Das habe er sich anfangs auch gesagt, entgegnete Fliegenberg. Der Alltag im Bundestag habe ihn dann eines Besseren belehrt.

»Warum sind Sie dann so lange im Parlament geblieben?«, wollte Kallenberg wissen.

»Weil ich keineswegs traurig bin über mein Leben. Als ich irgendwann kapiert hatte, dass ich hier nichts bewegen würde, konnte ich das Leben als Abgeordneter endlich genießen. Seien Sie nicht so verbissen, mein lieber Kallenberg. Machen Sie sich eine schöne Zeit. Die Diäten sind nicht üppig, aber ausreichend. Sie werden von allen eingeladen, lernen interessante Leute kennen, können reisen. Da kann man wirklich nicht klagen.« Fliegenberg hatte tatsächlich nie einen verbitterten Eindruck gemacht. Trotzdem ärgerte sich Kallenberg über dessen Fatalismus. Schon an seinem Vater hatte ihn dieses »Es hat ja eh alles keinen Sinn« fürchterlich aufgeregt. Wie der Kollege wollte er jedenfalls nicht enden – das hatte er sich damals geschworen. Er würde kämpfen, nicht resignieren.

Nun saßen sie erneut nebeneinander, wenn auch in anderem Kontext. Sein Kollege wartete mit offenem Mund darauf, dass Natascha sich endlich seiner annahm. Später, als er aus dem Reich der Brüste zurückgekehrt war und Vogelsang den Moment mit seiner Handykamera festgehalten hatte, ließ Natascha auch noch die letzte Hülle fallen und beugte sich, befeuert vom rhythmischen Klatschen des restlichen Familienausschusses, erneut zu Kallenberg hinunter. Sie griff nach seinem Handgelenk und bedeutete ihm, ihre Scham zu berühren – in diesem Moment erklang das langsam lauter werdende Klingeln seines Handys. »Schatz, ich kann grad nicht!«, rief Beier.

In Kallenbergs Kopf überschlugen sich die Gedanken. Falls es Liane war, die ihn nach ihrem Konzert anrief, um zu plaudern, war es nicht tragisch, wenn er nicht gleich dranging. War es hingegen Julia, musste etwas Ernstes geschehen sein. Zu dieser späten Stunde rief seine Frau sonst nie bei ihm an.

Seine kurze geistige Abwesenheit hatte Natascha genutzt, um sich seine Hand zu schnappen. Während Kallenberg noch an Frau und Telefon dachte, begann Natascha mit seinen Fingern ihre Scham zu streicheln. Abrupt riss er sich los, sprang aus der Sitzecke und lief auf die Tür zu, durch die sie hereingekommen waren. Er zog das Telefon aus der Sakkotasche, sah »Schatz« aufleuchten und drückte auf »Annehmen«. »Julia, Liebste, ist alles in Ordnung?«

»Was schnaufst du denn so? Bist du gerannt?«

»Ja, beziehungsweise nein. Ich bin noch mit den Kollegen unterwegs.«

»Um diese Zeit? Wo seid ihr? Und warum ist die Musik so laut?«

»Wir sind in Fliegenbergs Lieblingsbar. Nur für einen Absacker. Ich war gerade auf dem Sprung.«

»Und warum spielen sie dort *Je t'aime*?«, fragte Julia.

»Keine Ahnung.« Kallenberg kannte weder das Lied noch dessen Geschichte. »Es tut mir leid, dass ich mich vorhin nicht gemeldet habe, aber wir waren die ganze Zeit unterwegs. Wie geht es euch?«

»Nicht so gut.« Ihre Stimme klang traurig bis böse. Frederik hatte geahnt, dass etwas nicht stimmte, und nun kam ihm die Idee, dass seine Frau von Liane erfahren haben könnte.

»Dass du dich nicht mehr für mich interessierst, ist das eine«, sagte Julia in jenem beleidigten Tonfall, den sie in letzter Zeit häufiger draufhatte. »Aber dass dir deine Kinder jetzt auch schon egal sind, finde ich einfach nur traurig.«

»Was redest du denn da? Das ist doch Unfug.«

»Und warum interessiert dich dann nicht, was der Arzt heute gesagt hat?« Er hatte tatsächlich vergessen, dass sie mit Andreas zum Kinderarzt gehen wollte, weil ihr Sohn in letzter Zeit oft müde gewirkt hatte. »Doch, natürlich interessiert mich das. Entschuldige bitte, es war ein anstrengender Tag. Was sagt denn der Arzt?«

»Es ist nichts Schlimmes, vermutlich hat er einen chronischen Eisenmangel. Man hat ihm Blut abgenommen, vielleicht müssen noch weitere Untersuchungen gemacht werden, aber es deutet einiges darauf hin, dass es am Eisen liegt.« Frederik bemerkte, dass sein Körper zitterte, und er stellte sich die Frage, die er sich in den letzten Wochen öfter gestellt hatte: Was zum Teufel mache ich hier? Er tauschte zärtliche Nachrichten mit seiner Geliebten aus, während seine Frau sich im Sauerland um ihren kranken Jungen sorgte. Er befand sich mit Kollegen, die eigentlich Mitstreiter für eine konservative Familienpolitik sein sollten, in einer polnischen Nachtbar mit leicht bekleideten Damen. Viel weiter hätte er sich nicht von dem entfernen können, wofür er einmal angetreten war.

»Und was heißt das jetzt konkret?«, fragte er.

»Er bekommt Tabletten gegen den Eisenmangel. Und wir müssen seine Ernährung umstellen. Fisch sei gut, meinte der Arzt.«

»Gib ihm bitte einen Kuss von mir.«

»Er schläft jetzt endlich, der Arztbesuch hat ihn ziemlich aufgeregt. Schmiedebach war eben bei uns und hat ein Abendgebet mit uns gesprochen. Das hat Andreas wohl beruhigt, danach ist er jedenfalls freiwillig ins Bett gegangen.«

»Das ist gut«, sagte Frederik. »Auf Schmiedebach ist Verlass.«

»Das stimmt«, sagte Julia, und auch wenn es nur zwei Worte waren und sie gleich das Thema wechselte, glaubte er, erneut eine gewisse Patzigkeit herauszuhören. Julia hatte ihm niemals Vorwürfe gemacht, wenn er seinen politischen Pflichten nachkam. Die Kunst, dem Partner ein schlechtes Gewissen zu bereiten, hatte sie bislang kaum angewandt. Jetzt aber setzte sie diese gezielt ein.

»Ich habe wirklich den Eindruck, dass wir dir immer egaler werden«, sagte sie.

»Das stimmt doch nicht! Wie kommst du darauf?«

»Ist wie gesagt nur ein Eindruck. Ich wünsche euch noch viel Vergnügen in eurer Bar.«

»Was soll denn das?«

»Was denn? Ich habe dir nur einen schönen Abend gewünscht.«

»Ich bin quasi auf dem Weg nach Hause.«

»Nach Hause?«

»Ich meine: auf dem Weg ins Hotel.«

»Wie auch immer. Gute Nacht, Frederik.«

»Julia?«

»Was denn?«

»Ich liebe dich.«

»Je t'aime«, antwortete Julia. Dann legte sie auf.

FRANKFURTER ALLGEMEINE ZEITUNG

Abgeordneter Kallenberg weiterhin verschwunden

Bundestagspräsident gibt Stellungnahme ab / Streit mit der Kanzlerin?

Berlin – Im Fall des verschwundenen Bundestagsabgeordneten Frederik Kallenberg fehlt weiterhin jeglicher Hinweis auf dessen Verbleib. Auch dem Präsidium des Deutschen Bundestags lägen keine Erkenntnisse vor, die über die Aussagen der Polizei hinausgingen, sagte Parlamentspräsident Maaßen gestern in einer kurzfristig anberaumten Erklärung vor dem Plenum. »Bis das Gegenteil bewiesen ist«, werde man aber die Hoffnung nicht aufgeben, »ihn bald wieder in unseren Reihen zu haben«.

Wie aus Fraktionskreisen bestätigt wurde, soll es erst vor wenigen Wochen ein Vier-Augen-Gespräch zwischen Kallenberg und der Regierungschefin im Kanzleramt gegeben haben. Dabei soll es dem Vernehmen nach zu einem Streit zwischen den beiden gekommen sein. Ein Regierungssprecher wollte dies gestern nicht bestätigen. Einen Zusammenhang zwischen besagtem Treffen und dem Verschwinden des Abgeordneten schloss er auf Nachfrage kategorisch aus. Die Gedanken der Bundeskanzlerin seien bei Kallenbergs Familie, insbesondere bei dessen Ehefrau, mit der sie schon mal telefonisch das Vergnügen gehabt habe.

Am Rande der gestrigen Bundestagssitzung wies der Abgeordnete Wilhelm Fliegenberg die jüngsten Spekulationen um den Verbleib seines Kollegen zurück. »Ich halte es für ausgeschlossen, dass er sich ins Ausland abgesetzt oder ausgestiegen ist, wie es jetzt einige verbreiten«, sagte Fliegenberg dieser Zeitung. Kallenberg sei einer der pflichtbewusstesten und zuverlässigsten Abgeordneten, die er kenne. Erst neulich hätten sie gemeinsam ein anspruchsvolles Programm in Polen absolviert, wo Kallenberg einen hoch motivierten Eindruck auf ihn gemacht habe.

Unterdessen wurde bekannt, dass der Antrag zur Einführung eines sogenannten Müttergeldes, den der Abgeordnete Kallenberg vor einigen Wochen zur Beratung in den Bundestag eingebracht hatte, von der Fraktionsführung vorerst zurückgenommen wurde. Man wolle abwarten, was mit dem Antragsteller geschehen sei, erklärte der Justiziar der Fraktion. In den Regularien des Bundestags gebe es keine Bestimmungen darüber, wie mit Anträgen von Abgeordneten zu verfahren sei, die als verschwunden gelten.

DREIZEHN

Lianes 28. Geburtstag war ihm schon seit Wochen wie eine Bedrohung vorgekommen. Nun, am Vortag, hatte Frederik noch immer keine Lösung für den Umgang mit diesem Ereignis gefunden. Für geheime Liebschaften waren Geburtstage eine Gemeinheit. Man wünschte sich, gemeinsam zu feiern, durfte es aber nicht, zumindest, wenn man in größerer Runde zu feiern gedachte. Und das tat Liane natürlich.

Sie hatte ihre Pläne schon früh geäußert. Zunächst würde sie mit ihrer Band ein Konzert in einem Kreuzberger Kellerclub geben, danach wollten sie weiterziehen in ihren Lieblingsclub und dort in den Geburtstag reintanzen. Alle Versuche Frederiks, sie zu einer »gemütlichen Feier« zu zweit zu bewegen, waren gescheitert. Liane hatte nichts gegen Gemütlichkeit, aber alles zu seiner Zeit.

Obwohl er wusste, dass er keine Ansprüche an sie stellen durfte, war er gekränkt. Konkret bedeuteten ihre Pläne, dass sie lieber mit ihren Freunden feierte. Sie wusste ja, dass er sich nicht öffentlich mit ihr zeigen konnte, deshalb hatte sie gar nicht erst gefragt, ob er mitkommen wolle.

Bislang hatten sie sich meist in Lianes WG getroffen, zwei Mal waren sie in ein Restaurant gegangen, aber das hatte Frederik furchtbar nervös gemacht. Während Liane das Verbotene ihrer Beziehung, den Zwang, sich verstecken zu müssen, überaus spannend fand, lebte er in ständiger Angst, dass ihr Verhältnis auffliegen könnte. Penibel achtete er darauf, dem Zufall wenig Entfaltungsmöglichkeit zu bieten. Der gemeinsame Besuch von Konzerten oder Tanzclubs erschien ihm allzu riskant und daher fahrlässig. Vorsichtig wie er war, hatte Frederik gleich wieder eine neue Schlagzeile vor Augen: »Was trieb der Abgeordnete im Berliner Nachtleben?«

Zudem hatte Frederik keine Lust auf Lianes Freunde. Wie die meisten jungen Männer in Berlin würden sie ihm ein Gefühl von Minderwertigkeit vermitteln, weil sie gewiss lässiger, wilder, verrückter waren. Er fürchtete sich vor ihrer strotzenden Jugendlichkeit, vor ihren Feinripp-Unterhemden, vor der zur Schau gestellten Potenz, die sie in den Augen junger Frauen als »irgendwie spannend« erscheinen ließ. Wahrscheinlich war auch Liane empfänglich für diesen Typus Mann, obwohl sie Frederik gegenüber einmal beteuert hatte, dass sie gerade »das Altmodische« an ihm so liebenswert fand. Er selbst trug ebenfalls Feinripp-Unterhemden, aber nur drunter, dort wo sie hingehörten.

Zur Mittagszeit rief sie schließlich bei ihm an. Frederik stand an der Kasse der Bundestagskantine und ärgerte sich über das immer gleiche Angebot von Kassler oder Königsberger Klopsen.

»Ich wollte einen Kompromissvorschlag machen«, sagte Liane. »Wie wäre es, wenn du am frühen Abend zu mir kommst und wir uns ein bisschen vergnügen, als vorgezogenes Geburtstagsgeschenk?«

Die Kantinenfrau wartete auf seine Bestellung und sah ihn ungeduldig an. Frederik errötete.

»Hm, du scheinst ja nicht gerade begeistert zu sein«, sagte Liane. »Was wäre dir denn lieber?«

»Königsberger Klopse.«

»Wie bitte?«

»Mit oder ohne Beilage?«

»Hast du keine Lust mehr auf Sex?«

»Doch, natürlich habe ich Lust auf …«

»Kartoffeln?«

»Ich versuche nur gerade ein Essen zu bestellen … ja, mit Kartoffeln bitte.«

»Verstehe. Jedenfalls könnten wir im Anschluss gemeinsam zum Konzert gehen. Du könntest dich einfach ins Publikum mischen. Es würde mir sehr viel bedeuten, wenn du mich einmal auf der Bühne sehen könntest. Wenn ich einen Geburtstagswunsch äußern darf, dann diesen.«

»Junger Mann, die Leute hinter Ihnen haben ebenfalls Hunger.«

Frederik entschuldigte sich und versuchte das Tablett mit den Klopsen einhändig an einen freien Tisch zu balancieren. »Nach dem Konzert geht es dann mit der ganzen Truppe in meinen Lieblingsclub«, fuhr Liane fort. »Aber das ist ja ohnehin nichts für dich.«

In der Sache hatte sie natürlich recht, dennoch war es ärgerlich, dass sie ihm einen Clubbesuch nicht mal zutraute. Und dann diese Bezeichnung »Truppe« – er fand es infantil, so über seinen Freundeskreis zu reden, zudem beschrieb der Begriff exakt jene anonymen, undefinierbaren Zusammenhänge, in denen Liane lebte und vor denen er sich fürchtete.

»Was hältst du von meinem Vorschlag?«

Frederik kämpfte mit sich. Die Aussicht auf den Geburtstagssex gefiel ihm natürlich, und ihr Wunsch, sie live spielen zu sehen, zeigte, wie viel er ihr bedeutete. Doch ihn störte, wie selbstverständlich sie davon ausging, dass er nach dem Konzert alleine nach Hause gehen würde, während sie mit anderen Männern in die Nacht zog.

»Es ist dein Geburtstag«, antwortete er, bemüht, seine Kränkung nicht durchklingen zu lassen. »Und deshalb machen wir es, wie du es wünschst.«

Nach dem Sex lag Liane in seine Armbeuge gekuschelt und machte ein Gesicht, als befinde sie sich am schönsten und sichersten Ort der Welt. Während sie mit ihrer Linken seine Brust streichelte, gab sie wohlige Geräusche von sich.

»Entschuldige bitte«, murmelte er irgendwann, zog seinen Arm unter ihrem Kopf hervor, schlug die Decke beiseite, verließ das Bett, blieb vor dem gerahmten Poster der Band »Element of Crime« stehen, wiegte den Kopf hin und her und stupste den Rahmen am rechten unteren Rand ein Stück zur Mitte. Er ging zwei Schritte zurück, prüfte erneut, korrigierte den Sitz des Bildes abermals, korrigierte, verlor sich vollkommen darin, bis Liane, die das Schauspiel aufmerksam verfolgt hatte, fragte: »Sag mal, was machst du da eigentlich?«

Frederik war die Situation furchtbar peinlich, aber der Anblick des schiefen Posters hatte ihn in immer größere Unruhe versetzt. Irgendwann hatte er es nicht mehr ausgehalten und dem Drang nachgegeben, es zu richten.

»War doch nur ein Spaß«, sagte er. »Ich wollte dich ein wenig irritieren. Eigentlich muss ich nur auf Toilette.«

Kurz darauf stand er im Badezimmer der WG, dessen Schmuddeligkeit ihn schon oft geekelt hatte, und schüttelte den Kopf – diesmal nur über sich. Wie konnte er sich vor seiner Geliebten derart zum Affen machen? Wegen eines Posters! Auf dem Rückweg ins Bett senkte er seinen Blick so tief zu Boden, dass er nicht erneut auf das Bild fallen konnte.

Eine knappe Stunde später stand Frederik in einem schwülen Raum voller biertrinkender Menschen, ärgerte sich über jede einzelne Zigarette, die neben ihm angezündet wurde, und wartete darauf, dass Liane auf die Bühne kam. Er hatte sich in einer der letzten Reihen an den Rand gestellt, um nicht aufzufallen, von dort musterte er nun das Publikum. Neben den zu erwartenden Feinripp-Unterhemden-Männern stach ihm eine Gruppe von vier Typen ins Auge, die in der Nähe des Bühnenrands standen, alle in T-Shirts mit einem Aufdruck von Lianes Gesicht. Sogleich fragte er sich, ob es sich um alte Freunde oder um Verehrer handelte. Es waren deutlich mehr Männer als Frauen im Raum. Gleich würde Liane von all diesen Typen angestarrt werden. Bislang hatte er sich diese Situation immer nur vorgestellt, nun musste er mit eigenen Augen verfolgen, wie all die Männerblicke an Lianes Körper entlangwanderten, beginnend bei ihren Beinen, von denen trotz der nicht gerade dezenten gestreiften Nylonstrumpfhose wieder mal viel zu viel zu sehen sein würde, was an ihrer Vorliebe für viel zu kurze Röcke lag. Eben, in der Küche ihrer WG, hatte er den Rock noch umwerfend gefunden, in dieser Umgebung aber gefiel er ihm nicht mehr. Als Nächstes würden die Blicke an ihrem Po haften bleiben, der immer, wenn Musik erklang, so wunderbar zuckte. Dann würden sie zu ihrer ebenfalls knapp bemessenen Bluse weiterwandern und schließlich schmachtend auf ihrem Gesicht verweilen, auf den fein geschwungenen Lippen oder ihren strahlenden Augen unter den von leichten Wirbeln verstrubbelten Brauen. Frederik hatte Verständnis für diese Blicke. Wann immer Liane ihm die Tür ihrer Wohnung öffnete, wollte er sie am liebsten gleich ausziehen. Warum aber musste sie so aufreizend gekleidet vor fremden Männern auftreten?

Dann kam die Band auf die Bühne, erst der Schlagzeuger, dann die beiden Gitarristen, zuletzt Liane mit ihrem Saxofon. Hatten die Zuschauer beim Auftritt der männlichen Bandmitglieder einfach geklatscht, so pfiffen sie bei Liane vor Begeisterung auf den Fingern. Ein primitives Geschlecht, dachte Frederik. Das Publikum reagierte genau so, wie er es befürchtet hatte. Befremdlich fand er auch, dass Liane sich keineswegs an den Pfiffen zu stören schien, sondern sie sichtlich genoss. Sie lächelte ins Publikum und drehte wie zum Dank eine Pirouette auf dem Absatz ihres Stiefels, was zur Folge hatte, dass ihr Rock noch einige Zentimeter höher wirbelte. Als auch dies heftig beklatscht und bepfiffen worden war, trat Liane an den Mikrofonständer und sagte: »Wir sind ›Gruppenbild mit Dame‹ aus Berlin. Gut, dass ihr da seid.«

Der Schlagzeuger schlug dreimal seine Stöcke gegeneinander, die Gitarren setzten ein, dann ein harter, trockener Beat. Frederik schreckte zusammen, so laut hatte er sich ihre Konzerte nicht vorgestellt. Zwei Frauen, die ihn von der Seite beobachteten, lachten. Es dauerte, bis er sich an die Wucht dieser Musik gewöhnte. So weit er das richtig verstand, sang der Mann am Mikrofon von der »destruction« des Paradieses, auch die Worte »hell«, »burn« und »motherfucker« stachen unangenehm heraus, ganze Sätze versumpften indes im Brei der Gitarren. Es klang anders als das, was Frederik bislang unter Rockmusik verstanden hatte. Einigen Songs von Gruppen wie Genesis, U2 oder den Dire Straits konnte auch er etwas abgewinnen, das hier war jedoch gewöhnungsbedürftig. In den ersten Reihen hüpften die Leute wild durcheinander, um ihn herum nickten alle heftig mit dem Kopf. Um nicht aufzufallen, nickte er mit.

Nach knapp zwei Minuten, mitten im Lied, setzte die E-Gitarre aus. Der Sänger trat vom Mikrofon zurück, Bassgitarre und Schlagzeug drosselten die Lautstärke und Liane, die bislang nur getanzt hatte, hob ihr Saxofon zum Mund, ging leicht in die Knie und begann zu spielen. Beinahe andächtig sah Frederik zu ihr auf. Wie sie ihren Körper und ihr Saxofon wiegte, wie sie die Augen schloss und aus vollen Wangen in ihr Instrument blies, als hauche sie ihm ihre Seele ein, das sah so leidenschaftlich, anmutig und vollkommen aus, dass der Anblick ihm ein Kribbeln auf den Rücken zauberte. Selten hatte er einen Menschen etwas mit ähnlich großer Leidenschaft tun sehen. Auf einmal waren die anderen Männer vergessen, er war ganz bei ihr, als spiele sie nur für ihn. Er war stolz auf sie, stolz auf diese selbstbewusste, leidenschaftliche Person, die vollkommen zu Recht angehimmelt wurde. Schließlich versuchte auch Frederik, auf den Fingern zu pfeifen.

Das Großartige war doch, dachte er plötzlich, dass diese begehrenswerte Frau mit ihm ins Bett ging und nicht mit einem der hüpfenden Unterhemden vor ihm. Er empfand es nun als großes Glück, Liane lieben zu dürfen und von ihr zurückgeliebt zu werden. Er war wie im Rausch, sah sie ununterbrochen an, die ganzen siebzig Minuten, die sie spielten, sah eine Frau, die Freude hatte an dem, was sie tat, einen Menschen, der seine Bestimmung gefunden hatte. Und wenn man dazu unbedingt einen Minirock tragen musste, dann war es eben so, dachte er jetzt und schmunzelte über sich selbst.

Später, als sie bereits bei den Zugaben angelangt waren und Liane ein weiteres Solo voller Leidenschaft spielte, dachte Frederik darüber nach, wann er selbst zuletzt mit solchem Enthusiasmus bei der Arbeit gewesen war. Seit jener Wahlnacht vor mehr als drei Jahren, als er den Einzug in den Bundestag mit 53 Prozent der Erststimmen geschafft hatte und die Welt ihm zu Füßen zu liegen schien, war dies nicht mehr der Fall gewesen.

Kaum waren die letzten Akkorde verklungen, drängte er zum Ausgang, hinaus an die Luft. Er hätte Liane jetzt gerne geküsst und ihr persönlich gesagt, wie toll er sie fand, aber das ging in dieser Umgebung natürlich nicht. So blieb ihm nur, eine SMS zu schreiben: »Ich bin unendlich stolz auf dich! Frederik«

Ziellos lief er den Bürgersteig entlang durch die Kreuzberger Nacht. Es war deutlich lauter und wuseliger als bei ihm am Prenzlauer Berg, junge wie alte Menschen standen vor Kneipen, Teehäusern, Imbissständen, rauchten Pfeife, tranken Bier, diskutierten, servierten oder aßen Orientalisches. Das Leben fand auf der Straße statt, und Frederik musste sich eingestehen, dass ihm die Atmosphäre nicht unangenehm war. Die Unterwanderung des Abendlandes durch das Morgenland kam hier durchaus fröhlich daher.

Er schlenderte durch die Straßen, sog Geräusche, Bilder, Gerüche in sich auf, und das Leben erschien ihm ungewohnt leicht und heiter. Plötzlich fragte er sich, ob er es nicht übertrieb mit seiner Vorsicht. Sprach denn wirklich so viel dagegen, mit Liane und ihren Freunden zu feiern? Musste er wirklich immer alles unter Kontrolle haben? Entging ihm dadurch nicht vieles, was das Leben erst reizvoll machte? Er überlegte nun ernsthaft, in ihren Lieblingsclub zu fahren und sie zu überraschen.

Zeitlich konnte er sich ein solches Abenteuer natürlich nicht leisten. Um neun würde der Familienausschuss wieder mal über die rechtliche Gleichstellung homosexueller Paare beraten – da brauchte es einen frischen, aufgeweckten Kallenberg als Verteidiger der klassischen Familie gegen ihre Konkurrenten. Andererseits konnte er seine Begeisterung für Liane kaum bändigen. Für einen Moment überlegte er sogar, ob es nicht besser wäre, wenn sein Doppelleben endlich aufflog, weil es ihm jene Entscheidung, die ihn so quälte, abnehmen würde. Dann wieder fragte er sich, warum Liane auf den Clubbesuch partout nicht hatte verzichten wollen. So weit, dass sie Rücksicht auf seine Situation nahm, ging ihre Liebe offenbar nicht.

Frederik bemerkte, dass er innerlich schwankte, wie so oft in letzter Zeit. Auf nichts konnte er sich mehr verlassen, weder auf seine Gedanken noch auf seine Gefühle, Kopf und Bauch verweigerten jede Eindeutigkeit. Er, der immer gewusst hatte, was richtig und was falsch war und sich deshalb auch nie schwergetan hatte, klare Entscheidungen zu fällen, wurde immer mehr zum Grübelmonster.

An der Kreuzung von Skalitzer Straße und Lausitzer Platz hielt er ein Taxi an und nannte den Namen von Lianes Lieblingsclub. Was am Ende den Ausschlag gegeben hatte, konnte er nicht genau sagen, vermutlich der quälende Gedanke an ihre männlichen Begleiter, die Angst vor einer exzessiven Party mit diesen Typen. Er würde vor Unruhe ohnehin nicht schlafen können, also konnte er gleich selbst hingehen. Liebe mochte schön sein, doch Kontrolle war besser. Die Regel traf gewiss nicht auf alle Frauen zu, das wusste Frederik. Julia war das beste Beispiel für eine Partnerin, der man restlos vertrauen konnte. Sie würde niemals in Versuchung kommen, das schnelle Vergnügen einem langfristigen Plan zu opfern, sie hielt ihre Sehnsüchte an der kurzen Leine. Bei Liane jedoch schien ihm der Satz angebracht.

Das Taxi fuhr immer tiefer in den Osten der Stadt, plötzlich stoppte es inmitten einer Industriebrache. Eine Diskothek konnte Frederik nirgends erkennen, ersparte sich aber die Blöße, beim Fahrer nachzufragen, bezahlte und stieg aus. Er stand im fahlen Licht einer vergessenen Straßenlaterne und glaubte schon, der Fahrer habe sich einen Scherz mit ihm erlaubt, als er in der Ferne eine Gruppe junger Menschen bemerkte, die aussahen, wie er sich Clubbesucher vorstellte. Er folgte ihnen in vernünftigem Abstand. An der nächsten Querstraße stiegen sie durch ein Loch in einer Mauer und liefen auf ein sechsgeschossiges Backsteingebäude zu, das einst als Fabrik gedient haben musste. Ein Scheinwerfer an der Fassade erleuchtete die Menschenschlange, die sich wie eine Zündschnur aus dem Gebäude zog.

Kallenberg stellte sich an ihr Ende und sah auf seine Uhr: noch eine Viertelstunde bis Mitternacht und 50 Meter bis zum Eingang. Wenn es nicht bald vorwärtsging, würde er Lianes Geburtstag verpassen. Er musterte die Leute um ihn herum und erinnerte sich an die alte Faustregel in seiner Heimat, wonach man in städtische Diskotheken nicht ohne Sakko und Lederschuhe kam. Mit beidem konnte er an diesem Abend dienen, das Dumme war nur, dass er der Einzige war. Die meisten trugen Turnschuhe und T-Shirt, manche nicht mal das. Trippelschritte. Zehn vor zwölf. Die Gruppe, der er gefolgt war, verkürzte sich die Wartezeit mit Küssen, die ins Knutschen abglitten, wobei das Verstörende war, dass jeder mit jedem knutschte, fünf Männer, vier Frauen, es fehlte jede Ordnung, jede Zugehörigkeit. Noch sieben Minuten. Der Blick auf die Uhr und das Verhalten seiner Mitwartenden ließen ihn immer panischer werden. Es beunruhigte ihn, in welcher Gesellschaft Liane ihre Nächte verbrachte. Ob sie sich genauso verhielt wie die Menschen vor und hinter ihm? Er würde es gleich sehen, vorausgesetzt, sie ließen ihn rein.

Inzwischen war er weit genug vorgerückt, um die Türsteher bei ihrer Arbeit zu beobachten, einen glatzköpfigen Schrank, dessen aufgepumpter Oberkörper sein Shirt zu sprengen drohte, neben ihm ein kleiner Typ in Lederjacke, aus dessen Lippen und Augenbrauen Metallringe wuchsen. Beide schienen sich zum Ziel gesetzt zu haben, ihre Arbeit möglichst stumm zu verrichten. Gewährten sie Einlass, signalisierten sie dies mit einem kurzen, gelangweilten Nicken. Noch gelangweilter fiel ihr Kopfschütteln aus, das nur angedeutet, aber nie vollständig ausgeführt wurde. Wenn jemand gegen seinen Ausschluss protestierte, hoben sie den Arm und zeigten auf die Industriebrache. Obwohl ihm die Menschen in der Schlange nicht sympathisch waren, verspürte Frederik Mitleid mit den Abgewiesenen. Nach einer Weile glaubte er ein System hinter diesem Selektionsverfahren erkannt zu haben: Je bescheuerter die Leute gekleidet waren, desto wahrscheinlicher war es, dass sie reindurften. Anders, als er es aus dem Sauerland kannte, schienen es Männer leichter als Frauen zu haben. Damengruppen wurden konsequent nach Hause geschickt. Verliebte Pärchen auch.

Sein Verstand mahnte ihn, unverzüglich nach Hause zu fahren. Er wollte nicht in diesen Laden und musste doch hinein. Der Wunsch, Liane zu überraschen, war dem Wahnsinn gewichen, sie kontrollieren zu müssen. Je länger er in dieser Schlange stand, desto größer wurde seine Eifersucht. Die gemischtknutschende Gruppe wurde durchgenickt, nun stand er alleine vor den Türstehern. Es war unwürdig, sein Schicksal in die Hände dieser merkwürdigen Männer legen zu müssen, diesen Richtern der Nacht, trotzdem glaubte er nun, dass der weitere Verlauf seines Lebens von ihrer Entscheidung abhing. Würde er Liane in eindeutiger Situation überraschen, wovon er inzwischen ausging, hätte er endlich eine Entscheidung. Drei vor zwölf.

»Ist das ernst oder ironisch gemeint?«, fragte der Mann mit den Ringen im Gesicht.

»Was denn?« Frederik wusste wirklich nicht, was er meinte.

»Die Hose.« Anders als im Bundestag trug Kallenberg in seiner Freizeit gerne Cord. Er mochte den Stoff, zudem sahen Cordhosen weniger amtlich aus als Anzughosen. Die dunkelgrüne, die er trug, war sein Lieblingsstück.

»Ich verstehe nicht«, antwortete er.

»Ich glaube, es ist ernst gemeint«, sagte der Glatzköpfige. »Schick ihn weg.«

Schon jetzt hatten die beiden mehr geredet als sonst in einer ganzen Nacht. Panisch überlegte Frederik, was er tun sollte. Falls sie ihn abwiesen, würde er an ihnen vorbei ins Innere stürmen, bis er Liane gefunden hatte. Er musste in diesen Hort der Sünde gelangen. Er brauchte endlich Klarheit.

»Jetzt wart doch mal«, meinte der Mann mit den Ringen. Er beugte sich vor und strich über Kallenbergs Oberschenkel. »Das ist aber ein feiner Zwirn. Schau mal.« Er blickte zu seinem Kollegen. »Hast du so was Feines schon mal gesehen?« Er lachte laut, baute sich vor Frederik auf, versuchte sich an einem ernsten Gesicht und fragte: »Hast du Drogen dabei?«

Frederik schüttelte den Kopf.

»Dann kommst du hier nicht rein.« Wieder lachte der Türsteher. Alles in Frederik schrie danach, dieser demütigenden Situation umgehend zu entfliehen.

»Du hast Glück«, sagte der Mann. »Wir haben heute Cordhosen-Party.« Er wieherte fast vor Vergnügen, dann trat er einen Schritt zur Seite.

Frederik blickte auf die Uhr, noch eine Minute, bezahlte, ließ sich einen Stempel auf das Handgelenk drücken und sprintete den dunklen Gang entlang, immer dem Wummern nach. Bald gelangte er in eine Halle, von der rechts eine Treppe nach oben ging und links ein dunkler Gang. Frederik stoppte, versuchte zu hören, aus welcher Ecke die Musik kam, und entschied sich schließlich für die näherliegende Variante. Er tastete sich den Gang entlang, vorbei an einem Vorhang, und mit jedem Meter wurde die

Musik lauter, oder besser: das dunkle Stampfen. Frederik verstand das Konzept nicht. Er hatte die Hoffnung, Liane hier zu finden, fast schon aufgegeben, da spürte er ein weiteres Stück Stoff in seiner Hand. Wieder ein Vorhang. Dicker als der erste.

Er zog ihn beiseite und stand im Vorhof der Hölle, so fühlte es sich jedenfalls an. Der Raum hatte die Größe einer Küche und verfügte weder über Fenster noch über Lampen oder Kerzen. Dafür blitzte es ohne Unterlass, kühles, helles Zucken, ein Lichtblitzgewitter. Es dauerte, bis sich seine Augen an den Irrsinn gewöhnt hatten, erst dann erkannte er, dass der Raum voller Menschen war und dass es sich ausschließlich um Männer handelte, die wenig bis gar nichts anhatten. Den Mangel an Stoff kompensierten sie mit Muskelpaketen. Fast alle Augen waren auf ihn gerichtet. Die meisten lehnten mit dem Rücken an der Wand und warteten auf neue Besucher. In der hinteren Ecke trieben es einige miteinander, die Blitze zerhackten ihre Bewegungen in einzelne Phasen, wie ein pornografisches Daumenkino.

Frederik stand regungslos da, die rechte Hand noch immer in den Vorhang gekrallt. Bei allem, was er Liane zutraute, war ihm doch klar, dass dies nicht ihre Geburtstagsparty war. Er rannte den schmalen Gang zurück, stieß in der Finsternis gegen einen kräftigen Oberarm, fiel fast zu Boden und erreichte schließlich jene Halle, von der die Treppe in eins der oberen Geschosse abging. Wieder schaute er auf die Uhr, das Reinfeiern hatte er verpasst. Nun ging es nur noch darum, Liane aus diesem Sündenpfuhl zu befreien, oder, was ihm wahrscheinlicher erschien, sie auf frischer Tat zu ertappen. Er lief die Treppe hinauf und gelangte auf einen Balkon, der den Blick auf eine riesige Tanzfläche freigab. Bis jetzt hatte er sich gefragt, warum ein solcher Club, in dem es um nichts anderes als um Sex zu gehen schien, Lianes Lieblingsclub sein konnte. War es das, wonach sie suchte? Der Blick auf die Tanzfläche beruhigte ihn ein wenig. Gewiss, die Leute machten merkwürdige Bewegungen, sie tanzten anders, als er es mit Julia im Tanzcenter Rose in Bonn gelernt hatte, aber immerhin tanzten sie und schienen keine schmutzigen Dinge im Sinn zu haben. Vielleicht hatte er Liane Unrecht getan. Leider konnte er sie in der Menge dort unten nicht erkennen.

Er rannte eine weitere Treppe hinauf, links eine Bar, rechts ein breiter Gang, besser beleuchtet als die vorherigen. Frederik spürte, wie sein Herz protestierte. Er lief weiter, den Gang hinunter, vorbei an Toilettenkabinen, deren Türen offen standen oder gar nicht erst vorhanden waren, sah zwei Frauen, die sich hemmungslos küssten und einander die Haare zerwühlten.

Frederik stieß einen Schrei aus, doch niemand nahm Notiz von ihm. Er lief weiter, stürzte die erste Treppe hinab, dann die zweite, sprintete Richtung Ausgang, stieß dort mit dem Glatzköpfigen zusammen, strauchelte, fiel zu Boden, rappelte sich wieder auf, hörte, wie ihm jemand einen Satz mit Cordhose hinterherrief, und befand sich wieder inmitten der Brachlandschaft, über die er gekommen war.

Eine Weile stand er mit geschlossenen Augen da und verspürte den Drang, umgehend zu duschen. Doch das Einzige, was er jetzt gerade konnte, war tief durchzuatmen. Wo war Liane? In welcher schmutzigen Ecke dieses Schuppens hatte sie sich nur versteckt? War sie vielleicht doch friedlich auf der Tanzfläche gewesen? Oder hatte sie in einer der Kabinen gesteckt, an denen er panisch vorbeigestürzt war? Er mochte es sich nicht vorstellen, doch er kannte sie zu wenig, um es auszuschließen. Plötzlich wuchs das, was als Befürchtung begonnen hatte, zu einer monumentalen Gewissheit heran. Er zog sein Handy aus der Tasche, warf einen flüchtigen Blick auf den Gutenachtgruß seiner Frau, suchte nach der Nummer seiner anderen Frau und drückte die grüne Taste.

»Hallo Frederik!« Liane klang wunderbar gelaunt, ein wenig überrascht, aber erfreut. Im Hintergrund hörte er Stimmen, jedoch kein Wummern.

»Wo bist du?«

»In einer Kneipe, ganz in der Nähe des Kellers, in dem unser Konzert war.«

Schon nach ihren ersten drei Worten schossen ihm Tränen in die Augen. Tränen der Erleichterung. Tränen der Wut. Auf sie. Auf sich. Auf den Wahnsinn, in den er geraten war.

»Frederik?« Sie klang unendlich warm. »Hallo Liebster?«

»Ich dachte, ihr wolltet in deinen Lieblingsclub.« Seine Stimme hatte jene Traurigkeit, zu der Männer häufig Zuflucht nahmen, wenn Frauen sie überforderten.

»Ja, aber dann hatte ich doch keine Lust. Weißt du, in letzter Zeit ist mir gar nicht so nach ausgehen. Heute Abend zum Beispiel wäre ich am liebsten mit dir zusammen.«

»Hättest du doch was gesagt!«

»Tut mir leid. Irgendwie dachte ich, dass ich meinen Geburtstag anders feiern muss, so, wie ich es immer gemacht habe. War doof von mir. Bisschen krampfig gedacht.

Es kann ja nicht immer alles weitergehen, wie es war. Weißt du was?«

»Nein.«

»Du fehlst mir.«

»Du mir auch.« Jetzt endlich war die Trockenheit aus seiner Stimme gewichen.

»Bist du zu Hause? Es ist so laut bei dir im Hintergrund.«

»Ich steh auf dem Balkon«, sagte Frederik. Er traute sich nicht, ihr die Wahrheit zu erzählen.

»Schade, dass du jetzt nicht hier bei mir bist. Leider musst du ja morgen früh raus.«

»Stimmt.«

»Also schlaf gut.«

»Du dann auch. Schlaf gut, Geburtstagskind.«

Er lief hinaus in die Ostberliner Nacht, verstört von den Erlebnissen im Club, verstört auch von sich selbst. Er musste sich eingestehen, dass etwas aus dem Lot geraten war. Er selbst war aus dem Lot geraten. In letzter Zeit konnte das Gefühl von Niedergeschlagenheit und Perspektivlosigkeit sekundenschnell in Schwärmerei und süße Kopflosigkeit umschlagen. Und umgekehrt. Früher hatte er solche Kapriolen des Gemüts nicht gekannt, sein Leben war ausgeglichener gewesen, gesünder sowieso. So konnte es nicht weitergehen.

Er fuhr heim, nahm ein weißes Blatt Papier, seinen Montblanc-Füller und setzte sich an seinen Küchentisch. Links oben notierte er Julias Namen, rechts Lianes, beide versah er mit einem Unterstrich. Mit dieser Methode hatte Frederik bislang noch jedes Problem zu einer Entscheidung gebracht.

Als Erstes notierte er die Begriffspaare »Verlässlichkeit«, links, und »Leidenschaft«, rechts, dann »Verantwortung« und »Begehren«, »Kinder« und »Sex«, »Verständnis« und »politisches Interesse«. Bald war das Blatt voll, obwohl er klein und gedrungen geschrieben hatte. Leider standen am Ende auf beiden Seiten exakt gleich viele Argumente. Sobald eine Seite Vorsprung hatte, fiel ihm etwas ein, womit die andere wieder aufholen konnte. Es kam ihm vor, als könne er die Liste beliebig lange fortsetzen, am Ende würde immer ein Remis stehen. Von seiner alten Stärke war wirklich nichts mehr übrig geblieben. Jetzt erschöpfte ihn das Entscheiden so sehr, dass ihm der Füller aus der Hand fiel.

Als Frederik nach dem Wochenende im Sauerland zurück nach Berlin kam, fand er einen Umschlag ohne Absender im Briefkasten. Er öffnete ihn noch im Treppenhaus und hielt drei herausgerissene Seiten eines Magazins in der Hand. Auf der ersten klebte ein gelber Post-it-Zettel mit einer Notiz: »Vielleicht ist es Quatsch, aber das hier könnte dich eventuell interessieren. Wenn du mit jemandem reden möchtest – ich bin immer für dich da. Wenn nicht, ist das auch okay … Mit verliebten Grüßen, Liane«

Die Schlagzeile des Artikels lautete: »Vertrauen ist gut …« Im Vorspann las Frederik: »Kontrollieren Sie auch zu oft, ob die Herdplatte ausgeschaltet ist? Zwangsneurosen – eine versteckte Krankheit, unter der rund zwei Millionen Menschen in Deutschland leiden. Machen Sie den Selbsttest.«

Als Erstes las Frederik die Fragen des Tests, die in einem Kasten vom restlichen Text abgehoben waren.

»Haben Sie manchmal das Gefühl, eine Handlung zigfach wiederholen zu müssen, ehe Sie sicher sind, es richtig gemacht zu haben?

Überprüfen Sie nicht nur einmal, ob die Wohnungstür abgeschlossen ist, sondern zehn oder zwanzig Mal?

Haben Sie das Gefühl, verrückt zu werden, wenn in Ihrer Wohnung Unordnung herrscht oder ein Bild an der Wand schief hängt?«

Von den zehn Fragen musste er mindestens sieben mit Ja beantworten.

VIERZEHN

Wie sein Freund Schmiedebach dort am offenen Grab im Regen stand und es schaffte, das Liebenswürdige hervorzuheben und all das Niederschmetternde, Erbärmliche einfach auszublenden, das machte ihn zu jenem Diener der menschlichen Seele, den Frederik seit seiner Jugend bewunderte. Etwas Vorteilhafteres war in den 57 Jahren, die Günther Kallenberg gelebt hatte, jedenfalls nie über ihn gesagt worden. Es passte zum Geschick seines Vaters, dass er nichts mehr davon mitbekam. Frederik musste an den Spruch seines Kollegen Fliegenberg denken, der gesagt hatte, dass nirgendwo so viel gelogen werde, wie in der Politik und auf Beerdigungen. Während ihn die Unaufrichtigkeit der Politik immer noch empören konnte, war er für die kleinen Lügen Schmiedebachs gerade sehr dankbar.

In seiner Rede lebte Günther Kallenberg noch einmal auf als »Mann, der sein Handwerk liebte«, und dem das Dorf »die schönsten Krippenfiguren des ganzen Sauerlands« verdankte, als »treu sorgendes Familienoberhaupt«, als geradliniger Mensch, »der weder seine bescheidene Herkunft noch seine Heimat je verleugnet hat«, und nicht zuletzt als »Vater eines Sohnes, auf den man wahrlich stolz sein darf«.

Schmiedebach sah Frederik an und lächelte so vorsichtig, wie man auf Beerdigungen lächeln durfte. Dass Günther Kallenberg kein Verdienst an jenen Charaktereigenschaften und Erfolgen seines Sohnes hatte, auf die der Pfarrer anspielte, oder allenfalls dadurch, dass er als abschreckendes Beispiel gewirkt hatte, spielte jetzt zu Recht keine Rolle. Frederik lächelte gequält zurück. Er konnte gerade beim besten Willen keinen Grund erkennen, warum man »wahrlich stolz« auf ihn sein sollte, weder privat noch beruflich. Aber davon hatte die Trauergemeinde, außer dem Redner selbst, natürlich keinen Schimmer. Nach diesem Satz legte Julia, die alles getan hatte, um ihrem Mann in dieser traurigen Stunde eine Stütze zu sein, ihre Hand auf seine Schulter und drückte ihn fest an sich. Nun fühlte Frederik sich noch miserabler. Er war ihrer Wärme nicht würdig.

Während Schmiedebach weitersprach, musterte Frederik die vielen Kränze, die neben dem Erdloch darauf warteten, das Grab seines Vaters zu zieren. Traurig war, dass kaum ein Kranz seinem Vater galt, obwohl sein Name auf ihnen stand. Die meisten Kränze waren in Auftrag gegeben worden, weil sein Sohn Abgeordneter des Deutschen Bundestags war und daher über einen gewissen Einfluss verfügte – zumindest bildeten sich das die Auftraggeber offenbar ein, darunter das »Christliche Bildungswerk (Sektion Olpe)«, die »Industrie- und Handelskammer (Abteilung Attendorn)«, die »Kriegsgräberfürsorge«, der »Tourismusverband Südsauerland« oder die »AOK Südliches Westfalen«, in deren Aufsichtsrat Frederik saß. Letztere hatte es tatsächlich geschafft, auch noch das Wort »Gesundheitskasse« auf ihrer Schleife unterzubringen, was sich angesichts von Günther Kallenbergs Lebenswandel merkwürdig las. Der Kreis- und der Landesverband seiner Partei hatten ebenfalls Kränze anfertigen lassen, hinzu kam ein Exemplar seiner Bundestagsfraktion. Selbst der »Bund Deutscher Vertriebener« nahm »In stillem Gedenken« von Günther Kallenberg Abschied, obwohl der Verstorbene das Sauerland kaum verlassen hatte und er das Gegenteil eines Heimatvertriebenen war. Am meisten aber erstaunte Frederik jener Kranz, den die Friedhofsmitarbeiter wohl nicht zufällig ganz außen, abseits von den anderen platziert hatten. Auf seiner Schleife prangten drei chinesische Schriftzeichen, von denen niemand der Anwesenden wusste, was sie bedeuteten. Darunter, kleiner und in lateinischen Buchstaben »Herr Ho – Gaststätte Zum Bus«.

Die weiteren Kränze, die wirklich seinem Vater galten, stammten von seiner Mutter, Julia und ihm und von der Schützenbrüderschaft St. Antonius, deren Mitglied er bis zu seinem Tod gewesen war, auch wenn er seit vielen Jahren kein Gewehr mehr in der Hand gehalten hatte. Nicht mal Günthers Saufbrüder hatten zusammengelegt. Vielleicht war er ihnen nicht wichtig genug gewesen, vielleicht hatten sie einfach nicht dran gedacht. Auch das war eine Lebensbilanz.

Jene Verbands- und Vereinsvertreter, die nicht nur einen Kranz geschickt hatten, sondern persönlich erschienen waren, mussten nach Schmiedebachs Grabrede den Eindruck haben, dass es sich bei dem Verstorbenen um einen allseits geachteten Mann gehandelt hatte, der leider viel zu früh verstorben war. Die Dorfgemeinschaft hingegen wusste, wie trist dieses Leben gewesen war, auch wenn die großen häuslichen Dramen der Kallenbergs in den vergangenen Jahren der totalen Lethargie gewichen waren.

Gegen Ende seiner Rede hatte Schmiedebach immerhin ein paar »persönliche Probleme« angedeutet, die Günther Kallenberg »auf den letzten Metern seines Lebens« zu schaffen gemacht hätten. Dass er mit diesen Problemen in Wahrheit ein Vierteljahrhundert gelebt hatte, ließ er gnädig außer Acht.

Als der Sarg gesegnet war, bedeutete Schmiedebach den engsten Angehörigen, dass es an der Zeit war, für immer Abschied zu nehmen. Als Erstes trat Frederiks Mutter an das offene Grab, warf ihrem Mann eine der bereitgelegten Rosen und eine Schippe Asche hinterher und trat rasch zur Seite. Auch ihr sonstiges Verhalten an diesem Vormittag hinterließ keinen Zweifel daran, dass sie dieses Kapitel ihres Lebens zügig abschließen wollte. Frederik stand nun alleine an der Kante der Grube, in die vier Schützenbrüder seinen Vater versenkt hatten. Er griff nach dem Spaten, der in der Erde steckte. Plötzlich fiel ihm der Satz ein: *Asche zu Asche, Staub zu Staub.* Schon als Kind hatte er sich davor gegruselt. Oft hatte er sich ausgemalt, wie das konkret aussah, was die Zeit dort unten in den Holzkisten anrichtete und ob die Särge, wenn man sie Jahre später denn öffnete, wirklich voller Staub waren. Nun sollte sein Vater also zu Staub werden.

Frederik weinte hemmungslos. Noch einmal wurde ihm die ganze Tragik dieser Existenz bewusst, ehe ein Herzinfarkt ihr vor fünf Tagen ein Ende bereitet hatte. Sein Leben war ein Missverständnis gewesen, eine Frechheit des Schicksals. Frederik warf sich vor, dass er sich selbst nicht stärker um ihn gekümmert hatte, dass er nicht geholfen hatte, ihn in Umstände zu lotsen, die ihn glücklicher gemacht hätten. Die Aufgabe war ihm wohl zu groß vorgekommen, und je prominenter er selbst wurde, desto häufiger hatte er sich dabei ertappt, dass sein Vater ihm unangenehm war.

Vor knapp vier Jahren war er aufgebrochen, um die ganze Gesellschaft glücklicher zu machen, seinen eigenen Vater aber hatte er aufgegeben und dem Unglück überlassen. Er fragte sich nun, ob es das wert gewesen war. Die Gesellschaft hatte er keineswegs verändert, sie lachte sogar mehrheitlich über ihn. Und seinen Fraktionskollegen ging er allenfalls noch auf die Nerven. Sein alter Herr aber war tot. Alles, was er ihm jetzt noch geben konnte, war eine Schippe voll Erde.

Als der Klumpen auf dem Holz seines Sarges landete, drang ein dumpfer, nasser Ton aus dem Loch. Frederik hätte jetzt zur Seite treten und seiner Frau Platz machen sollen, doch auf einmal beschlich ihn die Sorge, dass eine einzige Schippe womöglich nicht reichen könnte, um seinen Vater in Frieden ruhen zu lassen, und so stach er ein zweites Mal in die Erde und warf eine weitere Schippe hinab. Bevor er den Spaten ein drittes Mal beladen konnte, griff seine Frau von hinten in den Stiel. »Es ist gut, Frederik«, sagte sie, »alles ist gut.« Julia Kallenberg hatte ihren Mann mit Sorge beobachtet. Sie wusste nichts von seinen früheren Zwangshandlungen, aber sie wollte ihn davor schützen, sich zum Gegenstand des Geredes zu machen. »Eine Schippe noch«, flüsterte Frederik und wirkte ebenso gedankenverloren wie entschieden. Doch Julia griff nun auch mit der zweiten Hand an den Stiel des Spatens, und obwohl Frederik den Drang verspürte, eine weitere Schippe hinabzuwerfen, um die erlösende Zahl drei zu erreichen, gehorchte er seiner Frau.

Der anschließende Leichenschmaus fand in der Gaststätte »Zum Bus« statt, was in zweierlei Hinsicht Sinn machte. Erstens hätte es in Waldhagen gar keine Alternative gegeben, zweitens passte die Gaststätte besser zu seinem Vater als jeder andere Ort der Welt. Hier hatte er sich am wohlsten gefühlt, hier hatte er alles für seinen frühen Tod getan. Seit einigen Jahren schon wurde die Gaststätte von einem Chinesen geführt. Nachdem der letzte Pächter abgezogen war, hatte sich außer Herrn Ho, aufgewachsen in der ostchinesischen Stadt Hangzhou, kein anderer Interessent gefunden. Nach langem Zögern hatte er schließlich den Zuschlag erhalten, allerdings nur unter der Auflage, den Namen der Gaststätte beizubehalten, Besteck statt Stäbchen anzubieten und neben seinen chinesischen Gerichten auch Spezialitäten des Sauerlands auf die Karte zu nehmen, also Bockwurst, Pumpernickel und die sogenannte »Potthucke«, ein Kartoffelgericht mit Zwiebeln, Eiern, Mehl und Mettwürsten, das Herr Ho bald schon schmackhafter zuzubereiten wusste als manch Waldhagener Hausfrau.

Trotzdem hatte das Dorf seine Ankunft zunächst skeptisch beäugt. Bislang hatte noch kein Ausländer in ihrer Mitte gelebt, und nun gleich ein Chinese. Sie waren nicht unbedingt fremdenfeindlich, nur im tiefsten Sinne des Wortes heimatverbunden. Sie fürchteten, sich in der gewohnten Umgebung irgendwann fremd zu fühlen.

Als Herr Ho ihn nach der Beerdigung begrüßt und ihm sein Mitgefühl ausgesprochen hatte, musste Frederik an die Diskussion neulich mit Liane in Berlin denken. Wieder mal war es um Fontane gegangen, diesmal um seine *Effi Briest* und die Bedeutung des Chinesen darin. Schon Fontane hatte gewusst, was ›der Chinese‹ bei seinen Landsleuten auslösen konnten, und hatte ihn zum »Drehpunkt für die ganze Geschichte« gemacht, wie er selbst erklärte, auch wenn der Chinese als reale Figur – anders als Herr Ho in Waldhagen – in seinem Roman gar nicht auftrat. Er existierte nur als Geist, spukte angeblich durch Effis Haus und wurde so zum Sinnbild für alles Fremde und Unheimliche. Schon zu Fontanes Zeiten, weit vor Erfindung der Globalisierung, war China jenes Land, das bei den Deutschen die Sehnsucht nach Abenteuer und Exotik beflügelte und zugleich Ängste hervorrief. In der Gegenwart war es das laute Erwachen der Wirtschaftsmacht China, das die Menschen verunsicherte, weil es die Machtverhältnisse auf der Welt neu verteilte. Nach ein paar Monaten gaben die ersten Waldhagener ihre Zurückhaltung gegenüber Herrn Ho auf. Das größte Verdienst kam dabei Frederiks Vater zu, er ging einfach weiter jeden Tag in die Gaststätte »Zum Bus«, weil für ihn gar nichts anderes denkbar war. Irgendwann fragten ihn die Waldhagener, wie es denn beim Chinesen so sei, und er berichtete, dass der Herr Ho ein hochanständiger Mann und der Service besser als früher sei. Herr Ho war wohl jene Person gewesen, mit der sein Vater in den letzten Jahren die meisten Worte gewechselt hatte. Unter allen Trauernden schien er an diesem verregneten Tag einer der Traurigsten zu sein. Er hatte Günther Kallenberg gemocht.

Als sich die letzten Gäste verabschiedet hatten, wobei etliche Schützenbrüder gleich zum eigentlich erst für den Abend geplanten Pilstrinken mit Skatspiel übergegangen waren, spazierten Frederik und Julia noch einmal zum Friedhof hinaus. Für den Moment hatte es aufgehört zu regnen. Frederik spürte, wie ihm der Nebel, mit dem er aufgewachsen war, sein ohnehin anfälliges Gemüt trübte. Er glaubte nun, eine Ahnung zu haben, was sich hinter dem Modewort »Depression« verbarg. Wenn man jung war, konnten einem die Launen der Witterung weniger anhaben. Diese Zeit lag offenbar hinter ihm. Auf dem Weg zum Grab seines Vaters mussten sie am Ehrenmal für die gefallenen Söhne des Dorfes vorbei. In der Mitte des Mals ragte ein Obelisk aus Sandstein empor, in den die Figur eines sich traurig auf sein Schwert stützenden Soldaten gehauen war, darunter die Inschrift »Wir warten auf euch«.

Sie liefen vorbei an Gräbern, auf denen Marmor- oder Granitplatten lagen, je nach Budget. Die meisten hatten die Gestalt einer aufgeschlagenen Bibel und verkündeten Durchhalteparolen wie »Stärker als der Tod ist die Liebe«. Überall wuchs das unverwüstliche Friedhofskraut. Wie die lebenden Sauerländer kamen auch ihre Gräber ohne jeden Schnörkel aus, sie wollten partout nicht auffallen. Das Einzige, was sie voneinander unterschied, waren die Namen und Lebensdaten. Während sie die Reihen abwanderten, zogen unzählige Ziffern an ihnen vorbei, Zahlen aus der Lotterie des Lebens.

Wieder musste Frederik an Liane denken. Am Vorabend hatte sie ihm eine SMS geschrieben. »Ich traue mich nicht, dich anzurufen, weil ich nicht dazugehöre. Trotzdem will ich dir sagen, dass ich in Gedanken bei dir bin und wünschte, ich könnte deine Tränen trocknen.« Als er dies gelesen hatte, musste er tatsächlich weinen.

Wenn er in den vergangenen Wochen im Sauerland gewesen war, hatte er sich immer häufiger nach Liane gesehnt. Oft hatte er zu Hause am Esstisch vor dem Panoramafenster gesessen, das er sich extra hatte einbauen lassen, obwohl ein solches Fenster in der Gegend bereits als extravagant galt. Er hatte hinaus in die Landschaft geschaut, die er als Kind so geliebt hatte, und irgendwann hatte er die Augen geschlossen und sich vorgestellt, was Liane und er machen würden, wenn er jetzt in Berlin wäre. Plötzlich empfand er die Zeit zu Hause, die ihn früher glücklich und zufrieden gestimmt hatte, als bedrückend und langweilig – obwohl er die Langeweile stets als Grundübel seiner Zeit angeprangert hatte, weil sie eine Gefahr für die Beständigkeit darstellte.

Als Julia und er vor dem Grab seines Vater standen, verspürte er wieder jene leichte Unruhe, die in ihm aufgekommen war, weil er nur zwei statt drei Schippen Asche ins Grab seines Vaters geworfen hatte. Julia kniete schräg vor ihm und zupfte die Schleifen der Kränze. Er würde sie niemals verlassen können, dachte er, während er sie beobachtete. Er konnte ihr das nicht antun.

Plötzlich aber kam Frederik das Lied in den Sinn, das ihm ausgerechnet Liane nahegebracht hatte:

Das Leben lief im Schweinsgalopp, die Liebe war ein Fest,
der Mensch war gut
Damals hinterm Mond
Ein Blick war ein Versprechen, nichts als Lächeln war die
Welt, der Mensch war gut
Damals hinterm Mond

Damals hinterm Mond von »Element of Crime« war ein Tribut an die gute alte Zeit. Es war ja schön gewesen, damals hinterm Mond in dieser innigen Zweisamkeit. Er selbst hatte jedenfalls gerne dort gewohnt.

Der Baggersee war Ozean
Die Ente war ein Schwan, ein Topf ein Hut
Damals hinterm Mond

Leider hatte die berauschende Wirkung der tiefen Nähe nachgelassen, im Lied wie in seinem Leben. Der Baggersee war Baggersee geworden und die Ente war nun Ente. Besungen wurde der immer gleiche Kreislauf des Lebens, das Schrumpfen der Träume, die sich irgendwann der Realität ergaben. Frederik hatte einst davon geträumt, der beste und glücklichste Familienvater zu sein, den das Sauerland, wenn nicht gar die Welt je gesehen hatte. Und dann hatte er als Politiker der Gesellschaft, oder besser, den Menschen zu größerer Erfüllung verhelfen wollen. Inzwischen betrog er seine Frau und musste froh sein, wenn er von der eigenen Partei nicht gemobbt wurde. Diese hatte ihre Wege, um Querulanten loszuwerden, das hatte sie schon oft genug bewiesen. Nüchtern betrachtet waren seine Ziele in weite Ferne gerückt. Der Lauf des Lebens meinte es nicht gut mit Träumern.

Am schönsten und traurigsten zugleich fand Frederik den Schlussvers des Liedes:

Zu spielen gab es nie zu viel und abends wusst ich immer,
wo du warst
Was haben wir gelacht
Damals hinterm Mond

Nie hatte er Euphorie und Unschuld schöner beschrieben gefunden. Tatsächlich hatte es Vorteile, wenn es nie zu viel zum Spielen gab. Er jedenfalls hatte niemals daran geglaubt, dass die Menschen durch die Zunahme an Optionen, ihr Leben zu gestalten, glücklicher wurden. Am Ende waren all die Möglichkeiten, zwischen denen man sich entscheiden musste, doch nur eine Last. Vielleicht war die Natur des Menschen für ein Umfeld, wie es die Moderne bereithielt, einfach nicht konstruiert. Wie sollte man sich dagegen wehren, dass man eines Tages doch mit dem Spielen und so mit dem Verspielen von Optionen begann? Selbst er, der sich eigentlich gegen die Versuchung gewappnet gefühlt hatte, war zum Spieler geworden. Und der Einsatz war hoch. Er sah Julia von der Seite an.

Das Lied hatte Frederik auch als eine Ode an die Übersichtlichkeit verstanden. Etwas Schöneres als die Zeile *und abends wusst ich immer, wo du warst* hatte er noch nie gehört. Besser konnte man das angenehme Gefühl von Treue und Geborgenheit nicht in Worte fassen. Seine Frau wusste schon lange nicht mehr, wo er abends war, auch wenn er ihr diese Verlässlichkeit immer noch vorgaukelte. Er selbst hatte es da besser: Julia war zu Hause bei den Kindern. Mit Liane hingegen würde es unzählige Abende geben, an denen er nicht wusste, wo sie war, und er bezweifelte, dass er damit umgehen konnte.

Als sie später vom Friedhof zurück ins Dorf liefen, drängte Julia ihn, den Abend alleine mit seiner Mutter zu verbringen. »Ich glaube, dass es ihr guttäte, ihren Sohn mal ein paar Stunden für sich zu haben. Gerade an einem solchen Tag.«

»Meinst du wirklich?«

»Ich weiß es sogar. Vertrau mir und besuch sie heute Abend.« Sie werde derweil zu Hause warten, er könne je nach Verlauf des Abends entscheiden, ob er zu ihr kommen oder die Nacht über in seinem Elternhaus bleiben wolle. Sie vermochte es selbst nach all diesen Jahren noch, ihn mit ihrer Sensibilität und Selbstlosigkeit zu rühren. Auch wenn es ihm lieber gewesen wäre, nicht alleine mit seiner Mutter zu sein.

Sie saßen am Küchentisch, an dem Elvira Kallenberg in der Nacht des Schützenfests gesessen hatte. Die erste Frage galt wie immer dem Hunger. Wenn er essen wolle, müsse er es nur sagen, es sei noch genügend übrig. Seine Mutter hatte tatsächlich alle Reste des Leichenschmauses mitgenommen, weil es angeblich schade um das gute Essen sei. Frederik fand dieses Verhalten irgendwie pietätlos. Er musterte die Küche und das angrenzende Wohnzimmer. Seine Eltern hatten seit Jahrzehnten im selben Mobiliar gelebt, vermutlich weil sie sich seit Jahrzehnten auf nichts mehr verständigen konnten, selbst auf die einzig vernünftige Entscheidung nicht: sich zu trennen.

»Als ich an seinem Grab stand, tat er mir plötzlich unendlich leid«, sagte seine Mutter auf einmal. »Zum ersten Mal in meinem Leben. Ich mache mir Vorwürfe, dass ich nicht mutiger war und unsere Ehe aufgelöst habe. Spätestens als du aus dem Haus warst. Wahrscheinlich hätte ich auch ihm damit geholfen.«

»Warum bist du dann geblieben?«, fragte er.

»Weil ich ein Feigling war, Frederik. Ich habe mir nicht zugetraut, das Leben zu leben, nach dem ich mich gesehnt habe. Ich dachte, dazu fehlten mir Kraft und Durchhaltevermögen. Ich fürchtete mich davor, wirklich alleine zu sein, noch einsamer als an der Seite deines Vaters – und du weißt ja, wie einsam man sich mit ihm fühlen konnte. Ich hatte Angst vor ganz konkreten Dingen: alleine in einer Wohnung zu leben, ganz auf mich selbst gestellt zu sein, auch finanziell. Denn das muss man Günther lassen: Auch wenn wir uns nichts mehr zu sagen hatten – was die grundlegenden Sachen betraf, war er immer für mich da, wenn ich krank war etwa, auch wenn das Geld knapp wurde. Es mag absurd für dich klingen, aber ich sehnte mich nach der Freiheit und hatte doch zu viel Angst vor ihr.«

Frederik wunderte sich, wie gut sie sich ausdrücken konnte. Sie war viel klüger, als er sie in Erinnerung hatte. Jetzt erst fiel ihm auf, dass sie sich nie ernsthaft unterhalten hatten. Manches an ihr ließ ihn an Liane denken, auch wenn es tausend Unterschiede zwischen den beiden gab. Vermutlich lebte seine Geliebte heute jenes Leben, vom dem seine Mutter immer geträumt hatte. Plötzlich wurde ihm bewusst, dass er Liane auch für ihre Unabhängigkeit bewunderte, für ihren Mut zur Freiheit. Sie war eine moderne selbstbewusste Frau, die sich nahm, was sie wollte, emanzipiert und von spielerischer Leichtigkeit. Hatte sie im Gegensatz zu seiner Mutter einfach nur mehr Glück gehabt, weil sie zu einer anderen Zeit an einem anderen Ort lebte?

»Du hättest ein freieres Leben führen müssen, nicht so heimlich und verklemmt, wie du es getan hast. Die Heimlichkeit macht die Dinge schmutziger, als sie sein müssen.«

»Ich weiß, ich weiß«, sagte seine Mutter. »Im Nachhinein ist man immer klüger.«

»Habt ihr denn wirklich nie ein offenes, ehrliches Gespräch miteinander geführt, Vater und du?«

Sie schüttelte den Kopf. »Und wenn, dann ist es eine Ewigkeit her.«

»Aber hast du dich mit anderen Leuten ausgetauscht, mit Freundinnen?«

»Doch, anfangs schon, aber je länger ich mit Günther zusammenblieb, desto peinlicher war es mir, mich darüber zu beklagen.« Sie schüttelte wieder den Kopf, diesmal über sich selbst. »Am liebsten hätte ich mit dir darüber geredet, mit meinem Sohn, in aller Ruhe und Freundschaft. Doch das habe ich mich auch nicht getraut.«

»Aber wieso denn nicht?« Frederik tat verwundert und wusste doch, dass es nicht aufrichtig von ihm war. Er konnte sich denken, warum. Er hatte seiner Mutter nicht gerade das Gefühl gegeben, jederzeit vertraute, herzliche Gespräche mit ihm führen zu können. Und seit er im Bundestag saß, hatten sie noch weniger miteinander zu tun als zuvor.

»Weißt du, worunter ich all die Jahre gelitten habe?«, fragte sie. »Nicht nur unter meiner Ehe mit Günther, so unerträglich sie meistens auch war.« Manchmal drang der rheinische Dialekt ihrer Jugend durch, was sie ein Wort wie »unerträglich« mit breitem SCH aussprechen ließ. »Ich habe auch darunter gelitten, dass mein Sohn all die Zeit auf mich herabgesehen hat. So kam es mir jedenfalls vor.«

»Wie meinst du das? Wann habe ich auf dich herabgesehen?« In der Politik hatte Kallenberg gelernt, auf Vorwürfe nicht gleich einzugehen, sondern ihnen mit Fragen zu begegnen, in der Hoffnung, dass sich der andere um Kopf und Kragen redete und der Vorwurf in sich zusammenfiel. Eigentlich hasste er derartige Tricks, und doch fiel ihm immer häufiger auf, dass er viele Strategien intuitiv übernommen hatte.

»Vielleicht habe ich das ja falsch gedeutet«, sagte seine Mutter. »Aber bei aller Höflichkeit hast du immer auf größtmögliche Distanz geachtet. Ich hatte den Eindruck, als hättest du am liebsten gar nichts mehr mit mir zu tun. Es kam mir oft vor, als ob du selbst zu deinem Vater noch ein innigeres Verhältnis hattest als zu mir.«

»Mag sein, dass wir nicht die engste Mutter-Sohn-Beziehung haben«, entgegnete Frederik. »Aber das erklärt deinen Vorwurf immer noch nicht.«

»Jetzt gibst du dich begriffsstutziger, als du bist. Aber gut, ich versuche es mal zu erklären. Dass du gescheiter und belesener bist als ich, war nie ein Problem für mich, darauf bin ich sogar stolz, das kannst du mir glauben. Ich hatte allerdings den Eindruck, dass du …«, sie stockte, es war ihr unangenehm, in Worte zu fassen, was sie all die Jahre empfunden, aber nie mit ihm besprochen hatte, »… na ja, dass du eben moralisch auf mich herabgesehen hast, besonders seit du Abgeordneter bist.«

»Wieso denn das?«

»Das frage ich dich.«

»Das ist doch Unsinn, Mutter.«

»Ich meine: Du hast ja auch vieles richtig gemacht in deinem Leben, weit mehr als ich zumindest. Du müsstest mal hören, wie die Leute im Dorf über dich reden, wie sie dich verehren. Selbst Ewald, der alte Sozialdemokrat, bewundert dich für das Leben, das du führst und den rasanten Aufstieg, den du hingelegt hast. Wer hätte denn gedacht, dass unser Nest einmal ein Mitglied des Deutschen Bundestags hervorbringen würde?« Den Begriff »Deutscher Bundestag« sprach sie mit einer Ehrfurcht aus, die Frederik unangenehm war. »All das hat mich jedenfalls zusätzlich eingeschüchtert. Ich habe mich bisweilen klein gefühlt neben dir.«

»Ich bitte dich: Du bist meine Mutter«, sagte Frederik empört.

»Das stimmt, obwohl ich das bis heute nicht ganz verstehen kann.« Sie lachte kurz auf. »Nach mir bist du jedenfalls nicht gekommen. Und nach deinem Vater zum Glück auch nicht. Magst du ein Glas Wein?«

Er schüttelte den Kopf. Erst dann fragte er sich, ob dies ein Test gewesen war, ob nicht doch ein Funke von seinem Vater in ihm steckte. Seine Mutter schenkte sich einen Rosé ein, der ebenfalls vom Tag übrig geblieben war.

»Machen wir uns nichts vor, Frederik. Du hast mir immer das Gefühl gegeben, eine gefallene Sünderin zu sein, auch wenn du das vielleicht nicht wolltest.« Sie hatte die ganze Trauerfeier über nicht geweint, jetzt aber füllten sich ihre Augen mit Tränen. »Und ich weiß natürlich, woran das lag. Du hast mir diese Nächte nie verziehen, in denen ich ausgegangen und erst spät, manchmal zu spät, nach Hause gekommen bin. Das nimmst du mir bis heute übel, nicht wahr?« Frederik wich ihrem Blick aus. Er war aufgewühlt. Zum ersten Mal in all den Jahren sprachen sie darüber, was damals geschehen war.

»Es lag nicht hauptsächlich an *den* Nächten«, sagte er leise, aber bestimmt. »Es lag vor allem an *einer* Nacht.« Sie tat verwundert, dabei war er sich sicher, dass seine Mutter wusste, welche Nacht er meinte.

»Wie meinst du das?«, fragte sie. Er schwieg, was sie nervöser werden ließ, als sie es ohnehin schon war. »Was meinst du denn mit *einer* Nacht?«

»Was wohl? Den Schützenball!«

»Welchen Schützenball?« Sie schenkte sich Rosé nach

und trank hastig zwei, drei Schlucke. »Es gibt hier jedes Jahr einen Schützenball.«

»Den Abend, als die Polizei Vater mitnahm.«

Seine Mutter zuckte zusammen, sie wirkte tatsächlich überrascht. »Du hast uns gesehen?« Frederik antwortete wieder nicht. Ohne äußere Regung saß er da und nickte vor sich hin.

»Hinter der Festhalle?«

Er nickte weiter. »Warum hast du das gemacht?« Er stellte die Frage wie er sie damals, als Zwölfjähriger gestellt hätte. Es war bis zum heutigen Tag der schmutzigste und unwürdigste Moment seines Lebens geblieben. Seiner Mutter liefen nun Tränen über die Wangen.

Frederik fühlte sich mies, er machte ihr tatsächlich Vorhaltungen für etwas, das gut zwanzig Jahre zurücklag. Er verachtete sich für seine strenge Miene, seinen immer noch missionarischen Eifer, obwohl er das Evangelium, das er predigte, selbst nicht mehr achtete. Nun griff er doch nach der Roséflasche und schenkte sich ein.

»Weißt du, es war eine schwierige Zeit für mich«, antwortete sie schließlich. Sie hatte sich wieder gefangen und klang jetzt beinahe abgeklärt. »Ich liebte dich über alles, du warst das Wichtigste in meinem Leben, und ob du das glauben magst oder nicht: Du bist es noch heute. Aber dann war da dieser Mann, dein Vater, der mir schon damals nichts mehr zu sagen hatte, der mich nach einem Wimpernschlag des Verliebtseins nicht mehr begehrte, weil er mich nicht mehr liebte, weil er mir nicht gewachsen war, weil er dem Leben nicht gewachsen war, ich weiß es bis heute nicht. Ich aber wollte Aufmerksamkeit, wollte geliebt, bewundert oder wenigstens beachtet werden. Ich war einfach zu jung, Frederik. Ich wollte noch nicht zu jenen Mütterchen gehören, die noch heute durch dieses Dorf schleichen, Frauen, die nach kurzer Blüte als Objekt des Verlangens ihr vermeintlich gottgegebenes Schicksal als Dienstleisterin annehmen: am Mann, am Kind, am Fußboden. Es wurde mir schnell zu langweilig, verstehst du? Dein Vater hat mich weder geliebt noch begehrt. Er wollte irgendwann ja nicht mal mehr mit uns in Urlaub fahren.«

Sie sah ihren Sohn an und hoffte auf ein Zeichen des Verständnisses. Doch Frederik schoss nur diese eine Frage durch den Kopf: War das Schicksal seiner Eltern nicht eine eindringliche Mahnung an alle Paare, dass es besser war, sich zu trennen, als etwas aufrechtzuerhalten, dessen Zeit längst vorbei war? Er fragte sich, ob Julia und er nicht auch an einem solchen Punkt angelangt waren. Schnell wandte er sich wieder seiner Mutter zu.

»Und als du da hinter dem Festsaal warst, fühltest du dich da geliebt und begehrt?«

»Natürlich nicht«, antwortete sie, nicht aggressiv, eher verwundert über die Naivität ihres Sohnes. »Heute ist mir das ja selber peinlich, im Prinzip war es das schon während wir zugange waren. Ich hatte übrigens schon damals das ungute Gefühl, dass uns jemand beobachtete, aber ich ahnte nicht, dass du es warst. Sonst hätte ich gewiss mit dir darüber geredet.«

»Wusstest du denn nicht, dass das ganze Dorf über dich gesprochen hat?«

»Doch«, sagte sie. »Aber ich hatte die Hoffnung, dass sie dir nichts sagen würden – so viel Anstand hatte ich den Kleinstbürgern hier tatsächlich zugetraut. Ich weiß noch, dass es mir anfangs schwerfiel, unseren Nachbarn in die

Augen zu schauen, diesen Spießern mit ihren verlogenen Heile-Welt-Lächeln, die meist schlechter Laune sind, obwohl doch angeblich alles großartig läuft. Ich glaube, dass du dir nicht vorstellen kannst, wie ich mich damals gefühlt habe. Ich war jung, ich wollte etwas erleben, und plötzlich fand ich mich an der Seite eines verschnarchten Mannes in einem verschnarchten Tratsch-Kaff wieder. Da habe ich immer wieder kleine Fluchten unternommen, weil ich vor der großen Flucht zu viel Respekt hatte. Und trotzdem tut es mir leid, dass ich dir das angetan habe. Du musst damals sehr gelitten haben unter deiner Mutter.«

»Wie du siehst, habe ich es überstanden«, sagte Frederik. Es war pervers, dass sie sich für etwas geißelte, was er inzwischen selbst getan hatte, wenn auch einen Tick gesitteter. Sie waren nun beide Ehebrecher. Er wusste nicht, ob er lachen oder kotzen sollte. Gewiss war es klüger, das Gespräch am nächsten Tag fortzusetzen, die Beerdigung hatte sie beide aufgewühlt, auch wenn seine Mutter sich tagsüber alle Mühe gegeben hatte, dies nicht zu zeigen.

»Ich bewundere dich, mein Junge«, sagte sie.

»Lass gut sein, es gibt keinen Grund für Bewunderung. Wirklich nicht.«

»Und ob«, protestierte sie. »Ich sage das ja gar nicht, weil du Abgeordneter geworden bist. Das ist zwar toll, aber ich würde dich genauso bewundern, wenn du bei der Sparkasse Attendorn arbeiten würdest. Nein, wofür ich dich wirklich bewundere, ist deine Konsequenz, dein Verantwortungsbewusstsein, deine Weitsicht. Du hast dir eine wunderbare Frau gesucht, von der du damals schon genau wusstest, dass du sie auch nach zehn, zwanzig, dreißig Jahren noch lieben und ehren würdest. Diese Weisheit hat deinem Vater und mir leider gefehlt. Du aber hast es geschafft, die Familie zu gründen, von der ich in meinen jungen Nächten immer geträumt habe, einen kleinen Schutzraum, ein Nest der Treue, der Geborgenheit und der Liebe.« Mit jedem Satz wurde Frederik übler. »Das kann man so oder so sehen«, sagte er, nur damit sie nicht weitersprach. »Meinst du nicht, es wäre besser, wenn wir morgen weiterreden, Mutter?« Aber Elvira Kallenberg dachte nicht daran, ins Bett zu gehen. Endlich konnte sie ihrem Sohn sagen, was ihr schon lange auf der Seele brannte.

»Julia ist wirklich eine fantastische Frau«, fuhr sie fort. »Du weißt, dass ich mir immer einen intensiveren Kontakt zu euch gewünscht habe, aber das wolltest du offenbar nicht, auch wenn du es nie gesagt hast. Trotzdem haben Julia und ich uns häufiger gesehen. Ich besuche sie manchmal, während du in Berlin bist. Ich will den Kontakt zu meiner Schwiegertochter und meinen Enkeln nicht verlieren. Sie hat es dir vermutlich verschwiegen, weil ich sie darum gebeten habe. So habe ich jedenfalls mitbekommen, was für ein großartiger Ehemann und Vater du bist, Frederik. Ich wünschte, ich hätte mich nur ein Jahr meines Lebens so geliebt gefühlt, wie sich Julia von dir geliebt fühlt.« Während seine Mutter sprach, schienen unsichtbare Seile seinen Oberkörper zuzuschnüren, mit jedem weiteren Lob einen Ruck enger. Jetzt rächte sich die Strenge, mit der er bislang durch die Welt gegangen war. Er trank ein Glas Wasser, dann ein weiteres, aber er konnte sich nicht mehr reinigen. Er öffnete das Küchenfenster, lehnte sich hinaus, atmete ein paar Mal tief durch.

Als er sich wieder umdrehte, stand seine Mutter auf und sah ihn mit feierlichem Gesicht an. »Was ich dir eigentlich nur sagen wollte: Du hast es besser gemacht als ich, ach was: Du hast es genau richtig gemacht. Das habe ich dir all die Jahre schon sagen wollen.« Sie ging auf ihn zu und nahm ihn in die Arme. »Und jetzt gehen wir schlafen, ich habe dir oben dein altes Bett bezogen. Ich wäre froh, heute Nacht nicht allein sein zu müssen.«

»Natürlich«, sagte Frederik und seine Mutter strahlte ihn an. Seltsam, dachte er, wie sich das Abhängigkeitsverhältnis zwischen Eltern und Kindern irgendwann umdrehte.

Er ging nach oben in sein früheres Kinderzimmer. Seit seinem Auszug nach dem Abitur hatte er nicht mehr hier geschlafen. Er stand vor seinem Hochbett, in dem er so viele durchwachte Nächte verbracht und mit den Zwängen gekämpft hatte, und rief Julia an, die nur wenige hundert Meter entfernt in ihrem Wohnzimmer auf ihn wartete. »Ist es wirklich in Ordnung, wenn ich die Nacht bei meiner Mutter bleibe?«

»Selbstverständlich ist es das«, antwortete Julia. »Schließlich war es mein Vorschlag. Ich finde es schön, dass du in dieser schweren Stunde für deine Mutter da bist.«

Als Frederik kurz darauf einen Fuß auf jene Sprossen der Leiter setzte, auf der er sich einst stundenlang gequält hatte, und sich die Himmelsrichtung vergegenwärtigte, in der der Friedhof und seit ein paar Stunden auch sein Vater lag, entschied er kurzerhand, auf der Wohnzimmercouch zu schlafen.

FÜNFZEHN

Kurz hinter dem Kreuz Oranienburg kippte Liane den Beifahrersitz leicht nach hinten und stemmte ihre nackten Füße mit lila lackierten Nägeln gegen das Handschuhfach. Frederik, der den gemieteten Lancia gerade durch den Wald des Havellandes steuerte, musste sich zwingen, den Blick auf der Landstraße zu halten, so sehr erregte ihn, was er im Augenwinkel sah. Ihr blaues Kleid war ihm schon bei der Begrüßung aufgefallen. Es lag eng an ihrem Körper, ohne billig zu wirken. Jetzt war es so weit hochgerutscht, dass es den Großteil ihrer Schenkel freilegte. Aber es war nicht nur die nackte Haut, die ihn reizte. Die ganze Art, mit der sie in ihrem Sitz lümmelte, kam ihm wunderbar lässig vor.

Er hatte sich drei Tage und zwei Nächte gegeben, um herauszufinden, ob ein neues Leben möglich war. Ein Leben mit Liane.

Gewissenhaft wie er war, hatte er am Tag vor ihrer Abreise wieder zwei Listen angefertigt. Die eine war kurz geraten, sie hielt fest, was er tun musste, sollten Liane und er ihr Verhältnis beenden. Weitaus länger war die zweite ausgefallen, das Szenario seiner Trennung von Julia. Ganz oben hatte er die Namen seiner Söhne notiert, der Gedanke an sie fiel ihm am schwersten. Er würde alles daransetzen, ihnen weiter ein guter, verlässlicher Vater zu sein. Es sollte ihnen an nichts fehlen. Wenn Julia einverstanden war, wovon er ausging, würde er sie so oft wie möglich sehen. Vielleicht mochten seine Söhne ja sogar Berlin. Er würde sich eine größere Wohnung suchen, um ihnen genügend Platz zu bieten, wenn sie ihn besuchten. Und in seinem Wahlkreis musste er ohnehin jede zweite Woche sein. Julia würde sich keine Sorgen um Geld machen müssen, er würde für alles aufkommen, auch das Haus sollte ihr weiter zur Verfügung stehen, sofern sie das wollte.

Kaum war die Liste geschrieben, erschrak er über das, was er getan hatte. Szenarien im Kopf durchzuspielen war das eine, schrieb man sie jedoch auf, bekamen die Gedanken etwas Konkretes. Von dort war es nicht mehr weit bis zu ihrer Umsetzung. Sofort knüllte er die Liste wieder zusammen und warf sie in den Mülleimer. Kurz darauf holte er sie wieder heraus, glättete und faltete sie und versteckte sie im Safe, den er sich eigens für seine Handvoll Wertgegenstände hatte einbauen lassen. Dort war sie nicht verschwunden, aber immerhin weniger präsent.

Liane schob eine CD in die Stereoanlage, die sie extra für diesen Ausflug gebrannt hatte. Aus den Boxen floss Wellenrauschen, dann ein Beat. *Tag am Meer* von den »Fantastischen Vier« war ein Lied, das viel versprach, auch wenn sie nicht ans Meer fuhren. Nach Frederiks Vorschlag zu einem Ausflug in die Natur hatten sie sich schnell auf den Stechlinsee geeinigt. Einen besseren Ort gab es für sie eigentlich nicht.

Als sie den Wald hinter sich gelassen hatten, glitten sie über Alleen durch das Weite. Aus Wiesen und Rapsfeldern ragten Bäume wie Kunstwerke in die Landschaft. Sie standen nicht so dicht in Reih und Glied wie die Bäume im Sauerland, ihre Saat folgte keinem forstwirtschaftlichen Plan, sie schienen Freigeister zu sein, Einzelgänger mit wild wachsenden Ästen. Frederik gefiel das. Die Landschaft wirkte heller, luftiger, offener, nicht so bedrückend wie seine Heimat. Er bemerkte wieder jenes Gefühl von Leichtigkeit in sich aufsteigen, dass er nach Lianes Konzert während des Spaziergangs durch Kreuzberg empfunden hatte. Er öffnete das Schiebedach. Der Fahrtwind tanzte durch den Innenraum des Lancias, ergriff Lianes Haar, spielte mit den Zipfeln ihres Kleides, und plötzlich konnte er sie wieder spüren, die Verlockungen eines anderen Lebens.

Warum war es eigentlich nicht möglich, mit zwei Frauen zusammen zu sein?, fragte sich Frederik. Liane bemerkte seine Nachdenklichkeit. Sie legte ihre linke Hand auf seinen Oberschenkel und streichelte ihn.

Je weiter sie sich von Berlin entfernten, desto mehr Kreuze standen vor den Bäumen neben der Straße. Zunächst waren ihnen nur einzelne aufgefallen, bald aber flogen die Kreuze so zahlreich am Fenster vorbei, dass die Allee wie ein Friedhof wirkte. An manchen Stämmen hatten gleich mehrere Leben ihr Ende gefunden. Den spärlichen Nachwuchs verlor die Region entweder an den Westen oder an die Eichen. Frederik, der sich ohnehin stets an die ausgewiesene Geschwindigkeit hielt, fuhr jetzt noch langsamer. Nassenheide, Häsen und Teschendorf lagen bereits hinter ihnen, da tauchte kurz vor Gransee der erste Hinweis auf den Stechlin auf.

Liane hatte sich gleich nach ihrem Treffen in der »Einsamen Insel« Fontanes Roman gekauft und ihn verschlungen. Als sie ihn in der Schule lesen musste, hatte sie den *Stechlin* gehasst. Dicker Schinken ohne Handlung, dachte sie damals. »Zum Schluss stirbt ein Alter, und zwei Junge heiraten sich – das ist so ziemlich alles, was auf 500 Seiten geschieht«, hatte Fontane schließlich selbst über diesen Schinken gesagt.

Zwölf Jahre später aber erschloss sich ihr der Zauber, den dieser Roman entfachte, das Lakonische, die Süße der Melancholie, die Tiefe der Gespräche. Alles kreiste auf heitere Weise um die großen Fragen des Lebens. Und so war der See, um den herum all das stattfand, auch für sie zu einem Sehnsuchtsort geworden. Dass dieser Ort nicht mal hundert Kilometer von Berlin entfernt lag, war beiden nicht bewusst gewesen. Bislang hatte ihnen die Begleitung für einen solchen Ausflug gefehlt.

Auf dem Weg zu ihrem Sehnsuchtsort fuhren sie durch Ortschaften, die das 19. Jahrhundert bis heute nicht freigegeben hatte, auf Dorfstraßen, die noch für Pferdegespanne gepflastert waren. Über dieselben Steine musste schon Fontane mit seiner Kutsche gerollt sein. In manchen Orten sahen sie nicht einen einzigen Einwohner, die Menschen schienen sich zu verstecken oder sie hatten ihre Heimat längst verlassen. Nur gelegentlich fanden sich Einsprengsel der Moderne am Straßenrand, sie hießen »Kaddel's Brutzelhütte«, »Enrico's Wurstbutze«, oder »Klaus' Angel-Shop«. Die Vorliebe für den englischen Genitiv war nicht zu übersehen, kaum einer der verbliebenen Läden mochte auf seinen Apostroph verzichten.

Sie passierten Straßenschilder, denen nur der rostige Rahmen geblieben war. Aus dem morschen Dachstuhl eines Hauses wuchs eine Eiche heran. Langsam eroberte sich die Natur zurück, was die Menschen ihr einst abgetrotzt hatten. Auf einem Feld sah Kallenberg die Ruine einer Kapelle. Auch Gott hatte die Gegend aufgegeben.

Je näher sie dem Stechlin kamen, desto weniger sprachen sie miteinander. Eine solch lange Zeit hatte noch nie vor ihnen gelegen, Stunden mussten gefüllt, Stille musste ausgehalten werden. Liane zog ein Magazin aus ihrer Handtasche und blätterte ziellos darin herum. Die Titelgeschichte lautete »Zehn Tipps für den perfekten One-Night-Stand«.

Frederik, dem die Zeile ins Auge gesprungen war, erkannte gleich die Chance, unauffällig in jenen Bereich ihres Lebens vorzudringen, vor dem er sich am meisten fürchtete.

»Was empfehlen die denn da in Sachen One-Night-Stand?« Er bemühte sich, locker, gar spielerisch zu wirken, doch allein die Formulierung »in Sachen« klang aus seinem Munde seltsam aufgesetzt. Trotzdem musste er es auf diese Art versuchen. Wenn er dieses Gespräch als Inquisition begann, würde er nie die Wahrheit erfahren.

»Keine Ahnung, noch nicht gelesen«, antwortete Liane. Sie schaute tatsächlich mehr aus dem Fenster, als dass sie las.

»Was hältst du denn von One-Night-Stands?«, versuchte er es nochmals.

»Was soll ich schon davon halten? Es gibt gute und schlechte.« Liane wirkte unbeteiligt, sie ahnte noch nicht, was da gerade ins Rollen kam. In Trippelschritten bewegte Frederik sich auf die alles entscheidende Frage zu, auf die Blaue Mauritius im Reich der Eifersüchtigen. Er musste herausfinden, mit wie vielen Männern sie schon geschlafen hatte. Aus der Antwort würde man alles Notwendige ablesen können, davon war er überzeugt. Wie eine Blutprobe das Wichtigste über den Gesundheitszustand eines Menschen verriet, würde diese Probe ihren Charakter offenbaren. War sie in der Lage, treu zu sein, oder dominierte der Wunsch nach Abwechslung und Abenteuer? Die Antwort würde ihm zeigen, was er von einem Leben mit ihr erwarten durfte.

Liane war 28 Jahre alt, in diesem Alter hatten Frauen, sofern sie noch nicht verheiratet waren, in der Regel zwei längere Beziehungen hinter sich. In solchen Beziehungen, gerade wenn sie der Anbahnung einer Ehe dienten, wurde miteinander geschlafen, das hatten selbst Julia und er so gehandhabt. Etwas anderes konnte man heutzutage nicht erwarten. Anders verhielt es sich damit, was außerhalb fester Partnerschaften geschah. Hier durfte man sehr wohl eine gewisse »Zügelfestigkeit« verlangen. Mehr als zwei Geschlechtspartner waren daher aus seiner Sicht bedenklich oder zumindest unnötig. Ab der Zahl sieben wurde es unappetitlich, ab neun unerträglich, und alles Zweistellige erschien ihm unvorstellbar. In seiner Lieblingszeitung, der *Frankfurter Allgemeinen*, hatte er gelesen, dass der durchschnittliche Gegenwartsdeutsche auf sechs verschiedene Sexualpartner in seinem Leben kam. Die Zahl war ihm zwar ungeheuerlich vorgekommen, aber sie stammte aus einer Umfrage des Robert-Koch-Instituts, und da er großen Respekt vor amtlichen Institutionen hatte, blieb ihm nichts anderes übrig, als an ihre Richtigkeit zu glauben. Doch könnte er mit einer Frau leben, die in dieser Hinsicht überdurchschnittlich war?

Frederik wusste, dass ihre Antwort das Ende ihrer Zukunft bedeuten konnte. Er fragte sich nun, warum er das

Thema bislang nicht angeschnitten hatte. Wollte er lieber unwissend, aber glücklich bleiben, so wie Raucher davor zurückschrecken, freiwillig ihre Lunge röntgen zu lassen? Das war fahrlässig, denn Selbstbetrug war kein Konzept, er ließ sich selten verheimlichen, vor allem nicht vor Gott. Doch die Frage nach der Zahl ihrer Männer würde ihm nicht leicht über die Lippen kommen.

Die Spezies der eifersüchtigen Menschen unterteilte sich in der Regel in drei Kategorien. Die meisten zählten zu den Gegenwarts-Eifersüchtigen, sie wollten wissen, ob die Partnerin am Abend tatsächlich tat, was sie erzählt hatte, und ob die nette neue Kollegin nicht in Wahrheit ein Kollege war. Andere hingegen hatten keinen akuten Grund zur Eifersucht, quälten sich jedoch mit dem Gedanken, in Zukunft enttäuscht werden zu können. Die Vertreter der dritten Kategorie aber litten unter dem Vorleben der Partnerin, an jener dunklen Zeit, als man sich noch nicht kannte. Frederik erfüllte alle Kategorien auf einmal. Er war in der Gegenwart eifersüchtig, weil er aus der Vergangenheit Rückschlüsse auf die Zukunft zog. Julia hatte ihn nie eifersüchtig werden lassen, nicht mal, als sie mit zwölf Kommilitonen als einzige Frau auf Studienfahrt nach Florenz gefahren war. Sie waren die ersten füreinander gewesen, und sie würden auch die letzten füreinander sein – davon war Frederik all die Jahre überzeugt gewesen.

Kaum waren sie auf einer geraden, übersichtlichen Straße, holte er tief Luft und nahm seinen Mut zusammen:

»Mit wie vielen Männern warst du denn in der Kiste?« Nun war es raus. Er war darauf gefasst, bei der nächsten Gelegenheit wenden und zurück nach Berlin fahren zu müssen.

Liane sah ihn skeptisch von der Seite an. Die Frage war ihr noch nie gestellt worden, jedenfalls nicht von einem Mann. Trotzdem ahnte sie nur, welche Tragweite ihre Antwort haben würde, die volle Dimension war ihr offenkundig nicht bewusst, sonst hätte sie nicht so schlag- wie leichtfertig mit einer Gegenfrage geantwortet. »In dieser Woche, in diesem Monat oder in diesem Leben?«

Nun war es Frederik, der zu ihr hinübersah, ruckartig, um zu prüfen, ob sie das ernst gemeint hatte. Um ein Haar streifte er dabei eines der Kreuze.

»Sagen wir: in diesem Leben – der Einfachheit halber«, entgegnete er schließlich so lässig, wie es ihm möglich war. Er durfte nicht aus der Rolle fallen. Gott, wie er ironische Gespräche hasste.

»Wenn es um Einfachheit geht, sollten wir diese Woche nehmen«, antwortete Liane und lächelte ihn an. »Das ist leichter zu überblicken.«

»Also gut, dann die letzte Woche.«

»In der war es nur einer.«

Ihre Antwort war eine Unverschämtheit, weil sie nichts beantwortete, sondern neue Fragen aufwarf. War *er* damit gemeint? In den letzten sieben Tagen hatten sie sich jedenfalls nicht gesehen, das wusste er genau. Er überschlug, wann genau er das letzte Mal bei ihr übernachtet hatte. Er kam auf neun Tage, vielleicht auch acht, sicherlich länger als eine Woche. Selbst wenn sie etwas schlampig gezählt und ihre gemeinsame Nacht der letzten Woche zugeordnet hatte, also tatsächlich *ihn* gemeint hatte, was sollte dann diese Formulierung? Hielt sie ihn zum Narren oder war sie noch verruchter, als er befürchtet hatte?

»Jetzt sag doch mal …, die Gesamtzahl meine ich«, setzte er nach. »Kann man sich doch erzählen. Ist doch nichts Schlimmes, oder?« Er hasste es, seine Mitmenschen auszutricksen, aber er hatte das Gefühl, wahnsinnig zu werden, solange er keine Gewissheit in dieser Frage bekam.

»Ich kann dir auch sagen, wie viele es bei mir waren«, bot er noch an. Jetzt musste Liane lachen.

»Glaubst du etwa, ich zähle mit?«, fragte sie. »So wie manche Jungs, die sich für jede gebumste Frau eine Kerbe in den Bettpfosten ritzen?«

»Natürlich nicht«, sagte Frederik jetzt defensiver, auch wenn ihm ihre derbe Wortwahl missfiel, weil auch diese ein Hinweis darauf sein konnte, dass sie einen allzu leichtfertigen Umgang mit der Sexualität pflegte. »Ich meine ja nur: Wenn es nicht ganz so viele waren, dann wirst du es dir doch umso leichter merken können.« Sie reagierte nicht. »Oder sehe ich das falsch?«

»Ich kann ja irgendwann mal in mich gehen und dann exklusiv für dich eine Prognose oder besser noch eine Hochrechnung abgeben – so heißt das doch bei euch in der Politik.« Sie blieb also weiter im Reich der Ironie, das immer auch das Reich des Ungefähren war, und gerade deshalb so gut zu der Zeit passte, in der sie lebten, weil die meisten Menschen möglichst viel offen lassen wollten, um sich vor jeder Form des Bekenntnisses zu schützen. »Jetzt aber freue ich mich auf unser Wochenende.« Liane lächelte ihn liebevoll von der Seite an und streichelte wieder seinen Oberschenkel. Frederik musste sich vorerst geschlagen geben. Wenn er jetzt weiter bohrte, würde deutlich, wie besessen er von dieser Frage war.

Sie parkten vor dem Stechlinsee-Center von Neuglobsow und folgten auf der Suche nach einer Unterkunft der Stechlinseestraße. Nie zuvor war Frederik auf Reisen gegangen, ohne vorher zu klären, wo er übernachten würde. Es war ihm schwergefallen, sich auf Lianes Wunsch einzulassen, erst vor Ort eine Unterkunft zu suchen, weil das viel romantischer sei. Gerne hätte er auf diese Form von Abenteuer verzichtet. Große Erleichterung dann, als sie nach nur wenigen Schritten vor einer Pension standen, die »Luisenhof« hieß und von außen einen durchaus gepflegten Eindruck machte. Sie schienen die einzigen Gäste zu sein und bekamen das Storchenzimmer unter dem Dach, aus dessen Giebelfenster man freie Sicht auf ein Storchennest hatte. »Bei jungen Paaren besonders beliebt«, sagte der Wirt, als er ihnen den Schlüssel aushändigte. »Wegen Klapperstorch und so, Sie wissen schon.« Frederik tat, als hätte er die Bemerkung nicht gehört.

Nachdem sie rasch ihre Sachen ausgepackt hatten, spazierten sie Richtung See und blieben vor einem alten, verwachsenen Fachwerkhaus stehen, auf dessen Ziegeln dunkles Moos klebte. Eine Tafel verriet, dass es sich um die »Gaststätte & Pension Fontanehaus« handelte. »Lass uns hier Kuchen essen«, rief Liane und versprühte dabei jenen Übermut, in den sich Frederik verliebt hatte. Sie zog ihn in die Gaststube, durch die man zur »Terrasse unter der Fontanelinde« gelangte. Dort setzten sie sich im Schatten eines stolzen Baumes an einen Tisch. Auch hier waren sie die einzigen Gäste.

»Ist das die Fontanelinde, unter der wir sitzen?«, fragte Frederik, als die Kellnerin neben ihnen stand. Sie blickte ihn an, als habe er sie um eine Organspende gebeten. Ähnliche Erfahrungen hatte er häufig in der ostdeutschen Gastronomie gemacht. Wenn man etwas wissen wollte, das nicht Teil des üblichen Fragenkatalogs war, sah man nur Überforderung.

»Wat wolln Se?«, fragte die Kellnerin.

»Wissen, ob das die Fontanelinde ist.«

»Sehn Se hier noch ne andere Linde?« Die Frau hatte recht, es war der einzige Baum weit und breit. Eingeschüchtert von so viel weiblicher Resolutheit zog Frederik es vor, keine weiteren Fragen zu stellen.

Warum die Linde denn nach Fontane benannt sei, hakte Liane nun nach.

»Janz eenfach: Weil er hier jesessn hat. Und weil er de Anfang von seene Roman hier jeschriebn hat, jenau hier.«

»An diesem Tisch?« Noch während sie fragte, fiel Liane auf, dass sie an einer weißen Plastikgarnitur aus dem Baumarkt saßen.

»Dit weeß ick nüscht«, sagte die Kellnerin. »Ick weeß nur, dat et jenau hier war.«

Ob ihr der Roman auch so gut gefallen habe, mischte sich Frederik wieder ein. Die Euphorie über den historischen Ort hatte ihn mutig werden lassen. Leider war es wieder die falsche Frage.

»Junga Mann, schalten Se doch ma Ihren Kopps een. Wie soll icke denn dit janze Ding jelesn haben? Wie solln dit jehn? Se sehn doch, watt hier los is.« Frederik ließ seinen Blick über die leere Terrasse schweifen. »Ja jut, vielleicht nich jrad jetzte, aber sonste. Könn Se mir glooben.« Sie stemmte die Hände in die Flanken ihrer Jägermeister-Schürze. Frederik verstand nicht, wie man derart schroff zu

Menschen sein konnte, von denen man bezahlt werden wollte. Im Sauerland ging man bei ähnlicher Kargheit des Gemüts weitaus freundlicher miteinander um.

»Ick will ja nüscht sagen jejen de olle Fontane. Aber jetze ma unter uns zwee Hübsche. So janze versteh ick den Trubel ja nüscht. Ick meene, man kann dit och übatreeben. Ham Se ma in de Karte jekiekt?« Beide schüttelten den Kopf. »Machn Se ma.« Sie schlug die Seite mit den Vor- und Hauptspeisen auf und sogleich war klar, was sie mit »übatreeben« meinte. Es gab »Fontanesalat«, eine »Fontanecremesuppe«, »Fontanesülze«, »Fontanekotelett«, »Fontaneforelle«. »Und dit jeht noch weita«, sagte die Kellnerin und blätterte genüsslich die Seite mit den Desserts auf, wo neben dem »Fontane-Split« oder der »Birne Fontane« auch die »Biskuitschnitte Theodor« und der Käseteller »Effis Brie« angeboten wurden.

»War nüscht meene Idee«, sagte die Kellnerin und deutete Richtung Küche, wo der Erfinder des ganzen Fontanewahnsinns gerade mit Töpfen klapperte.

»Wat icke ja viel interessanta find an de olle Boom …«, fuhr sie bald darauf fort und berichtete von einer ganz anderen Geschichte über den Baum. Frisch verliebten Paaren, die sich unter der Linde küssten, sei der Sage nach ewige Liebe beschieden, zumindest aber ein langes Leben in Zweisamkeit, weshalb der Neuglobsower statt von der »Fontanelinde« lieber von der »Liebeslinde« spreche.

»Wolln Se nüscht ooch ma?« Die Kellnerin sah sie erwartungsfroh an. Frederik errötete vor Scham. Verlegen musterte er den Stamm der Linde.

»Büsschen schüchtern, de junge Mann, wa?«, sagte die Kellnerin. »Na, ick lass Se ma alleene.«

Frederik saß wie versteinert da. Er liebte es, Liane zu küssen, es gab Momente, da verzehrte er sich regelrecht nach ihren Lippen, jetzt aber schreckte er davor zurück. »Man muss nicht jeden Quatsch mitmachen, den die Leute sich ausdenken«, sagte Liane schließlich. Für diesen Satz hätte Frederik sie dann doch am liebsten geküsst. »Ich bin ohnehin keine Freundin von Traditionen.« Für diesen wiederum nicht.

Sie waren längst angekommen und doch war es schwer, diesen Ausflug beginnen zu lassen. Bei Frederik meldete sich nun wieder sein Gewissen, lauter und energischer als zuvor. Er fühlte sich schuldig, seiner Frau gegenüber sowieso, aber auch gegenüber Liane, die sich, ohne es zu wissen, in einer Art Eignungstest befand. Trotzdem musste er da jetzt durch. Er wollte endlich Klarheit, wollte seinem Leben jene Ordnung und Eindeutigkeit zurückgeben, die ihn lange Zeit glücklich gemacht hatte. Deshalb musste er erfahren, wie es war, ganze Tage mit Liane zu verbringen. Und er musste mehr über sie und ihr Vorleben herausfinden. Letztlich wollte er wissen, wie verbraucht sie bereits war, auch wenn er dieses Wort nur dachte und niemals aussprechen würde. Dass dieser Ausflug auch für Liane ein Test sein könnte, kam ihm nicht in den Sinn.

»Lass uns zum See gehen«, sagte sie, als sie – getrennt, darauf hatte sie bestanden – ihre Fontaccinos bezahlt hatten. Sie deutete auf den angrenzenden Wald, der den Stechlin wie ein Wall von der Zivilisation trennte – oder dem, was man hier für Zivilisation hielt. Am Uferweg angelangt bogen sie nach rechts ab, wo sie bald schon die »Fischerei« passierten, aus deren Kamin der Duft gegrillter Maränen stieg, und vor deren Steg die überlebensgroße

Skulptur eines roten Hahns das Ufer bewachte. Zahlreiche Radfahrer kamen ihnen entgegen, und wieder fiel Frederik auf, was er schon häufig beobachtet hatte. Hätte man die radelnden Paare einer Studie unterzogen, stünde deren Ergebnis in seltsamem Kontrast zur weiblichen Forderung nach Selbstbestimmung und Führungsfunktionen. Hier, am Stechlin, und überall sonst fuhr die Frau ihrem Mann jedenfalls gerne hinterher; einige nur wenige Meter, andere im Abstand von Minuten. Frederik verzichtete vorsorglich darauf, Liane seine Beobachtung mitzuteilen.

Schließlich gelangten sie an eine sandige Bucht. »Hier bleiben wir«, rief Liane, griff nach seiner Hand und zog ihn zärtlich, aber bestimmt dem Stamm einer gefallenen Buche entgegen. Der Baum hatte sich parallel zum Ufer niedergelassen, als habe die Natur ihren Schlachtenbummlern eine Tribüne errichten wollen. Liane nahm beschwingt Platz und bedeutete Frederik, sich neben sie zu setzen. Die Füße über dem Wasser baumelnd, die Köpfe aneinandergeschmiegt, blickten sie hinaus auf den Stechlin, und es war ihnen, als säßen sie mitten in Fontanes Roman.

Der See präsentierte sich sogar noch schöner, rauer und geheimnisvoller, als der Dichter ihn vor über hundert Jahren beschrieben hatte. Während er gleich unter ihnen sanft und zutraulich am Ufersand leckte, als könne er niemandem etwas zuleide tun, präsentierte er sich weiter draußen fauchend und unberechenbar.

Vom Ufer des Stechlin beugten sich Birken, Kiefern und Buchen schräg über sein Wasser. Sie, die selbst nicht prachtlos waren, schienen sich vor seiner Herrlichkeit zu verneigen. Die Sonne lugte schüchtern hinter den Wolken hervor und zauberte jenes Glitzern auf die Oberfläche des Sees, das aus Gewässern Ereignisse macht.

Nur der Schlot des Atomkraftwerks am Südende des Stechlin störte die Idylle ein wenig. Mit dem ersten AKW der DDR war in den Sechzigerjahren ein Funken Fortschritt in die Mark Brandenburg gekommen. Nur ein Vierteljahrhundert später aber war zeitgleich mit dem Sozialismus auch das Werk vom Netz gegangen. Der vermeintliche Fortschritt hatte sich bereits eine Generation später als Rückschritt herausgestellt. Als wahrer Konservativer hatte Frederik die Kernenergie schon immer abgelehnt, hatte sie doch das Potenzial, Gottes Schöpfung mit einem einzigen GAU zu zerstören. Seine vermeintlich konservativen Parteifreunde beklagten den Ausstieg aus der Atomkraft indes, als handle es sich um eine gute alte christliche Tradition. Während sie auf das Wasser blickten, schmiegten Liane und Frederik ihre Wangen aneinander und knutschten bald so hemmungslos, als gäbe es um sie herum keine Welt mehr. Irgendwann aber näherte sich in ihrem Rücken bedrohlich das Geplapper einer Wandergruppe, kurz darauf saßen zwölf reifere Damen neben ihnen im Sand. Vor den Frauen baute sich ein Mann gleichen Alters auf und setzte zu einer Ansprache an. Alle waren von Kopf bis Fuß in Outdoorkleidung gehüllt, ein florierender Zweig der Modeindustrie. So waren die vormals »rüstig« und heute »aktiv« genannten Vertreter der Generation 60 plus im Straßenbild kaum mehr voneinander zu unterscheiden. Ihre beiden wichtigsten Kennzeichen waren der Leki-Wanderstock und die atmungsaktive Weste, deren Fasern ebenso optimiert waren wie das Altern.

Der Mann stellte sich als Mischung aus Reiseleiter und

Wanderprediger heraus. Jedenfalls protzte er so ungefragt mit seinem angelesenen Wissen, wie es Frauen niemals in den Sinn käme. Nachdem er alle wissens- wie unwissenswerten Daten über den See referiert und jeden zweiten Satz um die Wendung »ich sag mal« bereichert hatte, zog er ein Taschenbuch aus seinem Rucksack und las den Damen »ich sag mal, eine der schönsten Stellen« aus dem *Stechlin* vor, jene Anfangssequenz, in der Fontane seinen Lesern den See vorstellte:

»Zwischen flachen, nur an einer einzigen Stelle steil und kaiartig ansteigenden Ufern liegt er da, rundum von alten Buchen eingefasst, deren Zweige, von ihrer eigenen Schwere nach unten gezogen, den See mit ihrer Spitze berühren.«

Der Mann hielt inne, drehte sich um und warf einen pathetischen Blick auf das Wasser. Es war klar, dass er auch von sich selbst ergriffen war, nicht nur von Fontane. »Ich sag mal, an dieser Beschreibung passt doch noch heute jedes einzelne Detail.«

»Bis auf den Fabrikschlot vielleicht«, rief eine aus der Gruppe.

Frederik wusste natürlich nicht, in welchen Verhältnissen die Damen lebten, aber der Anblick von älteren Frauen hatte ihn schon oft traurig gestimmt. Ob es sich um eine Gemeinschaft wandernder Leidensgenossinnen handelte? Von verlassenen Ehefrauen? Er verachtete das zynische Spiel der Männer, die sich mit jungen Frauen ein Stück Jugend zurückholen wollten, statt zu akzeptieren, was Gott nicht ohne Grund so eingerichtet hatte: dass der Mensch nun mal älter und reifer wurde. Er sollte sich in Gottes Namen auch dementsprechend benehmen. Früher, so glaubte Frederik, hatten sich die Frauen ihrem Mann stärker angepasst als heute. Im Gegenzug aber waren die Männer treuer gewesen, zuverlässiger, auch dann noch, wenn die Frische der Jugend aus den Gesichtern ihrer Frauen gewichen war. Vermutlich, dachte Frederik, hingen beide Entwicklungen miteinander zusammen. Die Frage war nur, was zuerst verschwunden war: die Anpassungsbereitschaft der Frauen oder die Treue der Männer.

»Und jetzt schauen Sie mal ganz aufmerksam auf den See«, sagte der Mann, bevor er den nächsten Auszug vorlas. »Schauen Sie, ob Sie vielleicht, ich sag mal, einen roten Hahn draußen über dem Wasser entdecken.«

»Einen roten Hahn?«, fragte eine der Damen, sie klang genauso verdattert, wie er es sich erhofft hatte.

»Ganz richtig: einen roten Hahn. Sie werden gleich wissen, warum.« Dann las er eine weitere Passage:

»Und doch, von Zeit zu Zeit wird es an ebendieser Stelle lebendig. Das ist, wenn es weit draußen in der Welt, seis auf Island, seis auf Java zu rollen und zu grollen beginnt oder gar der Aschenregen der hawaiischen Vulkane bis weit auf die Südsee hinausgetrieben wird. Dann regt sichs auch hier, und ein Wasserstrahl springt auf und sinkt wieder in die Tiefe. Das wissen alle, die den Stechlin umwohnen, und wenn sie davon sprechen, so setzen sie wohl auch hinzu: ›Das mit dem Wasserstrahl, das ist nur das Kleine, das beinahe Alltägliche; wenns aber draußen was Großes gibt, wie vor hundert Jahren in Lissabon, dann brodelts hier nicht bloß und sprudelt und strudelt, dann steigt statt des Wasserstrahls ein roter Hahn auf und kräht laut in die Lande hinein. Das ist der Stechlin, der See Stechlin‹«.

Der Mann senkte das Buch und sah sein Publikum feierlich an. »Wissen wir denn, was dort in Lissabon geschehen ist und worauf der gute Fontane hier anspielt?« Er sprach mit den Frauen, als handle es sich um eine Gruppe Lernbehinderter. »Also bitte, haben wir denn noch nie von der berühmten Sturmflut von Lissabon gehört?« Die Damen schüttelten den Kopf und starrten betreten in den Sand. Er hatte erreicht, dass sie sich klein und dumm fühlten.

»Das stimmt nicht«, rief Liane. Sie hatte sich aus Frederiks Umarmung gelöst und sah zur Wandergruppe hinüber.

»Entschuldigung?«, fragte der Mann und sah Liane herausfordernd an.

»Es war ein Erdbeben, keine Sturmflut.«

»Da bin ich anders informiert.«

Liane war sonst alles andere als besserwisserisch, aber es hatte sie aufgeregt, wie arrogant der Mann mit den Frauen geredet hatte. Während Frederik die Intervention etwas unangenehm war, verfolgten die Damen den kurzen Disput mit sichtbarem Vergnügen, die Stimmung drehte, aus verängstigten Frauen wurde eine heitere Wandergruppe. Plötzlich bewunderte er Liane für ihren Mut. »Ich werde das zu Hause noch mal in Ruhe nachschlagen«, sagte der Mann. Im Hintergrund kicherten die Damen.

»So, ich sag mal, es ist höchste Zeit«, meinte der Wanderführer, nachdem er etwas zu plötzlich auf seine Uhr geschaut hatte. Er verstaute das Taschenbuch im Rucksack und drängte zum Aufbruch. Die Frauen folgten ihm, wenn auch weit weniger folgsam als zuvor. Eine von ihnen ging auf Liane zu und bedankte sich: »Machen Sie nur weiter so.«

Liane und Frederik hatten ihre eigenen Auseinandersetzungen über einzelne Aspekte des Romans gehabt. Im Kern war es immer um die Frage gegangen, ob Fontane nun ein echter Konservativer gewesen sei oder nicht. Während sie wieder auf den See hinausblickten, versuchte Frederik erneut, Liane von seiner These zu überzeugen.

Die Prägung des Protagonisten Dubslav von Stechlin, einem alten Landadeligen und Fontanes Alter Ego, möge konservativ gewesen sein, erwiderte Liane, dennoch habe er der heraufziehenden Zeit aufgeschlossen gegenübergestanden, habe sie mit Sympathie und nie ohne Heiterkeit begleitet. »Er nahm den Untergang des konservativen Zeitalters jedenfalls weit gelassener als du.«

An Dubslavs Gesinnung könne es keinen Zweifel geben, protestierte Frederik. Er habe nicht umsonst bei der Nachwahl zum Reichstag für die »Konservativen« kandidiert.

»Aber nur halbherzig«, entgegnete Liane. »Und am Ende gewinnt dann ein Sozialdemokrat und Dubslav findet es nicht mal traurig.« Sie frage sich allmählich, ob Frederik den Roman überhaupt gelesen habe, denn es sei ja nun offensichtlich, dass sowohl Fontane als auch Dubslav große Freunde der Moderne gewesen seien. Um das zu belegen, zog sie nun ihre mit vielen Unterstreichungen und Anmerkungen versehene Ausgabe des *Stechlin* aus der Handtasche und blätterte zielstrebig darin herum. »Hier kannst du hören, was Pastor Lorenzen, ein Freund des guten Dubslav, über den Adel und seine konservativen Wertvorstellungen denkt.«

»Ich kenne die Stelle«, protestierte Frederik, noch bevor sie beginnen konnte.

»Ich lese sie trotzdem«, sagte Liane.

»Unsre alten Familien kranken durchgängig an der Vorstellung, ›dass es ohne sie nicht gehe‹, was aber weit gefehlt ist, denn es geht sicher auch ohne sie; – sie sind nicht mehr die Säule, die das Ganze trägt, sie sind das alte Stein- und Moosdach, das wohl

noch lastet und drückt, aber gegen Unwetter nicht mehr schützen kann. … Eine neue Zeit bricht an. Ich glaube, eine bessere und eine glücklichere. Aber wenn doch nicht eine glücklichere, so doch mindestens eine Zeit mit mehr Sauerstoff in der Luft, eine Zeit, in der wir besser atmen können. Und je freier man atmet, je freier lebt man.«

Sie sah Frederik triumphierend an. »Das schreibt dein Fontane!«

»Nein, er lässt es eine seiner Figuren sagen.«

»Eine Figur, die er den ganzen Roman über mit größter Empathie beschreibt und die obendrein ein guter Freund und Seelsorger unseres geschätzten Dubslav ist.«

»Trotzdem.«

»Nichts trotzdem. Und weißt du, was das Interessanteste ist? Was Fontane seinen Lorenzen über den alten Adel sagen lässt, könnte man eins zu eins über dich und deine Gesinnungsfreunde sagen. Ihr habt auch noch nicht verstanden, dass eine neue Zeit längst begonnen hat. Dass sich das Alte nicht zurückholen lässt. Und dass es sich so besser atmen lässt.«

Anders als bei den Vertreterinnen der Oppositionsparteien gefiel es Frederik, von Liane aufgezogen zu werden. Er konnte ihr jedenfalls nicht böse sein.

»Gib mir mal dein Buch«, sagte er, »und hör zu, wie wunderbar Dubslav gegen die Moderne wettern kann.« Er blätterte, bis er die passende Stelle gefunden hatte. Es ging um die damals noch neue Erfindung der Telegrafie, über die der alte Stechlin sich ebenso aufregen konnte wie Frederik über das Internet und seine vermeintlich sozialen, aus seiner Sicht jedoch asozialen Netzwerke.

»Die feinere Sitte leidet nun schon ganz gewiss. Schon die

Form, die Abfassung. Kürze soll eine Tugend sein, aber sich kurz fassen, heißt meistens auch, sich grob fassen. Jede Spur von Verbindlichkeit fällt fort, und das Wort Herr ist beispielsweise gar nicht mehr anzutreffen.«

Frederiks Klagen klangen ähnlich. In der neuen Form der Kommunikation per Internet und Mobiltelefon sah er in erster Linie einen Verlust: an Tiefe, Ernsthaftigkeit, an gedanklicher wie sprachlicher Eleganz. Die Liebenden von heute etwa schrieben sich keine Briefe, sie banden ihrer Zuneigung keine Schlaufen mehr, sie schickten sich Kurzmitteilungen oder chatteten miteinander. Letztlich klagten Dubslav wie Frederik über die Beschleunigung des Lebens, die Nervosität ihrer Zeit und deren Folgen für Sitte, Anstand und Moral.

»Jetzt musst du aber auch weiterlesen«, verlangte Liane. »Schau mal, was dein Freund Dubslav gleich auf der nächsten Seite sagt.« Sie nahm ihm das Buch aus der Hand und las es selbst.

»Wenn ich das Gegenteil gesagt hätte, wäre es ebenso richtig. Der Teufel ist nicht so schwarz, wie er gemalt wird, und die Telegrafie auch nicht, und wir auch nicht. Schließlich ist es doch was Großes, diese Naturwissenschaften, dieser elektronische Strom, tipp, tipp, tipp. So viel dazu.« Sie schloss das Buch und lächelte wie eine Siegerin.

Frederik sah sie fast andächtig an. Er hatte sich auch in ihre Widerborstigkeit verliebt, in ihren herausfordernden Blick, in ihre Fröhlichkeit und Wachheit. Dabei hatte das Selbstbewusstsein bislang nicht zu seinen weiblichen Schlüsselreizen gezählt. Jetzt aber gefiel es ihm, wie Liane ihn bekämpfte, wie schlau und energisch sie argumentierte.

»Ich könnte es jetzt wie der Mann eben machen und sagen ›Ich schlags noch mal in Ruhe nach‹«, sagte er. »Aber vielleicht liegst du auch einfach richtig.« Frederik gab sich geschlagen, beugte sich zu Liane und küsste sie. Zum vermutlich ersten Mal in seinem Leben hatte er kein Bedürfnis, bei einem seiner Kernthemen recht zu behalten. Er wirkte beinahe gelassen.

»Ich fand übrigens gut, wie du es diesem Kerl, dem Wanderführer, eben gezeigt hast.«

»Danke«, sagte Liane. »Mir taten die Frauen leid. Wahrscheinlich haben sie ihr ganzes Leben einem einzigen Mann gewidmet, ihrem Ehemann, hatten zu keinem anderen Kontakt, also so richtigen Kontakt meine ich, und zum Dank werden sie irgendwann sitzen gelassen und müssen einem solchen Arsch hinterherwackeln.«

Eigentlich hatte Frederik ihr erzählen wollen, dass er eben ähnlich empfunden habe, nun aber heulte ihr »so richtigen Kontakt meine ich« in seinem Hirn wie eine Alarmanlage. Die bösen Gedanken waren wieder da, ihre bisherigen Männer. »Wie viele von solchen richtigen Kontakten hattest *du* denn schon?«, fragte er schließlich, obwohl er sich zugleich dafür schämte. Er musste es tun. Liane sah ihn an, um zu überprüfen, ob er vielleicht einen Spaß machte und sich selbst auf den Arm nahm, aber seine zerknirschte Miene verriet etwas anderes. »Du meinst das wirklich ernst, oder?«, fragte sie. »Du willst das wirklich wissen. Du bist ganz versessen darauf, die Zahl zu hören, hab ich recht, Frederik?«

Er saß verlegen vor ihr, blieb aber hartnäckig. »Der Gedanke lässt mir keine Ruhe. Sags mir jetzt und danach reden wir nie wieder darüber.«

»Du machst alles kaputt mit deiner Penetranz, deinem

Nachbohren«, sagte sie. »Aber okay.« Zwei Silben aggressiv wie ein Schlag. »Okay, ich sags dir. Ich sag dir, mit wie vielen Typen ich geschlafen habe. Aber fang danach nicht an zu heulen!«

Frederik zögerte. Es war die letzte Chance, seine Frage zurückzuziehen. Wenn er nickte, würde sie die Zahl ausspucken, sie würde in der Welt sein, die dann eine andere war, und sie würde nie wieder verschwinden. Am liebsten wäre er fortgelaufen, so wie er es damals immer gemacht hatte, als seine Eltern gestritten hatten, fort von diesem See, von dieser gefallenen Buche, fort von Liane, heim zu Julia, seiner Frau, bei der er sich noch nie so wurmgleich gefühlt hatte wie in diesem Augenblick. Schließlich nickte er, zaghaft zwar, aber er nickte.

»Es waren 26.« Sie schrie die Zahl hinaus, mitten in sein Gesicht und mit ihr all die Wut, dass er sie dazu genötigt hatte. »Aber nagle mich bitte nicht auf diese Zahl fest, hörst du – ha, was für ein tolles Wort in diesem Zusammenhang …«, ihre Stimme überschlug sich fast, »also nagle mich nicht darauf fest. Sie ist ohne Gewähr, es können auch mehr gewesen sein. Ich führe, wie gesagt, keine Strichliste.«

Frederik schwieg, ein langes, erschüttertes Schweigen.

»Bist du jetzt zufrieden?«

Er zitterte. Erst nur der Kiefer und die Wangen, dann sein ganzer Körper.

»Hallo, jemand zu Hause?« Ihr Gesicht war eine Handbreit von seinem entfernt, aber er konnte nicht reagieren. Die Zahl lähmte ihn. Mit dieser Menge würde er nicht leben können, sie würde ihn nicht mehr schlafen lassen. Falls er sich für ein Leben mit Liane entschied, würde er auch mit diesen 26 Männern leben müssen. Jeden einzelnen würde er sich vorstellen, sie würden ihm in seinen Nächten begegnen, würden seine Frau von oben, von unten, von vorne und hinten und wer weiß von wo noch nehmen, seine Fantasie würde da immer neue Varianten finden. Er würde ihre Namen wissen wollen, wie sie aussahen, was sie heute machten, ob es noch Kontakt gab. Er würde niemals damit aufhören können.

»Ich verstehe das nicht«, stammelte er. »Ich kann das nicht verstehen.« Er wusste, dass es ein alberner Gedanke war, und doch kam ihm die Tatsache, dass Liane mit all diesen Typen im Bett war, wie Ehebruch vor. Sie tat ihm weh.

»Was verstehst du nicht?« Sie war noch immer aufgebracht.

»Ich versteh nicht, wie du das machen konntest. Ich meine, was waren das für Männer? Wo kommen die alle her? Wo hast du die überhaupt kennengelernt?« Es fühlte sich an, als hätten die 26 ihm ein großes Stück Liane weggenommen.

»Wo man Männer eben so kennenlernt, in der Bar, im Internet, bei Podiumsdiskussionen …«

Liane wollte die Aufzählung eigentlich fortsetzen, aber Frederik fuhr dazwischen. »Im Internet?«

Aus seiner Sicht war es schon schrecklich genug, sich mit so vielen Männern einzulassen und das Intimste zu teilen, was ein Mensch zu teilen hatte. Dass solche Kontakte auch noch über das Internet zustande gekommen waren, machte es noch schrecklicher für ihn. Affären und One-Night-Stands mochten von Freizügigkeit, vielleicht auch von Gedankenlosigkeit zeugen, hinter einer Verabredung über das Netz aber steckte ein Vorsatz, die feste Absicht, Schmutziges zu tun. In der *Frankfurter Allgemeinen* hatte er vor Kurzem gelesen, dass gewisse Kontaktseiten mit dem Slogan »Finde deinen Fickpartner« warben. Der Gedanke, dass Liane sich von solch einer primitiven Annonce hatte ködern lassen, war unerträglich.

Der absurde Traum von einer gemeinsamen Zukunft war geplatzt. Wie sollte er einem Menschen mit dieser Vergangenheit trauen können? Natürlich würde sie dauernd fremdgehen.

Liane sah, wie er sich quälte, sah das Entsetzen in seinem Gesicht, aber sie dachte nicht daran, es gut sein zu lassen. Sie war so wütend, dass es ihr sogar Genugtuung bereitete, ihn weiter zu quälen. »Ich hatte sogar schon Sex zu viert, falls dich das interessiert.« Es war ein letzter Tritt in seine Rippen.

»Was?«, stöhnte Frederik, lethargisch, als sei er kurz aus einer Ohnmacht erwacht. »Zwei Typen, zwei Frauen, alle miteinander«, sagte Liane. »Oder, warte mal, waren es nicht sogar drei Typen? Ist auch egal. Hat jedenfalls Spaß gemacht.«

Frederik presste sich beide Hände auf die Ohren und saß mit gesenktem Kopf auf dem Baumstamm. Liane schwieg, starrte ihn aber weiter zornig an.

Es dauerte lange, bis er wieder sprechen konnte. Da ohnehin nichts mehr zu retten war, konnte er sie jetzt alles fragen, was ihm auf dem Herzen lag. »Wenn das stimmt, was du mir erzählt hast, fühlst du dich dann gar nicht …«, er zögerte, das Wort auszusprechen. Sie sah ihn hasserfüllt an, ließ ihn aber weiterreden, »… befleckt? Ich meine, bereust du es denn gar nicht?«

Liane ließ die Frage verklingen, stand auf, stellte sich vor Frederik und sah ihn angriffslustig an.

»Was nimmst du dir eigentlich heraus? Wie kommst du dazu, hier den Moralapostel zu geben? Hast du vergessen, dass tief im Sauerland eine Frau und zwei Kinder auf dich warten, während du mit deiner befleckten Fickpartnerin eine Landpartie machst?« Das Wort »Fickpartnerin« brüllte sie noch lauter als die anderen Worte.

Frederik blickte sich erschrocken um und sah die wandernden Frauen auf ihrem Rückweg ins Dorf. Er versuchte, Liane auf sie aufmerksam zu machen, was ihren Zorn jedoch nur weiter anfachte. »Ist mir doch egal! Sollen die Leute ruhig mitbekommen, was für ein Arschloch der feine Herr Abgeordnete ist.« Er dachte daran, einfach davonzulaufen, aber die Damen versperrten ihm den Fluchtweg.

»Jetzt bist du dran, mein Lieber! Jetzt wirst du verhört! Was glaubt denn deine Frau, wo du gerade bist? Was hast du ihr und deinen Kindern bloß erzählt? Na los, sag schon!« Sie gab ihm zwei Sekunden Pause, schon ging es weiter: »Was ist denn bitteschön moralisch verwerflicher: mit ein paar Männern ins Bett zu gehen, weil man Lust darauf hat und weil man Single, also ungebunden ist, oder seine Frau, ja seine ganze Familie zu betrügen?« Sie schrie in gleichbleibender Lautstärke und fixierte ihn mit ihrem Blick.

»Und du fragst mich, ob ich mich schmutzig fühle? Du? Weißt du was? Scheiß auf deine Moral! Scheiß auf deinen kranken, verlogenen Konservatismus. Ich bin raus. Du kannst mich mal!« Sie schleuderte ihr Taschenbuch gegen seine Brust, drehte sich um, lief grußlos an der Wandergruppe vorbei und verschwand Richtung Neuglobsow.

Die Damen sahen ihr so verdattert nach, als sei der rote Hahn persönlich an ihnen vorbeigerauscht. Ohne sich umzudrehen, spürte Frederik, wie ihre Blicke nun an ihm hafteten. Er schämte sich. Dass sie ihn vielleicht aus dem Fernsehen kannten, war zwar peinlich, aber nicht das Unangenehmste. Viel schlimmer war, dass sie Zeugen dieser Szene geworden waren. Schon als unbeteiligter Zuschauer hatte er solche öffentlich aufgeführten Privatdramen kaum aushalten können. Wann immer er Ähnliches beobachtet hatte, spürte er den Impuls, den betroffenen Männern zu sagen, dass sie sich so etwas nicht bieten lassen dürfen und die Frau schleunigst vergessen sollten. Nun war er selbst ein solcher Mann.

Frederik wartete, bis die Damen weiterzogen. Er saß noch immer auf der gefallenen Buche und starrte hinaus auf den See. Wie hatte er es nur so weit kommen lassen können? Was um Himmels willen hatte ihn dazu verleitet, sich auf Liane einzulassen? Er hatte immer geglaubt, Julia und er seien füreinander bestimmt. Nun fragte er sich, was es eigentlich bedeutete, füreinander bestimmt zu sein. War der Prozess der Paarbildung in Wahrheit nicht reiner Zufall, eine große Liebeslotterie, bei der es darauf ankam, wer sich wann in welchem Alter an welchem Ort befand? Gewiss, jeder Mensch hatte für sich ein paar Ausschlusskriterien, was potenzielle Partner betraf, aber selbst wenn man diese subtrahierte, blieben immer noch Millionen von Möglichkeiten; konnte man angesichts dieser Zahlen ernsthaft davon sprechen, füreinander bestimmt zu sein? War die konkrete Person, mit der man das Bedürfnis nach Halt und Nähe befriedigte, nicht in Wahrheit austauschbar? Was sprach dann dagegen, den Partner im Laufe eines Lebens zu wechseln? Liane statt Julia. Oder waren diese Gedanken statistischer Mumpitz und am Ende gab es doch eine Bestimmung? Eine göttliche gar? Welche der beiden Frauen war in diesem konkreten Fall für ihn bestimmt? Warum machte es Gott ihm so schwer, dies zu erkennen?

Frederik erschrak vor sich selbst, er kannte solche Gedankengänge bislang nicht.

Erst mit Einbruch der Dämmerung, die den See in ein düsteres, glucksendes Loch verwandelte, stand er auf. Als er den Luisenhof erreichte, waren Lianes Sachen verschwunden, ihre riesigen Kopfhörer, die sie an den Haken der Garderobe gehängt, die drei Paar Schuhe, die sie vor der Heizung aufgereiht hatte, die Tasche ebenfalls. Frederik öffnete den Kleiderschrank, fand aber nur drei Plastikkleiderhaken und eine braue Wolldecke, die schon zu DDR-Zeiten zum Inventar gehört haben musste. Seine letzte Hoffnung auf eine Hinterlassenschaft war das Badezimmer, aber selbst die Zahnbürste war weg. Gewiss war es besser so, versuchte er sich einzureden. Er setzte sich auf jene Hälfte des Betts, die Liane vier Stunden zuvor für sich reklamiert hatte, knipste die Nachttischlampe an und versank wieder in Gedanken. Wie sie aus dieser Einöde wohl weggekommen war? Sicher fuhr irgendwo ein Bus, der an einem kleineren Bahnhof hielt. Er traute ihr auch zu, dass sie zurückgetrampt war, während er selbst es nicht mal wagte, Anhalter im eigenen Wagen mitzunehmen.

Wie so häufig, wenn er verzweifelt war, verspürte er den Wunsch, in der Bibel zu lesen. Sein eigenes Exemplar mit dem ledernen Umschlag hatte er diesmal nicht eingepackt, aus Furcht vor Lianes Kommentaren. Bald aber erinnerte er sich an die allzeit abwaschbaren Hotelbibeln, die meist in der Nachttischschublade lagen und deren liebloser Plastikeinband aus seiner Sicht den Tatbestand der Gotteslästerung erfüllte. Dass es im Luisenhof eine Bibel gab, erschien ihm unwahrscheinlich, schließlich lag er tief in Ostdeutschland. Trotzdem öffnete Frederik die Schublade. Er fand ein Buch mit Stoffeinband, nahm es heraus, schlug die erste Seite auf und las die handgeschriebene Zeile *Tagebuch*. Erschrocken schlug er es wieder zu. Liane musste das Buch vergessen haben, als sie eben überstürzt ihre Sachen gepackt hatte. Um sich selbst vor der Versuchung zu schützen, legte er es umgehend zurück in die Schublade, verließ fluchtartig den Raum und stolperte die Holztreppe hinab. Unten setzte er sich auf die leere Terrasse des Restaurants. Ohne einen Blick in die Karte zu werfen, bestellte er die »Spezialität des Tages«, bekam allerdings keinen Bissen des Fontanetellers – einer Ansammlung gepökelter Fleischarten – herunter. Ihm war schon übel genug. Er musste die ganze Zeit an Lianes Tagebuch denken. Würde er darin lesen, wäre die Situation gewiss noch eindeutiger als ohnehin schon. Es würde ihm noch leichter fallen, einen Schlussstrich zu ziehen. Warum sich weiter quälen, wenn er Gewissheit haben konnte?

Er wartete nicht mal, bis die Bedienung kam, legte einen Zwanzigeuroschein neben den Teller, ging hoch aufs Zimmer und öffnete die Schublade.

Das Tagebuch vibrierte in seinen zitternden Händen. Er wusste, dass er moralisch verwerflich handelte, doch fiel das jetzt, da er schon so viel Verwerfliches getan hatte, noch ins Gewicht? Er schlug das Buch auf und blätterte hektisch durch die Seiten. Liane schien nur sporadisch zu schreiben, bisweilen klafften Lücken von sechs, sieben Tagen zwischen den Einträgen. Offenbar konzentrierte sie sich auf die bedeutsamen Ereignisse. Frederik suchte nach dem Tag ihres Kennenlernens.

Im Nachhinein frage ich mich, warum ich vorher so aufgeregt war. Alle Anspannung umsonst! Es hätte keine Tage der Vorbereitung bedurft, um gegen diesen Kallenberg zu bestehen. Ein Abend hätte genügt. Wahrscheinlich war ich doch etwas eingeschüchtert von seinem Titel: Abgeordneter des Deutschen Bundestags! Ein scharfer Rhetoriker sei er, stand in den Porträts im Internet, klug und leidenschaftlich, was in der Politik eine seltene Kombination sei. Nun ja. Er kam mir eigentlich ziemlich normal vor. Auffällig waren seine Manieren, ein seltener Vertreter der alten Schule. Seine Ansichten stammen leider aus der gleichen Epoche wie sein Benehmen, eher 19. als 21. Jahrhundert. Große Zustimmung im Publikum, Pfiffe für Kallenberg. Er tat mir sogar ein bisschen leid.

Danach wieder das alte Problem mit meiner Suse. Manchmal habe ich den Eindruck, dass unsere Freundschaft nur dann funktioniert, wenn ich hundert Prozent ihrer Meinung bin. Dass ich diesen Kallenberg nicht ganz so fürchterlich fand wie sie (typischer Suse-O-Ton: »Der geht ja gar nicht!«), gefiel ihr jedenfalls nicht. Hat mich gleich provozieren müssen und mir diese Wette angeboten: dass ich es nicht schaffen würde, den Kerl ins Bett zu kriegen. Die Gewinnerin dürfe das nächste Urlaubsziel wählen. Aus Trotz habe ich die Wette sogar angenommen und bin gleich demonstrativ losgerannt, um Kallenberg noch abzufangen. Gut, war vielleicht etwas übertrieben. Aber irgendwie hat es mich aufgeregt, wie abfällig Suse über ihn sprach, und ich dachte, es ihr auf diese Weise heimzahlen zu können. Eigentlich schwachsinnig, aber mal sehen. Rein optisch gibt es Schlimmere. Als ich ihn nach seiner Nummer fragte, wirkte er gleich so herrlich aufgeregt, rote Wangen, Stottern, das ganze Programm. Wo findet man solche unschuldigen Kerle sonst noch? Vielleicht ist es einen Versuch wert. Der Typ sei eine echte Trophäe, spottete Suse später, als wir etwas trinken waren, womit sie in jeder Hinsicht recht hat.

Das Tagebuch glitt aus seinen Händen und fiel zu Boden. Sie hatte alles nur getan, um eine Wette zu gewinnen. Seine Hingabe, sein Risiko gegen die Wahl eines Urlaubsziels. Plötzlich verfluchte Frederik alles, was er für diese Frau getan und seiner Ehefrau angetan hatte. Dass er gerade eben noch nervös durch das Zimmer getigert war, auf der Suche nach einer Hinterlassenschaft, einem Zeichen von Liane, ärgerte ihn jetzt maßlos. Immer wieder hatte er sich in den vergangenen Monaten die Frage gestellt, warum sie sich wohl auf ihn eingelassen hatte. Er hatte verschiedenste Motive erwogen, nicht nur edle, manche abstrus. Für eine solch beleidigend banale Lösung aber hatte ihm die Fantasie gefehlt. Er spürte eine ungekannte Wut in sich aufsteigen, erwog sogar, sie an dem Tagebuch auszulassen, auf ihm herumzutrampeln, es gegen die Wand zu kicken, zu bespucken, ließ es jedoch bleiben. Minuten verstrichen, Zeit des Zorns. Erst nach einer Weile fragte er sich, warum Liane sich noch immer mit ihm traf. Sie hatte die Wette doch längst gewonnen! Warum war sie auch danach noch zärtlich zu ihm gewesen, zuletzt vor drei Stunden, unten am See? Warum war sie überhaupt hierher mitgekommen? Er hob das Buch vom Boden und blätterte zu ihrer ersten gemeinsamen Nacht.

Suse will nicht glauben, dass wir im Sommer nach Moskau fahren. Ich kann ihr Misstrauen verstehen. Bis zum gestrigen Abend hätte ich selbst nicht gedacht, dass Frederik sich verführen lässt. Klar, wir haben uns gut unterhalten, gelacht, sogar geflirtet, er genoss es offensichtlich, mit mir zusammen zu sein. Weiter aber würde er nicht gehen – aus Prinzip –, davon war ich fest überzeugt. Nach dieser Talkshow war von seinen Prinzipien dann nicht mehr viel übrig. Es war der ideale Moment, er hatte versagt, das musste ich einfach nutzen. Ich habe es mit der Fuß-Nummer probiert, die funktioniert eigentlich immer. Auch Frederik war gleich erregt, trotz seiner Schüchternheit. Ich vermute ja, dass er außer seiner Julia bislang keine andere Frau angefasst hat, jedenfalls wirkte er furchtbar ungelenk. Ich hasse das Wort zwar, aber in seinem Fall passt es: Ich fand seine Unbeholfenheit total »süß«. Ich hatte allerdings auch selbst große Lust. Sogar jetzt, am Morgen danach, ist mir nicht ganz klar, woran das lag. An seinem Schwanz gewiss nicht. Was die Länge angeht, liegt er gerade noch im Normalbereich, über die Breite lässt sich das leider nicht sagen. Auf Dauer könnte das ein echtes Problem sein. Prickelnd fand ich dagegen, dass er Bundestagsabgeordneter ist, noch dazu von einer Partei, die ich immer bekämpft habe. Wenn das nicht spannend ist! Von wegen Gegensätze ziehen sich an und so. Keine Ahnung. Jedenfalls finde ich Frederik gerade aufregend anders, aufregender als all die Typen, die den ganzen Tag damit beschäftigt sind, aufregend anders zu wirken.

Er ist noch in der Nacht nach Hause gefahren. Als er aufbrach, wirkte er ein wenig panisch. Jetzt kämpft er sicher mit seinem Gewissen. Bin gespannt, ob er sich meldet.

Es war nicht angenehm, die Vermessung des eigenen Geschlechts nachzulesen, erst recht nicht bei diesem Befund. Dennoch stimmte ihn dieser Eintrag etwas versöhnlicher als der erste. Seine Verbindung zu Liane fußte tatsächlich auf einer Wette, das war natürlich die denkbar schlechteste Grundlage und moralisch das Allerletzte. Mit der Zeit aber hatte sie doch eine gewisse Zuneigung zu ihm entwickelt. Und dass er süß war, hatte er auch schon länger nicht mehr über sich gehört. Es gefiel ihm.

Die folgenden Seiten überflog er, ohne sich in die Einträge zu vertiefen. Er suchte gezielt nach seinem Namen, der sich seit der »Fuß-Nummer« von Kallenberg in Frederik gewandelt hatte. Auch das ein Fortschritt. Es schien ihm, als habe Liane keines ihrer Treffen zu dokumentieren versäumt, meist beschränkte sie sich jedoch auf Ort und Dauer; das war ihm zwar lieber, als weitere Ausführungen über seinen Körper zu lesen, ließ aber offen, wie sich ihre Gefühle zu ihm entwickelt hatten, ob etwa sein Reiz für sie weiter darin bestand, dass er Abgeordneter war, oder ob sie sich wirklich in ihn verliebt hatte. Beim Durchblättern der Seiten war er erstaunt, wie häufig sie sich bereits getroffen hatten.

Leider stieß er neben seinem eigenen auch auf andere Männernamen, deren Inhaber offenbar ebenfalls mit Liane in Kontakt standen – auf welche Weise auch immer. Hierzu gehörten, nach flüchtiger Auswertung, Michi und Sven, daneben Gerome, Ulli, Kette, Kalle, Rick und ein gewisser Yannick. Jeder einzelne Name hatte die Kraft, ihn erneut in den Wahnsinn zu treiben. Schließlich hielt er es nicht mehr aus und blätterte vor bis zum letzten Eintrag, vom Vorabend.

Rick hat mich heute schon zum vierten Mal gefragt, ob es nicht mal wieder Zeit für einen unserer Abende sei. Wieder eine Absage. Seit es mit Frederik so intensiv geworden ist, habe ich kein Bedürfnis mehr, ihn zu sehen, auch wenn seine Qualitäten unbestritten sind und sein Körper seinesgleichen sucht. Stattdessen stand ich heute Nachmittag fast eine Stunde vor dem Kleiderschrank. Eine Stunde für drei Tage! Ich muss einen an der Waffel haben. Als ich die Tasche für unseren Ausflug endlich gepackt hatte, fühlte ich mich irgendwie schlecht. Ich habe diese Tussis ja immer verachtet. Ich wollte meine Zeit nicht mit Grübeleien darüber verschwenden, in welchem Dress mich irgendein Typ wohl attraktiver finden könnte. Warum benehme ich mich jetzt selbst wie eines dieser Hühner? Am Ende entschied ich mich für das blaue Kleid, den Klassiker, nicht zu freizügig, nicht zu gewagt, genau das Richtige für einen Konservativen! Trotzdem habe ich ein komisches Gefühl, was diesen Ausflug betrifft. Ich habe sogar schon überlegt, ihn abzusagen.

Frederik begehrt mich, das ist trotz seiner rührend verklemmten Art nicht zu übersehen. Er ist höflich, charmant, er nimmt mich ernst. Erstaunlich, wie sehr er an meinen Ansichten zu Politik, Gesellschaft oder Literatur interessiert ist. Und dann immer so tut, als sei das ganz schlau und interessant. Obwohl er es doch bis zum Bundestagsabgeordneten geschafft hat, älter ist und viel mehr Bücher gelesen hat. Dazu all die Zeitungen! Ich schaffe meistens ja nicht mal meine Jungle World. Er gibt mir das Gefühl, eine der klügsten Frauen der Welt zu sein. Ein echter Kavalier. Ich muss gestehen, dass ich diese vornehme Art weitaus mehr schätze, als mir bislang bewusst war. Und trotzdem vermittelt er mir den Eindruck, nicht gut genug für ihn zu sein. Es ist nur ein Gefühl, aber manchmal verhält er sich so merkwürdig. Vielleicht stört ihn meine Sprache, vielleicht sind es die Klamotten oder meine Haltung zu Ehe, Sex und Treue. Wenn ich z. B. über andere Männer rede, will er immer schnell das Thema wechseln. Vielleicht sieht er aber auch nur, wie verschieden unsere Leben sind. Unsere Ansichten, die Freundeskreise. Und damit hätte er natürlich vollkommen recht.

Dass ich inzwischen so oft an ihn denke, finde ich ebenfalls beunruhigend. Wann immer ich mich tagsüber dabei ertappe, versuche ich, das sofort zu unterbinden. Denn selbst wenn Frederik ebenso in mich verliebt wäre, wird das alles wohl doch keine Zukunft haben. Ein Mann mit diesen Ansichten, mit dieser gesellschaftlichen Stellung, noch dazu ein Vertreter von dieser Partei, der trennt sich nicht von Frau und Kindern.

Seine Einladung, ein ganzes Wochenende mit ihm zu verbringen, hat mich komplett überrascht. Ich habe oft genug beobachtet, wie er während unserer Treffen mit seinem Gewissen rang. Ansprechen konnte ich das nicht, das hätte alles zerstört. Nun also ein ganzes Wochenende, zwei volle Tage – so ist es geplant. Ob er sich da nicht überschätzt?

Habe dann doch nicht abgesagt. Sehe es jetzt als letzten großen Test. Er wahrscheinlich auch. Entweder wird es der Durchbruch zu etwas Ernsthaftem, was ich mir insgeheim wünsche, oder das Ende eines Experiments. Vermute Letzteres. Keine Ahnung, wie das mit uns funktionieren soll. Wahrscheinlich hat Suse recht.

Viele ihrer Gefühle und Gedanken überraschten Frederik. Er freute sich über das, was er las, und bedauert zugleich, dass Liane nie offener zu ihm gewesen war. Er hätte stärker auf sie eingehen können, gerade weil einige ihrer Sorgen zugleich die seinen waren. Nun war es wohl zu spät.

Er legte das Tagebuch auf den Boden und löschte das Licht der Nachttischlampe. Kaum war es dunkel, spürte er Unruhe in sich aufsteigen und knipste die Lampe wieder an. Es folgte ein zweiter Versuch, Licht aus, dasselbe ungute Gefühl wie zuvor. Noch einmal. An und aus. Und an. Erst nach einer halben Stunde fühlte er sich langsam sicherer.

Er zog die Decke bis ans Kinn und starrte auf die hölzernen Dachgiebel, die der Mond beschien. Allmählich wich die Anspannung aus seinem Körper. Der Ausflug hatte doch jene Eindeutigkeit gebracht, die er sich gewünscht hatte. Eigentlich musste er dankbar sein – auch wenn ihr letzter Tagebucheintrag offenbart hatte, wie viel er Liane bedeutete. Aber davon durfte er sich jetzt nicht mehr irritieren lassen, sagte er sich. Es gab zu viel an ihr, womit er kaum zurechtkommen würde: ihr abenteuerliches Sexualverhalten, ihre viel zu freizügige Art zu leben, der Umstand, dass sie ihm vor Publikum eine Szene gemacht hatte. Und dann die Grundsatzfrage, ob man eine Beziehung eingehen konnte, die auf einer Wette fußte? Wobei es sich hier um eine rhetorische Frage handelte. Die Antwort lautete: natürlich nicht. Alles, was er inzwischen über Liane wusste, mochte sie zu einer außergewöhnlichen Frau machen, aber nicht zu einer Frau für ihn. Außerdem hatte sie mit dem, was sie über ihn geschrieben hatte, wahrscheinlich recht: Er würde es wohl nie übers Herz bringen, sich von Frau und Kindern zu trennen.

Frederik wollte zu jener Konsequenz zurückfinden, die er von sich erwartete und die ihn bislang sicher durchs Leben geleitet hatte. Es war erst aus den Fugen geraten, als er seinen Prinzipien nicht mehr gefolgt war. Also musste er diese wieder ernst nehmen! Hatte ihm denn etwas gefehlt? Hatte er in Wahrheit nicht allen Grund zur Zufriedenheit gehabt? Am nächsten Morgen würde er früh aufstehen und zurück nach Berlin fahren. Er würde in sein altes Leben zurückkehren und endlich zur Ruhe kommen. Alles würde so sein, wie es einst war. Mit der Vorfreude auf alte Zeiten schlief er schließlich ein.

Es war schon nach Mitternacht, als ihn zunächst ein Donnerschlag, dann Schritte, die er durch das offene Fenster vernahm, aus dem Schlaf holten. Kurz darauf knarzten die Stufen der Treppe. Hektisch tastete Frederik nach dem Tagebuch, schmiss es zurück in die Schublade, drehte sich auf die Seite und tat, als ob er schliefe.

Liane bemühte sich, die Tür so leise wie möglich zu öffnen, was ihr unter der Last des Gepäcks nur bedingt gelang. Sie zog sich bis auf den Slip aus, legte ihre Kleidungsstücke auf einen Stuhl neben der Tür und kroch von der freien Bettseite her unter die Decke. Dann geschah erst gar nichts, zu hören war nur das vorsichtige Atmen zweier ängstlicher Menschen.

»Bist du noch wach?«, flüsterte sie, nachdem sie Minuten so dagelegen hatten. Frederik sagte nichts, er bewegte nur seinen Kopf, ganz vorsichtig, doch deutlich genug, dass sie darin ein Nicken erkannte. Sie schmiegte sich von hinten an seinen Körper.

Er hörte ein leises, mühsam unterdrücktes Schluchzen und spürte eine Träne im Nacken. »Es tut mir leid, dass ich dich beleidigt habe«, sagte er mit gebrochener Stimme. »Vielleicht ist es ja völlig normal, wie du bislang gelebt hast. Vermutlich bin ich von uns beiden der einzige Gestörte.«

Liane spürte, wie Angst und Anspannung nachließen. Sie wollte nicht, dass ihre Geschichte hier endete. Sie wollte Frederik nicht verlieren, das hatte sie in den vergangenen Stunden gespürt, als sie immer weniger wütend durch den Menzer Forst gelaufen war. Am Ufer des benachbarten Dagowsees hatte sie später lange gegrübelt, ob es Sinn machte, zu ihm zurückzukehren.

Sie presste sich noch fester an ihn. Frederik spürte ihre Brüste an seinem Rücken, ihre Knie in seinen Kniekehlen, spürte, wie ihre Scham seinen Po wärmte und ihr Atem seine Nackenhaare streichelte. Liane mochte nicht die richtige Frau für ihn sein, ihr Körper aber war elektrisierend.

»Natürlich bist du gestört.« Sie hatte beinahe jeden Ton aus ihrer Stimme getilgt und hauchte in sein Ohr. »Aber vielleicht habe ich mich ja gerade deshalb in dich verliebt. Weil du so anders bist als die meisten. So ernst und aufrichtig, so ...«, sie zögerte vor dem Wort, das es am besten ausdrückte, »... so rein.«

Nichts von dem, was sie über ihn sagte, schien ihm noch zutreffend. Er betrog seine Frau und las anderer Leute Tagebuch. Mit Aufrichtigkeit hatte das wenig zu tun. Sie meinte den Frederik, der er einst war und zu dem er wieder werden wollte.

»Du bist ein reiner Mensch«, fuhr Liane fort. »Mich hat das vom ersten Moment an gerührt, diese Unschuld in deinem Blick, in deinen Gedanken, die immer wieder aufscheint, weil du sie nie unterdrücken kannst, selbst wenn du dich darum bemühst. Sie rührt mich noch heute, obwohl ich unter ihr leide, weil ich deinen Ansprüchen nicht gerecht werde.«

Vorsichtig drehte sich Frederik in ihre Richtung, erst auf den Rücken, dann vollends. Sie nahm sein Gesicht in ihre warmen Hände und stieß ihre Nase gegen seine.

»Ein wenig freut es mich sogar, dass die Zahl der Männer, mit denen ich geschlafen habe, dich so erschüttern kann – auch wenn es vielleicht der Grund ist, warum wir uns verlieren werden. Es zeigt immerhin, dass ich dir etwas bedeute. Den meisten Männern, die ich kenne, ist das völlig egal, weil ihnen alles egal ist.« Sie küsste ihn. »Die Frage ist nur, ob du das Recht hast, über mich zu richten. Und ob ich weniger wertvoll bin, weil ich bisher anders gelebt habe als du. Wenn du gestern in mich verliebt warst, wieso solltest du es heute nicht mehr sein? Weil es andere Männer vor dir gab?« Frederik hatte sich selbst die Frage gestellt, wie es wäre, wenn er nicht nach ihrer Vergangenheit gefragt hätte. Aber in diesen wohligen Zustand der Unwissenheit konnte er nun nicht mehr zurück.

»Versuch doch mal, es etwas positiver zu betrachten«, fuhr sie fort. »Vielleicht weiß ich inzwischen sogar besser als andere Frauen, wie ich leben möchte. Weil ich die Unverbindlichkeit kennengelernt habe und weiß, dass sie auch nicht die Lösung ist.«

»Vielleicht«, sagte Frederik. Er fragte sich nun, ob es doch möglich wäre, Frieden mit ihrer Vergangenheit zu schließen, aber noch während er sich das vorzustellen versuchte, drängelte sich ein neues Problem in den Fluss seiner Gedanken. »Gibt es denn aktuell noch andere Männer in deinem Leben?« Er dachte an Michi, Sven, Gerome, Ulli, Kette, Kalle, Rick und Yannick, die Geister aus ihrem Tagebuch.

»Mit einem habe ich schon längere Zeit eine Affäre.«

»Wie heißt der?«

»Rick.«

»Das heißt: Ihr trefft euch einmal in der Woche und habt Sex?«

»Wir haben keine festen Tage, falls du das meinst.«

»Aber regelmäßig?«

»Regelmäßig, ja.«

»Und dann habt ihr immer gleich Sex?«

»Wir verstehen uns auch sonst. Er ist ein Freund von mir.«

»Ihr versteht euch gut und habt Sex. Das ist doch dann eine Beziehung.«

»Nein, ist es nicht.«

»Aber wenn ihr doch, ich meine, das ist doch …« Er stotterte noch ein wenig, aber der Satz wollte kein vernünftiges Ende finden. Frederik war viel zu aufgewühlt. Er wollte umgehend diese Eifersucht loswerden, sie machte ihn verrückt und zugleich schämte er sich für sie. Liane spürte, dass sein Körper zitterte.

»Hey, es ist doch alles gut, Frederik.« Wieder legte sie ihre Hände zärtlich auf seine Wangen. »Vielleicht beruhigt es dich, dass ich Rick seit einigen Wochen nicht mehr getroffen habe. Und weißt du, warum nicht?«

Er kannte die Antwort, aber er traute sich nicht, etwas zu sagen. *Ich müsste ihr die Sache mit dem Tagebuch gestehen*, dachte er. Liane war so offen und ehrlich zu ihm, in Wahrheit war sie die Reine und Aufrichtige von ihnen beiden, auch wenn sie eben etwas anderes erzählt hatte.

»Wegen dir!«, sagte sie.

Eine ganze Weile lagen sie da und hielten sich aneinander fest, tieftraurig und doch auch glücklich, den anderen spüren, riechen, halten zu dürfen. Frederik wünschte sich, dass diese Nacht niemals vorbeigehen würde. Er konnte Liane nichts vorwerfen, aber er wusste auch, dass sie ihn überforderte.

Sie küssten und liebten sich, nicht wild, und ganz ohne Experimente, aber so innig und zärtlich, wie sie es bislang nie gekonnt hatten. Bevor sie einschliefen, flüsterte er etwas in ihr Ohr. »Ich liebe dich auch«, flüsterte Liane zurück. »Aber wir passen wohl doch nicht zusammen.« Das Schicksal sei eben ein Schwein. Und dann beschlossen sie, am nächsten Morgen abzureisen.

BILD

Fall Kallenberg: Heimliches Doppelleben?

Was trieb der Abgeordnete im Berliner Nachtleben?

Führte Frederik Kallenberg ein Doppelleben?

Der Türsteher einer Berliner Szenediscothek behauptet, dass der konservative Abgeordnete zu den Gästen seines Clubs gehört habe. Erst neulich habe Kallenberg die Lokalität besucht, beteuert Enrico P. Er selbst habe ihn an der Eingangstür kontrolliert, sagte P.

Ein Abgeordneter in Berlins größtem Sündentempel?

Der Club war Anfang der 90er von Schwulen gegründet worden. Noch heute sind Überreste dieser Anfangszeit erhalten, u. a. ein Darkroom (dunkler Raum für anonymen Sex) sowie nackte Oberkörper auf der Tanzfläche.

Was hatte der bekennende Konservative (»Nein zur Homo-Ehe!«) dort zu suchen? Die Antwort kann wohl nur er selbst geben. Kallenberg gilt seit Tagen als vermisst.

SECHZEHN

Eierlikörchen?«

Kallenberg sah sie verwundert an.

»Einen könnten wir uns jetzt genehmigen.« Sie blickte auf ihre Armbanduhr, es war gerade sechs Uhr durch. Sie nickte zufrieden. »Ich trinke jeden Tag meinen Eierlikör«, sagte die Kanzlerin. »Genau einen, nie mehr, aber auch nicht weniger. Ein paar kleine Freuden muss man sich auch in diesem Amt erhalten.« Sie lächelte ihn freundlich an. Kallenberg war erleichtert. Er wusste noch immer nicht, warum genau sie ihn zu sich bestellt hatte, aber ihre zugewandte Art ließ darauf schließen, dass es nichts zu befürchten gab. Fliegenberg hatte jedoch gewarnt, dass ihr joviales Wesen leicht darüber hinwegtäusche, wie entschieden, manche sagten gar brutal, sie agieren könne.

»Habe ich noch einen wichtigen Termin, Frau Herkenhoff?«

»Sie treffen im Anschluss Staatssekretär Hanke und halten danach ein Grußwort beim Bundesverband der holzverarbeitenden Industrie.« Ihre Büroleiterin hatte Kallenberg in den Raum geleitet und wartete nun im Türrahmen auf weitere Anweisungen.

»Kein Fernsehen?« Frau Herkenhoff schüttelte den Kopf.

»Sag ich doch: keine wichtigen Termine mehr.« Die Kanzlerin lachte. »Dann bringen Sie uns bitte zwei Eierlikör.« Bevor Kallenberg erklären konnte, dass er tagsüber keinen Alkohol trinke, war ihre Büroleiterin bereits ins Nebenzimmer entschwunden.

»Setzen wir uns«, sagte die Kanzlerin und deutete auf den Besprechungstisch. Durch die Fensterflucht hatten sie freien Blick auf das Reichstagsgebäude. Von hier oben wirkte der Sitz des Parlaments eher mickrig. Aber vielleicht sollte das auch so sein. Die Machtverhältnisse waren damit jedenfalls gut beschrieben, dachte Kallenberg.

»Schön, dass es endlich geklappt hat«, sagte sie und setzte sich auf ihren angestammten Platz. »Ich habe ein paar Fragen an Sie, Herr Kallenberg.« Sie klang nun geschäftiger als bei der Begrüßung.

Die Nüchternheit ihres Büros spiegelte ihren Charakter. An den Wänden hing nur der alte Adenauer, der Rest war kahl. Der Schreibtisch kam ohne Familienfotos oder anderen persönlichen Schnickschnack aus. Zum Regieren schien sie einzig ihr Telefon zu benötigen, das mit unzähligen Tasten und Lämpchen ausgestattet war. Wie die Schaltzentrale eines Raumschiffs, dachte Kallenberg.

Dort musste sie gesessen haben, als sie ihn vor ein paar Wochen in Unterhose erreicht hatte. Die einzige Zierde an diesem Arbeitsplatz war ein Bild der russischen Zarin Katharina der Großen, von der Kallenberg wusste, dass sie als machtgierig und sexbesessen gegolten hatte. Das eine sagte man auch über die Kanzlerin. Die Ledersofas, in denen ihr Vorgänger gerne rumgelümmelt hatte, ließ sie gleich am ersten Arbeitstag entfernen, als Vorbote eines

Stils der neuen Sachlichkeit gewissermaßen, der mit ihr Einzug in die Berliner Republik halten sollte.

»Schön haben Sies hier, woll!«, sagte Kallenberg. Sofort ärgerte er sich über das sauerländische »woll«, das rutschte ihm sonst nur selten raus. Er war hochgradig nervös.

»Ein bisschen groß vielleicht«, entgegnete sie beiläufig. »Man merkt eben, dass das Haus von gewichtigeren Leuten geplant wurde.« Sie schmunzelte. Der seichte, angedeutete Spott war ihre Form, Selbstbewusstsein zu demonstrieren. Sie brauchte dazu keine Zigarren. Kallenberg ärgerte sich ein wenig über ihre Bemerkung, denn der Gewichtigere, auf den sie belustigt anspielte, hatte sich unvergessliche Verdienste um die Einheit des Landes erworben.

»Mir persönlich hätte ein etwas bescheidenerer Bau jedenfalls genügt«, meinte sie. »Aber wie es so ist im Leben: Man gewöhnt sich an alles. Mit den Jahren, inzwischen sind es ja schon fast acht, habe ich meinen Frieden mit dem Klotz geschlossen.«

Sie saß ihm gegenüber. Vor ihrem Platz ragte ein Mikrofon aus der Tischplatte, das sich per Knopfdruck aktivieren ließ. »Was ich Sie fragen wollte, Herr Kallenberg: Haben Sie eigentlich ein Problem damit, von einer Frau regiert zu werden?«

»Wie kommen Sie darauf?« Er war erschrocken über die Direktheit, mit der sie vorging.

»Nach Ihrem Auftritt in der Talkshow habe ich mich etwas genauer mit Ihnen beschäftigt. Wenn man so liest, was Sie sagen, wofür Sie sich einsetzen, dann kann man schon den Eindruck gewinnen, dass Sie Frauen im häuslichen Umfeld besser aufgehoben finden als im Kanzleramt oder in anderen Chefetagen. Sie werden mir verzeihen, wenn ich Sie falsch verstanden habe, aber ich konnte mich dieses Eindrucks nicht erwehren. Und deshalb frage ich Sie nun direkt.«

»Das ist nicht ganz richtig«, entgegnete Kallenberg. »Ich finde einfach nur, dass wir seit Jahren die falsche Familienpolitik betreiben. Eine Politik, die mehr Schaden anrichtet, als dass sie der Gesellschaft hilft. Wir haben die sogenannte Modernisierung übertrieben, gerade wir als konservative Partei, von der die Leute zu Recht erwarten, dass sie nicht alles mitmacht, was gerade in Mode ist. Ich bin der festen Überzeugung, dass es Zeiten gab, in denen die Deutschen zufriedener waren, gerade auch die Frauen. Ich meine die Zeit, als die Gesellschaft von Frauen noch nicht verlangte, neben der Kinderbetreuung zusätzlich eine steile Karriere hinzulegen. Das ist nämlich unrealistisch, es kann nicht funktionieren. Und unrealistische Ziele führen fast immer ins Unglück.«

»Ehrlich gesagt kommt mir die Zeit, in der wir leben, gar nicht so unattraktiv vor«, entgegnete die Kanzlerin. »Die Menschheit hat weitaus schlimmere Epochen erlebt. Finden Sie nicht?« In diesem Moment stellte Frau Herkenhoff die beiden Eierliköre auf den Tisch. »Auf uns«, sagte die Kanzlerin vergnügt.

»Mit dem Hinweis auf schlimmere Epochen kann man jedes Problem relativieren«, entgegnete Kallenberg. »In grauer Vorzeit lässt sich immer eine schlimmere Epoche finden.«

Ob er den schönen Satz von Albert Einstein kenne, fragte sie. »Mehr als die Vergangenheit interessiert mich die Zukunft, denn in ihr gedenke ich zu leben.« Sie ließ den Satz einen Augenblick lang wirken, dann ging sie zu ihrer eigenen Interpretation über: »Konservativ sein heißt zu bewahren, was hilfreich ist, und zu ändern, was sich als Unsinn herausgestellt hat. Ich kann ja auch nichts dafür, dass die Welt sich verändert. Weil es aber nun mal so ist, müssen wir als Partei gelegentlich alte Positionen räumen und neue einnehmen – selbst wenn wir diese früher selbst bekämpft haben. Das ist das Schicksal von uns Konservativen. Immer schon gewesen. Im 19. Jahrhundert haben die Konservativen zum Beispiel mit aller Macht die Demokratie bekämpft. Wäre heute eine eher schwierige Position, oder was meinen Sie, Herr Kallenberg?«

»Gewiss, aber darum gehts mir doch gar nicht.«

»Wenn wir uns so richtig schön treu geblieben wären, dann wären wir noch heute gegen die Demokratie. Das zeigt doch, wie relativ das mit der Treue ist. Unser ewiges Dilemma ist nun mal, dass wir heute verteidigen, was wir gestern noch verhindern wollten. Oder nehmen Sie den guten Mann dort drüben.« Sie deutete auf das Adenauer-Porträt an der Wand. »Wir haben ihm gewiss viel zu verdanken. Aber wussten Sie, dass verheiratete Frauen zu seiner Zeit nur dann einer Arbeit nachgehen durften, wenn sie dem Chef eine schriftliche Erlaubnis ihres Ehemannes vorlegen konnten?« Kallenberg schüttelte den Kopf. »Unsere ehrenwerten Parteimitglieder sorgten sich damals, die Frau könne ihre ehelichen und häuslichen Pflichten vernachlässigen.« Kallenberg wusste nicht, was er darauf entgegnen sollte.

»Wie fänden Sie es denn, wenn mein Mann mir schriftlich bestätigen müsste, dass ich Bundeskanzlerin sein darf?«

»Natürlich fände ich das merkwürdig«, sagte Kallenberg. »Ich sage ja auch nicht, dass alles wieder werden soll, wie es mal war. Sie dürfen mich da nicht falsch verstehen, Frau Bundeskanzlerin.«

»Da bin ich aber beruhigt. Sie wissen ja: Aufgeschobene Reformen führen meist zu Unruhen, wenn nicht gar Revolutionen; und die können wir Konservativen nun wahrlich nicht gebrauchen.«

Sie lächelte ihn an. Es störte Kallenberg, dass sie sich selbst noch als konservativ bezeichnete. So ließ sich jeder Begriff verwässern. Außerdem konnte er sich des Eindrucks nicht erwehren, dass sie ihn wie einen Schüler behandelte. Dabei hatte er sich gewiss gründlicher mit der Ideengeschichte befasst als sie in ihrem Studium der Naturwissenschaften.

»Schauen Sie«, fuhr die Kanzlerin fort. »In der Zeit nach Napoleon, nach der Revolution von 1789, gab es in Frankreich zwei konservative Parteien. Die ›Legitimisten‹ oder auch ›Ultras‹ wollten die Zustände vor der Revolution einfach eins zu eins wiederbeleben. Die zweite Gruppierung hingegen, die Anhänger der konstitutionellen Monarchie, wollten die bestehende Ordnung behutsam weiterentwickeln und die Freiheitsrechte vorsichtig ausbauen. Nach meiner Auffassung kann nur die zweite Gruppe als konservativ gelten. Die andere nennt man reaktionär.«

Kallenberg saß ihr gegenüber und fragte sich, welchen Zweck sie mit ihrem Vortrag verfolgte. Sie klang wie ihre eigene Redenschreiberin. »Konservatismus war immer schon an den Wandel gebunden. Wo es keinen Wandel gibt, muss man auch nichts bewahren. Die Frage ist also, wie wir uns zum Wandel verhalten. Klug oder kategorisch? Ich bin für klug und ich möchte Sie bitten, mir dabei zu helfen. Seien Sie kein Ultra! Das ist nicht hilfreich.« Sie sah ihn mit strenger Miene an. Dass etwas »nicht hilfreich« war, gehörte zu ihren Lieblingsformulierungen, genauso wie das Wort »alternativlos«, das sie meist im Zusammenhang mit ihren Entscheidungen gebrauchte. Über beide Wendungen hatte sich Kallenberg schon oft genug geärgert.

»Lassen Sie mich mal konkreter werden.« Plötzlich ließ sie sich in ihren Stuhl zurückfallen. Kallenberg atmete kurz auf, ahnte aber, dass es jetzt auf andere Weise ungemütlich werden würde. »Ihr Auftritt neulich bei dieser Fernsehsendung …« Sie ließ eine Pause, um ihm die Gelegenheit zu geben, selbst etwas zu sagen, was er aber nicht tat. »Sie können natürlich denken, was Sie wollen, Sie können sich auch in jede Talkshow setzen, die sie einlädt. Das ist alles kein Problem, wir leben in einem freien Land und Sie sind frei gewählter Abgeordneter …« Die Vorrede war bereits zu lang und zu wohlwollend, als dass nicht umgehend ein »Aber« folgen musste. »Im Grunde können Sie also tun und lassen, was Sie wollen, das Recht ist ganz auf Ihrer Seite«, fuhr sie fort, »aber es ist gewissermaßen meine Pflicht, Ihnen zu sagen, wie verheerend Ihr Auftritt für unser Bild in der Öffentlichkeit war. Sie müssen zwar offiziell nur Ihrem Gewissen gerecht werden, aber man sollte sich auch nicht naiver geben, als man ist. Natürlich haben Sie auch eine Verantwortung für Ihre Kollegen. Für unsere Partei. Die Partei hat Sie ja schließlich aufgestellt, und Sie hätten es vielleicht ganz gerne, wenn die Partei Sie auch beim nächsten Mal wieder aufstellt. Ich will Ihnen doch nur helfen, Herr Kallenberg, ich habe die Sorge, dass Ihnen die Zusammenhänge nicht ganz bewusst sind.«

»Ich weiß, dass ich mich in dieser Sendung nicht gut verkauft habe«, sagte er. »Die Moderatorin und Frau Kappler hatten sich gegen mich verbündet, das war ja offensichtlich. Leider habe ich das zu spät bemerkt. Aber Sie haben natürlich recht. Es wäre meine Aufgabe gewesen, den Damen stärker Paroli zu bieten. Ich hatte mir so viele Argumente zurechtgelegt, die ich nicht platzieren konnte. Sie können mir glauben, dass ich durch diese Sendung viel gelernt habe. Beim nächsten Mal bin ich besser.«

»Ich bin mir nicht ganz sicher, ob wir beide dasselbe meinen. Ich rede nicht darüber, ob Sie stärker Paroli hätten bieten müssen. Wir sind alle nur Menschen, und ich persönlich habe sogar großes Verständnis dafür, wenn man im Fernsehen nicht die beste Figur abgibt. Etwas anderes ist es mit den Inhalten, die man dort vertritt.«

»Was meinen Sie damit?« Natürlich wusste er, was sie meinte, er versuchte nur, Zeit zu gewinnen. Ihr hatte seine Gesetzesinitiative für das Müttergeld von Beginn an missfallen, das hatten ihm die Kollegen berichtet. Sie konnte es schon aus Prinzip nicht leiden, wenn neue Gesetze vom Parlament ausgingen statt von ihrer Regierung. Beim Müttergeld reagierte sie besonders allergisch, weil sie um ihren Ruf als moderne Kanzlerin fürchtete. Angeblich hatte sie den Fraktionschef beauftragt, ihm das Vorhaben auszureden, der habe allerdings abgewartet, ob Kallenberg nicht von selbst aufgebe.

»Ich darf zitieren.« Sie schaute auf ihren Notizzettel. »Die Emanzipationsbewegung hat die Menschheit unglücklicher gemacht.« Sie hob den Blick wieder vom Blatt und sah ihn an. »So etwas können Sie doch heutzutage nicht im Fernsehen sagen. Dafür sind Sie doch viel zu intelligent. Ein solcher Satz kostet uns tausende Wählerstimmen, ganz unabhängig davon, dass ich die Aussage für falsch halte.«

Hatte sie sich die Sendung etwa angeschaut? Es hieß doch, dass sie sich all die politischen Talkshows schon lange nicht mehr antat. »Ich habe die Sendung nicht gesehen. Das wäre ja noch schöner. Trotzdem bin ich über Dinge informiert, die Sie nicht einmal ahnen. Ich bekomme sogar Fotos zu Gesicht, die besser nie geknipst worden wären.«

Kallenberg sah sie fragend an, doch sie lächelte nur. Jahrelang hatten seine Parteifreunde über sie gelästert, sie »Luthers letzte Kanone« oder »Zonen-Wachtel« genannt. Derlei Gemeinheiten hatten sie härter werden lassen, mit dem Ergebnis, dass man heute nicht mehr über sie lästerte, sondern sich vor ihr fürchtete. Kallenberg hatte sich nie an dem Gespött beteiligt. Sein Anstand gebot es, offen miteinander zu reden, wenn man unzufrieden war. Und Kallenberg war unzufrieden. Er war überzeugt, dass diese Frau und ihre überehrgeizige Familienministerin weder dem Land noch der Partei weiterhalfen. Sie hatten die halbe Republik mit Kindertagesstätten zugepflastert und suchten nach immer neuen Möglichkeiten, damit Mütter nach der Geburt rasch wieder arbeiten konnten. Von der neu verlangten Frauenquote gar nicht zu sprechen.

»Wissen Sie, warum ich mit vierzehn in unsere Partei eingetreten bin?«, fragte er. »Weil ich dachte, wir würden nicht alles mitmachen, was gerade modern und angesagt ist. Ich dachte, wir hätten unsere eigenen Werte und Grundsätze. In letzter Zeit bin ich mir da nicht mehr so sicher. Entschuldigen Sie, wenn ich das so sage, aber wir wechseln unsere Positionen wie andere die Unterhemden. Wir vertreten nicht mehr das, was unsere innere Stimme uns sagt. Wir vertreten, was die Meinungsumfragen uns zu vertreten raten. Das kann und darf nicht richtig sein. Politik ist doch mehr als nur Taktik, Frau Bundeskanzlerin.«

Noch während er sprach, fragte er sich, ob er so mit der Bundeskanzlerin der Bundesrepublik Deutschland reden durfte? Immerhin hatte er sie gewählt, zu einem Dreihundertdreiundzwanzigstel verdankte sie ihr Amt also auch ihm. Aber gab ihm das schon das Recht, ihr offen seine Meinung zu sagen? Zugleich ärgerte er sich, dass er nicht klarer benennen konnte, was ihn störte. Das Müttergeld war eine konkrete Maßnahme. Der Rest seiner Kritik kam ihm in letzter Zeit selbst immer schwammiger vor. Der bisweilen etwas grobschlächtige, jedoch keineswegs dumme Fliegenberg hatte das Dilemma der heutigen Konservativen neulich gut auf den Punkt gebracht. »Im Grunde müsste man klipp und klar sagen, dass Homosexualität nicht naturgemäß, eine Frau in Führungsposition nicht erwünscht und das ganze Emanzipationsgeschwafel ohnehin ein Irrtum sei. Aber genau das trauen wir uns schon lange nicht mehr. Wir jammern rum, beklagen abstrakte Dinge wie den ›Zeitgeist‹, doch uns fehlt der Mut, das Übel, also das, was uns konkret stört, klar zu benennen. Man kann aber nicht konservativ sein und zugleich nicht allzu konservativ wirken wollen. Das ist unser Problem.«

»Ich weiß sehr wohl, wofür ich stehe«, antwortete die Kanzlerin. Allerdings gebe es offenbar zwei Arten von Konservativen. Die einen würden unglücklich, weil sie nur das sähen, was die Zeit fresse, sie litten an ihrer Sehnsucht nach dem Vergangenen. Die schlauen Konservativen hingegen wüssten, dass ihre Zeit auf Erden zu kurz ist, um fortwährend zu trauern.

»Was ist das denn bitte für ein Ideal, dem man nicht mal mehr nachtrauert?«, fragte er.

»Was nützen Ideale, wenn sie einen verbittern lassen?«

»Ich bin nicht verbittert«, protestierte Kallenberg, ahnend, dass er dadurch erst recht verbittert wirkte.

»Wissen Sie was, Herr Kallenberg? Ihr ewiges Lamentieren von wegen ›Früher war alles besser‹ und ›Wir müssen unsere Wurzeln besser pflegen‹ geht mir, verzeihen Sie den Ausdruck, das geht mir ziemlich auf den Zeiger.«

Kallenberg hatte häufiger gehört, dass die Kanzlerin im kleinen Kreise, anders als bei ihren höchst disziplinierten Auftritten in der Öffentlichkeit, nicht nur sehr amüsant, sondern auch sehr direkt werden konnte. Und doch überraschte ihn, was er soeben gehört hatte.

»Lassen Sie uns nicht über das Gewesene, sondern über die Zukunft reden.« Sie lächelte versöhnlich. »Ich habe mir Gedanken gemacht, wie wir Ihr großes Talent und Ihren scharfen Verstand noch etwas …, wie soll ich sagen, … sinnvoller einsetzen können. Immer vorausgesetzt, wir gewinnen im Herbst die Wahl, wozu Sie, lieber Kallenberg, mit Ihrem Engagement einen wichtigen Beitrag leisten können, wenn Sie endlich aufhören, die Mitte der Gesellschaft mit Ihren Thesen zu verschrecken.« Das Wort Engagement sprach sie noch immer sehr ostdeutsch aus, mit »mang« am Ende. Kallenberg hatte keine Ahnung, worauf sie hinauswollte.

»Machen wir uns nichts vor«, fuhr die Kanzlerin fort. »Für den Anfang mag der stellvertretende Vorsitz des Familienausschusses ja ganz nett sein. Aber ein Mann wie Sie, mit diesen Fähigkeiten! Wie gesagt, ich habe mir Gedanken gemacht.« Sie drückte auf das Knöpfchen vor ihr in der Tischplatte.

»Frau Herkenhoff, würden Sie mir bitte die Liste bringen? Ja, genau. Besten Dank!«

Als Frau Herkenhoff ihr die Papiere gereicht hatte, warf die Kanzlerin einen prüfenden Blick darauf und nickte zufrieden. »Nach der Wahl wird es einige Umbesetzungen geben – vorausgesetzt, dass ich dann noch entscheiden darf. Ich kann mir durchaus vorstellen, Sie zum Staatssekretär zu befördern. In Ihrem Alter wäre das ein geradezu kometenhafter Aufstieg. Sie bekämen dann ..., warten Sie, ich habs mir irgendwo aufgeschrieben ..., Sie bekämen neben Ihrer Abgeordnetendiät ein Staatssekretärsgehalt, dazu die Aufwandsentschädigung. Zudem hätten Sie Anspruch auf eine stattliche Pension, einen persönlichen Referenten, einen Sachbearbeiter, zwei Sekretariatsstellen, einen Dienstwagen mit eigenem Fahrer und, was natürlich das Wichtigste ist: Sie wären Teil der Bundesregierung, hätten einen eigenen Verantwortungsbereich, Sie könnten richtig gestalten.« Sie ließ eine Pause, um das Gesagte wirken zu lassen. Kallenberg fühlte sich geschmeichelt, viele seiner Kollegen warteten seit Jahren auf ein solches Angebot.

»Was würde Sie denn konkret interessieren?«

»Aber das wissen Sie doch, Frau Bundeskanzlerin«, sagte er. »Ich bin mit ganzem Herzen Familienpolitiker.«

»Das ist ausgeschlossen«, erwiderte sie. »Ich dachte, das hätten wir gerade besprochen.« Sie warf einen weiteren Blick auf ihre Liste. »Wenn ich das richtig sehe, ließe sich im Verkehrsministerium etwas machen. Staatssekretär Hanke wird in den vorzeitigen Ruhestand versetzt. Das müssen Sie aber für sich behalten, er weiß noch nichts von seinem Glück. Dort hätten Sie Zugriff auf den dritthöchsten Einzeletat der Bundesregierung. Eventuell gibt es auch Spielraum im Entwicklungshilfeministerium. Das ist weit interessanter als sein Ruf.«

»Ich weiß nicht«, sagte Kallenberg. Der Verlauf des Gesprächs betrübte ihn zutiefst. Was hatte sie nur für ein Amtsverständnis? Ihm war klar, dass es in der Politik immer auch um Sicherung von Macht und Mandat ging, aber das durfte doch nicht alles sein. Geld und Dienstwagen gab es auch bei der Sparkasse.

»Sie können sich das ja noch mal durch den Kopf gehen lassen«, sagte die Kanzlerin. Sie schob ihre Liste beiseite und drückte wieder auf den Knopf. »Frau Herkenhoff, bringen Sie mir mal das andere Dokument? Besten Dank!«

»Damit wir uns nicht missverstehen«, sagte sie, nun an ihn gerichtet. »Ich will, dass Sie Ihren Antrag für das Müttergeld zurückziehen. Und ich möchte, dass Sie bis zur Wahl keine Interviews zur Familienpolitik geben. Wir wollen im Herbst für alle Menschen wählbar sein, nicht nur für eine Handvoll älterer Herren mit Sehnsucht nach dem Mittelalter. Ich habe bereits zwei Wahlen gewonnen. Ich würde mich freuen, wenn Sie Ihren Beitrag zu Erfolg Nummer drei leisten würden.«

Frau Herkenhoff brachte das gewünschte Papier. In Wahljahren arbeite man mit einer sogenannten Peergroup zusammen, erklärte die Kanzlerin. »Das sind 800 Leute, die möglichst genau den Schnitt der deutschen Wählerschaft widerspiegeln. Mit denen testen wir alles, jeden Wahlkampfslogan, jedes Plakat, alle Kernbotschaften der Partei.« Sie sah ihn an. »Vor einer Woche habe ich den Auftrag erteilt, Ihr Konzept für dieses Müttergeld testen zu lassen. Gestern kam das Ergebnis. Sehen Sie selbst.« Sie schob ein Blatt über den Tisch und deutete auf eine dick unterstrichene Zahl. »15 Prozent! Mehr muss ich hoffentlich nicht sagen. Ich weiß nicht, wie Sie das sehen, ich hätte jedenfalls im Herbst gerne 40 Prozent. Von mir aus auch mehr.«

Kallenberg sah auf die Zahl, sah dann ins entschlossene Gesicht seiner Kanzlerin und wusste, dass er verloren hatte.

»Seien Sie vernünftig, seien Sie etwas weniger stur, dann treffen wir uns nach der Wahl erneut und schauen, was wir für Sie tun können. Ist das ein Vorschlag?« Wieder wusste Kallenberg nicht, was er antworten sollte.

»Ich werte das jetzt einfach mal als Zustimmung.«

Frau Herkenhoff stand im Türrahmen und deutete auf ihre Uhr. »Staatssekretär Hanke wartet bereits, Frau Bundeskanzlerin.«

»Eine Minute, wir sind gleich so weit.« Während ihre Büroleiterin sich zurückzog, stand die Kanzlerin auf und begleitete Kallenberg zur Tür. Kurz davor drehte sie sich noch einmal zu ihm um.

»Eines noch, Herr Kallenberg. Der Eierlikör bleibt unter uns?« Sie sah ihn prüfend an. »Ich behalte ja auch manches für mich, nicht wahr?« Wieder dieser wissende Blick. Kallenberg nickte, ohne zu wissen, was der Hinweis sollte.

»Ich sehe, wir verstehen uns. Und grüßen Sie mir Ihre reizende Frau!«

Als Kallenberg auf dem Vorplatz des Kanzleramts stand, hatte er das Gefühl, sich auf den Asphalt übergeben zu müssen. In den Vorgarten der Bundeskanzlerin. Sie hatte ihm einen Dienstwagen für seine Überzeugung angeboten. Er stand da und sah hinauf in den siebten Stock, wo gerade die Lampen angeknipst wurden. Staatssekretär Hanke wurde also bei Lichte gefeuert. Kallenberg musste an den Abend seiner Wahl denken, an die Euphorie, die Aufbruchsstimmung, an den Glauben, die Welt retten zu können oder wenigstens das Sauerland. Etwas war schiefgelaufen.

Vom Kanzleramt ließ er sich zur Konrad-Adenauer-Stiftung fahren. Die Podiumsdiskussion hatte er schon vor Wochen zugesagt, dabei wäre er jetzt am liebsten zu Hause unter die Decke gekrochen. Erst vor Ort wurde ihm klar, dass die Stiftung auch Kollege Berger eingeladen hatte. Berger war nicht nur von den Liberalen, sondern auch menschlich ein schwieriger Fall. Er lächelte, selbst während er unter dem Tisch Verleumdungen über einen in sein Smartphone tippte. Trotzdem hatte er es zum stellvertretenden Fraktionschef gebracht. Oder gerade deswegen?

Im Parlament war Berger sein härtester Gegenspieler beim Kampf um das Müttergeld. Wenn die Presse oder die Opposition sein Projekt kritisierten, war das verkraftbar, beide wurden schließlich dafür bezahlt. Wenn es der eigene Koalitionspartner tat, war es ein Problem. Schon von weitem fiel ihm das selbstzufriedene Grinsen des Kollegen auf. »Sie machen ja Sachen«, rief Berger, noch bevor sie sich die Hand gegeben hatten, so laut, dass alle Umstehenden es mitbekamen.

»Was meinen Sie?«, fragte Kallenberg, dessen Wangen sich bei Anspielungen dieser Art immer gleich rot färbten. Berger berührte ihn am Unterarm und bedeutete Kallenberg, ihm in die Ecke des Foyers zu folgen. »Haben Sie Ihren Antrag immer noch nicht zurückgezogen?«, fragte er. Kallenberg schüttelte den Kopf. »Das werde ich auch nicht.« Spätestens seit dem Gespräch mit der Kanzlerin wusste er, dass seine Niederlage besiegelt war, aber Berger war der Letzte, dem er das anvertrauen wollte.

»Würde ich mir an Ihrer Stelle noch mal überlegen.«

»Wieso?«, fragte Kallenberg.

»Na ja …« Das fiese Grinsen kehrte zurück. »Es gibt da dieses bemerkenswerte Foto von Ihnen.«

»Welches Foto?«

»Ein bemerkenswertes, wie ich schon sagte. Künstlerisch nicht gerade wertvoll. Aber ziemlich scharf. Man sieht einen knackigen Hintern, vollkommen nackt. Und Ihr Gesicht.«

»Mein Gesicht?« Berger nickte.

»Sagt mir nichts, glaube ich nicht.« Kallenberg war um Lässigkeit bemüht, aber seine roten Wangen verrieten ihn.

»Warten Sie, vielleicht hab ichs sogar hier.« Berger zückte sein Smartphone und suchte etwas. Mit vorgehaltener Hand zeigte er Kallenberg einen Schnappschuss aus dem Warschauer Nachtclub. Natascha und er.

»Nicht, dass ich etwas gegen einen ordentlichen Puffbesuch hätte, wir sind ja alle nur Menschen«, sagte Berger. »Aber falls ich Ihnen als etwas älterer Kollege einen Rat geben darf: Sie sollten sich auf keinen Fall dabei fotografieren lassen. Wenn man nämlich Pech hat, gerät so ein Bild irgendwann in die falschen Hände und dann ist eine Karriere schnell beendet.« Kallenberg starrte ihn an. Erst jetzt begriff er das volle Ausmaß dessen, was gerade geschah. Am liebsten hätte er Berger mit der Faust eine ins Gesicht gezimmert. »Verstehen Sie mich nicht falsch«, fuhr dieser fort. »Es gibt ja durchaus fiese Typen in unserem Milieu, nicht alle sind Ihnen so wohlgesinnt wie ich. So ein Foto landet schnell mal im Internet. Und das ist dann weniger schön.« Berger steckte das Telefon zurück in sein Sakko, ganz langsam, als handle es sich um einen kostbaren Schatz.

SIEBZEHN

Schnellinger fuhr ihn zu seiner Berliner Wohnung. Für die Stufen im Treppenhaus brauchte Frederik fast doppelt so lange wie gewöhnlich, aber seine Kraftlosigkeit war nicht das Einzige, was ihm seltsam erschien. Im Wohnzimmer ließ er sich sogleich aufs Sofa fallen. Er blickte hinaus in den Nachthimmel, sah die leuchtende Spitze des Fernsehturms und dachte über sein Leben nach. Er hatte sich noch nie so leer gefühlt.

Die Kanzlerin hatte ihm unmissverständlich klargemacht, dass alles, wofür er politisch gekämpft hatte, scheitern würde. Obendrein war er jetzt erpressbar. Es kam ihm vor, als stecke er in einer Sackgasse, am Ende eines Weges, all sein Engagement, der ganze Aufwand der vergangenen Jahre war umsonst gewesen. Die Gedanken zuckten nun blitzartig durch seinen Kopf: Er vernachlässigte seine Kinder, betrog seine Frau und verbrachte immer mehr Zeit mit unsinnigen Dingen wie dem An- und Ausknipsen von Lichtschaltern oder Kaffeemaschinen. Er hatte Lianes Tagebuch gelesen und ihr Vertrauen missbraucht, dabei war sie doch die Einzige gewesen, die ihm in letzter Zeit glückliche Momente geschenkt hatte. Nun habe ich sie wohl verloren, dachte er. Was für eine Bilanz!

Es waren zu viele Probleme, um sie zu ordnen, geschweige denn, sie zu lösen. Alles prasselte gleichzeitig auf ihn ein, die Schuldgefühle, der Blick der Kanzlerin, die vielen Lügen, das Foto aus der Tabldance-Bar, die Angst, bald alleine dazustehen. Sein Leben war außer Kontrolle geraten. Aber da war noch mehr. Frederik horchte in sich hinein. Er spürte die heutige innere Unruhe wieder, sie war zurückgekehrt, allerdings weit heftiger als zuvor. Er hatte sich von Schnellinger kreuz und quer durch die Stadt fahren lassen, von der Wohnung in sein Bundestagsbüro, später weiter ins Kanzleramt, von dort zur Podiumsdiskussion am Tiergarten und dann wieder zurück zum Prenzlauer Berg. Während der Fahrten war Frederik der schreckliche Verdacht gekommen, sie könnten jemanden überfahren haben. Erst einmal, dann wieder und wieder, jede Bodenwelle, jede Unebenheit ein Verletzter oder Toter. Und obwohl er sich jedes Mal umgedreht hatte, um aus dem Heckfenster die Straße auf angefahrene Menschen zu überprüfen, waren Zweifel geblieben. Nun waren sie wieder da, stärker als tagsüber. *Verschwindet*, fluchte Frederik, *ihr sollt abhauen!*

Er musste sich ablenken, auf andere Gedanken kommen. Er schlug die Zeitung auf, schaltete das Radio ein, sogar den Fernseher, der sonst nie bei ihm lief, doch nichts beruhigte ihn. Der Angst, jemanden verletzt oder getötet zu haben, war er schon bei seinen Fahrten durch das Sauerland in den vergangenen Wochen begegnet. Einmal war er nach seinem Grußwort beim Feuerwehrfest die Strecke ein zweites Mal abgefahren, um die Straße auf verdächtige Spuren zu inspizieren. Sonst aber hatte er sich unter Kontrolle gehabt.

Nach dem Selbsttest, den Liane ihm geschickt hatte, war er in Panik geraten. In dem dazugehörigen Artikel war von einer »ernsten psychischen Krankheit« die Rede, die sich oft schon im Jugendalter bemerkbar mache und die Betroffenen, selbst wenn sie zwischenzeitlich verschwinde, häufig ein ganzes Leben lang begleite. All die Jahre hatte er verdrängt, was sich damals in seinem Kinderzimmer abgespielt hatte, etwas Mystisches, das Gott sei Dank verschwunden war – wie irgendwann auch die Erinnerung daran. Doch in besagtem Artikel hatte er die Symptome wiedererkannt – von Kontroll- und Wiederholungszwängen war die Rede. Viele Zwänge, hieß es, entsprächen im Ansatz durchaus geachteten gesellschaftlichen Werten wie Ordnung, Hygiene oder Sicherheit und würden erst durch ihre Übertreibung zu krankhaftem Verhalten.

Von diesem Tag an wusste Frederik, dass das Monster seiner Kindheit zurückgekehrt war. Damals dachte er noch, es sei vom Teufel geschickt worden, nun wurde erklärt, wie der Mensch zu seinem eigenen Dämon werden konnte.

Zwangserkrankte wollten sich das Gefühl geben, dass wirklich alles in Ordnung ist, hieß es in dem Text. In der Regel besäßen sie ein stark ausgeprägtes Sicherheitsbedürfnis und könnten sich nur schwer mit den Risiken des Lebens abfinden. »Wer seine ganze Kraft und Aufmerksamkeit auf das Abwickeln von Zwangshandlungen richtet, vermeidet die Wahrnehmung und Auseinandersetzung mit den eigenen Problemen«, wurde ein Experte zitiert. Als häufigste Ursache habe die Forschung Traumata, Konflikte oder Lebenskrisen ausgemacht.

Bitte mach, dass es sich lediglich um einen Rückfall handelt, hatte Frederik an diesem Abend zu Gott gebetet.

Um eine Phase, die schnell vorübergeht, wie damals. Nun aber bedrängte ihn der Zwang stärker denn je. Schau nach, rief er ihm zu. Kontrolliere die Straße! Geh auf Nummer sicher!

Du hast niemanden überfahren, versuchte Frederik entgegenzusteuern. Und wenn, dann hättest du längst davon erfahren. Alles ist in Ordnung!

Das wirklich Grausame an der Krankheit sei, dass sich die Betroffenen der Unsinnigkeit ihrer Handlungen vollkommen bewusst seien, stand in dem Artikel. Trotzdem müssten sie dem Zwang gehorchen.

Schließlich ergab sich auch Frederik, stand auf, streifte sich eine Jacke über, holte die Taschenlampe aus seiner Nachttischschublade und zog hinaus in die Berliner Nacht.

Zu Fuß machte er sich auf jenen Weg, den sie am Tag im Auto zurückgelegt hatten. An den Stellen, die er als besonders gefährlich in Erinnerung hatte, wartete er, bis weder Autos noch Fußgänger in der Nähe waren, dann untersuchte er den Straßenbelag, gewissenhaft wie die Spurensicherung an einem Tatort. Er leuchtete ihn mit der Taschenlampe ab, suchte nach Flecken, tastete am Boden mit der flachen Hand nach möglichen Überresten. Meist strich er nicht nur einmal über den Asphalt, sondern drei, später neun Mal. An einigen Stellen presste er sogar seine Nase auf den Belag, um Reste von Blut oder anderen Körperflüssigkeiten zu erschnüffeln. Erst dann stellte sich das beruhigende Gefühl ein, dass zumindest hier nichts geschehen war. Einmal angefangen musste er sein Ritual immer häufiger durchführen, musste die Dosis erhöhen wie ein Junkie, um denselben Effekt der Erleichterung zu erzielen.

Er war bereits dreieinhalb Stunden unterwegs, als er zur Einfahrt des Tiegartentunnels gelangte. Drinnen wurde er beinahe selbst von Autos angefahren, mehrfach konnte er sich nur noch mit letzter Kraft und einem Rest Geistesgegenwart an die Seite retten. Er stand auf dem schmalen Bordstein, den Rücken an die Wand gepresst, und zitterte am ganzen Körper. Die Scheinwerfer verschwammen mit der Tunnelbeleuchtung zu einem grellen Licht – so ähnlich stellte er sich den Übergang ins Jenseits vor. Ich riskiere mein Leben, um sicherzugehen, dass ich kein anderes Leben riskiert habe, dachte Frederik. Mir ist nicht mehr zu helfen. Ich bin vollkommen verrückt.

Wütend stampfte er auf den Boden. Er atmete stoßweise, Tränen der Erschöpfung und der Wut quollen hervor. »Hau ab, du Schwein!«, brüllte er in den Tunnel, doch die einzige Reaktion war sein eigener Hall. Er schleppte sich zurück auf die Straße und setzte die Inspektion fort. Inzwischen bluteten seine Handflächen, wund gescheuert vom Asphalt. Bald deutete er sein eigenes Blut als Indiz dafür, was er ständig befürchtete: dass hier ein Unfall geschehen sein musste.

Gegen vier Uhr morgens war er vor der Konrad-Adenauer-Stiftung angelangt. Inzwischen kroch er auf allen vieren, so konnte er den Straßenbelag aus nächster Nähe inspizieren. Zudem fehlte ihm nun die Kraft, aufrecht zu gehen. Er schob sich an der Kante des Bürgersteigs entlang, als er plötzlich eine Stimme vernahm. »Ist alles in Ordnung mit Ihnen?«

Er schaute hoch, es war der Nachtportier der Stiftung. Frederik glaubte, ihn schon einmal gesehen zu haben, der Mann aber schien ihn nicht zu erkennen, so runtergekommen wie er aussah.

»Ich habe … irgendwo hier muss ich meinen Ring verloren haben«, sagte Frederik. Noch immer gelang es ihm, zwischen der Zwangswelt und der Wirklichkeit zu unterscheiden. In der Realität durfte er sich nicht blamieren, da musste er funktionieren, so gut es ging.

»Kann ich helfen?«, fragte der Nachtportier.

»Ist nett von Ihnen, aber mir ist gerade noch eine andere Stelle eingefallen, wo er liegen könnte«, antwortete Frederik. Das Aufstehen bereitete ihm Mühe, doch er musste den Schein wahren.

»Seien Sie vorsichtig«, rief der Mann ihm hinterher. Frederik wartete, bis er im Inneren des Gebäudes verschwunden war, daraufhin setzte er seine Kontrolle an jener Stelle fort, wo er eben unterbrochen worden war. Er kroch weiter die Tiergartenstraße entlang in Richtung Potsdamer Platz. Längst war seine Hose durchgewetzt, die Knie bluteten, die Schultern schmerzten. Zweige oder kleinere Äste des angrenzenden Parks lagen auf dem Boden, auch Eicheln und Tannenzapfen. Frederik griff nach allem, kniete zusammengesackt auf der Straße und überlegte fieberhaft, was das bloß war: die Überreste eines Menschen? Jedes einzelne Objekt starrte er minutenlang an, bis die Augen tränten und die Wahrnehmung völlig dahinschwand. Er konnte es einfach nicht mit Gewissheit sagen. War es wirklich nur ein Ast? Oder doch ein abgefahrener Arm oder ein Bein? Er musste sich zusammenreißen. So gestört konnte er doch nicht sein, dass er den Unterschied nicht erkannte. Er fragte sich, warum ihn niemand erlöste, er wollte doch nur eines: endlich Gewissheit. Er schlug sich selbst auf die Oberschenkel, trommelte regelrecht auf sie ein, als wolle er sich dadurch wach rütteln. »Ich möchte so nicht mehr leben!«, rief er über die leere Straße.

Als Frederik sich etwas beruhigt hatte, steckte er die Äste in eine Plastiktüte, die er am Straßenrand gefunden hatte. Er beschloss, sie zu Hause erneut zu überprüfen, bei besserem Licht und klarerem Verstand. Dann kam ihm ein neuer Gedanke: Was würde wohl geschehen, wenn er dem Zwang den Gehorsam verweigerte? Und zwar jetzt, sofort. Wenn er einfach die Tüte fallen ließe und nach Hause führe? Wäre das möglich? Nein, das war natürlich ausgeschlossen. Die Angst vor Bestrafung würde ihn wahnsinnig machen, die Furcht, dass etwas Schlimmes passieren könnte, seiner Familie, Liane oder ihm selbst. Am Ende seiner Gedankenkette stand immer der Tod. Allmählich kamen die Vorboten des Berufsverkehrs, Frederik wurde angehupt, angeblinkt, angeschrien. Was davon war echt? Was bildete er sich nur ein? Er wusste es nicht mehr. Alles verschwamm.

Seine Odyssee durch die Nacht endete in der Morgendämmerung auf einer Parkbank am Rande des Tiergartens, wo er vor Schmerzen und Erschöpfung zusammenbrach. Von der Strecke, die er kontrollieren wollte, hatte er nicht einmal die Hälfte geschafft. Ein paar Passanten, die in dynamischer Morgenfrische zur Arbeit eilten, hielten ihn für einen der üblichen Penner, die sie nachts im Park vermuteten. Niemand kam auf die Idee, den Notarzt zu rufen.

»Brauchen Sie Hilfe?« Frederik wusste nicht, ob er die Worte nur träumte. Vorsichtig öffnete er seine Augen, die Morgensonne quälte ihn. Jetzt bemerkte er die Polizistin, die neben ihm auf dem Gehsteig kniete. Frederik blickte an sich herab, sah seine blutverkrusteten Hände und Knie, die zerschlissene, verschmierte Hose, entsann sich, was er in der Nacht getan hatte, und wusste, dass es so nicht mehr weitergehen konnte. Es war noch sehr früh, aber er fürchtete sich bereits vor der nächsten Nacht.

»Nein, vielen Dank. Ich habe wohl zu viel getrunken«, sagte er. Noch funktionierte er. Die Frau musterte ihn und seine zwar zerrissene, aber keineswegs billige Kleidung und blickte ihn schließlich mitleidig an. »Wohnen Sie hier in der Nähe?«

»Nicht weit von hier«, sagte er. »Ich werde einfach nach Hause laufen.« Um Entschlossenheit zu signalisieren, erhob er sich von der Bank und klopfte die Jacke sauber.

»Und Sie brauchen wirklich keinen Arzt?«

»Ich denke nicht, vielen Dank.« Sie schien ihm die Geschichte mit der durchzechten Nacht abzunehmen. Er beeilte sich, in eine der Seitenstraßen und aus ihrem Sichtfeld zu gelangen. Jeder Schritt ein Stich. Ein Wrack, dachte Frederik.

»Sie haben was vergessen«, rief ihm die Polizistin nach. Er drehte sich um, nahm die Tüte mit den Ästen und Tannenzapfen, bedankte sich und lief erneut davon. Er wartete, bis sie weitergegangen war, dann kehrte er zum Tiergarten um, folgte den Wegen, mal rechts, mal links, lief über Brücken, an künstlichen Gewässern entlang, ohne jedes Ziel. Irgendwann blieb er vor einer Bank stehen. Wieder kamen ihm die Tränen. Was sollte er nur tun? Julia anrufen? Oder doch Liane? Er tastete seine Taschen nach seinem Handy ab, vergeblich. Er musste es irgendwo verloren haben. Erstaunlicherweise fühlte sich der Verlust beinahe wie eine Befreiung an.

Er konnte natürlich auch am Bahnhof den Zug nach Brandenburg nehmen, zu dieser Klinik, die sich auf Psychos wie ihn spezialisiert hatte. Den Namen hatte er im Serviceteil des Artikels gelesen und sich eingeprägt. Anfangs wollte er gar nicht glauben, dass es für den Irrsinn in seinem Kopf spezielle Abteilungen gab.

Auf einmal empfand Frederik eine Klarheit, wie er sie seit Monaten nicht mehr gespürt hatte. Er lief in Richtung Bahnhof, ließ den Reichstag rechts liegen, das Kanzleramt links, immer geradeaus. Endlich hatte er wieder ein Ziel. Es kam ihm nicht mal in den Sinn, nach Hause zu fahren, um sich frische Kleidung zu besorgen. Am Bahnhof schaffte er es, in die richtige Regionalbahn zu steigen. Gleich vor Ort war die Klinik ausgeschildert, außer ihr gab es offenbar nichts in der Gegend, das eines Hinweises bedurfte. Bald saß er in einem roten, von Pflanzen umrankten Backsteinbau aus dem 19. Jahrhundert und erzählte einem Arzt von dem Monster seiner Jugend und wie der Zwang sich langsam zurück in sein Leben geschlichen hatte – bis hin zum Wahnsinn der letzten Nacht. Das Reden fiel ihm schwer, für manche Sätze benötigte er Minuten, so kam es ihm jedenfalls vor. »Und deshalb sitze ich jetzt hier bei Ihnen.«

»Und was haben Sie da mitgebracht?«, fragte der Arzt und deutete auf die Plastiktüte, aus der die Äste bis über die Schreibtischkante ragten. Er habe geglaubt, dass es sich um Körperteile überfahrener Menschen handeln könnte, gestand Frederik. Zumindest habe er den Inhalt noch einmal bei Tageslicht überprüfen wollen. Der Arzt erhob sich, nahm die Tüte und forderte Frederik auf, ihm in den Hof der Klinik zu folgen. »Die schmeißen wir jetzt in den

Müll. Ohne vorher noch mal reinzuschauen.« Frederik lief schweigend neben ihm her, sein ganzer Körper zitterte, als sie die Tüte samt ihrem Inhalt dem Container übergaben.

»Sie sind in einem Zustand totaler Erschöpfung, körperlich, gedanklich, seelisch«, sagte der Arzt, nachdem er Frederik auf sein Zimmer gebracht hatte. Hinter dem Fenster wartete nichts als Natur, die Klinik lag im Nirgendwo Brandenburgs, in ihrer Nachbarschaft wohnten allenfalls Tiere. »Wir kümmern uns jetzt um Sie.« Der Arzt sprach von »hochgradiger Zwangsneurose«, von einer »Spirale von Katastrophenbefürchtungen«, die es zu durchbrechen gelte, es hörte sich alles sehr klug und fachmännisch an, aber Frederik verstand kaum noch etwas. »Sie brauchen jetzt absolute Ruhe«, sagte der Arzt schließlich. »Keine Besuche. Kein Telefon. Keine Zeitung. Kein Internet.«

»Ich habe mein Handy verloren«, sagte Frederik reflexartig.

»Umso besser. Die ersten Tage wollen wir Sie unter genaue Beobachtung nehmen. Dafür würde ich Ihre Zimmertür gerne verschlossen halten.« Frederik willigte ein, ihm war alles egal. Er wollte nur schlafen, seinen Kopf abschalten, am liebsten für immer.

»Wir holen Sie ab, zum Essen, zur Gesprächstherapie oder für einen Spaziergang im Park. Wenn Sie selbst ein Anliegen haben, drücken Sie bitte auf diesen Knopf und wir sind umgehend bei Ihnen.«

»Können Sie …«, Frederik stockte, es fiel ihm schwer sich zu konzentrieren, »… wenn Sie vielleicht meiner Frau Bescheid geben könnten?« Er tastete seine Taschen nach seinem Füller ab, aber auch den hatte er verloren. Der Arzt reichte ihm Stift und Zettel und Frederik schrieb ihre

Telefonnummer im Sauerland darauf. »Aber sagen Sie ihr bitte, dass sie niemandem sonst verraten soll, was mit mir los ist.« Der Arzt nickte, nahm den Zettel und ging zur Tür.

»Ach, warten Sie«, rief ihm Frederik hinterher. »Könnten Sie vielleicht noch einer anderen Person Bescheid geben?«

Er notierte eine weitere Nummer und daneben einen Namen: »Liane Berg«.

»Wenn Sie das wünschen, machen wir das natürlich«, sagte der Arzt. Dann schloss er die Tür hinter sich ab.

ACHTZEHN

Der Mittwoch hatte ohne ein göttliches Zeichen begonnen. Manchmal glaubte Schmiedebach einen Gruß von oben zu erkennen, einen besonders hellen Lichtstrahl etwa, der durch die Vorhänge in sein Zimmer fiel, oder den Gesang eines seltenen Vogels. Er achtete auf diese Kleinigkeiten, weil er glaubte, dass Gott auf solch stille, bescheidene Weise mit seinen Schäfchen kommunizierte, mit Schafen wie ihm zumindest.

Sein Freund Frederik war nun seit mehr als zwei Wochen verschwunden. Anfangs hatte man davon im Dorf nichts mitbekommen, die medialen Spekulationen der vergangenen Tage aber waren – mit der üblichen Verzögerung – irgendwann bis nach Waldhagen vorgedrungen, und so sah sich auch der Pfarrer zunehmend Fragen nach dem Verbleib seines Freundes ausgesetzt.

Um die Unruhe im Dorf zumindest zu dämpfen, bemühte sich Schmiedebach, den Anschein von Normalität zu wahren, und zu dieser gehörte die Abnahme der Beichte zu fixen Zeiten, mittwochs von zehn bis zwölf, freitags von fünfzehn bis siebzehn Uhr. Der Pfarrer hatte die Kirche frühzeitig aufgeschlossen, weil er wusste, dass die Waldhagener und insbesondere seine drei Stammkundinnen gern überpünktlich erschienen. Unter den älteren Damen war ein regelrechter Wettkampf um den ersten Termin des Tages entbrannt. Eine Folge davon war, dass ihnen mit der Zeit die Sünden ausgingen, weshalb sie sich ihre Verfehlungen immer häufiger ausdachten. Schmiedebach hatte ihr Spiel längst durchschaut, spielte es aber geduldig mit. An diesen Vormittag verordnete er den einsamen Damen einen halben Rosenkranz als Buße. Das machte sie glücklich, nun waren sie für längere Zeit beschäftigt.

Schmiedebach saß auf einem Holzschemel, den er sich mit einem Kissen aus der heimischen Gartengarnitur polsterte. Der Beichtstuhl war das Prunkstück der Kirche, die Gravur an seiner Seite verriet den Zeitpunkt seiner Fertigstellung im Jahr 1894. Über der rechten und der linken Tür waren Kelche ins Holz geschnitzt, über der mittleren Kabine des Pfarrers schwebten sieben Engel und bliesen in ihre Posaunen.

Die Stoßzeit lag nun hinter ihm. Um sich das Warten auf den nächsten Sünder zu verkürzen, knipste er eine kleine Leselampe an, um in seinem Roman zu schmökern. Er hatte gerade mit dem Schlusskapitel begonnen, als ein schmaler Lichtstrahl in die linke Kabine fiel, der, begleitet von einem Knarzen, immer breiter wurde. Sofort knipste er das Licht wieder aus und versteckte den Roman unter seinem Gewand. In diesen Momenten fühlte er sich ertappt wie ein Bub, der Erotikhefte hinter dem Bett verschwinden ließ und versuchte, die vermeintliche Verfehlung durch besonders andächtige Gesten zu kompensieren. Er faltete die Hände im Schoß, senkte den Kopf zur Brust, schloss die Augen und verharrte in dieser Position, bis der Sünder die Tür geschlossen und sich auf das Bänkchen gekniet hatte. Schmiedebach hörte, wie die Person ihre Ellenbogen auf das Brett stützte, das wie eine Fensterbank aus der Wand ragte. Als das Knarzen verstummte, bekreuzigte er sich, murmelte ein »Im Namen des Vaters, des Sohnes …« und faltete erneut die Hände. »Gott, der unser Herz erleuchtet, schenke dir wahre Erkenntnis deiner Sünden und seiner Barmherzigkeit.«

»Nun, was belastet uns denn?«

Der patriarchalische Plural war eine der wenigen sprachlichen Seltsamkeiten des Pastorenwesens, die Schmiedebach übernommen hatte. Ansonsten war er durchaus um Frische bemüht.

Es kam keine Antwort, was nicht ungewöhnlich war. Oft brauchten die Sünder etwas Anlauf, um die Scham zu überwinden, ihren Taten Worte zu verleihen.

»Lass dir Zeit«, sagte Schmiedebach wie immer in solchen Fällen. »Der Herr ist nicht nur ein gütiger, sondern auch ein geduldiger Gott.«

Schmiedebach und seine Besucher trennte lediglich eine dünne Holzwand, in die quadratische Löcher gestanzt waren. Diese Anonymität sollte die Illusion nähren, dass die Beichtenden hier direkt zu Gott reden konnten. Der Pfarrer war nur Mittler zwischen ihnen, eine Art Freisprechanlage. Trotz der Trennwand und der Dunkelheit wusste Schmiedebach fast immer, wer gerade neben ihm saß. Er kannte die Stimmen seiner Schäfchen. Nun vernahm er ein schweres, angestrengtes Atmen, gefolgt von einem Räuspern. Es konnte sich nicht um eine der Hausfrauen handeln. So harzig räusperten sich nur Männer.

»Du weißt bereits von meinen Sünden.« Schmiedebach zuckte zusammen. »Den schlimmsten zumindest.« Er kannte die Stimme, besser als viele andere, und doch konnte er nicht glauben, was er hörte. Seit Frederiks Verschwinden war er ohnehin oft durcheinander.

»Ich verstehe nicht ganz, mein Sohn«, stammelte er. »Was bedrückt uns denn heute?«

»Ich bin froh, deine Stimme zu hören.«

Schmiedebach hob den Kopf, sah nach links durch das Gitter und glaubte, das Gesicht seines Freundes zu erkennen. »Frederik?« Seine Frage war viel zu laut geraten, sogleich dachte er an die Damen draußen in der Kirchenbank. Er beugte sich so nah ans Gitter, dass seine Lippen fast das Holz berührten. »Gott sei Dank, du bist wieder da!« Am liebsten hätte er seine Kabine verlassen, um seinen Freund zu umarmen. »Wie geht es dir?«

»Danke, viel besser.«

»Wo kommst du jetzt her?«

»Aus der Klinik. Das heißt, eben war ich zu Hause. Ich wollte mit Julia reden, aber sie war nicht da, niemand war da.«

»Sie ist für ein paar Tage zu ihrer Schwester nach Koblenz gefahren«, sagte Schmiedebach. »Die vergangenen Wochen, die Aufregung und Sorge um dich, das alles hat ihr ganz schön zugesetzt.«

»Und die Kinder?«

»Den Kleinen hat sie mitgenommen, und Lukas ist wegen der Schule hiergeblieben. Er kommt nach der Schule zu mir. Aber jetzt erzähl erst mal: Was genau ist geschehen?«

»Wie viel Zeit hast du?«

»Für dich habe ich alle Zeit«, sagte Schmiedebach.

»Ich hatte einen kompletten Zusammenbruch«, begann Frederik und berichtete seinem Freund von der grausamen

Nacht auf der Straße und allem, was dieser vorausgegangen war. Er sprach langsam, mit vielen Pausen, die Erinnerung an jene Nacht wühlte ihn noch immer auf.

»Hattest du früher nicht mal was Ähnliches?«, unterbrach ihn Schmiedebach, als er gerade von einer der Zwangshandlungen erzählte, und dann erklärte Frederik ihm alles, was er inzwischen über seine Krankheit wusste. Als er endlich fertig war, hörte der Pfarrer, wie sein Freund erschöpft atmete.

»Es tut mir unendlich leid, dass ich dir nicht habe helfen können«, sagte Schmiedebach. »Ich war gewiss kein guter Freund, sonst hätte ich vorher bemerkt, in welchem Zustand du gewesen bist.«

»Das stimmt nicht. Ich habe ja alles dafür getan, dass niemand etwas mitbekommt. Und wenn es sich nicht vermeiden ließ, habe ich gelogen. Ich habe mich so geschämt für diesen lächerlichen Zwang.«

»Was dir widerfahren ist, klingt schrecklich, Frederik. Ich verstehe nur nicht, warum du alle derart im Unklaren gelassen hast. Manche dachten schon, du seist tot.«

»Aber der Arzt wollte Julia doch informieren, das hatte er mir fest versprochen!«

»Das hat er auch. Deshalb wussten wir, wo du warst. Aber niemand sonst.« Das stimmt nicht ganz, dachte Frederik. »Die erste Woche ging es noch«, fuhr Schmiedebach fort, »doch in den letzten Tagen wurden wir immer stärker bedrängt. Dein Büro, die Medien, die Leuten im Dorf, sie alle wollten wissen, was mit dir geschehen ist. Als dann auch noch die Polizei versuchte, sie zu erreichen, war Julia kurz davor, eine Erklärung abzugeben.«

»Warum hat sie es nicht getan?«

»Weil der Arzt unmissverständlich gesagt hat, dass wir

niemanden informieren sollten. Dies sei dein ausdrücklicher Wunsch. Und Julia wollte sich strikt an das halten, was du ihr ausgerichtet hattest. Selbst als der Parlamentspräsident sie vor zwei Tagen zu einem Gespräch nach Berlin einlud, tat sie ihm gegenüber ahnungslos. Sie hatte ja selbst gemerkt, dass du in letzter Zeit völlig von der Rolle warst, und gehofft, dass dir der Aufenthalt und die Ruhe helfen würden und sie irgendwann ihren alten Frederik zurückbekomme. Zurück aus Berlin hielt sie die Ungewissheit nicht mehr aus und rief bei deinem Arzt in der Klinik an. Der meinte, dass es dir deutlich bessergehe und du dich bald melden würdest. Deshalb wollte sie warten und es dir überlassen, was du der Öffentlichkeit sagst.«

Frederik rutschte von einem auf das andere Knie. Die Bezeichnung Büßerbank hatte der Erbauer durchaus wörtlich genommen. Das Holz fühlte sich wie Eisen an. »Eigentlich wollte ich doch nur, dass niemand von meiner Zwangsneurose erfährt. Das war meine große Angst. Ich kann mich gar nicht mehr erinnern, was genau ich dem Arzt gesagt habe. Die Erschöpfung habe mich in eine Art Trance versetzt, erklärte er mir später. Ich musste dringend zur Ruhe kommen, was mir dank vieler bunter Pillen und durchschlafener Tage auch gelang. Vor zwei Tagen meinte der Arzt, dass ich etwas unternehmen müsse, er sprach von wilden Spekulationen in den Medien. Da es mir besserging, hat er mich vorübergehend entlassen, damit ich meine Angelegenheiten regeln kann. Und hier sitze ich nun mit meinen Angelegenheiten.«

»Was die Leute besonders irritiert hat, war dein Abschiedsbrief«, sagte Schmiedebach. »Warum hast du den geschrieben?«

»Ich habe keinen Abschiedsbrief geschrieben.«

»Aber er wurde doch gefunden, mitten auf deinem Schreibtisch. Vier Worte: *Alles hat seine Zeit.*«

»Das war kein Abschiedsbrief, sondern ein Zitat des König Salomon aus der Bibel. Kennst du sicher.«

»Natürlich, aber warum notierst du es auf einem Briefbogen?«

»Keine Ahnung. Ich musste in letzter Zeit oft über diesen Satz und seine Bedeutung nachdenken. Ich dachte, er könne mir eine Erklärung für meine Probleme liefern. Vermutlich habe ich ihn an diesem furchtbaren Tag einfach vor mich hin gekritzelt, ich kann mich aber nicht daran erinnern. Einen Abschiedsbrief hinterlassen … so ein Unsinn. Wie kommt man nur auf so was?«

Sie schwiegen eine Weile.

»Und wie soll es denn jetzt weitergehen?«, fragte Schmiedebach.

»Obwohl es mir bessergeht, werde ich mich wohl einer längeren Therapie unterziehen müssen. Das gehe auch ambulant, meinte der Arzt. Mein Problem war, dass ich mir untreu geworden bin. Meine Lebensumstände passten nicht mehr zu mir, das wollte mir die Krankheit sagen. Das habe ich endlich begriffen.«

»Und all das wegen des Mädchens, das du in Berlin kennengelernt hast?«

»Auch, aber nicht nur. Für viele Männer mag Fremdgehen nichts Besonderes sein, für mich war es etwas Fundamentales. Mit dem Bruch meines Treueversprechens ist zugleich mein ganzes Weltbild zerbrochen. Das wurde mir erst in der Klinik bewusst.«

»Es tut mir leid, ich kenne mich mit dieser Krankheit

nicht aus«, sagte Schmiedebach. »Aber kann man sagen, dass du jetzt über den Berg bist?«

»Das dauert meistens viel länger. Zwei Dinge seien entscheidend, meinte der Arzt. Das eine ist die Therapie, um die Logik des Zwangs zu durchbrechen. Zum anderen muss ich mein Leben aufräumen. Entscheidungen treffen, beruflich wie privat. Du glaubst gar nicht, wie viel man denken kann, wenn man den ganzen Tag nichts vorhat außer schlafen und essen. Ich war vollkommen allein in der Klinik, niemand wollte etwas von mir, das erste Mal seit Jahren. Am Ende hatte ich tatsächlich das Gefühl, etwas über mich herausgefunden zu haben.«

Schmiedebach, der die ganze Zeit schon hören wollte, welche Entscheidungen sein Freund getroffen hatte, konnte seine Neugier nicht länger unterdrücken. Immerhin gelang es ihm, sie in Mitgefühl zu verkleiden. »Ich hoffe, dass es dir gut geht mit dem, was du entschieden hast.«

»Das weiß ich selbst noch nicht so genau.«

»Das hängt wohl davon ab, wie du dich entschieden hast.« Er drängelte weiter.

»Ich werde meine Gesetzesinitiative zurückziehen«, sagte Frederik. »So, wie ich bislang politisch vorgegangen bin, macht es keinen Sinn. Ich war viel zu absolut, zu kompromisslos, zu besessen von meiner Idee, die ganze Gesellschaft umzukrempeln.«

In der Einsamkeit seines Klinikzimmers hatte Frederik tatsächlich nach dem Ursprung seiner Lebenskrise gesucht. Waren es wirklich nur Liane und die Kanzlerin gewesen, die sie ausgelöst hatten? Irgendwann war er weiter zurückgewandert in seiner Biografie, zurück in die Jugend, zurück zur Wut auf seine Eltern und den Anfängen mit Julia.

Plötzlich ahnte er, dass das Konstrukt seines Lebens ähnlich zwanghaft gewesen war wie die Handlungen, die er zuletzt immer häufiger ausgeführt hatte. Er hatte sein Leben einem starren Plan untergeordnet, hatte es vollgepflastert mit Prinzipien und Regeln, bis diese nicht mehr nur Hilfe waren, sondern sein Leben selbst. Das selbst geschnürte Korsett hatte ihn völlig gelähmt. Vor lauter Regeln hatte er den Blick für die Vielfalt des Lebens verloren, für all die Überraschungen, die es bereithielt.

»Ich will nur sagen: Wenn ich Politiker bleiben sollte, werde ich es langsamer und gelassener angehen müssen, weniger verbissen als bisher. Vielleicht höre ich aber auch ganz auf und engagiere mich an anderer Stelle, bei einer Stiftung, einer Hilfsorganisation, in der Kirche. Vermutlich kann man dort sogar mehr für die Menschen erreichen als in der Politik. Oft habe ich in den vergangenen Jahren gedacht, dass jemand wie du viel Größeres für unsere Gesellschaft leistet als ein einfacher Abgeordneter wie ich.«

»Das bezweifle ich zwar, aber das ist ein anderes Thema«, sagte Schmiedebach. Er klang ungeduldig. »Die andere Frage ist jetzt erst mal wichtiger.«

»Was meinst du?«

»Dein Privatleben. Was ist nun mit deiner Berlinerin?«

Frederik wunderte sich. Es war nicht Schmiedebachs Art, so direkt zu fragen, auch seine Zurückhaltung hatte er immer an ihm geschätzt. In der Klinik hatte Frederik lange über Julia und Liane nachgedacht. Bis zu diesem Zeitpunkt waren seine Gedanken immer nur darum gekreist, ob er sich Liane eigentlich sicher sein und ob er Julia im Stich lassen könne. Irgendwann aber hatte er in der Stille Brandenburgs sein Herz hören können – und was es ihm sagte, ließ eigentlich keine Fragen offen. Er liebte Liane, er sehnte sich nach ihr. Deshalb hatte er sich vorgenommen, es mit ihr zu probieren. Natürlich war es ein Experiment, womöglich völliger Wahnsinn, aber er musste es wagen. Weder war es wahrscheinlich, dass es mit ihr auf Dauer funktionieren würde, noch konnte er sicher sein, dass Liane eine feste Beziehung mit ihm wollte. Er erkannte sogar, dass es völlig vermessen gewesen war, zu glauben, beide Frauen warteten sehnsüchtig darauf, dass er sich endlich zu ihnen bekannte. Wenn er sich nun für Liane entschied, musste er bereit sein, schlimmstenfalls alleine zu leben. Lianes Tagebuch hatte zwar Andeutungen enthalten, doch wie sie jetzt empfand, ließ sich nicht mit Gewissheit sagen. Er war bereit, das Risiko einzugehen. Liane hatte zwar alles durcheinandergebracht, sie hatte ihm aber auch eine neue Dimension des Lebens eröffnet. Er beschloss, all die Sicherheitsnetze zu kappen. Am Ende hatte er sich eh nur in ihnen verheddert. Wovor hatte er all die Jahre eigentlich Angst gehabt?

Zur neuen Ehrlichkeit gehörte auch ein Geständnis. Er schämte sich, dass er Lianes Tagebuch gelesen hatte. Vielleicht würde sie ihm diesen Tabubruch nicht verzeihen, auch das musste er riskieren.

»Ich werde Julia verlassen«, sagte Frederik.

»Du bist vollkommen verrückt!«, entfuhr es Schmiedebach.

Frederik antwortete nicht, er wartete, bis sein Freund sich von dem Schock erholt hatte.

»Das wirst du bitte nicht tun, Frederik. Du wirst Julia nicht verlassen, hörst du?«

Pfarrer Schmiedebach gab ihm seit mehr als zwei Jahrzehnten die wichtigsten und wertvollsten Ratschläge, doch nie hatte er versucht, ihn zu etwas zu nötigen, nie hatte er Befehle erteilt. Nun war er außer sich.

»Ich kann ja verstehen, dass du überrascht bist«, sagte Frederik. »Aber ich habe deutlich gemerkt, wie viel mir Liane bedeutet.«

»Du bist völlig übergeschnappt. Das bildest du dir doch nur ein. Da läuft dir in Berlin irgendein junges Ding über den Weg und schon glaubst du, du müsstest deine Ehe beenden.«

»Sie ist nicht irgendein junges Ding«, entgegnete Frederik. »Sie ist etwas Besonderes.«

»Das ist Julia auch! Sie ist eine wunderbare Frau. Du machst einen riesigen Fehler.«

Plötzlich hörte Frederik ein heftiges Atmen hinter dem Gitter, das langsam in ein Schluchzen überging. »Was ist denn mit dir los?«, fragte er.

»Du kannst mir das nicht antun«, sagte Schmiedebach mit zitternder Stimme.

»Warum nimmst du das so persönlich?« Sein Freund sagte nichts mehr.

»Was hast du denn?« Wieder keine Antwort.

»Ich weiß doch auch nicht«, sagte Schmiedebach endlich.

»Ich habe dir immer erzählt, was mich belastet«, setzte Frederik nach, »Dinge, die wirklich niemand erfahren sollte.« Wieder schwieg sein Freund. Dann öffnete er die Tür des Beichtstuhls einen Spalt und lugte vorsichtig hinaus. In den ersten Reihen knieten noch immer die älteren Damen und beteten ihren Rosenkranz runter. Er ärgerte sich, dass er ausgerechnet heute so großzügig gewesen war.

Holz war ein indiskretes Material. Und niemand durfte mitbekommen, was er jetzt sagen würde.

»Ihr habt es gut«, sagte Schmiedebach, nachdem er die Tür wieder fest verschlossen hatte.

»Wer ist *ihr*?«

»Ihr normalen Leute, die ihr keine Priester seid. Ihr könnt Dinge verheimlichen. Könnt die Treue brechen, ohne dass eure Partner es mitbekommen. Meiner dagegen kriegt alles mit.«

»Hast du ihm die Treue gebrochen?«

»Ach …« Wieder atmete Schmiedebach schwer. »Lass uns ein anderes Mal darüber reden.«

»Nein, wir reden jetzt darüber.«

»Da draußen sitzen Leute.«

»Dann sprechen wir leise. Sag mir endlich, was los ist.«

Langes Schweigen.

»Ich habe mich in Julia verliebt.«

Nun war es Frederik, der nichts mehr erwidern konnte. »Das kann nicht wahr sein«, stammelte er schließlich.

»Es gab da diesen Abend, kurz nach eurer Rückkehr von den Malediven. Julia rief mich an und fragte, ob wir reden könnten, sie klang völlig verzweifelt, kurz darauf saß ich in eurem Wohnzimmer. Sie erzählte mir, dass du merkwürdig geworden seist, ganz anders als früher, distanzierter, zerstreut, es habe im ganzen Urlaub keinen innigen Moment gegeben. Es kam sogar die Frage auf, ob du womöglich eine Geliebte hast. Sie hat mich tatsächlich gefragt, ob ich etwas von einer anderen Frau wisse.«

»Und? Was hast du gesagt?«

»Ich hatte die Möglichkeiten, entweder Julia zu belügen oder das Beichtgeheimnis zu brechen. Aber ich habe dich nicht verraten, so sehr ich auch in Versuchung war. Von da an war ich jedenfalls oft bei ihr zu Besuch. Julia brauchte jemanden in ihrer Nähe, einen Menschen, der ihr Halt gab, und das sollte ich sein.«

Schmiedebach fiel auf, dass er es war, der nun beichtete. Sie hätten die Plätze tauschen müssen. »Kannst du dich an den Abend bei euch in Bonn erinnern, als wir eure Hochzeit besprochen haben? Ich mochte Julia von diesem ersten Moment an. All die Jahre konnte ich mit der Zuneigung umgehen, weil ich mich für euch gefreut habe. Ihr habt einen so glücklichen Eindruck gemacht. Aber dann kam dieser Anruf, als du mir von deiner neuen Bekanntschaft erzählt hast. Von da an war nichts wie bisher. Oft bin ich absichtlich durchs Dorf spaziert, nur um Julia zu sehen, wenigstens aus der Ferne. Ich wusste genau, wann sie zum Einkaufen fährt, wann sie Lukas vom Bus abholt, ich kenne ihren Tagesablauf inzwischen auswendig. Auf einmal tat sich eine Möglichkeit auf, die ich bis dahin erfolgreich bekämpft hatte. Als ich wusste, dass du eine Geliebte hast, brachen alle Dämme. Ich war erbost darüber, dass du deiner wunderbaren Frau so etwas antun konntest, und musste mir gleichzeitig eingestehen, dass ich mich unendlich in sie verliebt hatte.«

»Das glaube ich einfach nicht«, sagte Frederik. »Sag, dass das nicht wahr ist.«

»Du hast vermutlich keinen blassen Schimmer, in welche Lage du mich gebracht hast. Weißt du noch, wie ich am Grab deines Vaters stand und ihn für seinen Sohn gepriesen habe? In Wahrheit habe ich dich in diesem Moment gehasst: dafür, dass du Julia all das antust. Und dass du mir das antust.«

»Machst du mir jetzt etwa Vorwürfe? Du bist doch hier der Pfarrer, und noch dazu mein Freund! Du kannst dich doch nicht einfach in meine Frau verlieben!«

»Glaub mir, ich habe das nicht gewollt.«

»*Du sollst nicht begehren deines Nächsten Weib!* Schon mal gehört?«

»Und *du sollst nicht ehebrechen*«, erwiderte Schmiedebach.

Jetzt war Frederik außer sich, doch sogleich wurde ihm bewusst, dass er kein Recht hatte, seinen Freund zu beschimpfen. Er war es gewesen, der Julia verraten, sie hintergangen und betrogen hatte. Er hatte all das ins Rollen gebracht. Es war seine Schuld, dass sie nun so traurig und niedergeschlagen in diesem Beichtstuhl saßen. Trotzdem traf ihn Schmiedebachs Geständnis wie ein Schlag, es verstörte ihn. Er war im Begriff, seine Frau für eine andere zu verlassen, und trotzdem spürte er Eifersucht. Musste man jemanden nicht lieben, um eifersüchtig zu sein? Liebte er seine Frau vielleicht doch noch?

»Julia und du, also, ist das … ich meine, habt ihr …?«

»Nein, haben wir nicht«, antwortete Schmiedebach ohne Zögern. »Selbst wenn ich es versucht hätte, Julia wäre niemals darauf eingegangen. Das hat sie mir durch ihr gesamtes Verhalten deutlich zu verstehen gegeben. Im Nachhinein bin ich ihr dankbar dafür.«

Frederik war völlig aufgewühlt. All die Ruhe und Klarheit, die er in der Klinik gewonnen hatte, schien verschwunden zu sein. Es rührte ihn, dass Julia Schmiedebachs Werben widerstanden hatte. Sie war bis heute so treu und prinzipienfest, wie er es immer sein wollte. Er war ihrer nicht mehr würdig.

»Während du in der Klinik warst, habe ich ein paar Mal bei euch auf dem Sofa geschlafen. Julia hat mich darum gebeten, sie war so ängstlich und verzweifelt. Ich lag die ganze Nacht wach auf diesem Sofa, obwohl ich mir nichts sehnlicher wünschte als …« Seine Stimme versagte, er brachte es nicht fertig, das Betreffende auszusprechen. »Ich lag jedenfalls da und machte kein Auge zu. Ich haderte mit meiner Sehnsucht und stellte plötzlich alles infrage, was mir bislang heilig gewesen war. Der Auftrag zur Seelsorge, das Zölibat, die Zehn Gebote, alles geriet ins Rutschen.« »Das Gefühl kenne ich«, entfuhr es Frederik.

»Ich fragte mich, ob es nicht unmenschlich ist, was meine Kirche von uns Priestern verlangt. Das Zölibat wurde 1139 festgeschrieben, obwohl selbst die Apostel verheiratet waren. Es erfordert eine Disziplin, von der ich nicht weiß, ob ich sie länger aufbringen kann. Das Verlangen nach Nähe, nach Familie, auch nach Sexualität lässt sich wohl nicht ewig unterdrücken. Auf einmal fragte ich mich, was Gott tatsächlich von mir erwartet. Und ob es ihm am Ende nicht einfach darauf ankommt, dass wir glücklich und zufrieden sind?«

»Du kennst ihn besser als ich.«

»Er ist bestimmt kein Dogmatiker, er verlangt keine blinde Gefolgschaft, zumindest nicht der Gott, dem ich mich einst verschrieben habe. Was hat er denn von Menschen, die sich nie verändern? Solche Wesen würde er kaum als Krone seiner Schöpfung betrachten.«

»Und was bedeutet das jetzt?« Frederik erwischte sich bei der Frage, ob sein Freund und seine Frau wohl zueinander passen würden. Julia hatte Schmiedebach ebenfalls immer gemocht, wenn auch auf einer anderen Ebene.

Und bei seinem Freund hatte er schon häufig den Verdacht gehabt, dass er im Grunde ein Familienmensch war. Mit ihren Söhnen verstand er sich jedenfalls prächtig.

»Das weiß ich auch nicht.« Schmiedebach klang genauso niedergeschlagen wie er selbst.

Auf einmal wurde Frederik bewusst, dass es in all ihren Gesprächen fast immer nur um ihn gegangen war, um seine Probleme, seine Zweifel. Schmiedebach hatte immer genau gewusst, was richtig und was falsch war, er schien selbst keine Zweifel zu kennen, und wenn, dann hatte er sie wohl mit jemand anderem erörtert. Jetzt aber wusste jener Mann, der ihm all die Jahre ebenso allwissend wie unfehlbar erschienen war, dem er die wichtigsten Weichenstellungen seines Lebens anvertraut hatte, offenbar selbst nicht mehr weiter.

»Liebt Julia mich noch?«, fragte Frederik nach einer Weile des Schweigens.

»Sie litt zunehmend darunter, dass du ihre Liebe nicht erwidert hast. Und ich, der es wusste, durfte ihr nicht mal sagen, woran das lag. Inzwischen glaube ich zu wissen, worauf es ihr ankommt. Sie hat sich mir anvertraut und eines wurde dabei deutlich: Wenn sie etwas nicht ausstehen kann, dann ist es Halbherzigkeit. Sie glaubt immer noch an die eine, alles überragende Liebe. Auf die faulen Kompromisse, die andere Ehefrauen erdulden, wird sie sich niemals einlassen. So wie in letzter Zeit will sie jedenfalls nicht weiterleben.« Er hielt kurz inne, seine Lippen kamen noch näher an das Gitter zwischen ihnen heran. »Entweder gelingt es dir, sie wieder aus ganzem Herzen zu lieben, oder du sagst ihr, dass eure Ehe für dich beendet ist. Es gibt nur diese beiden Optionen – auch wenn ich persönlich wohl nie verstehen werde, wie man sich von Julia trennen kann.«

Frederik überlegte, was sein nächster Schritt sein sollte. Früher war ihm das nach seinen Gesprächen mit Schmiedebach fast immer klar gewesen. Diesmal nicht.

»Kannst du mir bitte einen Gefallen tun?«, fragte er schließlich. »Sagst du Julia, dass ich hier war und bald zurück sein werde, um alles in Ruhe mit ihr zu besprechen? Und noch was: In der Klinik habe ich ihr einen langen Brief geschrieben. Es war der Versuch, mich zu erklären, ihr alles zu sagen, was sie endlich erfahren muss. Bis zuletzt war ich mir nicht sicher, ob ich ihn abschicken oder ihr alles persönlich sagen sollte, jetzt habe ich den Brief hier bei mir. Würdest du ihn ihr bitte geben, sobald sie zurück ist?«

»Wo willst du denn hin?«, fragte Schmiedebach.

»Das kannst du dir doch denken.«

»Wie du meinst.«

Daraufhin verließ Frederik den Beichtstuhl. Die Kirche war inzwischen leer. Ohne sich zu bekreuzigen, lief er auf den Ausgang zu, ließ selbst das Weihwasser links liegen und hörte bald die schwere Tür hinter sich ins Schloss fallen. Er stand auf dem leeren Parkplatz und drehte sich noch einmal um. In ferner Zeit war die Kirche einmal weiß gewesen, so hatte es jedenfalls auf den Fotos gewirkt. Die Jahrzehnte aber hatten ihre Fassade ergrauen lassen und niemand hatte Zeit oder Farbeimer gefunden, um den Verfall zu stoppen.

Die Kirche war das Zentrum seines bisherigen Lebens gewesen. Hier war er als Baby getauft worden, hier hatte er seine Erstkommunion in Empfang genommen, hier hatte ihn das Dorf am Morgen nach dem Schützenball bemitleidet, hier hatte er bei der Firmung seinen Glauben bekräftigt und nach seiner Wahl in den Bundestag eine Kerze angezündet. Hier war seinem Vater der letzte Segen erteilt worden und hier hatten sich Julia und er vor Gott und Schmiedebach das Versprechen gegeben, einander treu zu sein, in guten wie in schlechten Zeiten, bis dass der Tod sie scheide. Nun war er dem Tod zuvorgekommen.

Erst jetzt, im Schatten der Kirche, wurde ihm endgültig bewusst, dass nichts mehr so sein würde, wie es einmal war. Wollte er das wirklich? Es war schwer genug, seine Familie zu verlassen. Noch schwerer erschien es ihm nun, seine Frau zu verlassen, die von seinem besten Freund begehrt wurde. Verloren stand er auf dem Parkplatz und geriet erneut ins Grübeln. Sollte er wirklich zu Liane fahren? Oder war es besser, hier in Waldhagen auf Julia zu warten?

Du hattest doch alles geklärt, dachte er. Warum zweifelst du schon wieder? Du wolltest endlich auf dein Herz hören! Aber was sagte sein Herz? Noch dasselbe wie vor ein paar Stunden? Er fragte sich, ob er es schaffen würde, Julia noch einmal so zu lieben, wie Schmiedebach es von ihm verlangte. Oder würde es wie zuletzt nur halbherzig sein? Aus Mitleid sollte er jedenfalls nicht bei ihr bleiben.

Der Schlag der Turmuhr riss ihn aus seinen Gedanken. Es war Viertel nach zwölf. Er drehte sich um, ließ die Kirche hinter sich zurück und lief die Straße hinab in Richtung Bushaltestelle. Er hatte schon einige Häuser passiert, als ihm auffiel, dass etwas anders war als sonst. Um ihn herum war es vollkommen still, als trüge er Kopfhörer auf den Ohren, keine Stimmen, kein Motor, nicht mal ein Vogel war zu hören. Er schien weit und breit das einzige

Lebewesen zu sein. Hektisch sah er sich um, sein Blick hastete über Gärten und Einfahrten, Küchen- und Wohnzimmerfenster, aber er blieb allein mit seinen Zweifeln.

An einer Laterne entdeckte er sein Konterfei auf einem Plakat, darunter seinen Namen und den Slogan für den bevorstehenden Wahlkampf: »Keine Experimente!«

Waldhagen wirkte ausgestorben wie eine Westernsiedlung in der Mittagshitze. Alle Häuser waren mit Vorhängen oder Gardinen von der Außenwelt abgeschottet, und alle waren zugezogen, mindestens zur Hälfte. Plötzlich kam Frederik ein unheimlicher Gedanke. Konnte es sein, dass hinter all diesen Stoffen Menschen standen und ihn heimlich beobachteten? Dass das ganze Dorf ihn im Visier hatte, ohne sich selbst zu zeigen? Hatte da nicht gerade eine Gardine gezuckt? Und warum schwang dieser Vorhang hin und her? Kein Zweifel, die Leute versteckten sich vor ihm, dachte er, vor ihrem Abgeordneten, dem sie einst mit Bewunderung begegnet waren.

Früher hatte er es nie erwarten können, aus Berlin hierherzukommen, zurück in den Schoß der Heimat. Schon als er von Attendorn kommend das Ortsschild sah, hatte ihn ein Glücksgefühl erfasst. Hier hatte er sich geborgen gefühlt, hatte die Menschen verstanden und die Menschen ihn. Nun fühlte er sich unendlich einsam.

Warum hatte er Waldhagen einst so geliebt? Was war gut gewesen an einem Leben hinter zugezogenen Gardinen? Plötzlich ahnte er, was andere meinten, wenn sie über den Stillstand klagten. Der Stillstand hatte ihm bislang keine schlaflosen Nächte beschert, er war vielmehr sein Freund gewesen. Jetzt aber bereitete er ihm Unbehagen. Alles schien wie festgetackert, die Häuser, die Menschen, die

Zeit. Er drehte sich um und suchte die Zeiger der Kirchturmuhr. Bewegten sie sich noch?

Nein, es gab kein Zurück mehr. Hier würde er nicht mehr glücklich werden. Er lief weiter bis zur Bushaltestelle und setzte sich auf die Bank. Genau an dieser Stelle hatte er vor mehr als zwanzig Jahren ebenfalls gesessen, als seine Mutter hinter der Schützenhalle verschwunden war und die Polizei seinen Vater abgeführt hatte. In jener Nacht hatte er sich nichts sehnlicher gewünscht als die Ankunft eines Busses. Er wäre eingestiegen und losgefahren, fort in ein neues Leben. Aber spätabends fahren in Waldhagen keine Busse mehr.

Er drehte sich um und studierte den Fahrplan. Diesmal hatte er Glück, der nächste Bus fuhr in sieben Minuten. Er würde vieles klären, vieles besprechen müssen, mit seiner Frau, den Kindern, mit Schmiedebach, die Dinge mussten geregelt werden, ordnungsgemäß, verantwortlich, das war klar. In Berlin würde er eine Erklärung zu seinem Verschwinden abgeben, irgendwas würde ihm schon einfallen. Aber all das hatte noch Zeit. Es gab Wichtigeres.

Jetzt spürte er sie wieder, die Sehnsucht nach Liane. Wenn er Glück hatte, erwischte er in Attendorn gleich die Regionalbahn, und dann ging es weiter über Hagen im ICE nach Berlin. Die Unentschiedenheit war besiegt.

Aus der Ferne hörte er bereits einen Motor röhren. Ein kontrollierender Blick auf seine Armbanduhr, pünktlich auf die Minute. Frederik sah nach links, wo die Linie 248 sich langsam den Berg hinaufkämpfte. Als Erstes erkannte er die Anzeige mit dem Fahrtziel, kurz darauf das ganze Fahrzeug. Wie schön der Anblick eines Linienbusses sein konnte.

Er war kurz davor, in die Haltebucht einzubiegen, da hörte Frederik ein weiteres Motorengeräusch. Irritiert drehte er den Kopf, von rechts kroch ein weiteres Fahrzeug nach Waldhagen hinauf, es war der Schulbus.

In diesem Moment kam die Linie 248 mit einem Zischen vor ihm zum Stehen. Frederik machte einen Schritt zur Seite, um weiter den Schulbus auf der anderen Straßenseite im Auge zu behalten. Durch die Fenster sah er, dass einige Jungs aufgestanden waren und um die besten Plätze an der Tür rangelten. Mittendrin leuchtete der rote Rucksack, den er Lukas kürzlich gekauft hatte. Mittwochs kam sein Sohn immer um diese Zeit nach Hause, er hätte es wissen können, ab und zu hatte Frederik ihn in seinen sitzungsfreien Wochen von der Haltestelle abgeholt.

»Wolln Se nun einsteigen oder nich?«, raunzte ihn der Fahrer an. Frederik war der Einzige an der Haltestelle, die Türen hatten sich nur für ihn geöffnet. »Moment noch«, rief er und sah, wie die Finger des Fahrers über dem Schließknopf in der Luft hingen, als würde er ihn jeden Moment drücken. Noch einmal starrte Frederik zur anderen Straßenseite.

Sein Sohn lachte, einer der Jungs hielt ihm die Hand entgegen und wartete darauf, dass Lukas ihn abklatschte. Es schien ihm gut zu gehen. Gleich würde er hinter dem Heck auftauchen, um die Hauptstraße zu überqueren.

»Entweder Se steigen ein …«, rief der Fahrer, tippte mit dem Fuß ans Gas und ließ kurz den Motor aufheulen, »… oder ich fahr ohne Sie!«

Und Frederik stieg ein.